Wolfram Bickerich
Franz Josef Strauß

Wolfram Bickerich

Franz Josef Strauß

Die Biographie

ECON

Die Deutsche Bibliothek – CIP-Einheitsaufnahme
Bickerich, Wolfram:
Franz Josef Strauß : Die Biographie / Wolfram Bickerich. –
Düsseldorf : ECON, 1996
ISBN 3-430-11436-5

Lektorat: Claudia Schlottmann
Gesetzt aus der Sabon Antiqua, Linotype
Satz: Heinrich Fanslau GmbH, Düsseldorf
Papier: Papierfabrik Schleipen GmbH, Bad Dürkheim
Druck und Bindearbeiten:
Bercker, Graphischer Betrieb GmbH, Kevelaer
Printed in Germany
ISBN 3-430-11436-5

»Ich sage mir:
Du Scheißkerl hast es wieder nicht geschafft,
bist wieder zu willensschwach gewesen,
um das bißchen da durchzuhalten.«

FJS über sich selbst (1968),
als er sich das Rauchen abgewöhnen wollte.

Inhalt

Raubtier und Beute

Die Doppelnatur

Zum achtzigsten Geburtstag seines übermächtigen Vorgängers Franz Josef Strauß am 6. September 1995 gedachte dessen Nachfolger Theo Waigel beim 59. CSU-Parteitag vor mehr als tausend Delegierten der Verdienste des großen Vorsitzenden. »Wir erinnern uns an den Mut, die Beharrlichkeit und das Augenmaß, das Franz Josef Strauß auszeichnete«, sagte Waigel unter Beifall, bevor die Münchner Bayern-Halle für eine auf Video gezeigte Hommage an Strauß abgedunkelt wurde.

Es ist nicht die einzige Falschheit, mit der FJS seit seinem Todestag bekränzt wird. Nein, Augenmaß hat er nun wirklich nicht besessen; er tat vieles im Übermaß und manches auch maßlos. Vor allem war er ehrlich genug, Augenmaß – außer bei der Jagd – nicht für sich in Anspruch zu nehmen. Und hatte er denn Mut? Schreckte er nicht vor wichtigen Entscheidungen im Leben wie in der Politik zurück, zögernd und zaudernd?

Er war ein verteufelter und, wie manche glauben, ein verteufelt guter Politiker, jedenfalls – so sah er sich selbst in den Worten von Conrad Ferdinand Meyer – »ein Mensch in seinem Widerspruch«, kein »ausgeklügelt Buch«. Er wollte so gerne der bayerische Löwe sein, der die politische Wüstenei beherrscht und belebt. Als Raubkatze zettelte er zahllose Raufhändel an, doch viele – die meisten – verlor er und trug trotzdem den Kopf aufrecht, bis zur nächsten Niederlage, die er für sich sogleich als Sieg ausgab. In den Worten eines seiner Gegenspieler, mit dem zusammen er drei Jahre im Bundeskabinett saß, Willy Brandt: »Er ist zwar eine der großen Begabungen in der Politik, aber eine, die mit dem Hintern oder dem Mundwerk wieder umstößt, was die Hände gerade aufgebaut haben.«

Nach eigener Eigenschätzung war er »weder Heiliger noch Dämon«. Aber seine Zuhörer und Wähler, die Jubler und die Widersacher machten ihn dazu, und das genoß er. Nur einer vermochte das Volk, besonders das außerbayerische, derart zu polarisieren, eben Franz Strauß – so sein richtiger Name –, der letzte Volkstribun unter den Technokraten und Beamten, der letzte Landesfürst. Jahre nach seinem Tod ist er in seiner Partei immer noch ein Heiliger oder jedenfalls ein Märtyrer kurz vor der Seligsprechung; und die Parteioberen haben Mühe, angesichts der vielen Ehrenbezeigungen der niederen Leute ihrerseits das Maß zu bewahren: Ist er nicht weiterhin ein Vorbild für Emporkömmlinge, ein Meister des Durchbeißens und Durchstehens, ein Symbol für Lebensfreude und bayerische Gefühligkeit?
Durchstehend und durchstechend, zielstrebig und zaudernd, machtgeil und zurückhaltend-realistisch, korrupt und liebenswürdig, laut und sentimental – ein Mann voller Gegensätze, der den Frieden liebte und unbedingt die Atombombe wollte, aber immer ein Mann, immer auf der Jagd nach Wild, nach Geld, nach Frauen und Alkohol, nach Ansehen, Erfolg und persönlichem Glück. Edmund Stoiber, Strauß' langjähriger Gehilfe und Nachfolger als Münchner Regierungschef, kämpft oft genug gegen den Druck der Erinnerung an, die Strauß zum Helden verklärt und dabei die negativen Attribute ausspart. Wahr ist, daß er zeitlebens ein eigentümliches Verhältnis zur Wahrheit hatte, daß er so machtgierig wie geldgierig war und ihm beide Ziele oft genug in eins verschwammen. Er hatte eigentlich kein Gefühl für demokratische Grundprinzipien, aber er arbeitete sein Leben lang daran, mal frei-, mal widerwillig. Er hatte viele falsche Freunde, die ihn glauben machten, das Leben sei die schiere Verknüpfung vielfältiger Beziehungen und zum Überleben gehöre es lediglich, dieses Netzwerk zu nutzen.
Aber wahr ist auch: Der Politiker Franz Josef Strauß war nicht immer der gleiche. Er selbst sah sich allerdings gern so einfach, und die schrecklichen Claqueure in seiner Umgebung bestätigten es ihm: Das Leben ist ein ständiges Emporkommen, ist stetiger Aufstieg zu einem allerhöchsten Ziel. Derart schildern ihn die Heldenmaler der CSU, der BAYERNKURIER, die offiziellen, autorisierten

Biographen bis heute, und Dellen in der Vita werden nicht wahrgenommen oder wegerklärt.
Dabei beruht das Faszinosum FJS eben nicht auf dem Strahlemann der Hochglanz-Bildbände, der Deutschland liebt, Bayern beherrscht und seine Familie herzt, sondern auf seiner Eigenschaft als Kraftmensch, der Schwierigkeiten kaum zu bemerken vermag, bevor sie ihn bedrohen; der Niederlagen wegsteckt, als gehörten sie zum Tagesgeschehen, und der die Niederlagen sogleich in Erfolge umzumünzen versteht.
Der Politiker Strauß hat sich manche Verdienste erworben, so um den Aufbau der Bundeswehr, um die Finanzreform, den Airbus oder bayerische Regionalfragen. Zur historischen Gestalt wurde er, weil er wider Willen zwei höchst unterschiedlichen Staatsmännern half, an der Macht zu bleiben und ihren geschichtlichen Beitrag zu leisten: Der eine ist Helmut Kohl, der anfangs sein Amt dadurch sicherte, daß er sich vom Widerpart Strauß in fast allen Belangen abzusetzen vermochte. Der andere ist Konrad Adenauer, für dessen unbefleckten Ruhm als Konstrukteur Nachkriegsdeutschlands sich Strauß mit seinem Rücktritt vom Amt des Verteidigungsministers während der SPIEGEL-Affäre opferte.
Strauß führte ein Leben als Raubtier und zugleich als Beute, als allzeit starker, wilder Mann und als Opfer, als ewiger Antikommunist, der zuletzt selbst sein eigenes Credo wegverhandelte. Sein einziger politischer Freund war Friedrich Zimmermann, und auch der bewunderte ihn mehr, als einer Freundschaft guttut: »Er spielte stets mit dem Feuer. Aber dann steckte er die Streichhölzer immer wieder weg.« Ein Zerrissener.
Noch nach seinem Tod ist auch in Bayern sein Bild so schillernd wie zu Lebzeiten. Er gilt als legendärer, wegweisender Parteichef, als weiser Landesvater, als bayerisches Mannsbild; doch kommt die Rede auf sein barock-fürstliches Betragen, macht sich Verlegenheit breit – der Franz Josef Strauß, pflegt der nachmalige Amtsinhaber Edmund Stoiber zu erläutern, unser FJS, ja mei, so war er eben; aber heutzutage sei alles anders. Dabei haben sie doch damals frohgemut mitgemacht, Stoiber und die ganze Partei, und hielten ihrem Franz den Rücken frei, wenn er seine wichtigen Privatgeschäfte im Apartheidstaat Südafrika, bei der Militärjunta in

Chile, bei Zaires Mobutu Seseseko oder Togos Eyadema zu erledigen hatte. Um ein Haar hätten sie Gerold Tandler, eine kleine, nicht so brillante Kopie des großen Franz, zu dessen Nachfolger gewählt; nun geben sie es als Zeichen demokratischer Läuterung aus, dem affärenresistenten Theo Waigel den Vorzug gegeben zu haben. Edmund Stoiber war ja als Chef von Straußens Kanzlei oft genug dabei, wenn fröhliche Feten organisiert oder ein paar Gefälligkeiten ausgeklügelt wurden. Peter Gauweiler oder Wilfried Scharnagl, der Chef des BAYERNKURIER, genossen die Huld des Patriarchen und fühlten sich wohl dabei.

Und warum auch nicht? Bemerkenswert ist ja nicht die Bedenkenlosigkeit derer, die früher begeistert die Zustände am Hofe des FJS zu München hinnahmen, sondern die Verlegen- oder die Verlogenheit, die eigene Teilhabe daran nachträglich gering zu machen – denn sie alle leben doch gerne im Umfeld jener im restlichen Deutschland seltsam wirkenden »liberalitas Bavariae«, die Leben und Lebenlassen zur fröhlichen Maxime erklärt. Da wäre es ehrlicher, am Beispiel Strauß den Wandel moralischer Grundanforderungen klarzumachen als den Wandel rückwirkend schon für die Vergangenheit einzufordern. Tatsächlich nutzt Stoiber, der den Bonus Strauß ganz offen für seine Karriere eingesetzt hat, auch den Malus Strauß, um besser als Idol wirken zu können. Da paßt etwas nicht zusammen.

In den Geschichtsbüchern, jedenfalls außerhalb Bayerns, erscheint Strauß schon jetzt als Held mit negativen Vorzeichen: Mit seinem unbekümmerten Hang zu Transaktionen, die sich alsbald als affärenträchtig erwiesen, half er der jungen Nachkriegsdemokratie, so etwas wie ein Verhaltensmuster der Unbestechlichkeit und der öffentlichen »Sauberkeit« zu entwickeln. Mit seinem unverhältnismäßigen Einsatz gegen den SPIEGEL sorgte er, ebenso unfreiwillig, für das erste jugendliche Aufbegehren gegen den autoritätsgläubigen Adenauer-Staat und damit für frische Luft im Kleinbürgermief der Nachkriegsgeneration. Mit seinem radikalen Schwenk vom Kommunistenschreck zum Ostunterhändler wurde er für manche Parteifreunde zum politischen Opportunisten, dem Prinzipien wenig sind und persönliches Mitbestimmen alles ist.

Hat der langjährige Chefredakteur des BAYERNKURIER, Wilfried

Scharnagl, unrecht, wenn er FJS als Leitspruch das von ihm selbst gern zitierte Cicero-Wort unterschiebt: »His salus populi suprema lex esto« – für die Regierenden sei das Wohl des Volkes höchstes Gebot? Hat auch sein langjähriger Gegenspieler, Altkanzler Helmut Schmidt, unrecht, der ihm zum siebzigsten Geburtstag gutschrieb: »Hier handelt einer, der ganz und gar von der Leidenschaft erfaßt ist, der res publica zu dienen.«

Strauß' gleichgesinnter Weggefährte, der Historiker Michael Stürmer, der ihm beim Diktat der unvollendet gebliebenen Autobiographie half, zum Thema Leidenschaft: »Seine klare Leidenschaft war, Geschichte zu denken; seine große, Geschichte zu machen.« Die beiden standen oft im Widerstreit.

Um Helmut Schmidt in Sachen Strauß zu verifizieren: Hier handelte einer, der ein Leben lang von der Leidenschaft erfüllt war, sich selbst in den Weg zu treten. Hier agierte einer, der stets der Beste und der Erste sein wollte – dabei war er als Zweiter unübertrefflich. Aber er wollte lieber der Volkstribun sein, wollte Deutschland den Weg weisen in die Richtung, die er für richtig erachtete, und dafür ebenso wie für seine Volksreden geliebt oder wenigstens gewählt werden.

Immer war er drängelnd und ungestüm, und selbst wenn er zögerte, schaute er nach vorn: Bot sich für den Fall des Fehlschlags ein Opfer an? Konnte ein Parteifreund oder -feind, konnte ein Widersacher von der Opposition oder von der CDU, das war ihm meistens gleich, haftbar gemacht werden für den Fall des Falles, den selbst er, der große Analytiker, nicht vorhersah?

Sicher veränderte die ihm bittere Zäsur in der Lebensmitte – zur Zeit der SPIEGEL-Affäre war er 47 Jahre alt – seinen Charakter und seine Selbstsicherheit, wandelte ihn vom schneidigen Macher zum lärmenden Rechthaber. Er dachte über vieles, ja fast alles nach, und meist exakt-analytisch – von der Atomstrategie über den Steuertarif bis hin zu den Fehlern des jeweils amtierenden Kanzlers. Nur über sich selber mochte er nicht reflektieren; der eigene Ehrgeiz hinderte ihn daran.

Den Idealtypus des politischen Akteurs hat Franz Josef Strauß einmal Mitte der sechziger Jahre, während der Schockphase seines Lebens, beschrieben, indem er den Begriff Politik zu erläutern suchte: »Man hört oft die Definition, Politik sei die Kunst des Möglichen; das sagt jeder, auch der nie eine Zeile Bismarck gelesen hat. Man könnte weiter sagen, Politik ist die Kunst, das Notwendige möglich zu machen. Da kommen wir schon etwas näher hin. Und ich lege großen Wert auf den dritten Satz: Politik ist auch die Gabe der Beherrschung, sich die Definition des Begriffes ›notwendig‹ nicht von falschen Maßstäben des Ehrgeizes diktieren zu lassen.«

Die Gabe der Beherrschung – er hätte sie so gern besessen; und wenn er sich mal darin versuchte, kamen andere daher und stahlen ihm die Show. »Er war unglaublich klug«, sagt sein Politgefährte Zimmermann, »aber er war weder schlau noch weise.«

Strauß pflegte die männliche Menschheit nicht ganz ernsthaft in vier Gruppen einzuteilen: Die einen, die Intelligenten und zugleich Faulen, hielt er für die geborenen Feldherren. Die zweite Gruppe, die Intelligenten und Fleißigen, waren ihm die Generalstäbler; mit der dritten Kategorie, den Dummen und Faulen, also den Soldaten, werde die Schlacht gewonnen. Vor den Dummen und zugleich Fleißigen aber müsse man sich hüten, die machten alles falsch, und das gründlich. Natürlich hielt Strauß sich selbst für den Feldherrn. War er nicht der glänzende Analytiker, der hervorragende Stratege?

Wahr ist, er konnte seine Truppen nur schwer zusammenhalten, nur mit Mühe oder sogar mit Drohungen. Sie bewunderten ihn, aber sie glaubten ihm kaum. Und oft genug mußte er jemandem den Vortritt lassen, der aber den Straußschen Maßstäben nicht im entferntesten zu genügen vermochte – Intelligenz, Bildung, Urteilsvermögen waren doch bei ihm, meinte Strauß, weit höher entwickelt als bei Ludwig Erhard, Rainer Barzel, Helmut Kohl oder Hans-Dietrich Genscher. Er sah sich als »Herkules« mit der Weltkugel, der Geschichte oder wenigstens mit Deutschland auf den Schultern; nur wollten die wenigsten sich von ihm tragen lassen. Insofern war er im Zeitalter der Technokraten, Beamten und Funktionäre ein auslaufendes Modell und genau deswegen phänomenal. Sein Lebensgegner Rudolf Augstein: »Nicht was er sagte und tat, sondern was er war, das machte seine Faszination aus.«

Aber was war er denn nun? Er war eigentlich »alles, also nichts« – wie FJS über andere in vergleichbaren Fällen urteilte. Sein Bewunderer Golo Mann sah in ihm einen »Pascha«, also einen freundlichen Autokraten, der Bewunderung genießt und Huld verteilt. Einer seiner direkten politischen Gegenspieler, der südbayerische SPD-Chef Peter Glotz, hielt ihn für eine »Doppelnatur, die sich mit den Herrschenden verband und gleichzeitig mit den Beherrschten rebellieren konnte«; für eine »Dr.-Jekyll-und-Mr.-Hyde-Figur«. Mal bayerischer Löwe, mal Papiertiger.

»Ich bin ein Konservativer«, sagte Strauß über sich selbst – und sicher zu Recht. Zugleich war er im bayerischen Sinne liberal, genoß das Leben, ekelte sich vor rigorosen Katholiken wie seinem Dauerfeind Alois Hundhammer und hatte mit Prälaten nicht viel im Sinn. Er kämpfte gegen alle grünen Vordenker und richtete das erste Umweltministerium ein. »Seine höchst persönliche Verbindung von Traditionalismus und Modernität ist unwiederholbar«, bewunderte ihn der Sozialdemokrat Glotz.

»Ich bin ein Intellektueller«, bekannte er gern; und man glaubte es ihm bis kurz vors Bierzelt, in dem er seine Zuhörer schweißgebadet zur Ekstase hochredete. In alten Filmen und Wochenschauen ist er der stiernackige Metzgerssohn, der sich auch persönlich für den Konsum ins Zeug legt, indem er Unmengen bayerischer Fleischspezialitäten vertilgt.

Er war Adenauers Ziehkind, Partner, Gegenspieler und Beschützer. Er war Gaullist und Atlantiker, bekennender Antikommunist und begeisterter Ost-Unterhändler, Affärenhansel und jedenfalls in Bayern höchst erfolgreiche Wahllokomotive. Zauderer und Kinderschreck, Kanzlerschreck und Kanzlers Opfer. Wilder Feger und zärtlicher Romantiker, barsch und charmant.

Er war von allem etwas. Also mehr als andere.

Auf dem Friedhof von Rott am Inn, zu dem das Volk noch Jahre nach seinem Tod wallfahrtet, auf Parteitagen seiner CSU oder in dem von ihm begründeten BAYERNKURIER wird er verehrt, als wäre er Bayerns Ludwig II., der doch leicht umnachtet in den Starnberger See ging. Das aber hat FJS nicht verdient. Verrückt war er nicht.

Primus und »Scheißkerl«

Jugend und Krieg

1915 – 1945

»Jetzt kommt mir der Bub in die Politik hinein«, stöhnte der Metzgermeister Franz Josef Strauß im Dezember 1948 »mit einem tiefen Seufzer«, den seine Tochter Maria nicht überhören konnte. Da war ihr Bruder Franz, gerade 33jährig, zum Generalsekretär der CSU gewählt worden, die er drei Jahre zuvor im oberbayerischen Schongau mitgegründet hatte. Wenige Monate später starb der Vater im Alter von 73 Jahren; der »Bub« befand sich schon längst auf seinem unaufhaltsamen Weg mitten in die deutsche Politik. Der Vater mochte den Höhenflug des Stammhalters nicht. Der »Bub« mochte nichts anderes.

Er wollte immer der Erste und der Beste sein. Er wollte mit seinen Leistungen, seiner Ausstrahlung heller glänzen als die Gleichaltrigen seines Jahrgangs, mehr erreichen als die anderen seiner Generation. Franz Josef Strauß wollte stark wirken, anerkannt und bewundert werden von seiner Umgebung.
Franz Josef Strauß kam aus ärmlichen Verhältnissen. Er wurde am 6. September 1915 in München geboren, dem vierzigsten Geburtstag seines Vaters, nach dem er auch benannt wurde. Seine Eltern stammten aus Familien von Kleinbauern. Franz Josef senior war Sproß einer kinderreichen Familie aus Kemmathen im unterfränkischen Landkreis Feuchtwangen. Mutter Walburga Schießl wuchs als eine von fünf Töchtern eines Landwirts in der Vierzehn-Häuser-Gemeinde Unterwendling im niederbayerischen Landkreis Kelheim auf. Franz Josef und Walburga hatten, weil nicht erstgeboren, keinen Anspruch auf die väterliche Bauernstelle. So wurde der Bub Metzger, das Mädchen Magd und Köchin, also Hausangestellte in Bürgerhäusern, beide in München. 1904

machte sich Franz Josef mit einem kleinen Geschäft in der Schwabinger Schellingstraße 49 selbständig. Im November 1906 heiratete er Walburga, im Jahr darauf kam Tochter Maria zur Welt. Eine jüngere Schwester starb 1914 als Baby.
Franz Josef junior wuchs im kleinbürgerlichen Milieu Schwabings auf. Das andere Schwabing, das der Künstler und Literaten gleich nebenan, war nicht seine Welt. Rudolf Schröck, Redakteur der Münchner ABENDZEITUNG, schildert die Szenerie der damals unmittelbaren Nachbarschaft. »Schräg gegenüber vom Geburtshaus des kleinen Strauß lag das ›Café Altschwabing‹, wo später Thomas Mann ein und aus ging. Daneben, im ›Schelling Salon‹ spielte ein ständig abgebrannter Dichter namens Bert Brecht regelmäßig Billard. Ein paar Häuser weiter, in der billigen italienischen Wirtschaft ›Osteria‹, verkehrte der Schriftsteller Oskar Maria Graf. Und nur 200 Meter entfernt, in der Türkenstraße, befand sich das Stammlokal der Schauspieler, Maler und Journalisten, der ›Simpl‹, benannt nach der im Kaiserreich oft verbotenen Satire-Zeitschrift SIMPLICISSIMUS.«
Mit alldem hatte Strauß nichts zu tun. Später sagte er über sein Elternhaus: »In all den Jahren, also bis 1943, als wir ausgebombt wurden und das Geschäft verlorenging, haben meine Eltern nie einen Tag Urlaub gehabt. Heute würde sich kein Hilfsarbeiter mehr mit der Arbeitszeit, dem Einkommen und den äußeren Umständen abfinden, die damals für einen kleinen Münchner Handwerksmeister mit Einmannbetrieb sozusagen unvermeidliches Schicksal waren.«
Die offiziellen Biographen des Sohnes heben, wie er selbst, den Vierzehn-Stunden-Arbeitstag der Eltern im kleinen Laden hervor. Die Mutter half aus, damit der Vater – natürlich – »nur allerbestes Fleisch und prima selbstverarbeitete Wurst« vorzeigen und verkaufen konnte, auch hier: In der Erinnerung des Sohnes mußte alles vom Besten sein. Nur für die Wohnung im Hinterhof traf das nicht zu. Selbst der Junior sprach von »einfachsten Verhältnissen«: eine Wohnküche, ein Schlafzimmer für die Eltern gemeinsam mit dem Sohn, eine kleinere Kammer für Maria, die sieben Jahre ältere Schwester. Eine Waschgelegenheit gab es auf dem Flur außerhalb der Wohnung.

Bis zum Tode des Vaters am 7. Juni 1947 nannte sich Franz Josef junior meist nur »Franz«, und sein Name erscheint so auch auf einigen amtlichen Urkunden, etwa auf dem Musterungsausweis aus dem Jahr 1935 und auf seiner Ernennungsurkunde zum Beamten auf Lebenszeit vom April 1943. Selbst im Handbuch des ersten Deutschen Bundestages von 1949 firmiert der spätere FJS nur als »Franz« (und erwähnt seine Verbeamtung 1943 nicht). Parteipolitische Widersacher suchten die Namensergänzung in den sechziger Jahren aus der Belanglosigkeit zu holen und als geheimnisumwitterte Namensaffäre umzudeuten. Doch seine Schwester Maria ist sicher, daß der kleine Bruder schon immer diesen Doppelnamen trug. Im erzbischöflichen Matrikelamt findet sich der Vermerk, daß am 12. Oktober 1915 ein »Franz Josef« Strauß in der Stadtpfarrkirche St. Ludwig getauft wurde. Auch ein »Geburtsschein« des Münchner Standesamts aus dem Jahre 1926, Registernummer 3065, nennt die Namenskombination »Franz Joseph« – aber eben ohne Bindestrich. Und das heißt bei den strengen Regeln deutscher Namensgebung: Der erste Name allein ist der Rufname, also Franz.

Mit der Politik kam der kleine Franz, so eine seiner Anekdoten aus der Kinderzeit, früh in unmittelbaren Kontakt, nämlich bereits mit sechs Jahren. Gegenüber dem elterlichen Laden, in der Schellingstraße 50, lag das Atelier des Photographen Heinrich Hoffmann, der einen Raum über seinem Atelier an die »Deutsche Arbeiterpartei« vermietet hatte; sie ergänzte ihren Namen 1920 um die Bezeichnung »Nationalsozialistische« und mutierte zur NSDAP. Hoffmanns Sohn Heinrich wurde später Leibphotograph von Adolf Hitler. Seine Tochter ehelichte den Reichsjugendführer Baldur von Schirach, und seine Laborantin Eva Braun starb 1945 gemeinsam mit ihrem Gefährten Adolf Hitler in der Berliner Reichskanzlei. Ein nationalsozialistisches Nest.

Der einstige Nachbarsjunge FJS konnte von Heinrich Himmler erzählen, der sich im NSDAP-»Hauptquartier« mit anderen Parteigenossen traf und bei dieser Gelegenheit in der Schlachterei Strauß gegenüber Leberkäs' und die Spezialität des Hauses, Leberstreichwurst, einkaufte: Himmler, Fahnenträger beim Hitlerputsch am 9. November 1923 in München, habe seinen Vater oft vergeblich zu

überreden versucht, der neuen Partei beizutreten. Die Besuche Hitlers in der Schellingstraße – er war Parteimitglied Nummer sieben – hinterließen dagegen bei Strauß junior keinen großen Eindruck. Hitler war Vegetarier und kam deshalb als Kunde nicht in Frage.
Eines Samstags drückte jemand dem sechsjährigen Franz ein Bündel nationalsozialistischer Flugblätter in die Hand, damit er sie in der Schellingstraße verteilte. Der Propagandazug des Knaben war aber nicht von Dauer; eine Kundin verpetzte den Kleinen bei seinem Vater, der ihn mit einer Ohrfeige abstrafte.
Vater Strauß hatte mit den Nationalsozialisten nämlich nichts im Sinn. Er war, nach der Revolution 1918, von Anfang an bei der »Bayerischen Volkspartei« dabei, einer rechtskonservativ-christlichen Gruppe mit monarchistischem und antipreußischem Einschlag. Der Vater fühlte sich als Handwerksmeister trotz seiner ärmlichen Lebensverhältnisse einem besonderen Stand zugehörig, wollte mit den Kleinbürgern und Arbeitern der NSDAP-Klientel nichts zu tun haben. Er sei »königstreu, fromm und gutwillig« gewesen, berichtete der Sohn seinem Hofbiographen Otto Zierer. Die Schwester nannte ihre Eltern später »einfache, fleißige und fromme Leute. Herrgottswinkel, Weihwasserkessel, Tischgebet und der regelmäßige Besuch des Sonntagsgottesdienstes waren selbstverständlich«, ebenso die Teilnahme an der Fronleichnamsprozession, die der Vater in den Reihen der Marianischen Männerkongregation begleitete. Der Senior warnte den Sohn immer wieder vor den »Schlawinern« oder »Deppen« auf der anderen Straßenseite – und es bedurfte dazu offenbar keiner besonderen Überzeugungsarbeit: Sohn Franz erwies sich zunächst als recht unpolitisches Kerlchen. Er hielt sich jeder parteiideologischen Fixierung fern. Er wollte der Beste sein und so dem Hinterhof entwachsen. Er strebte nach Anerkennung aufgrund von Leistung und suchte noch seinen eigenen Platz.
Er tat es mit Lernbereitschaft, Fleiß und Strebsamkeit, Eigenschaften, die einen Heranwachsenden leicht zum Außenseiter einer Klassengemeinschaft werden lassen. Daß der Schüler Franz dennoch nicht in den Ruf des Strebers geriet, läßt sich wohl damit erklären, daß ihm das Lernen, nach eigenem Bekunden und dem der Zeitzeugen, leichtfiel. Gute Noten, Bildungserlebnisse mach-

ten ihm Spaß. So konnte er die niedere Herkunft und die Erinnerung an einfachste Verhältnisse im Kreis von Altersgenossen aus meist großbürgerlichem oder akademisch geprägtem Hause kompensieren. Abschütteln konnte er sie nicht: Der Vorhalt, er sei »nur Metzgerssohn«, machte ihn zeitlebens ärgerlich; und noch im Alter freute er sich über seine Ehrendoktorhüte wie ein armes Kind über ein unverhofftes Mitbringsel.

Das arme Kind, obwohl selbst nicht sonderlich religiös, hatte das Glück, dreimal in entscheidenden Augenblicken seiner Kindheit durch geistliche Fürsprecher gefördert zu werden. Schon der erste Religionslehrer, katholischer Pfarrer an der Grundschule Amalienstraße, empfahl dem Vater, den Buben auf eine höhere Schule zu geben. Der Vater zeigte sich zunächst widerwillig, weil er gehofft hatte, sein Sohn würde später einmal den Laden übernehmen. Doch er folgte, wahrscheinlich auch ein wenig stolz, der kirchlichen Empfehlung und ließ Franz 1926 in die Gisela-Realschule ummelden. Kurz zuvor hatte er den Sohn erstmals als Meßdiener ans Max-Joseph-Stift geschickt, ein katholisches Internat für gehobene Töchter gegenüber der Universität, wo der Junge wie alle Ministranten mit lateinischen Texten zu tun bekam, die er nicht verstand.

Ein Kunde der Metzgerei, Benediktinerpater, versorgte den Neunjährigen mit einem Lateinbuch, an dem sich Franz neugierig versuchte. Das fiel dem Priester im Max-Joseph-Stift, dem Universitätsprofessor Johannes Zellinger, auf, der nun mit Nachhilfestunden dafür sorgte, daß der Bub nach nur einem Jahr in der Realschule – wo er bloß im Singen versagte – ohne besondere Prüfung in die Quinta des Max-Gymnasiums wechseln durfte. Noch im hohen Alter war FJS stolz darauf, für die ersten beiden schriftlichen Lateinarbeiten jeweils eine Zwei bekommen zu haben, obwohl er doch die Sexta und mithin das erste Jahr des gymnasialen Lateinunterrichts gar nicht mitgemacht hatte. Danach tendierten die Noten in allen Fächern regelmäßig zur Eins, nur in der Pubertät gab es mal eine Fünf in Erdkunde und eine Drei in Deutsch. Nach eigenem Eingeständnis beschleunigten die guten Leistungen die elterliche »Versöhnung mit der neuen Entwicklung«. Vater und Mutter mußten dem Sohn in den späteren Schuljahren nur noch zehn Reichsmark monatlich bar als Schulgeld mitgeben; die andere Hälfte wurde ihm wegen seiner guten Zeugnisse erlassen.

Doch Strauß' Behauptung, es habe nach dem Wechsel aufs Gymnasium »keinerlei Entfremdung« zwischen ihm und den Eltern gegeben, ist mit Vorsicht zu bewerten: Dem Sohn standen Herkunft und Lebensstil im Wege. Nun lernte er sich frei, um den Makel des gesellschaftlichen Außenseiters loszuwerden. Während seiner gesamten Schulzeit wurden – so weiß sein Geschichts- und Mathematiklehrer Kurt Vogel – in die Schulakten nur ganze zwei Tadel eingetragen: ein Verweis wegen »Unfugs in der Stenographiestunde« – dort lernte er die Kurzschrift Stolze-Schrey – und eine Stunde »Arrest nach einem Museumsbesuch«.

Seine erste Lektüre besorgte er sich in der Pfarrbibliothek: die üblichen Indianer- und Wildwestgeschichten, auch Bücher mit Heiligenlegenden oder über die Abenteuer von Missionaren in heidnischer Umgebung. Später kamen die Sagen des klassischen Altertums hinzu, noch später Theodor Mommsens »Römische Geschichte«, Felix Dahns »Kampf um Rom« und Hans Grimms »Volk ohne Raum«. Damals habe er begriffen, erzählte er viele Jahre später dem Romancier Otto Zierer, »wie sein deutsches Volk in die Enge gezwängt worden war und wie schwer es nach Atemluft rang«. Jedenfalls gab Zierer es in dieser seltsam völkischen Sprache wieder, ein Beispiel dafür, daß Strauß nur selten oder zu spät merkte, mit wem er sich einließ. »Gespräche zu Hause über diese Lektüre gab es nicht«, schildert Strauß in seinen Erinnerungen sein intellektuelles Umfeld während der Teenagerjahre.

Dafür war die Schule da. In allen Fächern erreichte Franz Josef Bestnoten, selbst in »Himmelskunde und Astronomie«; dabei war er doch eigentlich, so staunte der Klassenkamerad und spätere Münchner Bürgermeister Georg Brauchle, »ein fauler Hund« – nur offensichtlich begabt. Und obwohl so ein Einserprimus gemeinhin als sportuntauglicher Streber gilt, schaffte er es auch in Leibesübungen bis zur Eins – und klagte noch nach Jahrzehnten darüber, beim Abitur am 5. April 1935 im Fach Sport nur eine Zwei, die einzige des ganzen Zeugnisses, erhalten zu haben: »Angeblich soll ich im Reckturnen gepatzt haben.«

Sein Reifezeugnis war trotz dieses Ausrutschers das beste seines Jahrgangs in ganz Bayern. So folgte nach einer weiteren mündlichen Prüfung die »unbedingte Aufnahme« in die Maximilianeumsstiftung, ein Stipendium für Hochbegabte, das König Max II. 1852 für bayerische und Pfälzer Landeskinder begründet hatte und das Franz nun Zugang zur stiftungseigenen Bibliothek verschaffte. Warum dem Abiturienten trotz dieser Auszeichnung die Zulassung zum Studium der Altphilologie, Geschichte und Germanistik an der Universität München zunächst verweigert wurde, läßt sich nicht mehr feststellen. Vielleicht war die NS-Gegnerschaft des Vaters schon damals aktenkundig; vielleicht stieß die Tatsache, daß sein Sohn nicht in einer der zahllosen NS-Gruppierungen und auch nicht in der Hitlerjugend organisiert war, auf Befremden in der Bürokratie; vielleicht war es einfach eine Panne der Behörden, weil der Maximilianeumsstipendiat aus Kostengründen nicht im Gebäude der Stiftung, heute Sitz des Landtags, Kost und Logis in Anspruch nahm: Damals ging es der Stiftung so schlecht, daß der Stipendiat Strauß hätte draufzahlen müssen; deshalb blieb er bei den Eltern wohnen – schon seit 1931 in einem eigenen Zimmer. Die Familie war damals in eine größere Wohnung in der Schellingstraße 44 umgezogen.
Jedenfalls war es sein geistlicher Förderer und Mentor, der inzwischen zum Ordinarius für kirchliche Kunstgeschichte berufene Johannes Zellinger, der als (wie FJS gesagt hätte) Deus ex machina aushalf, wo er und der Vater nicht weiterkonnten. Zellinger, bei dem noch der neunzehnjährige Abiturient ministrierte, setzte mit einer Intervention beim Rektor die Immatrikulation durch, nachdem sein Schützling den damals obligaten halbjährigen Reichsarbeitsdienst (meist als Bauhilfsarbeiter im Allgäu und in München) abgeleistet hatte. Strauß bekannte später: »Es ist nicht unbedingt schmeichelhaft für mich und mag einen gewissen snobistischen Beigeschmack haben, aber es ist für mich nicht leicht, mich in einen Verbandsrahmen, eine Organisationsstruktur oder gar in eine enge Gemeinschaft wie das Militär einzufügen.« Da ist es nämlich schwer, zumal auf der untersten Stufe solcher Hierarchien, der Erste und der Beste zu sein.
Ganz anders auf dem Rad. Schon als Schüler war der begeisterte

Radler – sein Vater hatte dem Dreizehnjährigen ein Fahrrad der Marke Mercedes geschenkt – in den Münchner Klub »RC Amor« eingetreten, mit dem er 1934 die süddeutsche Straßenmeisterschaft gewann und für den er beim Amateurrennen »Quer durchs bayerische Hochland« in der Rekordzeit von 5 Stunden und 56 Minuten siegte; den Siegerkranz aus goldenem Lorbeer schenkte er seiner Mutter. Außerdem gewann er die Wette, die Großglockner-Hochalpenstraße mit dem Rad bewältigen zu können, ohne abzusteigen – und zwar bergauf. Manchmal fuhr er die Strecke München–Lindau (190 Kilometer) und zurück an einem Tag, was speziell das einzige Mädchen in seiner Klasse, Leonore von Tucher, stark beeindruckte. 1931 hatte der Fünfzehnjährige seine erste Italienreise geplant, per Radl über den Brenner; doch die italienischen Zöllner verweigerten dem Untersekundaner wegen zu geringer Barschaft die Einreise: Er hatte nur sechs Mark dabei.
Franz Josef Strauß lernte daraus: Künftig hielt er sein selbstverdientes Taschengeld zusammen und mehrte es reichlich. Zellinger und einige seiner Lehrer versorgten den radelnden Metzgerssohn mit Nachhilfeschülern in Latein, später auch in Griechisch. Von den Ersparnissen machte Strauß im Abiturjahr 1935 den Führerschein und kaufte sogleich ein Motorrad, um zu verhindern, daß er im Kriegsfall für Hitler »zu Fuß durch Europa marschieren« müßte – so soll er jedenfalls seiner Schwester Maria die Ausgabe erläutert haben. Als Abiturient, Stipendiat und Student vervollkommnete Strauß seinen Erwerbssinn; er beteiligte sich an der Herausgabe eines »Handbuchs der Altertumswissenschaft« und jobbte als Lektor altphilologischer Manuskripte für den Verlag C. H. Beck. Er wollte Altphilologe, Studienrat werden.
Es ist diese Hinwendung zur alten Geschichte, die FJS davon abhielt, den Verlockungen der Zeitgeschichte zu erliegen. Er lebte in der Welt der klassischen Sprachen, fand lateinische Gedichte schöner und gefälliger als deutsche Reime und war natürlich auch vom Elternhaus ein wenig vorgeprägt. 1964 sagte er in einem Interview mit Günter Gaus: »Mein Vater war das, was man einen geschworenen Gegner Hitlers, Gegner der nationalsozialistischen Weltanschauung und des ganzen Systems nennt, und diese Einstellung hat sich schon früh auf mich übertragen, so daß wir bereits in

den Oberklassen der Schule heftige Auseinandersetzungen zwischen denen hatten, die dem Stern der neuen Zeit gefolgt sind, und denen, die die größten Vorbehalte dagegen hatten. Aber ich möchte ausdrücklich sagen: Ich weiß nicht, wie meine politische Einstellung gewesen wäre, wenn ich in einem anderen Milieu aufgewachsen wäre. Ich nehme als sicher an, daß ich einmal auf die gleiche Einstellung wie mein Vater gekommen wäre. Es ist nicht mein Verdienst, daß ich sie von vornherein hatte.«

Bemerkenswert ist, daß der Junior den Eltern in bezug auf Religiosität und Hinwendung zur Kirche nicht folgte. Er achtete zwar deren Frömmigkeit, hielt persönlich aber zeitlebens kritische Distanz zu Kirchenoberen, wehrte sich gegen Vereinnahmungsversuche des Klerus. Im glatten, ausdrucksarmen Gesicht des Jünglings Strauß wollen kirchenerfahrene Beobachter wie der langjährige Chefredakteur von CHRIST UND WELT, Ludolf Herrmann, die »katholische Erziehung« entdeckt haben, die eine Ausprägung eigener Charaktermerkmale nicht zugelassen habe. Fest steht, daß Franz Josef den Radsportverein und die einträglichen Nachhilfestunden allen anderen denkbaren Aktivitäten kirchlich oder parteilich gebundener Jugendorganisationen vorzog.

So ging er durch die folgenden zehn Jahre des Tausendjährigen Reiches. Er war kein Held, kein Widerstandskämpfer, aber er war auch kein Anhänger der neuen Zeit oder gar NS-Ideologe. Es gibt keinerlei Dokumente, Akten, Reden, Briefe, Hinweise, die das Gegenteil belegen könnten. Er war bloß Mitläufer, ein unpolitischer Kopf, der während seines altphilologischen Studiums lieber Werke des klassischen Altertums als die Propaganda der damaligen Zeit konsumierte. Im Handbuch des ersten Bundestages 1949 widmet er dieser Zeit einige wenige Sätze: »Nach dem Besuch des humanistischen Gymnasiums Studium der Geschichte, Sprachen, Volkswirtschaft und Rechtswissenschaft an der Universität München. Staatsexamen im Jahre 1939/40. Von 1939 bis 1945 Teilnahme am 2. Weltkrieg.«

Da läßt sich manches ergänzen. Der Student, der zuvor ein sehr enges Verhältnis zu seinem geistlichen Förderer Johannes Zellinger gepflegt hatte, wandte sich nun seinem akademischen Lehrer, dem Althistoriker Geheimrat Walter Otto zu, der zur »Bayeri-

schen Mittelpartei« gehörte, einem Ableger der Deutschnationalen. Nach Einschätzung von Zeitzeugen sah der Student in seinem Lehrer so etwas wie einen Ersatzvater, mit dem er über alte Geschichte und ebenso über Tagespolitik diskutieren konnte. Otto bot seinem Zögling eine Dissertation an über – sagt der – »die Universalgeschichte des Pompejus Trogus in Augusteischer Zeit«. Nach einer aus dem dritten Jahrhundert überlieferten Abschrift hatte dieser Althistoriker aus der Abfolge der vier großen Reiche der Assyrer, der Meder, Perser und Makedonen Schlußfolgerungen für das römische Weltreich gezogen.
Das tatsächliche Thema der Dissertation – eine kleine Ungenauigkeit des großen Strauß – paßte besser zur Politik des damals gerade raumgreifenden Tausendjährigen Reichs: »Die Weltreichsidee bei Justins Historiae phillippicae des Trogus Pompejus«; auf die Geschichte der »Weltreichsidee« hatte sich Strauß in den letzten Semestern spezialisiert.
Die Akteure der damals waltenden Weltreichsidee beendeten sein Studium unplanmäßig. Am 3. September 1939 wurde der bald 24jährige Strauß eingezogen. Nach der achtwöchigen Grundausbildung beantragte er Studien- und Examensurlaub, der ihm Anfang 1940 auch genehmigt wurde. Die erste »Lehramtsprüfung für den Unterricht in den klassischen Sprachen und der Geschichte« bestand er mit der seit 1919 in Bayern nicht erreichten Gesamtnote von 1,10. Die zweite Prüfung des ewigen Besten folgte im Herbst desselben Jahres. Mit Wirkung vom 1. April 1941 wurde Strauß zum Studienassessor an der Oberschule für Jungen in der Münchner Damenstiftstraße, dreizehn Monate später zum »außerplanmäßigen Beamten an dieser Anstalt« ernannt. Der Krieg verhinderte längere Aufenthalte an der Schule ebenso wie die Fertigstellung der Promotionsarbeit, deren Unterlagen verbrannten, als die Familie Strauß nach einem kriegsbedingten Umzug in der Reitmorstraße 14 ausgebombt wurde.
Das war für ihn ein überaus schmerzlicher Verlust. Noch im Alter bewunderte er ehrfürchtig alle Professoren, schmückte sich selber verbissen mit einem seiner – zuletzt sieben – Ehrendoktortitel und ließ sich am liebsten mit »Dr. Strauß« ansprechen. Als er mehr als zwei Jahrzehnte nach dem Krieg neben dem Universitätsprofessor

und Wirtschaftsminister Dr. Karl Schiller Finanzminister geworden war, sah er unentwegt seine Kompetenz bedroht: »Ich bin nicht der wirtschaftliche Halbtrottel, der sich neben dem Genie Schiller wie ein kleiner Bub ausnimmt, der mit der Blechtrommel neben der Militärkapelle herläuft.« Den Primus verlangte es als Bestätigung nach einem papierenen Zeugnis seines Besserseins, wie in der Schule. Daß er sich auch ohne Brief und Siegel rhetorisch oder intellektuell durchsetzen konnte, genügte ihm nicht.

Ähnlich seine Haltung zum nationalsozialistischen Staat und dessen Ideologie: Strauß war zwar kein Widerständler, aber später wäre er es gerne gewesen, und so müssen Zeitzeugen herhalten, um ihm das Zeugnis auszustellen.

Es hat etwas von verspäteter Heldenverehrung, wenn Mitschüler wie Leonore von Tucher oder Kommilitonen wie Hermann Bengtson den Mut ihres Freundes zu »lebensgefährlichen« Äußerungen preisen oder seine Vorahnung von 1943 hervorholen, daß »der Krieg schon verloren« sei. Maria erwähnt die Anekdote, ihr Bruder habe sich nach der Machtergreifung lange strikt geweigert, von seinem Taschengeld etwas für ein Bild von Hitler oder Hindenburg zu spenden, das im Klassenzimmer aufgehängt werden sollte. Derlei Lob kam Franz Josef Strauß in den Schlagetotdiskussionen der Jahre zwischen 1960 und 1980 zupaß, als manche Linke in ihm den schon immer kaum verhüllten Rechtsideologen in direkter Abfolge der Nazis erkennen wollten.

In seinen Erinnerungen strickt er an der Legendenbildung mit. Er erwähnt, wie oft er wegen ehrlicher, aber unüberlegter Kritik an den Nazis aufgefallen sei. Er erklärt seine Mitgliedschaft im Nationalsozialistischen Kraftfahrer-Korps (NSKK; Parteijargon »Nur Säufer, keine Kämpfer«), wo er den Posten des »weltanschaulichen Referenten« sicherlich nicht sehr überzeugend oder ideologisch gefestigt ausfüllte. Zugleich trug er den schwülstigen Titel »Rottenführer beim Sturm 23/M 86«, was er ebensowenig benennt wie das Eintrittsdatum 1. Mai 1937.

Strauß erwähnt auch nicht – eine weitere kleine Ungenauigkeit? – seine Mitgliedschaft im Eliteverband NSDSTB, dem Nationalsozialistischen Deutschen Studentenbund, dem er am 1. November

1937 beitrat und der nach den Worten von Hitler-Stellvertreter Rudolf Heß »eine Art« von intellektueller SS darstellen sollte.
Als Grund, warum er vier Semester Volkswirtschaft belegte, nennt er die Überlegung: »Wenn Hitler bleiben sollte, würde ich mit dem Staatsdienst Schwierigkeiten bekommen, und für diesen Fall wollte ich den Diplom-Volkswirt machen.« Er erwähnt aber nicht, daß seine Ernennung zum Beamten auf Lebenszeit später ganz reibungslos klappte: Der Reichsminister für Wissenschaft, Erziehung und Volksbildung schlug den Assessor Franz Strauß am 5. April 1943 unter der Nummer 4158/43 zum Studienrat in der Reichsbesoldungsgruppe A 2c2 – Monatsgehalt 390 Mark brutto – vor; und mit Datum 20. April 1943, seines Geburtstages, ließ Hitler die mit seiner Unterschrift faksimilierte Ernennungsurkunde ausfertigen. Es ist eine ziemliche große Ungenauigkeit des sonst so faktenkundigen Strauß, die Umstände der Verbeamtung in seinen Erinnerungen zu verschweigen; da kann es mit einer etwaigen aktenkundigen Aufmüpfigkeit des jungen Mannes aus Bayern nicht weit hersein. Strauß fürchtete wohl, die Kunde von Hitlers Unterschrift könne eine Legendenbildung behindern.
Aber als Beweis für eine nazistische Überzeugung taugen diese Fahrlässigkeiten in seiner Autobiographie wenig: Jeder schlug sich auf seine Weise durch, die meisten waren angepaßt; und die in den Bundestagswahlkämpfen 1976 und 1980 vorgebrachte Behauptung einer Frau, »der NSDSTB-Spitzel Franz Strauß« habe ihren seitdem verschollenen Bruder denunziert, ließ sich nicht erhärten.
In den ersten Kriegsjahren kommt er mehr herum als in seiner ganzen Kinder-, Schüler- und Studentenzeit. Er ist in der Eifel, in Luxemburg und Frankreich stationiert, kommt bis zur Kanalküste. Im Frühjahr 1941 geht es ins polnische Przemysl, dann ins ukrainische Lemberg. Im Juni 1941 ist Strauß beim deutschen Angriff auf die Sowjetunion dabei, erlebt die Kesselschlacht von Charkow und die Einnahme von Rostow am Don. Er entkommt nur knapp der Schlacht von Stalingrad, weil er einige Tage zuvor aus der heißumkämpften Stadt zu einem Lehrgang als Batterieoffizier an die Feldflakartillerieschule nach Stolpmünde versetzt wird. Danach wird er Ausbilder an einer ähnlichen Schule im relativ

friedlichen Oberbayern, in Altenstadt bei Schongau, wo er bis Ende 1943 auch die Aufgaben eines »Offiziers für wehrgeistige Führung« übernimmt. Die ihm anschließend angetragene Funktion eines nationalsozialistischen Führungsoffiziers (NSFO) habe er aber abgelehnt.

In seinem »Erinnerungen« schlägt Strauß einen eindrucksvollen Purzelbaum, indem er seine damalige Rolle in der »wehrgeistigen Führung« als doppelt widerständlerisch beschreibt: Er habe »nicht nur nicht nationalsozialistisches Gedankengut verbreitet, sondern verhindert, daß ein anderer entsprechende Vorträge hielt, daß gegenüber der Truppe nationalsozialistische Hetzpropaganda getrieben wurde und dabei die offizielle Endsieg-Propaganda, die ich für verbrecherisch gehalten habe, noch zusätzlich in unseren Einheiten verbreitet wurde«.

Einer seiner damaligen Kommandeure, Generalmajor Hermann Hiller, äußerte sich 1957 etwas zurückhaltender: »Strauß ist mir dienstlich gut bekannt, da er Adjutant einer meiner Abteilungskommandeure an der Flak-Artillerieschule Schongau im Jahre 1944 und 1945 war... Wenn der Verteidigungsminister jetzt immer seine antinationalsozialistische Haltung herauskehrt, so kann ich nur sagen, daß ich damals nichts davon gemerkt habe. Auch als gegen mich wegen einer offenen Kritik am Dritten Reich im Dezember 1944 ein kriegsgerichtliches Verfahren eingeleitet wurde, hat Strauß sich mir gegenüber nicht als ›Widerstandskämpfer‹ zu erkennen gegeben. Andere Offiziere der Flakschule dagegen boten mir seinerzeit Hilfe und Unterstützung an.«

Jeder versuchte auf seine Weise zu überleben. Nur wenn das Überleben gelungen war, klang manche Erklärung dafür fade und tönern. Während der Entnazifizierung ließ sich Strauß von der zuständigen Spruchkammer Schongau, deren Vorgängergremium – ein »Entnazifizierungskomitee« – er zuvor als Vorsitzender geleitet hatte, folgendes Urteil ausstellen:

»Strauß hat sich zum Nationalsozialismus nicht nur passiv verhalten, sondern darüber hinaus in hohem Maße aktiv gegen die nationalsozialistischen Maßnahmen und Ideologien Widerstand geleistet. Bei Strauß handelt es sich um einen der schärfsten, überlegen-

sten und erfolgreichsten Gegner des Nationalsozialismus. Strauß hat für seine Anschauungen an der Schule, an der Universität und während seiner Dienstzeit in der Wehrmacht leidenschaftlich geworben, seine antinationalsozialistischen Ansichten unter Gefahr weiterverbreitet, aktiv Widerstand geleistet und andere zu antinationalsozialistischer Denkweise und ebensolchen Handlungen zu überzeugen versucht und überzeugt. Er hat seine religiöse Überzeugung durch Teilnahme an öffentlichen kirchlichen Veranstaltungen gegenüber jedermann bekundet. Strauß hat seine aktive Teilnahme an der Widerstandsbewegung nachgewiesen. Er war in seiner Studienzeit und während seines Militärdienstes führend in der Bildung, Festigung und Fanatisierung antinationalsozialistischer Gruppen tätig.
Es ist erwiesen, daß Strauß durch seine Haltung und seine Handlungen an der Universität und bei der Wehrmacht wesentliche Nachteile in materieller und seelischer Hinsicht erlitten hat. Er war 1940 verhaftet worden und entging nur knapp dem Kriegsgericht. In den letzten Jahren schwebte er ständig in Gefahr. Seit dem 20. Juli 1944 ist diese Gefahr zur höchsten Lebensgefahr geworden.«

Ein Märchen, das durch häufige Wiederholung nicht wahrer wird. Theo Waigel behauptete noch in seiner Hommage an FJS zu dessen achtzigstem Geburtstag: »Mehrfach stand er in der Gefahr, aus politischen Gründen die Universität verlassen zu müssen.« Ein Held?
Strauß hat später, zu seinem Glück, von diesem in übertriebenem Maße weißwaschenden Persilschein nicht oft Gebrauch gemacht. Die Sache schien ihm ohne weitere Belege – und die gibt es nicht, kann es nicht geben – eher peinlich. Der Spruchkammerbescheid belegt allerdings eine tatsächliche Eigenschaft von Strauß: Er nahm es mit der Wahrheit nicht so genau, wenn ihm anderes besser zustatten kam.
Was da wirklich nach 1945 in Strauß vorgegangen sein muß, als für die Zeit vor 1945 Helden gesucht, aber kaum gefunden wurden, hat er Jahre später in anderem Zusammenhang der Zeitschrift JASMIN gebeichtet. Da erzählte er, er habe sich das Rauchen

abgewöhnt und werde nun von einem Traum verfolgt, in dem er sich als rückfällig erweise: »Ich sage mir: Du Scheißkerl hast es wieder nicht geschafft, bist wieder zu willensschwach gewesen, um das bißchen da durchzuhalten.«

Da kämpfte der »Scheißkerl« mit dem Primus; und diesen Kampf gegen sich selbst sollte Strauß ein Leben lang immer wieder neu austragen.

Von Schongau nach Rhöndorf

Lehrzeit im Schnelldurchgang

1945 – 1953

Der Krieg zog erst mit der Besatzungsmacht ins idyllische Schongau ein, wo Strauß als Adjutant der Ausbildungsbatterie Dienst tat. Sein langjähriger Zimmergenosse Oberleutnant Erhard Ostwald erinnert sich vor allem an die häufige Abwesenheit des Bettnachbarn; am Wochenende radelte Strauß meist nach Schongau, Peiting oder Hohenpeißenberg, um von dort einen Zug nach München zu erwischen. Ostwald hielt die Ausflüge »für Familienbesuche oder andere Verabredungen«. Strauß' Freund Fritz Eberle, dessen Großvater das Wohn- und Geschäftshaus in Münchens Schellingstraße gehört hatte, in dem die Metzgerei Strauß untergebracht war, kam die Dienstzeit in Altenstadt »vor wie ein Sanatoriumsaufenthalt«. In ihrer Freizeit besuchten Fritz und sein Freund Franz »die Gasthäuser der erreichbaren Dörfer«, vor allem das Wirtshaus »Zum Hirsch« vom Westermair Simmerl im Weiler Hohenfurch, »dessen Töchter uns gern gesehen haben und deshalb so manchen Leckerbissen auf den Tisch brachten«.
Deren Bruder Martin Westermair rettet der Oberleutnant Strauß das Leben, indem er ihm erst eigenmächtig einen Genesungsurlaub verlängert und ihn dann vor einem SS-Kommando schützt, das den jungen Mann als Fahnenflüchtling liquidieren will. Umgekehrt warnt ein Unteroffizier den offenbar schneidigen Strauß, zwei Kameraden wollten ihn wegen »Defätismus« beim Morgenappell vor versammelter Mannschaft erschießen. Strauß kann sich retten, indem er die beiden auf Patrouille schickt. Wildwest im Allgäu kurz vor dem Ende einer Weltreichsidee.
Die neue Zeit für Strauß beginnt mit einer Fälschung und einem Aufenthalt im Gefängnis, das Leben in der Politik aus purem Zufall und mit einer Niederlage. Der Oberleutnant, nebenher

zuständig für die Verwaltung der Personalpapiere, stellt vielen seiner Kameraden und sich selbst wie am Fließband die Entlassung aus der Armee aus – allerdings unvorsichtigerweise mit Datum des Führergeburtstags am 20. April. Den Schwindel bemerkt eine US-Patrouille, die Strauß für zehn Tage im Schongauer Feuerwehrdepot, dem historischen »Ballenhaus«, einsperrt, bis amerikanischen Offizieren die Sprachkenntnisse des Gefangenen auffallen. Auf Vermittlung des CIC-Agenten Ernest Hauser stellt US-Major E. F. Rivinus jr. dem Exsoldaten einen Freibrief aus:
»Through his length of service in this region he is known and apparently well thought of in Schongau and the surrounding villages. He speaks English passably well. He has shown himself so willing to cooperate that we have no hesitation in recommending him to the Allied Military Government for any services in which he may be found useful.« Das war eines der ersten, aber auch wichtigsten Empfehlungsschreiben, die Strauß je in die Hand bekam. Mit seiner Hilfe wurde er wenige Tage später, am 2. Juni 1945, zum stellvertretenden Landrat des Kreises Schongau ernannt – eigentlich eine ehrenamtliche Position, doch die Kreisverwaltung wußte Rat: Sie ließ Strauß auf dem verwaisten Posten des Kreisjuristen im Range eines Regierungsrats laufen, Monatssalär 444,48 Reichsmark brutto.
Die Amerikaner hatten schon im Mai 1945 den Oberinspektor am Landratsamt Xaver Bauer, Vater einer jungen Tochter namens Ermelinde, zum Landrat bestimmt – als Nachfolger von Ludwig Thoma, der dieses Amt all die NS-Jahre bekleidet hatte. Weder Bauer noch sein Stellvertreter konnten jedoch Englisch, was notwendig war, um den Kontakt mit den Besatzern zu halten, denn die eigentliche Funktion des Landratsstellvertreters bestand darin, zwischen der deutschen Bevölkerung und den amerikanischen Besetzern zu dolmetschen. So startete Strauß auf amerikanisches Geheiß seinen Zug in die Politik, erst in Schongau, schon bald in München, Frankfurt und Bonn.
Legenden ranken sich um diese heißen Tage, Wochen und Monate nach Kriegsende, in denen Hauser (»Der Schrecken von Schongau«) und Strauß den Landkreis durchmusterten, um alles nur Erdenkliche zu »organisieren«: Der Handel bestand meist darin,

den reichlich vorhandenen Käse, aber auch selbstgebrannten Schnaps, sogar gelegentlich »Fräuleins« (Strauß) gegen Getreide, Kartoffeln oder Benzin einzutauschen. Zwischen US-Agent Hauser und Strauß entwickelte sich eine Freundschaft, FJS wurde Hausers Trauzeuge und Taufpate von dessen Sohn. Die Basis dieser Freundschaft kennzeichnete der CSU-Kollege Fritz Schäffer später folgendermaßen: »Nichts bindet fester als gemeinsame Sünden.« Eine dieser Schwarzfahrten ging nach Lindau in die französische Besatzungszone, um Kohlen gegen Obst zu tauschen, dessen Ausfuhr allerdings verboten war. Doch Hauser, der sich nach Erinnerung von Ortsansässigen bei seinen Verrichtungen gern persönlich bereicherte, half: Er gab Strauß eine Erlaubnis der Amerikaner mit. Strauß-Mitarbeiter Carl Pongartz, Leiter des Straßenverkehrsamtes am Landratsamt:

»Nach tagelangen Verhandlungen mit der örtlichen und überörtlichen amerikanischen Militärregierung hatte Strauß die Genehmigung erwirkt, zwanzig Säcke Kohlen im [oberbayerischen] Bergwerk Peiting abholen zu können. Diese verluden wir auf unseren Holzgas-LKW und fuhren eines frühen Morgens (Strauß, ein Fahrer und ich) gegen Lindau. An der französischen Zonengrenze in der Nähe von Ravensburg gab's keine Schwierigkeiten, auch der Tausch Kohle gegen Äpfel ging reibungslos, ebenfalls die Rückfahrt bis zur Zonengrenze. Hier war Kontrolle, und der französische Wachhabende machte uns klar, die Äpfel, die in Säcken und Kisten verladen waren, abzuladen und sofort weiterzufahren, ansonsten wir drei inhaftiert und der Lastwagen beschlagnahmt würde. Strauß zog einen Kopfbogen der amerikanischen Militärregierung und ein mit drei oder vier oder gar fünf Stempeln und Siegeln und entsprechenden Unterschriften versehenes Schreiben aus der Tasche, hielt es dem Wachhabenden hin und erklärte lautstark in englischer Sprache den Inhalt. Mögen es die vielen Siegel und Unterschriften auf dem Schreiben oder das bestimmte Auftreten von Strauß gewesen sein, jedenfalls war der Wachhabende so beeindruckt, daß er aus der nahen Ortschaft seinen Vorgesetzten holen ließ. Dieser fing nun mit Strauß ein sehr lautes Gespräch an, zuerst Strauß in englisch, der Offizier in französisch, und nach circa 20 Minuten unterhielten sich beide auf deutsch. Und zwar ging es gar nicht um die Äpfel auf unserem Lastwagen, sondern um den Aufbau eines demokratischen Deutschlands. Nach einer weiteren halben Stunde verabschiedeten sich beide per Handschlag, und wir fuhren mit unseren Äpfeln zurück nach Schongau, wo wir im Krankenhaus und im Flüchtlingslager große Freude über die außerplanmäßige Obstzuteilung auslösten.«

Das Organisieren blieb FJS' Stärke. Auf Lastwagen, die unter Einsatz von Alkohol aus einem von amerikanischen Soldaten bewachten Depot entwendet worden waren, gingen die Käsetransporte bis nach Niederbayern und Heidelberg, und Schwarzhändler Strauß rühmte sich dieser Verrichtungen noch lange. Nur als ihm im Sommer 1948 von der Bayernpartei (BP) vorgeworfen wurde, er habe Butter nach Frankfurt »verschoben«, wollte er plötzlich von solch ruhmreicher Tätigkeit nichts mehr wissen: Da war gerade Wahlkampf, und er bewarb sich um die Wiederwahl als Landrat. Deshalb wies er derlei Vorwürfe »scharf« zurück, wie die Kreiszeitung HOCHLAND-BOTE berichtete. Damals blieb nichts hängen, doch in seinen »Erinnerungen« bekennt er vierzig Jahre später: »Ich habe damals, zum Wohl der Bürger meines Landkreises, so viel gestohlen und geschoben, daß ich aus dem Gefängnis nicht mehr herausgekommen wäre, wenn es nach Recht und Gesetz gegangen wäre.«

FJS erkannte früh, daß er für den Start in die neue Zeit eine Partei brauchte. Im Herbst 1945 beteiligte er sich als dritter »Sponsor« an der Gründung der CSU in Schongau und wurde schon bei der ersten Zusammenkunft am 1. November 1945 im Gasthof »Zur Glocke« zum stellvertretenden Vorsitzenden des Ortsverbands gewählt. Andreas Lang, Bürgermeister des Dorfes Burggen, hatte den Militärbehörden 25 Bürgschaftsunterschriften von angesehenen und nicht NS-belasteten Bürgern vorgelegt, darunter vier katholischen Priestern. Im Dezember versorgte das Büro des von den Militärbehörden erst ein-, dann wieder abgesetzten Ministerpräsidenten Fritz Schäffer den jungen Landrats- und örtlichen Parteivize mit Informationsmaterial über die neue Partei, die nach

Ansicht des Ortsverbandsgründers Lang »die einige Zusammenarbeit der Arbeiter, der Bauern und des Mittelstandes, ohne Unterschied der Konfessionen« erreichen sollte. Am 10. Januar 1946 berichtete der MONTHLY HISTORICAL REPORT der Militärregierung unter der Rubrik »Political activities« von der »Formation of the ›Christian Social Union‹ sponsored by Andreas Lang, Bürgermeister of Burggen, Franz Strauß, Regierungsrat, Xaver Bauer, Landrat«. Als vierter gehörte Dekan Josef Ott aus Altenstadt auf diese Liste. Zwei Tage später kündigt der HOCHLAND-BOTE drei Parteiveranstaltungen für die bevorstehende Kreistagswahl mit den Rednern Lang und Strauß an. Bei seinen Auftritten in Rottenbuch, Böbing und Hohenpeißenberg sucht sich Strauß mit offener Kritik an Kollaborateuren und – indirekt – an den amerikanischen Besatzern beliebt zu machen: Er nennt die Deutschen ein »ganz erbärmliches Volk«, dessen Mitglieder erst die Welt mit ihren Stiefeln zertrampelten und nachher »den Staub von den Schuhen der Sieger« schleckten; vor den Türen der US-Militärregierung habe man bereits den Teppich auswechseln müssen, weil die Denunzianten ihn durchgetreten hätten. Der Redner in Strauß wächst heran; hier übt er gerade das stilistische Mittel der Übertreibung.

Weil er aber deswegen Ärger mit den Amerikanern bekommt, die ihn zur Mäßigung auffordern, hält Strauß sich bei den nächsten Kundgebungen ein wenig zurück. Von der Gründung des CSU-Ortsverbands Peiting im Gasthof »Dragoner« berichtet das parteieigene Protokollbuch: »Regierungsrat Strauß, der sich als sicherer und gewandter Redner immer mehr entpuppt, betonte besonders, daß ein Staat auf der Grundlage der Zehn Gebote Gottes am besten und sichersten aufzubauen ist, denn ein jeder, der die Zehn Gebote hält, gewährleistet Ruhe, Ordnung, Sicherheit und Frieden.« Eine offensichtlich erfolgreiche Rede. Für die Kreistagswahl am 28. April jedenfalls reicht die CSU eine Vorschlagsliste mit 26 Namen ein, an vierter Stelle Franz Strauß, und erringt eine sichere absolute Mehrheit: 22 der 32 Sitze entfallen auf die CSU, acht auf die SPD.

Bei der ersten Sitzung des neugewählten Kreistags am 4. Juni 1946 kandidieren zwei Männer um den Posten des Landrats; der bisherige Amtsinhaber Xaver Braun, in dessen Haus in der Christophstraße 19 Strauß später einziehen wird, hat leicht entnervt auf eine Bewerbung verzichtet. Es ist die erste demokratische Wahl, der sich Franz Strauß zu stellen hat, und er verliert sie klar gegen einen Ortsfremden, den Oberregierungsrat Josef Hamberger aus Göggingen bei Augsburg, der 18 von 30 gültigen Stimmen erhält. Der einzige Trost für Strauß: Er wird mit 29 gegen 2 Stimmen zum »Amtsverweser« bestimmt – bis zum Dienstantritt des neuen Landrats, der noch die Landratsgeschäfte in Augsburg führt und obendrein krankgeschrieben ist.

In den Heiligengeschichten, die Strauß von sich erzählen ließ, ist von Wahlniederlagen selten oder nie die Rede, von der allerersten schon gar nicht. Nun hat er sich bereits ein ganzes Jahr lang, man darf es glauben, um die Existenznöte der Schongauer und der zahllosen Zugereisten aus den Vertreibungsgebieten gekümmert, und es wird ihm nicht vergolten! Der erfolgreiche Gegenkandidat Hamberger kann sich nur zwei Vorzüge gegenüber Strauß gutschreiben – er ist 25 Jahre älter, also ein gestandenes Mannsbild im Vergleich zu dem jungen Hüpfer Strauß, der gerade dreißig Jahre alt ist; und er war 1934/35 als Vorgänger von Ludwig Thoma Amtsverweser in Schongau, hat also vielleicht noch ein paar Verbindungen in die jüngste Vergangenheit.

Die Niederlage schmerzt zwei Monate lang, dann erlebt Strauß ein kleines Wunder in seiner Karriere, diesmal ohne klerikalen Beistand: Die Regierung von Oberbayern teilt am 3. August dem Kreistag von Schongau mit, Hamberger habe die Landratsstelle in Augsburg angenommen; in Schongau muß am 31. August nachgewählt werden. Diesmal ist Strauß einziger Kandidat: Für ihn entscheiden sich 25 der 29 Kreisräte. Er erhält eine Entschädigung von 4800 Reichsmark im Jahr zuzüglich einer Dienstaufwandsentschädigung von 1200 Mark. Er macht Ermelinde Bauer, die Tochter von Xaver Bauer, zu seiner Sekretärin; sie bleibt es zwei Jahrzehnte lang.

Erstmals bekommt er es nun mit einem Ortsnamen zu tun, der ihn während seiner gesamten politischen Laufbahn als Drohung und als Kampfbegriff begleiten wird: Im Weiler Kreuth – dieser liegt, anders als das Wildbad, südöstlich von Schongau – werden drei Morde begangen. Strauß schaltet sich massiv in die Ermittlungen ein und fordert mehr Sicherheit für die »gequälte und eingeschüchterte Bevölkerung«. In einem Brief an die Bezirksregierung von Oberbayern, den der Schongauer Bürgermeister Luitpold Braun 45 Jahre später in den Akten findet, plädiert Strauß für die Schaffung einer »Einwohnerwehr«. Angesichts marodierender Banden sei es nötig, Bürger zu bewaffnen, und ebenso erforderlich, »daß jeden Abend und die ganze Nacht hindurch sämtliche Straßen und Wege, sämtliche Gemeinden und Einödhöfe, sämtliche Brücken und Lech-Stege von schwerbewaffneten Polizeieinheiten kontrolliert werden, die stark genug sind, um jede auftretende Bande sofort im Feuerkampf niederzuschießen«. Das Begehren ist wohl polulär, aber zu der Zeit etwas weltfremd. Immerhin erreicht der Sicherheitspolitiker Strauß nach zähem Bemühen, daß im Sommer 1947 in Schongau eine Stadtpolizei gebildet wird. Der Landrat läßt es sich nicht nehmen, die Siebenmanntruppe persönlich einzuführen; das sind allerdings zu wenige, um sämtliche Brücken, Stege und Einödhöfe bewachen zu können.

Schon bald erfährt der Staatsdiener, wie generös der öffentliche Dienst bisweilen mit seinen Mitarbeitern umgeht. Strauß hat sich inzwischen neben der Lokal- und der Parteipolitik ein drittes Betätigungsfeld erschlossen, was seinem Streben nach möglichst hohen Einkünften entgegenkommt. Zusätzlich zur Alimentation als Landrat kassiert Strauß als Regierungsrat im bayerischen Kultusministerium seit dem 1. Juni 1946 die normalen Beamtenbezüge – auch wenn seine Tätigkeit nicht ganz normal zu bewerten ist, weil er ja meist in Schongau weilt: Strauß wird zum Referenten für Jugendwesen ernannt, leitet das Referat 31 (»Jugendpflege, Jugendbewegung«) in der Abteilung X und darf die Dienstbezeichnung Oberregierungsrat führen.
Wie sich beides verträgt – Referent im Münchner Ministerium und zugleich kommunaler Spitzenbeamter im 75 Kilometer entfernten Schongau zu sein –, erklärt Strauß im Oktober 1946 in einem Brief an die Militärregierung: »Da die Vorbereitungen zur kommenden Landtagswahl und die derzeitige politische Entwicklung eine öftere Anwesenheit in der Landeshauptstadt München erfordert, da ich außerdem im Auftrage des Staatsministeriums für Unterricht

und Kultus und der Militärregierung von Bayern an der Neuschaffung einer deutschen Jugendbewegung arbeite, bin ich zwei Tage in der Woche mit diesen Aufgaben beschäftigt und abwesend. Diese Tage sind Dienstag und Freitag. Ich habe deshalb für meine Abwesenheit Reg. Oberinspektor Bauer mit meiner Vertretung beauftragt. Er ist über den ganzen Geschäftsgang unterrichtet und mit allen laufenden Fragen vertraut. Ich bitte in jedem Falle, wenn ich abwesend bin, sich an ihn zu wenden.«

Es muß eine hektische Zeit gewesen sein, aber er kann sich offensichtlich auf Xaver Bauer verlassen. Unklar bleibt bis heute, was Strauß mit dem Hinweis auf die »Neuschaffung einer deutschen Jugendbewegung« gemeint haben kann – weder wurde sie geschaffen, noch wurde ein Versuch dazu unternommen. Es bewahrheitet sich: Strauß nimmt es, jedenfalls in diesem Brief, mit der Wahrheit nicht so genau.

Inzwischen hat er einen Förderer gefunden, der alle Pfarrer und Professoren unbedeutend erscheinen läßt, die seinen Lebensweg bis dahin gekreuzt haben: den schon damals legendären Josef Müller, der im erzbischöflichen Knabenseminar in Bamberg seiner bäuerlichen Herkunft wegen den Spitznamen »Ochsensepp« erhielt. Müller versucht von München aus, was Jakob Kaiser in Berlin und später Konrad Adenauer in Köln anstreben, nämlich die Gründung einer christlichen, demokratischen, auch sozialen, vor allem aber überregionalen und überkonfessionellen Partei, in der die Fehler der Weimarer Republik nicht wiederholt werden. Müller, ein aktiver NS-Gegner und ehemaliger KZ-Häftling, bemüht sich von seiner Wohnung in der Gedonstraße 4 aus, einen Zusammenschluß der vielen Grüppchen, Zirkel und Kleinparteien zu erreichen, die sich inzwischen überall in Bayern gebildet haben. Einmal in der Woche versammelt er einen Kreis erfahrener Politiker – die sogenannten Prälaten wie August Haussleiter, Josef Baumgartner und Michael Horlacher – und ein paar junge Neuerer, die sogenannten Ministranten, um sich. Da wird diskutiert, spintisiert, konspiriert und, vor allem gegen ältere klerikale Klüngel, intrigiert. Der 21jährige Jurastudent Franz Heubl war nach einem Besuch entsetzt: »Das sind doch ausgesprochene Flachköpfe. Nirgends ist Idealismus und Genialität zu finden.« Heubl traf nur auf »Scheintote«, von denen

er keinem die »Substanz für ein führendes Amt zutraute«; es war nicht sein letzter Irrtum im politischen Urteil.
Die meisten anderen Jugendlichen sind von Müller fasziniert. Der Diskussionspartner in Schongau, Dekan Ott, will Strauß auf die konservativ-katholische Seite ziehen, wo Männer wie Alois Hundhammer und Fritz Schäffer die Bayerische Volkspartei wiederbeleben möchten. Doch Müller, beeindruckt von den Gedanken des christlichen Sozialreformers Adam Stegerwald, überzeugt Strauß und die anderen Mitglieder dieser jungen Garde – darunter Fritz Zimmermann, Hans Weiß, Otto Lenz, Achim Oster, Karl-Heinz Spilker, Richard Thiermann – von der Notwendigkeit, sich von der Parteiengeschichte der Weimarer Zeit zu lösen und einen Neubeginn zu wagen. Strauß: »Es sollte eine andere parteipolitische Architektur entstehen.«
Fünfzehn Jahre später bewertet Strauß seine Rolle in diesem Grundsatzstreit: »Ich habe ja in der Partei etwas dazu beigetragen, daß sich die Richtung Adam Stegerwald/Josef Müller durchgesetzt hat gegenüber der anderen Richtung, die mehr bayerisch gefärbt war, unter Fritz Schäffer, die nicht bayernparteifreundlich war, aber die damals aus ihrer politischen Vergangenheit heraus, auch im Bewußtsein ihrer untadeligen Gesinnung, die Bayerische Volkspartei vielleicht ursprünglich lieber gesehen hätte als die Union.«
Der junge Franz scheint von den Möglichkeiten, die ihm der »Ochsensepp« und die Zentrale der neuen Partei in der Landeshauptstadt München eröffnen, überaus beeindruckt. Nach einer markanten Rede, die der zunächst unbekannte Vizelandrat von Schongau beim ersten CSU-Parteitag in Bamberg hält, wird er – Müller setzt es durch – in den engsten Parteivorstand gewählt, im Herbst 1946 als einer von sieben Spitzenfunktionären sogar in den geschäftsführenden Vorstand. Und das alles wegen seiner entschiedenen Parteinahme für den »Ochsensepp«. In Bamberg meldet sich mit Strauß ein »Vertreter der Frontgeneration« zu Wort, der entscheidend dazu beiträgt, daß sich die CSU zur Volkspartei und nicht zur religiös bestimmten Spartenpartei entwickelt. Strauß bezieht vehement Position gegen Hundhammer, der von seiner Herkunft als ältestes von dreizehn Kindern eines katholischen

Moosbauern geprägt ist und – so die Befürchtung von Strauß – die CSU zur »Partei der praktizierenden Katholiken« reduzieren will. Mit seinem Redebeitrag verhilft Strauß Hundhammers Rivalen Josef Müller zum Parteivorsitz: »Wir Jungen haben kein Verständnis dafür, daß die historischen Unterschiede aufrechterhalten werden sollen. Wir erwarten, daß die Sammlungsidee unserer Partei nicht angetastet wird.«

Der Redner später über seinen eigenen Beitrag: »Ich habe damals die Streithähne zusammengeschimpft, den Fritz Schäffer, den Alois Hundhammer und den Josef Müller, und habe ihnen gesagt, sie sollten endlich Ruhe geben, uns hinge die ewige Streiterei schon lange zum Hals heraus.« Richard Jaeger, Franz' Klassenkamerad aus dem Max-Gymnasium, später eher auf der konservativ-reaktionären Seite der Partei zu Hause, wird konkreter: »Es wäre für uns alle das beste, wenn diese alten Männer von 1933, die mit dem Ermächtigungsgesetz belastet sind, endlich einmal in der Union verschwinden würden. Tatsache ist, daß diese Männer gegen den Nationalsozialismus gewählt worden sind und dann für den Nationalsozialismus gestimmt haben! Diese Schuld kann ihnen niemand abnehmen.«

Es sind wohl die amerikanischen Besatzer, die dazu beitragen, daß die CSU, eben begründet, an diesem Grundsatzstreit nicht zerbricht. Die Militärregierung fordert nämlich alle Einzelkämpfer und alle Sektierer im neuen Parteienspektrum auf, sich entweder einer zugelassenen Partei anzuschließen oder ein Verbot politischer Betätigung zu riskieren: Die Direktive verhindert Spaltungstendenzen. Der gegen den »Ochsensepp« unterlegene Hundhammer, Kultusminister in München, vordem Landtagsabgeordneter der Bayerischen Volkspartei, wird wenig später Vorgesetzter des Jugendreferenten Strauß. Hundhammer (»Der deutsche Süden soll die Führung übernehmen«) verspricht sich davon, das politische Talent einstweilen neutralisieren zu können; Müller hingegen hofft, Strauß könne ihm im Hause seines ärgsten Gegners ein paar Spitzeldienste leisten. Der junge Aufsteiger entscheidet sich zunächst für sich selbst und dann für seinen Mentor Müller, bis er schließlich auch den, als er in eine Affäre stolpert, ohne Zögern fallenläßt.

Für Strauß ändert sich nun die Perspektive, der Blick weitet sich über die Hügel des Schongauer Voralpenlandes. Zuvor aber sorgt Müller dafür, daß sich der Dienstags-und-freitags-Arbeiter Strauß in München sogar noch verbessern kann: Am 13. Januar 1948 wird er Leiter des Landesjugendamts, das alle Jugendämter in Bayern betreut und dem Innenminister untersteht. Er kommt also von Hundhammer los, und seine monatlichen Bezüge wachsen auf 492,85 Mark an (nach der Währungsreform), ein für damalige Zeiten stolzes Einkommen. Der Parteivorsitzende Müller nimmt den jungen Ehrgeizigen zur ersten Direktorenwahl des neugebildeten Wirtschaftsrats nach Frankfurt mit und demonstriert ihm dort seinen Einfluß: Er setzt seinen Parteifreund Johannes Semler als Direktor, also etwa Minister, für Wirtschaft durch, während ein anderer Parteifreund, Josef Baumgartner, der Direktor für Ernährung und Landwirtschaft werden will, auf Müllers Geheiß verliert; der enttäuschte Baumgartner, häufiger Mitdisputant in der Gedonstraße, wechselt in die Bayernpartei und macht dort Furore, zu Lasten der CSU, bis die den Abtrünnigen Jahre später erbarmungslos zur Strecke bringt.

Strauß ist fasziniert – vom Machtmenschen Müller, von Frankfurt und von den Möglichkeiten, die sich außerhalb Münchens auftun. So kommt es, daß Landrat Strauß auf Müllers Vorschlag vom Landtag in München gemeinsam mit dem Hundhammer-Anhänger Franz Elsen – so will es der Proporz – als Vertreter Bayerns in den Wirtschaftsrat der amerikanisch-britischen Bizone nach Frankfurt entsandt wird, als dieser seine Mitgliederzahl auf 104 verdoppelt. Strauß ist mit seinen 32 Jahren der jüngste Abgeordnete in diesem von den Besatzungsmächten installierten vorparlamentarischen Gremium.

Nun muß er den beruflichen Schwerpunkt wechseln; er tut es langsam und nicht ohne Rückversicherung. Bei der Kreistagswahl im April 1948 verliert die CSU die absolute Mehrheit, doch wird Strauß mit 21 Stimmen gegen 16 für den BP-Kandidaten Thoma als Landrat wiedergewählt. Erst nach Annahme der Wahl erfährt er von einem Beschluß des bayerischen Ministerrats, der den Status von Staatsbeamten und Inhabern kommunaler Wahlämter für unvereinbar erklärt, Beamte müssen also nach einer Wahl den

Staatsdienst verlassen. Strauß entscheidet sich für den umgekehrten Weg, weil ihm der Beamtenstatus am Herzen liegt, und schreibt bereits am 27. August in sonderbar gedrechselten Wendungen: »Aufgrund des Ministerratsbeschlusses (...) bin ich voraussichtlich gezwungen, als Landrat zurückzutreten, da die von politischen zeit- und zufallbedingten Wahlergebnissen abhängige Stellung des Landrates gegenüber einer Staatsstellung nicht vorgezogen werden kann. Im Falle der Wahl eines Staatsbeamten ist die Beurlaubung für eine Wahlperiode mit dem Recht der Rückkehr auf die alte Planstelle erforderlich.«

Auch die Opposition im Schongauer Kreistag hat inzwischen bemerkt, daß der Landrat seinen Interessenschwerpunkt andernorts hat. Ende Oktober fordert ihn die SPD auf, er möge die Aufgaben des Landrats als seine Haupttätigkeit ansehen und sich vor allem um den Landkreis kümmern. Laut Protokoll antwortet Strauß, leicht beleidigt, »daß die seit 1945 im Kreis durchgeführten industriellen und privaten Bauten, Brückenbauten, Straßenbauten, die Gewährung von Sonderzuschüssen, die Freimachung von Dollars zugunsten der deutschen Wirtschaft, Importgenehmigungen, Wiedereinstellungen Entlassener, Einstellungen, Erhöhung der landw. Preise, Regelung des landw. Marktwesens und schließlich die Durchsetzung vieler privater Anträge nur auf Grund seines persönlichen Einflusses und seiner wiederholten persönlichen Vorsprachen in Frankfurt und München möglich waren. Er betonte, daß es doch nur solchen Personen, die in entsprechenden Stellungen sitzen, möglich ist, die Volksstimme und -wünsche nach oben zu bringen.«

Er übertreibt mal wieder. Abgestimmt wird nicht, aber Strauß sieht wohl ein, daß er sich entscheiden muß: Zum 1. Januar 1949 legt er das Amt des Landrats nieder. Und dann ist es doch nur ein halber Abschied: In der gleichen Sitzung des Kreistags, in der sein Nachfolger gewählt wird, kandidiert er für die Position des stellvertretenden Landrats und setzt sich durch. Er hängt an seinem Schongau, oder er tut zumindest so. Denn bis zum Ablauf seiner Amtszeit im April 1952 läßt er sich bei den meisten dienstlichen Verpflichtungen, etwa den Kreistagssitzungen, entschuldigen. Aber er braucht offenbar noch einen Koffer in Schongau, gefüllt

mit Erinnerungen an die ersten Jahre einer vielversprechenden Karriere.
Bei Josef Müller in der Gedonstraße merkt Strauß, daß der Klüngel und die Bündlerei im bayerischen Landtag seine Sache nicht sind. Im Münchner Parlament sitzen noch viele erprobte Kämpen aus Weimarer Tagen, die von der Monarchie, wenigstens aber von einem rein bayerischen Staat mit einem Staatspräsidenten an der Spitze träumen und alles Außerbayerische wenn nicht für Teufelszeug, so doch für Exotentum halten. Diese Art von Partikularismus ist nur dann Strauß' Sache, wenn er ihn anführen, wenn er damit seine eigenen Ziele verfolgen kann; in allen anderen Fällen wendet er sich heftig dagegen und lehnt folgerichtig auch ein Angebot der sich neu formierenden Bayernpartei ab, die Fronten zu wechseln und dort Mitglied zu werden. Mehr noch: Er wird jahrelang mit allen Mitteln gegen die versponnenen Sektierer von der Bayernpartei Front machen, weil er in ihnen eine Gefahr für seine CSU und damit für sich selbst sieht.

Allerdings ist auch der Wirtschaftsrat nicht der Ort großartigen parlamentarischen Geschehens; die Situation stellt sich für die deutschen Nachkriegspolitiker als kompliziert und undurchsichtig dar. Die neuen Parteiführer Konrad Adenauer, Kurt Schumacher und Josef Müller haben es abgelehnt, im Wirtschaftsrat – gewissermaßen von Gnaden der Alliierten – Gesetze exekutieren, aber kaum praktische Politik treiben zu dürfen; sie ziehen das verfassunggebende Gremium, den Parlamentarischen Rat in Bonn, der Frankfurter Institution vor. Dennoch erweist sich Frankfurt für Strauß als eine in vieler Hinsicht wertvolle Erfahrung.
Hier im Wirtschaftsrat entscheidet sich zukunftweisend, daß CDU und CSU nicht nur eine lockere Arbeitsgemeinschaft bilden, sondern eine gemeinsame Fraktion eingehen; im Bonner Parlamentarischen Rat wird das Vorbild nachgeahmt. Wichtiger noch: Hier entscheidet sich die Wirtschaftsverfassung des neuen demokratischen Staatswesens, hier tut sich Ludwig Erhard, Nachfolger Semlers in der Funktion des Direktors für Wirtschaft, als konsequenter Marktwirtschaftler hervor – übrigens zum Ärger des Strauß-Mentors Müller, der meinte, die katastrophale Wirt-

schaftslage könne nur mittels starker planwirtschaftlicher Eingriffe verbessert werden. Und hier im Wirtschaftsrat hat der junge Delegierte aus Oberbayern die Gelegenheit, sein rhetorisches Talent zu schulen: Als Jüngster und als Nachzügler kann er in die wenigen wichtigen Dinge ohnehin nicht eingreifen.
Es ist eine harte Schule, durch die Strauß geht: Von Müller lernt er, daß Machtausübung vor allem bedeutet, Macht über Menschen zu besitzen, die geschoben werden und sich schieben lassen. Müller, der weiß, daß er im ländlichen Bayern die Stimmen der Bauern braucht, macht sich zu deren Anwalt; sie haben für den Verkauf der letzten Ernte vor der Währungsreform Reichsmark erhalten, die nun wertlos ist. Müller fordert den Kopf von Ludwig Erhard als Hauptschuldigem an der Misere. Als Strauß den Direktor für Wirtschaft stützt, schwenkt Müller blitzschnell um: »Dann stürzen wir eben den Schlange-Schöningen«, Kollege Erhards und Direktor für Ernährung. Strauß soll ihn in öffentlicher Rede zum Sturz fertigmachen. Auf dem Weg zum Rednerpult ruft ihm der spätere Landwirtschaftsminister und CSU-Kollege Wilhelm Niklas zu: »Mönchlein, Mönchlein, du gehst einen schweren Gang!« Strauß kann Müllers Erwartungen denn auch keineswegs erfüllen: Die Rede ist verhallt, der angegriffene Schlange-Schöningen, Mitglied der CSU, bleibt im Amt, und Strauß hat wieder etwas dazugelernt: »Die haben sich gesagt, der Junge da, der spannt das gar nicht, wenn wir ihm die Rede hinschieben.«
Er hat in diesen Jahren keine große Kenntnis von ökonomischen Grundtatbeständen, aber er besitzt seit seinen Ökonomiesemestern einen Instinkt für die richtigen Zusammenhänge, geschult durch die praktische Erfahrung im Schwarzhandel mit Käse, Butter und Benzin. Da hatte er einen Markt, bei dem die Preise sich annähernd frei nach Angebot und Nachfrage richteten; das leuchtete ihm ein: »Seit dieser Zeit weiß ich, daß es keinen Sinn hat, auch nicht unter Einsatz der gesamten Staatsgewalt und mit einem aufwendigen Kontrollsystem, gegen den Markt zu operieren.«
Er bewundert Erhard und versteht, daß in der Wirtschaftspolitik die Chancen der Parteien liegen. So wählt er für den Bundestagswahlkampf 1949 den Slogan »Die Wirtschaft ist unser Schicksal«. Inzwischen hat ihn der »Ochsensepp« – dem er Sekretär, Chauf-

feur und Diskussionspartner ist – im Dezember 1948 als Landesgeschäftsführer der CSU installiert, woraus später der Titel Generalsekretär erwächst. Müller selbst aber gerät zwei Jahre später infolge einer undurchsichtigen Affäre um eine Geldspende in fünfstelliger Höhe und dank innerparteilicher Intrigen, an denen sein Feind Hundhammer und aus der Ferne sogar Konrad Adenauer mitwirkt, ins politische Abseits. Sein bisher ergebener Zögling läßt ihn ganz allein untergehen; Politik, das hat Strauß gelernt, kennt keinen Dank.

FJS organisiert den Bundestagswahlkampf in Bayern, vor allem aber seinen eigenen im neuen Wahlkreis Weilheim: »Morgens habe ich die Broschüren geschrieben, nachmittags die Plakate entworfen, abends in Wahlversammlungen gesprochen und nachts mit den Leuten beim Bier zusammengesessen. Am nächsten Morgen begann der gleiche Turnus wieder von vorn.« Strauß kann sogar sein neues Vorbild Erhard zu einigen Reden und Auftritten in seinen Sprengel locken. Er gewinnt bei der ersten Wahl am 14. August 1949 mit nur 6000 Stimmen Vorsprung (28,8 %) vor dem Kandidaten der Bayernpartei (23,6 %); die SPD – in ihr haben die Christsozialen zunächst den eigentlichen Gegner gesehen – erhält 20,1 Prozent.

Strauß zieht, für ihn selbst nicht überraschend, in den Bundestag ein. Er ist einer der jüngsten Abgeordneten und doch schon mächtig dank des Rückhalts und der Funktion in seiner Partei. Zunehmend wird er in Bonn wichtig, weil er in München wichtig ist. Anfangs dient er dem rheinischen Taktiker Adenauer noch als Staffage aus dem Voralpenland. Nur in seinen eigenen Erinnerungen spielt er bei der politischen Kuchenschlacht im Garten von Adenauers Privathaus, die als »Rhöndorfer Konferenz« in die Geschichtsbücher eingeht, eine wichtige, sogar die entscheidende Rolle; in Adenauers ausführlicher Beschreibung dieser bedeutsamen Sitzung von 25 Honoratioren und Notabeln der Union kommt der junge Bayer gar nicht vor. CDU und CSU hatten bei der Bundestagswahl 31 Prozent der Stimmen (139 von 402 Mandaten), aber nur 400 000 Stimmen mehr als die SPD errungen; nun ging es darum, wer mit wem koalieren sollte.

Adenauer war fest zu einer kleinen Koalition aus verschiedenen

Parteien des bürgerlichen Lagers entschlossen, mächtige Männer der CDU aber wollten in der Stunde der Not und des Aufbaus eine große Koalition mit der SPD, um die kommenden Schwierigkeiten besser und vor allem mit breiten Mehrheiten meistern zu können. Bekanntlich setzte sich Adenauer durch. Dagegen machte die CSU eine eher unglückliche Figur in Adenauers Rosengarten: Hans Ehard, der Münchner Regierungschef, war beleidigt, weil er an einer derartigen Massenversammlung teilnehmen sollte; sein Stellvertreter im Parteivorsitz Michael Horlacher verpaßte den Zug und kam zu spät nach Rhöndorf. So blieb der junge Strauß der eigentliche Repräsentant aus der Bayernliga, und was er zu sagen wußte, hatte – laut Protokoll des Stuttgarter Regierungschefs Gebhard Müller – eine eher liebenswert-exotische denn irgendwie staatspolitisch bedeutsame Note. Strauß legte sein Augenmerk besonders auf den Kampf gegen die Bayernpartei: »Politische Gründe sprechen gegen Koalition mit SPD. Wir können uns gegen andere Parteien nur halten, wenn wir klaren, nicht sozialistischen Kurs steuern und durchhalten, vor allem gegenüber Bayernpartei. Wenn wir nicht gegen SPD sind, schwerste Einbuße. Man wird in Bayern sagen: ›So haben sie euch belogen‹, wenn wir mit SPD gehen. Der alte Kuhhandel der müden Weimarer Parteien muß aufhören. Man wird uns ein Zusammengehen mit CDU unmöglich machen, wenn hier ein engeres Gespräch mit SPD zustande käme. Wir müssen mit DP in Verbindung treten. Dadurch Isolierung der Bayernpartei.«
Diesen eher mageren Beitrag erhebt Strauß später in den Rang einer schicksalhaften Wegweisung: Adenauer habe den Hinweis, die CSU würde sich einem Gespräch mit der SPD verweigern, als mögliche Drohung verstanden, daß die Einheit der Union auf dem Spiel stehe, wenn eine große Koalition angestrebt werde. So sei es dank Strauß zu einer kleinen Koalition aus Parteien der bürgerlichen Mitte gekommen – die Adenauer freilich von Beginn an gewollt hatte. Doch Strauß' Beitrag in Rhöndorf zeigt, welche Bedrohung die 17 biederen Bayernparteiler für die 24 Christsozialen darstellen. Die BP unterscheidet sich zwar ideologisch kaum von der CSU, doch konnten ihre Politiker ungeniert mit regionalen Themen und mit Parolen gegen die Überfremdung durch Flüchtlinge auf Wahlfang gehen.

Die erbitterte Auseinandersetzung mit der Bayernpartei, die ein Jahrzehnt anhält und exotisch-bajuwarische Züge trägt, wird in den Anfangsjahren stark von Strauß geprägt. Der CSU-Generalsekretär beschwört metaphysische Instanzen, um eigene Parteifreunde vom Wechsel zur BP abzuhalten: »Wer spaltet, übt das Werk des Teufels«, sagt er etwa im November 1950. Im August 1952 schreibt er einen Brief an den einstigen bayerischen Kronprinzen Rupprecht und beschwert sich, daß »Eure königliche Hoheit auf einem von der Bayernpartei organisierten Heimatfest in Oberneuching bei Erding erschienen und dort mit Jubel begrüßt worden sind. Ich bitte, mir zu erlauben, daß ich, im Einvernehmen mit meinen politischen Freunden, unter denen sich zahlreiche Anhänger des monarchistischen Gedankens befinden, meine schweren Bedenken gegen einen solchen Vorgang zum Ausdruck bringe. Ich bin mit meinen politischen Freunden der Meinung, daß Eure königliche Hoheit als ehemaliger bayerischer und deutscher Generalfeldmarschall und die ruhmreiche Geschichte des Hauses Wittelsbach zu gut sind, um als Vorspann für parteipolitische Ziele verwendet zu werden.« Als zehn Jahre später Prinz Konstantin von Bayern CSU-Landtagsabgeordneter wird, protestiert Strauß nicht gegen dessen Einsatz als »Vorspann«.

Beim Aschermittwoch 1954 in Vilshofen bringt FJS die bayerischen Spalter in einen einfachen Zusammenhang mit kommunistischen Spaltern: Die Einheit des christlichen Blocks in Bayern müsse unbedingt wiederhergestellt werden, damit nicht die Kommunisten in der Sowjetunion die Uneinigkeit ausnutzen und »die Ziele Molotows«, des damaligen Moskauer Außenministers, durchsetzen könnten. Immer mal wieder werden Bundestagsabgeordnete der BP – sie erhielt 4,2 Prozent, die CSU 5,8 – umgedreht, also von den Christsozialen ziemlich unverblümt gekauft. Schon bei der Kanzlerwahl stimmt ein Parlamentarier der oppositionellen Bayernpartei für Konrad Adenauer. Die jahrzehntelange Nachrede, Adenauer sei nur dank seiner eigenen Stimme ins Amt geraten, gehört also ins Reich der Märchen: Sicher wurde er Kanzler auch mit seiner eigenen Stimme, warum auch nicht; aber den Ausschlag gab das Votum des Bayernparteilers Johann Wartner aus Niederbayern. Eigentlich hatte Adenauer die Bayernpartei sogar in seine Regierungskoalition aufnehmen wollen, um mit allen bürgerlichen Parteien gemeinsame Sache gegen die »Sozialisten« von der SPD machen zu können, aber der CSU-Generalsekretär Strauß redete ihm diesen Plan aus, weil sonst die Bayernparteiler in Bayern »hoffähig« würden. Adenauer gab erst nach, als Strauß erneut warnte, die CSU werde sich sonst nicht an der Regierung beteiligen können. FJS: »Diese weiß-blauen Separatisten haben fast alle Direktmandate in Ober- und Niederbayern gewonnen. Wenn wir sie jetzt auch noch regierungsfähig machen, bedeutet das eine Schwächung der CSU.«

Der Abgeordnete Wartner und seine Kollegen von der Bayernpartei bescheren der neuen Bundesrepublik gleich einen ihrer ersten großen Skandale. Bei einer der ersten Bundestagssitzungen am 3. November 1949 wird geheim über die Hauptstadtfrage abgestimmt: Das vor allem von der SPD favorisierte Frankfurt erhält 176 Stimmen, Bonn siegt mit 200 Voten. Bayernpartei-Chef Baumgartner persönlich beschuldigt im folgenden Sommer, als sich Querelen unter seinen Leuten sowie zwischen ihm und seinem Stellvertreter Anton Donhauser häufen, mehrere Abgeordnete der eigenen Fraktion in einem »Gedächtnisprotokoll«, sie hätten für ihr Stimmverhalten im Bundestag Geld angenommen. Baumgartner behauptet, sein Fraktionskollege Hermann Aumer wisse davon und habe ihm erzählt, es sei – für damalige Verhältnisse – viel Geld geflossen, um Bonn zur Hauptstadt zu machen. Aumer laut Baumgartner: »Es ist an Abgeordnete aller Fraktionen ein Betrag von insgesamt etwa zwei Millionen Mark bezahlt worden. Etwa hundert Abgeordnete seien bestochen worden mit Beträgen zwischen 20 000, 10 000 und 1000 Mark – 20 000 für diejenigen, die mitzureden haben, 10 000 für diejenigen, die ein Gewicht haben, und 1000 Mark für diejenigen, die nur ihre Stimme hergegeben haben.«

Aumer, offenbar Vermittler der meisten Transaktionen und mit einer Empfangssumme von 21 500 Mark ein besonders wichtiger Mitredner, habe behauptet, das Geld stamme von dem Kölner Bankier und Adenauer-Freund Robert Pferdmenges; andere Parlamentarier, die von einem Untersuchungsausschuß des Bundestags befragt wurden, nannten dagegen den amtierenden Bundesfinanzminister Fritz Schäffer von der CSU als generösen Geldgeber.

Der Ausschuß fand zwar keine direkten Beweise, weil es keine Quittungen gab; doch es gab zahlreiche Zeugenaussagen, die Aumers Behauptungen auch über den unterschiedlichen Wert von Abgeordneten bestätigten. Donhauser, der trotz seiner Freundschaft mit Strauß zur BP übergetreten war, hatte seinem Spezl Franz seine finanzielle Misere geklagt; da hatte der natürlich guten Rat gewußt. Selbst Schäffer gab zu, aus »nichtverbrauchten Resten« des CSU-Wahlkampffonds an klamme Bayernparteiler milde Gaben verteilt zu haben. Freilich war und ist Abgeordnetenbestechung – damals fiel das Problem erstmals auf – nicht strafbar. Schäffer ging es zudem gar nicht um das Hauptstadtvotum, sondern darum, die Kollegen von der BP zu kaufen und damit die Konkurrenz auszuzehren. In diesem Ziel war er sich absolut einig mit dem CSU-Generalsekretär Franz Josef Strauß, dem die Transaktionen natürlich bekannt sein mußten, dem das aber nicht nachzuweisen war. Staatsanwälte konnten für die Untersuchung einer nicht strafbaren Tat nicht interessiert werden.

Um so erfolgreicher waren die cleveren CSU-Manager. Donhauser und elf weitere Abgeordnete der Bayernpartei verließen bis zum Ende der Legislaturperiode ihre Fraktion und wechselten in die CSU-Landesgruppe des Franz Josef Strauß, der damit seinen Einfluß mehren konnte. Gegen drei Abgeordnete der Bayernpartei – Freiherr von Aretin, Ludwig Volkholz und Hermann Aumer – wurde im Sommer 1950 ein Verfahren wegen des Verdachts falscher Aussagen vor dem Untersuchungsausschuß angestrengt, das praktischerweise erst nach der Bundestagswahl 1953 eingestellt wurde, als die Zahl der BP-Mandate in Bonn auf Null geschrumpft war und die CSU ihre Sitze von 24 auf 52 (8,8 Prozent) mehr als verdoppelt hatte.

Äußerst lehrreich blieb für die CSU die damalige Erkenntnis, wie leicht sie eine andere Partei unter dem Vorwurf des Meineids, falscher Aussagen oder der Korruption angreifen und schädigen konnte, wenn sich nur geeigneter Anlaß fand. Diese Erfahrungen gab Generalsekretär Strauß, als die BP in Bayern wieder einmal (zu) stark wurde, an seinen Nachfolger Friedrich Zimmermann weiter, der in dem Zusammenhang freilich selber unter Meineidsvorwürfe geriet. Strauß war meistens vorsichtiger: Beweise lagen

bei ihm nicht so einfach herum, Widersprüche vor einschlägigen Ausschüssen pflegte er in einem Wortschwall zu ersticken, und die Drecksarbeit hatten, wenn möglich, andere zu erledigen.
Damals jedenfalls, 1950, blieb nichts an ihm hängen; Strauß behielt seinen Posten als CSU-Generalsekretär. Und obwohl er freimütig einräumte, Kollegen bestochen zu haben, blieb auch Bundesfinanzminister Schäffer im Amt. Daß der das wichtigste Ministerium in Adenauers Kabinetten für acht Jahre verwalten durfte, hatte er wiederum seinem Parteikollegen Strauß zu verdanken: Des »Ochsensepps« Schule war lehrreich.
Ursprünglich waren die CSU-Größen nach der Wahl nur mit zwei personellen Forderungen nach Bonn gekommen: Sie wollten an der Spitze des Staates repräsentativ vertreten sein, dabei dachten sie an den CSU-Vorsitzenden und bayerischen Ministerpräsidenten Hans Ehard als Präsidenten des Bundesrates (und Vertreter des Bundespräsidenten für die Dauer seiner einjährigen Amtszeit); und sie wollten in jedem Fall für ihren Parteifreund Hans Schuberth das Postministerium. Obendrein hatten sie sich vorgenommen, unter günstigen Umständen den Versuch zu unternehmen, ein weiteres Ministerium zu ergattern. Nachdem Ehard entgegen einer unionsinternen Absprache nicht gewählt worden war, ging Strauß in den Koalitionsgesprächen aufs Ganze: Er forderte nicht nur den Posten des Landwirtschaftsministers für Wilhelm Niklas, sondern nun als Genugtuung für seine Partei auch die Position des Finanzministers. So bekam Schäffer, eben auf mancherlei Umwegen (1948 war er aus der CSU aus-, und dann wieder eingetreten) zum Vorsitzenden der CSU-Landesgruppe im neuen Parlament gewählt, das Regierungsamt. Und Strauß erhielt den von Schäffer freigemachten Job als Chef der Landesgruppe, was ihn automatisch als Vize in den Vorsitz der CDU/CSU-Fraktion rücken ließ. Drei der dreizehn Ministerposten in der Koalition von der CDU/CSU, FDP und Deutscher Partei (DP) gehörten der CSU, Strauß selber zählte zu den Bonner Führungsgestalten seiner Partei. Die Bonner Karriere konnte beginnen, Macht und Posten waren verteilt.
Von Dienstag bis Freitag hielt Strauß sich nun in Bonn auf und ließ sich, der Jugend wegen, zum Vorsitzenden des nicht sonderlich

bedeutsamen Ausschusses für Jugendfürsorge wählen. Montags arbeitete er als CSU-Generalsekretär in und um München. Samstags weilte er in seinem Wahlkreis Weilheim oder in Schongau, sonntags zog er durch die Wirtshäuser der bayerischen Provinz. Seit dem ersten Erscheinen des (damals mit Bindestrich geschriebenen) BAYERN-KURIER am 3. Juni 1950 war er dessen Chefredakteur und zugleich dessen Herausgeber (neben Lorenz Sedlmayer). Strauß hielt sich schon damals für schier unersetzlich; einem Reporter der NEUEN ZEITUNG klagte er fürs Publikum bestimmt sein Los: »Ein Privatleben gibt es für mich kaum mehr. Gott sei Dank bin ich nicht verheiratet, so daß ich keinen häuslichen Beschwerden ausgesetzt bin. Ich bin, seit ich aktiv in der Politik tätig bin, zum Heiraten nicht mehr gekommen.«

Im Juli 1950 debütierte Strauß im Bundestag mit einer Jungfernrede zum Entwurf eines »Programms für die Betreuung der deutschen Jugend«, woraus später der Bundesjugendplan wurde: »Es ist zu spät, für die Heilung der Jugend oder für nachgehende Fürsorge und Betreuung große Geldmittel aufzuwenden, wenn man vorher nicht den Mut gehabt hat, rechtzeitig das Geld aufzubringen, um vorzubeugen und konstruktive Lösungen zu schaffen. Man kann sogar glauben und sich der Hoffnung hingeben, daß dann weniger finanzielle Mittel benötigt werden als später, wenn es um die Heilung geht. Diese gestaltet sich ohne Zweifel in moralischer wie finanzieller Hinsicht – in politischer Hinsicht wissen wir es sowieso – wesentlich kostspieliger. (...)

Wird die Jugend für die Demokratie gewonnen, wächst sie als Nachwuchs, als zukünftiger Träger eines mit allen echten demokratischen Elementen ausgestatteten Staates hinein, oder steht die Jugend zunächst indifferent, lethargisch, später sogar sehr leicht feindselig oder umsturzbereit dem Staat gegenüber, der es nicht fertiggebracht hat, ihre Fragen, und zwar die allernächsten Fragen, zu lösen? Davor stehen wir. Das ist die Aufgabe, und dieser Aufgabe müssen wir gerecht werden.«

Kurz zuvor, am 26. Juni 1950, war der Koreakrieg ausgebrochen, und Strauß gehörte zu einer kleinen Gruppe von Unionsabgeordneten, die drei Tage später vom US-Hochkommissar John McCloy zum Gespräch gebeten wurde. Da fragte der Amerikaner, so erinnerte sich Strauß später in einem Gespräch mit dem Journalisten Klaus Stephan, »kurz und ohne Umschweife: ›Welche Forderungen stellen Sie für die Wiederaufstellung deutscher Soldaten?‹« Ein Thema, das Strauß fortan beschäftigen sollte.

Im April 1951 diskutierte das Parlament über den Bundesetat und dabei auch über jenen Haushaltsposten von 4,4 Milliarden Mark, den der Bundestag als Besatzungskosten lediglich zustimmend zur Kenntnis nehmen konnte. Strauß äußerte sich, weil außerhalb Deutschlands schon längst über Wiederbewaffnung und einen deutschen Verteidigungsbeitrag laut nachgedacht werde, leicht ironisch über einen Etattitel von 35 Millionen Mark, der »für die Finanzierung der Entmilitarisierung« vorgesehen war: »Uns würde das gegenläufige Verhältnis der Kosten interessieren, das heißt der Kosten für die eine Stelle, die für Entmilitarisierung und Entwaffnung arbeitet, und der Kosten für die andere Stelle, die zum Studium der Frage unserer Wiederbewaffnung eingesetzt ist.« Das war schon ziemlich keck im Parlament eines besetzten Landes.

Dreister wurde der junge Mann in seiner Eigenschaft als CSU-Generalsekretär, so etwa im Januar 1951 in Plattling, wo er sich wählerwirksam mit den Amerikanern anlegte: »Wir sind kein Experiment für demokratisierwütige Besatzungsoffiziere. In Bayern ist die Demokratie älter als in Amerika die weißen Menschen.« Aber er suchte noch nicht die offene Konfrontation innerhalb der Partei, um sich zu profilieren. Auf dem CSU-Parteitag in Bad Reichenhall, wo sich Hans Ehard als Parteivorsitzender bestätigen ließ, hielt er eine brave Rede mit lauter Parolen gegen die SPD und ihren Parteichef Kurt Schumacher.

Der MÜNCHNER MERKUR beobachtete ihn in seinem Münchner Hauptquartier: »Sein mehr vergrauter als grauer Mantel mag schon lange vor dem Krieg Dienst getan haben. Franz Josef Strauß legt nicht viel Wert auf derlei äußerliche Dinge, auch nicht in der Geschäftsstelle, die er als Generalsekretär der CSU aufgezogen hat. Dort führt man die Gespräche in Räumen, die mehr Kammern als Zimmer sind. Um so auffälliger, weil Strauß' Worte durchaus nicht im Kammerton fallen. Wenn dieser Mann sich ausladend über den Schreibtisch beugt, sieht man ihn an irgendeinem Stammtisch beim Tarockspielen ... Ja, der Tarock. Den spielt Strauß eben auch in der Politik. Die Karten sind stets gut gemischt und werden erst dann auf den Tisch geknallt, wenn die andern ihre Trümpfe hergezeigt haben.«

Zu den Gesprächen, die Strauß damals am Schreibtisch seiner Kammer führte, gehörte auch eines, das ihm für Jahre einen lukrativen Nebenverdienst einbrachte. Der Verleger des zitierten MÜNCHNER MERKUR, Felix Buttersack, war in jener Zeit auf den Aufsteiger aus Bayern aufmerksam geworden. Er zahlte ihm als »Berater, Sachverständiger und Kontaktmann« zur Bonner Szene (Buttersack) Monat für Monat die nicht imposante, aber damals komfortable Summe von 250 Mark. Damit konnte der Christsoziale seine Diäten, sein Gehalt als CSU-Generalsekretär und die Aufwandsentschädigung als Schongauer Landratsvize, das war er ja noch bis in den Sommer 1952, aufbessern.

Die Diäten ließ er sich anfangs bar aushändigen; im Zug nach München zählte er zuweilen die Scheine stolz mitreisenden Kollegen vor: Er hatte was, er war etwas wert. Er war nicht mehr der Junge aus dem Metzgerladen.

Seine monatlichen Bezüge waren eindrucksvoll: 600 Mark monatlich von der Edeka-Einkaufszentrale, 800 von Bayerns optischer Industrie. Dickster Batzen unter den Einnahmen, höher als die damals noch bescheidenen Diäten (1950 Mark bis 1951, 2030 Mark bis 1954), waren seit 1952 im Monat 5000 Mark von der Volkswirtschaftlichen Gesellschaft in Bayern »zur persönlichen politischen Disposition«. Chef dieses Spenden-Sammelvereins war Siegfried Balke, der später (1956) Nachfolger von Strauß als Atomminister wurde und zu diesem Zweck in die CSU eintrat. Seltsamerweise flossen diese 5000 Mark noch lange weiter, als Strauß längst Bundesminister und auch, als er dieses Postens ledig geworden war, nämlich bis 1964. Die »Spenden« addierten sich mithin auf rund 700 000 Mark. Erst als die dauerhafte Zuwendung öffentlich wurde, prüfte einmal ein Kontrolleur die Bücher. Zum Revisor wurde Fritz Zimmermann berufen, der natürlich nur »stichprobenartig« vorgehen konnte und feststellte, die fünf Riesen pro Monat seien »im weitesten Sinne des Wortes« für politische Zwecke, also »ordnungsgemäß« verwandt worden.

Von Strauß übernahm Zimmermann auch einen Trick, um sich einen höheren Pensionsanspruch zu verschaffen. Strauß meldete sich am Ende der ersten Legislaturperiode wieder als Landesbeamter im Bayerischen Staatsdienst zurück, wurde erwartungsgemäß, wenn auch nur auf dem Papier befördert und stürzte sich sogleich wieder, jeder Beamtenpflicht ledig, in den Wahlkampf und die Vorbereitungen für die nächste Wahlperiode. FJS hatte ein besonders erotisches, jedenfalls anziehendes Verhältnis zu Geld und geldwerten Vorteilen.

Seine große Stunde, die ihn über lobende Erwähnungen in bayerischen Regionalzeitungen hinausbrachte, kam am 7. Februar 1952: Bei der ersten großen Wehrdebatte des Deutschen Bundestages geht es darum, einer kriegsmüden, von den vergangenen Jahren enttäuschten und verbitterten Bevölkerung klarzumachen, daß Westdeutschland sich schon jetzt, wenige Jahre, ja wenige Monate nach den feierlichen Schwüren der Politiker, auf jede Art von Rüstung und Militarisierung zu verzichten, wieder bewaffnen und eine eigene Armee aufstellen muß. Es ist die heiße Phase des Koreakriegs, und auch der kalte Krieg zwischen den Blöcken kommt gerade auf Touren. Da versagt, alle Historiker bestätigen diesen Eindruck, am Rednerpult des Bundestags ein lustloser Kanzler Adenauer, der eigentlich um eine breite Parlamentsmehrheit für die nötigen Verfassungsänderungen werben müßte, aber zum Entsetzen der Parteifreunde und der Koalitionspartner nur müde in seinen Zetteln kramt und, um das zu bemänteln, exakt 164mal seine Standardanrede »Meine Damen und Herren« verwendet. Da kommt Franz Josef Strauß aus dem Nichts. Er schafft den Durchbruch in die erste Reihe.

Zwei Tage und Nächte lang hat er sich intensiv vorbereitet, hat die Rede mehr in Sätzen als in Stichpunkten seiner Ermelinde Bauer vorgetragen und diktiert, hat also trainiert. Dennoch ist die Rede nicht sensationell, die Stenographen haben nichts zu befürchten (sonst spricht er bis zu 444 Silben pro Minute). Dieser Beitrag bezieht seine Wirkung – wie manche große Rede – aus dem Anlaß oder, wie in diesem Fall, aus der Stimmung: Die Union ist niedergeschlagen, weil der Kanzler so dröge, so unvorbereitet und so wenig überzeugend geredet hat. Nach ihm hat für die Opposition

Erich Ollenhauer das kategorische Nein der SPD ausgesprochen. Nun ist FJS an der Reihe, und er ist – wie er später zugibt – aufgeregt. Strauß hält sich an das erprobte Rezept guter Redner, sachlich zu beginnen und emotional zu schließen:

»Als dieses Hohe Haus im September 1949 seine Arbeit für den Wiederaufbau unseres Vaterlandes aufnahm, da waren wir uns wohl bewußt, daß unsere Tätigkeit nicht in eine Periode friedlicher Entspannungen der Weltprobleme fällt. Ich rede nicht davon, ob wir es damals nicht erwartet haben, darüber reden zu müssen; jedenfalls haben wir es nicht gewünscht, daß wir uns in unserer politischen Arbeit mit dem Problem der militärischen Verteidigung unserer Heimat werden beschäftigen müssen. Wir haben es nicht gewünscht, weil wir gern gehabt hätten, daß die Weisheit der Sieger ausgereicht hätte, auf beiden Seiten eine tragbare Lösung auch für unser Volk herbeizuführen. (...)
Dem tragischen Irrtum der Westmächte, daß mit dem militärischen Sieg über Deutschland auch schon eine neue Ordnung der Welt und ihrer Zukunft eingeleitet sei, stand gegenüber die konsequente sowjetische Zielsetzung, daß der militärische Sieg über Deutschland erst die Basis, den Ausgangspunkt und das Sprungbrett für eine Ausdehnung des sowjetischen Machtbereichs darstelle. (...) Deshalb müssen wir heute über die Verteidigung Deutschlands reden. (...)
Es besteht kein Zweifel darüber, daß die Vereinigten Staaten von Amerika das Rückgrat der Verteidigung der freien Welt darstellen. Ob unsere eigene innere Einstellung zu den Besatzungsmächten eine freundliche oder nicht freundliche Gesinnung ist, spielt in diesem Zusammenhang überhaupt keine Rolle. Kein Volk sieht die Soldaten eines anderen Volkes als Besatzungsmacht, auch nicht als Verteidigungstruppen mit Sondervorrechten – darüber sind wir uns völlig klar – gern in seinem Land. Wir wollen aber hier in der Skala der Gefühle und in der Skala der Realitäten nicht so weit gehen, daß wir, weil uns eine Tatsache unangenehm ist, uns durch deren Beseitigung den Strick um den Hals legen.«
Und dann folgt eine politische Vision, damals Utopie, die Strauß mit Kanzler Adenauer teilt: »Aus dem in siebzehn Staaten aufge-

spaltenen Resteuropa zwischen dem bolschewistischen Koloß und der Weltmacht Amerika muß ein in Freiheit und Gleichberechtigung geeintes Europa entstehen, oder Europa wird in absehbarer Zeit nicht mehr sein als ein geographischer Begriff auf der Landkarte. Dieses Europa hat ein gemeinsames Schicksal und eine gemeinsame Zukunft. Was liegt näher, als daß es zu einer gemeinsamen Politik kommen muß? Es wird zu einer gemeinsamen Politik kommen, wenn es gelingt, eine europäische Staatsidee statt einer Addition von nationalistischen Länderideen zu entwickeln, eine europäische Staatsidee, die viel guten Willen und manchen Verzicht von jedem Teilnehmer erfordert.«
Die einzelnen Staaten könnten aber nicht auf eine europäische Friedensordnung warten und bis dahin Konfliktfälle ausschließen:
»So gern ich die beiden mitsammen sprechen sehe, so möchte ich doch Herrn Dr. Adenauer und Herrn Dr. Schumacher nicht gern hinter Stacheldraht im Ural sich darüber unterhalten sehen, was sie im Frühjahr 1952 hätten tun sollen.«
In seinem Schlußappell an die SPD-Opposition nimmt Strauß diesen Gedanken des besonderen Erfolges wegen noch einmal auf:
»Möge es uns erspart bleiben, einmal darüber nachzudenken – wie es Ihren Parteifreunden und meinen Gesinnungsfreunden in der Vergangenheit gegangen ist –, was man hätte tun sollen, als es Zeit war. Heute ist noch Zeit, erstens zu prüfen, zweitens zu entscheiden und drittens in europäischer Verantwortung danach zu handeln. Es lebe Europa!«

Das Protokoll verzeichnet: »Stürmischer Beifall bei den Regierungsparteien. Lebhafte Zurufe von links.« Es verzeichnet nicht, was sich dann ereignet, selten genug im Hohen Hause – Strauß selbst wird es nie wieder passieren: Die Abgeordneten der Koalition erheben sich nach diesen siebzig Minuten von ihren Sitzen und spenden minutenlang Beifall. SPD-Chef Kurt Schumacher ruft dazwischen: »Das dröhnende Nichts!« Doch das geht im Stimmungstaumel unter. Strauß' Hausblatt MÜNCHNER MERKUR schreibt tags darauf: »Strauß hat sich durch seine Rede wahrscheinlich endgültig in die erste Garnitur der Bonner Hierarchie

vorgespielt. Auch diejenigen, die ihn ablehnen, rechnen mit ihm.«
Die RUHR-NACHRICHTEN entdecken, er sei »witzig, schlagfertig, hat einen sechsten Sinn für die Schwächen des Gegners und trägt auch Grundsätzliches mit der sympathischen Lebendigkeit eines großen politischen Temperaments vor«. Die FRANKFURTER ALLGEMEINE vergleicht ihn ahnungsvoll mit »einem Panzer, der alles niederrollt, was sich ihm in den Weg stellt«.
Kanzler Adenauer lobt seinen Retter: »Hat er jut jemacht!« CDU-Kollege Bruno Heck übt sich als Prophet, als er Strauß im Plenum dankt: »Jetzt wirst du Minister.«
Erst mal hebt er ab. Anfang Mai zeigt er Adenauer die Muskeln: Er droht mit einer Ablehnung der Westverträge, falls die Unionsfraktion über deren Inhalt nicht ausreichend unterrichtet werde. Im Juli wird er zum Vorsitzenden des neugebildeten Bundestagsausschusses für die Europäische Verteidigungsgemeinschaft (EVG) gewählt. Im selben Monat versucht er beim CSU-Parteitag, Hans Ehard als Parteivorsitzenden zu stürzen, weil er »mit den Methoden der Parteiführung nicht immer ein und derselben Meinung« ist, wie er den Delegierten erklärt. Doch noch während der Debatte bemerkt er, daß Ehard keinesfalls – wie von Strauß erhofft – freiwillig aufsteckt und daß die Mehrheitslinien in der Partei nicht klar verlaufen. So zieht er seine Kandidatur kurz vor der sonst unausweichlichen Kampfabstimmung zurück und gibt sich mit der Position eines Stellvertreters zufrieden. Erst neun Jahre später kann er auf den entscheidenden Platz vorrücken.
Selbst diesen Rückschlag in der Karriereplanung gibt sein Biograph Thomas Dalberg 1968 als weisen Schritt aus. »Es gehörte zu seinen Stärken, das in der jeweiligen Situation Erreichbare rechtzeitig zu erkennen.« Deshalb ist er offenbar so frühzeitig zielstrebig auf den Parteivorsitz losgaloppiert; seine Stärke brachte ihn zu der Erkenntnis, daß nur er, der Klassenprimus, zum Parteichef tauge. Und wegen dieser, von Strauß für sich selbst niemals reklamierten »Stärke« erwähnt sein Hofschreiber wohl auch nicht die zweite empfindsame Niederlage des Ungestümen in diesem Sommer, knapp vier Wochen später. Da wollen drei Emissäre – Unionsfraktionschef Heinrich von Brentano, sein Vize Strauß und Adenauers Vertrauter Heinrich Krone – dem damals 75jährigen Kanz-

ler an dessen Urlaubsort, dem schweizerischen Bürgenstock, klarmachen, er brauche eine Entlastung, weil er »bei vielen drängenden innenpolitischen Fragen einfach nicht präsent war« (Strauß). Die Verschwörer wollten dem Alten vorschlagen, das Auswärtige Amt, das er in Personalunion leitete, abzugeben und Brentano zum Außenminister zu ernennen. Man darf unterstellen, daß zumindest Strauß, vielleicht auch Krone weitere Absichten mit ihrem Besuch verfolgten, denn es klingt nicht sehr logisch und überzeugend, einem Mann die Außenpolitik, der er sich mit Leib und Seele verschrieben hat und die er mit überragendem Erfolg betreibt, wegzunehmen und ihm die Innenpolitik ans Herz zu legen, für die er sich nicht sonderlich interessiert. Mehr Sinn hätte es gemacht, dem Kanzler einen starken Innen- oder Reformpolitiker an die Seite zu stellen.

Der Vorstoß des Trios scheitert denn auch im Ansatz: »Die Gesichtszüge des Alten verzerrten sich zu mongolenhaftem Ausdruck, feindselig blickte er mich an«, schildert Strauß im nachhinein seine »mißglückte Mission«. Der anwesende Kanzlerstaatssekretär Otto Lenz, der das Anliegen der drei unterstützt und der Strauß vom »Ochsensepp«-Kreis her kennt, bewundert den »Mut« von FJS: »Du hast möglicherweise deine Karriere zerstört.« Doch dann ist es nur die Karriere von Lenz, jedenfalls als Vertrauter Adenauers, die zu Ende geht: Nach der Bundestagswahl 1953 verliert er seinen Job – und trifft erst Jahre später wieder dienstlich mit Strauß zusammen, als der skandalumwitterte Schützenpanzer HS 30 gekauft wird.

Schon vorher war dem Kanzler daran gelegen, den wachsenden Einfluß der CSU auf das Bonner Geschehen und besonders die Kraftübungen des Generalsekretärs und fast überall präsenten Jungstars Strauß einzudämmen. Zu diesem Zweck nahm er nun Kontakt mit dem ärgsten Feind der CSU auf, der Strauß noch schlimmer dünkte als ein leibhaftiger Bolschewik – mit der Bayernpartei des Josef Baumgartner. Adenauer entsandte seinen Intimus Hans Globke in geheimer Mission nach München, um der BP Avancen zu machen und ihr rechtzeitig vor Ende der Legislaturperiode ein Wahlabkommen anzubieten. Strauß hatte er darüber, wenn auch nur vage, brieflich informiert: »Ich glaube, daß ein solches Abkommen von größter Bedeutung für den Ausgang der nächsten Bundestagswahlen sein wird. Daher wäre ich Ihnen sehr dankbar, wenn Sie alles daransetzen würden, daß ein solches Abkommen zustande kommt, selbst wenn es für die CSU keine unmittelbaren Vorteile brächte. Auf die Dauer wird es sich doch zu ihren Gunsten auswirken.«

Dem konnte Strauß nun wirklich nicht zustimmen. Er ließ sich, schon mehr als eine Patzigkeit, mit seiner Antwort viereinhalb Monate Zeit, dann schrieb er ziemlich erbost zurück: »Es liegt weder in Ihrem Interesse noch im ureigensten persönlichen Interesse des Herrn Ministerialdirektors Globke, daß sein Name immer wieder in gewissen undurchsichtigen Zusammenhängen genannt wird. (...) Wenn wir manchen in unserer eigenen Partei laut gewordenen Stimmen oder gewissen Einflüsterungen gefolgt wären, dann wäre die Entwicklung umgekehrt verlaufen. In diesem Falle könnten wir damit rechnen, daß der CSU eine mindestens ebenso große und dazu selbstbewußte Bayernpartei gegenüberstünde. (...) Ich habe mich deshalb auch nicht Ihrem Rate, den Sie mir in einem Briefe in diesem Sommer erteilt haben, anschließen können. Ich glaube, daß wir in der Diagnose der bayerischen Verhältnisse doch etwas klarer sehen, als es von Bonn aus möglich ist.«

Das war ein Warnschuß und dennoch ein Treffer. Was bildete sich der Kanzler ein! Und wozu hatten die Christsozialen auf so umständliche Weise und so teuer einige der Bayernparteiler eingekauft? Doch nicht, um ihnen sogleich sichere Abgeordnetenplätze auf Unionskosten anzubieten und damit die Konkurrenz im eigenen Haus zu päppeln! Und das schönste an dieser bayerischen Kraftmeierei: Strauß sollte recht behalten und nicht der Kanzler. Die Union fuhr am 6. September 1953 einen großen Wahlsieg ein, und daß es danach überhaupt Koalitionsverhandlungen mit der FDP, der DP und dem Block der Heimatvertriebenen und Entrechteten (BHE) gab, lag nur daran, daß Adenauer für seine großen Vorhaben – Wehrpflicht und Westbindung – eine verfassungsändernde Zweidrittelmehrheit erzielen wollte.

Mit Macht zur Macht

Mit und gegen Adenauer

1953 – 1956

Schon nach einer Legislaturperiode gerät der junge Mann an den Kabinettstisch. Geholfen hat ihm dabei die Rede von 1952, die Kunst des Intrigenspiels, die er als CSU-Generalsekretär zu beherrschen gelernt hat, und seine führende Rolle beim wichtigen Koalitionspartner CSU, mit dem Adenauer es sich nicht verderben darf. Bei der Bundestagswahl 1953 erringt die Union exakt die absolute Mehrheit der Mandate; der Kanzler will aber eine Koalition mit FDP, BHE und DP, um eine verfassungsändernde Zweidrittelmehrheit anführen zu können. Vor allem die CSU bereitet Adenauer schon kurz nach der Wahl solche Schwierigkeiten, daß er stöhnt: »Lieber sechs Wochen Wahlkampf als eine Woche Regierungsbildung!« Tatsächlich aber dauert allein die Regierungsbildung sechs Wochen.

Am Tag vor der Kanzlerwahl am 9. Oktober 1953 bringt DIE ZEIT ein Porträt des kommenden Mannes: »Zu den einflußreichsten Akteuren des neuen Bundestages darf man den 38jährigen Abgeordneten Franz Josef Strauß zählen. Er gehörte schon im vorigen Parlament zu der ›ersten Garnitur‹. Im zweiten Bundestag wird er voraussichtlich eine noch wichtigere Rolle spielen: einmal, weil seine Partei, die CSU, eine viel stärkere Position besitzt als im vorigen Bundestag, und zum anderen, weil er eine starke natürliche Begabung für das politische Metier hat. Er hat, was den Erfolg in diesem Beruf ausmacht: politische Leidenschaft, eine volkstümliche Beredsamkeit, Verhandlungsgeschick, Mut, aber auch Anpassungsfähigkeit und Instinkt, der vor grobem Danebengreifen schützt.

Sein Draufgängertum hat die typischen Akzente bajuwarischer Urwüchsigkeit. Er kann – nicht nur in Wahlversammlungen –

deutlich bis zur Grobschlächtigkeit werden. Aber auch dann zeigt er noch Originalität und Treffsicherheit. Man nimmt ihm seine sprachliche Holzschnittmanier auch dort, wo sie hart an die Grenze des Zumutbaren geht, nicht übel, weil sie voller Überraschungen ist. (...) Das ist die eine Seite seiner Beredsamkeit. Daneben versteht sich sein an den klassischen Sprachen geschulter Stil auf substilste Nuancierungen. Diese zweite Seite zu Lasten der ersten mehr zu pflegen, Disziplin auch in Kampfsituationen zu wahren, wird ihm den Weg zum Staatsmann ebnen, der er werden kann.«

Schon kurz nach der Wahl ist Strauß aktiv geworden, und das ohne Rückendeckung seines damaligen Parteichefs Fritz Schäffer. FJS steckt voller Ungeduld. Endlich will er wieder Primus werden; er hat doch dazu – meint er – alle Chancen. Er verlangt, beim fälligen Aufbau der Bundeswehr müsse »das süddeutsche Element stärker berücksichtigt« werden. Im Gespräch mit Adenauer fordert der CSU-Mann für sich und seine Partei zwar nicht die Stelle des Verteidigungsministers, die der Kanzler seit langem dem christlichen Gewerkschafter Theodor Blank zugedacht hat, aber doch den Posten eines Ministers etwa »für Heimatverteidigung«, der parallel zum Verteidigungsminister eingerichtet und zum Beispiel für Zivilschutz, Bundesgrenzschutz oder die (damals noch gar nicht offiziell existierenden) Nachrichtendienste zuständig sein soll. Ersatzweise denkt Strauß an einen »Nationalen Verteidigungsrat« – mit sich selbst als dessen Generalsekretär –, der Minister Blank zum Befehlsempfänger und Verwaltungschef degradiert hätte.

Strauß' Forderungen sind so unverfroren wie unausgegoren. Zum einen haben die Besatzungsmächte einer deutschen Armee und einer Wiederbewaffnung noch nicht zugestimmt, einen Verteidigungsminister kann es also im Jahre 1953 noch gar nicht geben. Zum anderen gehen dem CSU-Chef Franz Schäffer diese Ideen des von ihm nur bedingt geliebten Parteifreundes ebenfalls zu weit. Er will sich im Gespräch mit Adenauer durchaus mit dem Posten eines parlamentarischen Staatssekretärs im Verteidigungsbereich für seine CSU begnügen. Es muß Adenauer ein Vergnügen gewesen sein, die beiden Unionskollegen der Schwesterpartei gegeneinander auszuspielen. Bundesfinanzminister Schäffer verspricht er,

»daß die CSU mindestens den zweiten Mann im Verteidigungsministerium erhalten soll«. Strauß läßt er mitteilen, er werde »zu gegebener Zeit« auf die Forderung zurückkommen und vorher prüfen lassen, »ob nach unserem Grundgesetz einem Herrn, der nicht Minister ist, Stimme im Kabinett gegeben werden kann«.
Die Prüfung fällt für Strauß günstig und ungünstig zugleich aus: Adenauer erkennt, daß er den ehrgeizigen jungen Mann nicht mehr viel länger vom Kabinettstisch fernhalten und durch eine Einbindung in die Regierung viel besser disziplinieren kann. Aber eine irgendwie verteidigungspolitische, strategische Aufgabe springt für Strauß zunächst nicht heraus. Es bedarf noch zweier Jahre des Drängens, Insistierens und Intigrierens, bis er (im neuen Bundesverteidigungsrat) offiziell eine verteidigungspolitische Kompetenz erhält, und eines weiteren Jahres der Ungeduld, bis er Blank – und Kanzler Adenauer – mürbe gemacht hat.
Bei der Regierungsbildung 1953 will der alte Fuchs Adenauer den jungen Wilden von der CSU zunächst sogar auf raffinierte Weise kaltstellen, indem er ihm ein politisch völlig bedeutungsloses Ressort anbietet: »Adenauer ließ mich kommen, um mir zu eröffnen, daß ich Familienminister werden sollte. Ich war irritiert und erheitert zugleich: ›Herr Bundeskanzler, damit würde ich die Witzfigur der Nation. Ich bin jetzt 38 Jahre, unverheiratet, ohne Familie – werde ich Familienminister, so fordert das alle Karikaturisten geradezu heraus. Herr Bundeskanzler, ich bitte Sie um Verständnis, aber dann ist es mir lieber, Sie lassen mich in der Fraktion.‹ Darauf der Bundeskanzler: ›Herr Strauß, ich mache Ihnen so ein gutes Angebot, und Sie befinden es nicht für nötig, es anzunehmen. Herr Strauß, ich bin enttäuscht von Ihnen.‹« Strauß antwortet ehrlich: »Wenn, dann möchte ich eine politisch wichtige Aufgabe haben, die zu mir und in mein Metier paßt.«
Auch eine einwöchige Bedenkzeit, die Adenauer seinem künftigen Minister aufzwang, vermochte den nicht umzustimmen. Der Alte hatte einen Widerpart gefunden, den er nicht so zu behandeln und herumzuschubsen vermochte wie die meisten anderen seiner Minister. Strauß: »Adenauer warf mir Undankbarkeit vor und war tief verärgert.« Doch um Strauß in die Kabinettsverantwortung zu holen, erfand der Kanzler schnell ein neuartiges Ressort, das eine

engere Verbindung zwischen Regierung und Fraktion schaffen sollte: Am 20. Oktober 1953 wurde FJS Minister für besondere Aufgaben.

Strauß selber machte sich keine Illusionen, warum er plötzlich Ministerrang erlangt hatte: »Zwei Überlegungen dürften Adenauer zu diesem Entschluß gebracht haben: a) draußen ist er mir zu gefährlich, in der Regierung habe ich ihn unter Kontrolle, und b) für diesen oder jenen Zweck werde ich ihn im Kabinett sicherlich ganz gut gebrauchen können. Das ›damnum emergens‹, die Abwendung eines möglichen Schadens, kam bei ihm immer vor dem ›lucrum cessans‹, dem Anstreben eines Vorteils.«

Vorteil für den Metzgerssohn aus Schwabing: Von nun an bezog er ein Ministergehalt, B 11 plus Zulage; mehr, als einem habilitierten Altphilologen je zugestanden hätte. Und auch die Pensionsansprüche waren für den 38jährigen ledigen Beamten, der schon in Schongau so zäh seinen Status verteidigt hatte, nicht zu verachten.

Zum Ärger der CSU, besonders von Strauß, berief Adenauer zwei weitere Sonderminister in solch neugeschaffene Funktionen; so wurde der Kabinettsneuling Strauß in seiner Bedeutung gleich wieder herabgesetzt. Im übrigen hatte es auch bei der Besetzung eher nebensächlicher Kabinettsposten Reibereien gegeben, die in der »Mayr-Schuberth-Affäre« gipfelten. Und wie immer in jenen Jahren, wenn es zu einer Affäre kam, hielt sich FJS nicht fern vom Geschehen auf. Es gab dabei sogar Anzeichen einer drohenden feindlichen Entwicklung zwischen den sogenannten Schwesterparteien CDU und CSU, die 23 Jahre später, immer noch unter Strauß, erneut an Aktualität gewannen, als der CSU-Chef in Kreuth die Fraktionsgemeinschaft der Unionsparteien aufkündigen ließ.

Anlaß der Affäre 1953 war Adenauers Versuch, die CSU zu erschrecken und dem ihm ergebenen, als Protestant stellvertretenden Parteichef (und CSU-Bezirksvorsitzenden von Mittelfranken) Karl Sigmund Mayr die Leitung des Postministeriums anzutragen, das bis dahin der CSU-Politiker Hans Schuberth ohne Probleme oder irgendwelche Beanstandungen unauffällig geführt hatte. Adenauer wollte sich damit bei Mayr revanchieren, der dem Kanzler öfters als Informant mit CSU-Interna ausgeholfen hatte; und er wollte auf diese Weise die festgefügte CSU-Front aufbrechen, die ihm in den vergangenen Jahren häufig Schwierigkeiten gemacht hatte. Adenauer empfahl seinem Kandidaten, der zu den Parteioberen in München naturgemäß ein eher distanziertes Verhältnis hatte: »Sie müssen Krach schlagen, denn in Bayern kann man nur mit Krach etwas erreichen.«

Dazu war Mayr zu schwach. Er spielte zwar kurz mit dem Gedanken, wie er dem Kanzler schrieb, in Franken »die CDU zu gründen« – dann »wäre die CSU nicht mehr die stärkste Partei im Lande«. Sein politischer Instinkt sage ihm, »wie stark die Ablehnung der altbayerischen Münchner Politiker in der Bevölkerung ist und wie groß das Verlangen ist, in einer CDU eine echte Entfaltung des bayerisch-fränkischen politischen Willens zu erreichen«. Kreuth 1953.

Doch den von Adenauer gewünschten Krach schlugen andere. Unmittelbar vor der geplanten Vereidigung der neuen Minister am 20. Oktober bat Mayr den Kanzler, auf seine Berufung zu verzichten, »weil ich von meinem Parteifreund Dr. Ehard, Fritz Schäffer und Franz Strauß in geradezu erpresserischer Weise dazu gezwungen worden bin«. Die Erpressung: Die lieben Parteifreunde hatten Mayr mitgeteilt, er werde mit sofortiger Wirkung aus der CSU ausgeschlossen, falls er Adenauers Ruf annähme. Für seine CDU-Pläne war aber ein Ministerposten Voraussetzung; er hatte damals für eine Parteiabspaltung oder -gründung noch keinerlei konkrete Vorbereitungen getroffen.

So kam es zu der Merkwürdigkeit, daß das zweite Kabinett Adenauer zwar pünktlich vereidigt wurde, aber keinen Postminister aufwies.

Strauß suchte das Manko demonstrativ auszugleichen, indem er bei der Vereidigung nicht da, wo er hingehörte, also in der zweiten Reihe der Regierungsbank, Platz nahm, sondern ganz vorn als vierter neben dem Kanzler und zwischen den »klassischen« Ressortchefs Schäffer und Ehard. Der Berliner TELEGRAF beobachtete die »gewichtigste Figur« des neuen Kabinetts in der Parlamentslobby: »Wenn er breitbeinig, eine Hand in der Hosentasche, oder auch am gar nicht verschämt getragenen Hosenträger schnippend, in der Halle des Bundeshauses steht, scheint er zu fragen: Wo steht das Klavier?«

In dieser Zeit feilt er am Ruf des Rabauken. Er will auffallen um jeden Preis, sich bekannt machen, nach vorn stürmen, sogar die Konventionen verletzen und den Kanzler treffen. Die Hemdsärmel werden zum Markenzeichen, der Säbel ist seine Waffe. Die Folgen seiner Angriffe sind ihm einerlei. Im Fall der Post: Die Leitung des Ressorts blieb bis zum Jahresende vakant, weil Adenauer Schuberth nicht reaktivieren wollte und weder er noch die CSU so schnell einen Ersatzmann präsentieren konnten. Erst dann trat Siegfried Balke, der Strauß auch später noch gewogen war, schnell in die CSU ein und wurde Schuberths Nachfolger.

Mayr aber wurde von der CSU nach Art eines stalinistischen Schauprozesses abgestraft und gedemütigt. Er mußte schriftlich seine Fehler eingestehen und Besserung geloben: »Ich habe die ausführlichen Darlegungen des Herrn Franz Strauß gehört und die Gründe erfahren, die ihn und Herrn Schäffer veranlaßten, mir zu raten, dem Bundeskanzler abzusagen. Die Gründe werden von mir anerkannt.« Und weil er zuvor dem SPIEGEL etwas gesteckt hatte, mußte er auch dafür Buße tun: »Ich gebe zu, nicht richtig gehandelt zu haben, und bitte um Entschuldigung, wenn ich durch mein Verhalten die Herren Dr. Ehard, Schäffer und Franz Strauß verletzt habe.«

Die nachgerade widerliche Unterwerfungserklärung endete mit den Sätzen: »Ich werde mich bemühen, im Geiste der Union mein Amt fortzuführen«, des weiteren zeige er sich bereit, »Erklärungen über die Politik der CSU nicht ohne Kenntnis und Zustimmung des 1. Landesvorsitzenden abzugeben«. So kläglich ging Kreuth I zu Ende. Hier wie dort wurde eine Spaltung der Union in Bayern mit letzter Kraft verhindert. Und Sonderminister Strauß konnte damals mit Recht behaupten, er habe den Kanzler bei den Koalitionsverhandlungen »schon zur Weißglut« getrieben.

Der Bonner Hofchronist Walter Henkels widmete Strauß erwartungsvolle Zeilen: »Er ist einem Ziegelofen ähnlich, den man angeheizt hat und dessen Ziegel glühen und prächtige Wärme ausströmen. Er ist wie ein Panzer, der aus dem Unterholz hervorbricht und alles, was sich ihm in den Weg stellt, überrollt. Auf den Gegner schießt er keine ›Fahrkarten‹. Und er ist – die Bilder drängen sich förmlich auf – wie ein Gladiator angetan mit der Tunika, der in der riesigen Arena erscheint und, wie es bei den Römern üblich war, ein Täfelchen trägt, auf dem nach dem ersten Sieg das Wort ›spectatus‹ – erprobt – steht.«

Dafür hatte er für seine Person eher schmählich abgeschnitten. Der Chef der Konkurrenz, Josef Baumgartner von der Bayernpartei, höhnte in den heimischen Wirtshäusern über »Deutschlands höchstbezahlten Arbeitslosen«. Das schmerzte. Erst später, als er ein wenig Distanz zu seinem damals so lodernden Ehrgeiz gewonnen hatte, konnte sich Strauß über sein erstes Regierungsamt mit ironischem Unterton äußern. Er hatte ein schönes Ministergehalt, einen persönlichen Referenten, den späteren CSU-Schatzmeister und »Ochsensepp«-Schüler Karl-Heinz Spilker, eine Sekretärin, Ermelinde Bauer, die Landratstochter aus Schongau, einen Fahrer, eine Etage in einem Mietshaus gegenüber dem Kanzleramt und einen Stander am Dienstwagen. Kompetenzen hatte er nicht: »Mein Ressort hat in einem Aktenkoffer Platz.«

Der Bundesminister für besondere Aufgaben fühlte sich als »Minister ohne besondere Aufgaben«: »Dem Arbeitsaufwand nach war das eine wunderbare Zeit. Ich bezog volles Ministergehalt, hatte keine Amtsverantwortung und einen weiten Spielraum. Aber irgendwie kam ich mir mit 38 Jahren wie pensioniert vor. Das Unbehagen, das ich schon bei Adenauers Angebot hatte, sah ich bestätigt. Ich konnte und wollte aber die zweite Offerte des Bundeskanzlers nicht ausschlagen, weil ich in undefinierbarer Ferne das Verteidigungsministerium sah. Ich wollte der erste Verteidigungsminister der Bundesrepublik werden.« Und öffentlich sagte er im SÜDWESTFUNK über seinen neuen Job: »Man kann es einfach so bezeichnen, daß die Tätigkeit der Sonderminister darin besteht, Fehlzündungen zu vermeiden, eine möglichst reibungslose und gut koordinierte Politik der Parteien, die hinter der Regierung stehen, und des Bundeskabinetts sicherzustellen.«

Für Strauß begannen höchst langweilige Monate. Nun war er zwar im Zentrum, aber nicht an den Schalthebeln der Politik. Er arbeitete wie besessen, dachte sich in alles und jedes ein, ohne für irgend etwas konkret zuständig zu sein. »Er hatte einen unersättli-

chen Lesehunger«, beschreibt Referent Spilker den Chef – aber keinerlei Disziplin. Besucher etwa ließ er stundenlang warten, weil er seine Termine nicht einzuteilen vermochte; und er charmierte die Bonner Politspitzen mit seinem fabelhaften Gedächtnis für alles, was ihn interessierte. Und ihn interessierte fast alles.
Er las, wie er konsumierte – Unmengen; und was er zitierte, hatte er auch wirklich gelesen. Friedrich Zimmermann half einige Zeit später dem Parteifreund beim Einräumen der Bibliothek in eine andere Bonner Wohnung; der Platz im Regal reichte nicht, da wollte er »einen Stapel Schwarten über Mathematik, Physik, Kybernetik« beiseite räumen im Glauben, Strauß lese das gar nicht wirklich. Er irrte sich. Strauß las fast alles; er setzte seine Schulzeit fort – und wollte in alles Einblick nehmen.
Er vertrieb sich die Zeit mit Vorträgen – etwa über »Die Wirtschaftspolitik der Bundesregierung im Jahre 1954« – und erregte damit sogleich heftigsten Argwohn bei Wirtschaftsminister Ludwig Erhard, der den neuen Kollegen am Kabinettstisch durchaus richtig einschätzte. Erhard verpetzte Strauß beim Kanzler, der ihn zur Zurückhaltung ermahnte, worüber sich Strauß am 22. Januar 1954 in seiner Antwort an Adenauer amüsierte: »Es ist mir ein völlig neuer Zug an unserem hochgeschätzten Wirtschaftsminister, wenn ich feststellen muß, daß seine Nerven allmählich wirklich schlecht zu werden scheinen. Seit dem Jahre 1948 weiß er, daß ich in schätzungsweise 300 Reden in guten und schlechten Tagen seine Wirtschaftspolitik vor allen wirtschaftlichen und sozialen Schichten unseres Volkes vertreten habe. Um so unverständlicher ist es mir, daß er ausgerechnet wegen meines Vortrages vor einem geladenen Kreise eine Briefaktion in Bewegung setzt, als ob eine ernste Störung seiner Wirtschaftspolitik durch meine Ausführungen eintreten könnte.«
Solche Eifersüchteleien empfand Strauß als lächerlich. Er wollte Politik machen – und dann so etwas! Um ihn herum ereignete sich Weltpolitik, aber er konnte kaum eingreifen. Die Außenpolitik hatte sich Adenauer noch immer persönlich vorbehalten. In der Ermekeilkaserne bastelte Blank an einem Konzept für den militärischen Aufbau. Im Kabinett hatte Adenauer durch seinen autoritären Stil allgemeine Unterwürfigkeit herausgefordert; die Mini-

ster wurden zu befehlsempfangenden Hanswursten degradiert, und daß sie das bereitwillig hinnahmen, erregte den ehrgeizigen Strauß mit seiner Vorliebe für die offene Aussprache.
Adenauer, Chef des Kanzler- wie des Auswärtigen Amtes, traf alle wichtigen Entscheidungen selbst; und im Jahre 1954 gab es Weichenstellungen zuhauf. Die Außenminister der vier Weltkriegsalliierten trafen sich im Januar zu einer freilich folgenlosen Konferenz in Berlin. Im Juni kam in Frankreich eine neue Regierung unter dem linksliberalen Pierre Mendès-France an die Macht, der Zusatzforderungen für den Vertrag zur Europäischen Verteidigungsgemeinschaft (EVG) stellte und von deren Durchsetzung seine Zustimmung abhängig machte. Als ein Einigungsversuch in Brüssel scheiterte, lehnte es die französische Nationalversammlung am 30. August ab, sich überhaupt mit der Ratifizierung des Vertragswerks zu befassen. Adenauer sprach von einem »schwarzen Tag für Europa« und ließ Strauß das Ereignis in einer Rundfunkrede politisch bewerten. Schon am 17. März hatte der im BAYERISCHEN RUNDFUNK seine Zuhörer darauf vorbereitet, daß die EVG auch scheitern könne: »Wir wissen, daß wir Geduld haben müssen. Aber man soll auch uns verstehen, wenn wir jetzt konkrete Entscheidungen verlangen. Noch gibt es zahlreiche Stimmen im westlichen Ausland, die unter Hinweis auf die Kriege 1914/18 und 1939/45 eine Wiederbewaffnung ablehnen, weil sie vor lauter deutschen Bäumen den sowjetischen Wald nicht sehen. Die widerstrebenden Kräfte des Auslandes sollten sich allerdings darüber im klaren sein, daß der Status quo auf die Dauer nicht aufrechterhalten werden kann, weil das Starren auf die Vergangenheit nicht von den Aufgaben der Zukunft befreit. Sie sollen sich auch darüber im klaren sein, daß ein zu langes Zögern und Zuwarten den moralischen Effekt der so vielversprechend begonnenen europäischen Politik gefährden kann.«
Am Tag nach dem Scheitern des Vertragwerkes sagt FJS im Rundfunk: »Die erste Frage für uns lautet: Hat hier wirklich Frankreich gesprochen? Nach arithmetischer Rechnung hat sich eine klare Mehrheit so entschieden. Aber die Mehrheit ist zustande gekommen, weil hundert kommunistische Abgeordnete dabei den Ausschlag gegeben haben. (...) Die sowjetische Politik hat durch

die Entscheidung der französischen Nationalversammlung seit Kriegsende ihren größten politischen Erfolg errungen.«
Gut gebrüllt, Löwe. Mit solch plump antikommunistischen Sätzen kann man zu jener Zeit beim Kanzler wie beim Bürger durchaus Eindruck schinden. Schließlich sei, fährt er fort, »der Plan für eine Wiederbewaffnung Deutschlands ausschließlich dadurch akut geworden, daß die aggressive und imperialistische Politik der Sowjets, während die Westmächte nach dem Zweiten Weltkrieg bis zum Zustand der Ohnmacht abgerüstet haben, es verstanden hat, ganz Osteuropa und große Teile Asiens zu unterjochen«.
Strauß zeigt sich zugleich zuversichtlich: »Auch das Ergebnis von Paris kann uns nicht irremachen, unsere Bemühungen fortzusetzen und die Hand der Versöhnung und Zusammenarbeit gegenüber Frankreich auszustrecken. Wir haben aber auch nie einen Zweifel darüber gelassen, daß wir nach einem Scheitern der EVG ohne deutsche Schuld das politische und moralische Recht für uns in Anspruch nehmen, unseren Beitrag für die Verteidigung unserer Freiheit (...) leisten zu dürfen. Wir haben die feste Überzeugung, daß die USA und Großbritannien nunmehr die nötigen Schritte unternehmen werden, um der Bundesrepublik Deutschland die volle Souveränität zu geben, die sie braucht, um weiterhin für Europa und für die Wiedervereinigung Deutschlands arbeiten zu können.«
Offenbar hatte der Kanzler seinen Sonderminister vor dessen Rundfunkrede ins Vertrauen gezogen. Denn schien es für die Öffentlichkeit so, als wäre nun die Arbeit vieler Jahre für eine Wiedererlangung der deutschen Souveränität und eine allmähliche Einigung Europas umsonst gewesen, so hatten Amerikaner und Engländer bereits für den Fall, daß die Verträge in Paris scheiterten, insgeheim ein Sicherheitsnetz geknüpft: Sie wollten der Bundesrepublik eine direkte NATO-Mitgliedschaft anbieten, um sie an den Westen zu binden und als Bollwerk gegen die Kommunisten im Osten in Stellung zu bringen. Winston Churchill äußerte schon am 19. August in einem Memorandum: »Wir müssen einen guten Plan ausarbeiten, um Deutschland in die NATO einzugliedern; er muß schon bald fertig sein, die Sache ist dringend.« Und: »Nur eine neue NATO unter Einschluß Deutschlands – mit bestimmten

Rüstungsbeschränkungen – kann unsere Freiheit und den Frieden der Welt sichern.«

Am 31. August erklärte US-Außenminister John Foster Dulles, die Westdeutschen müßten jetzt einen wesentlichen militärischen Beitrag zur Verteidigung Westeuropas übernehmen: Deutschland könne nicht zur Neutralität verpflichtet und »in bezug auf seine Souveränität einschließlich des ihm zustehenden Rechts der individuellen und kollektiven Selbstverteidigung diskriminiert werden«. Das Scheitern der EVG dürfe nicht Ausrede dafür sein, Deutschland Nachteile zuzufügen. Nun ging es um die Bedingungen der einigermaßen gleichberechtigten Rückkehr Deutschlands in den Kreis der Nationen.

Am 28. September begann in London eine Neunmächtekonferenz, bei der vor allem Frankreich Kontrollen gegen eine zu starke deutsche Wiederaufrüstung und eine gleichzeitige Lösung des Saarproblems forderte. Adenauer war voller Mißtrauen gegenüber der französischen Politik, die den Weg zu einem stärkeren Europa zu versperren drohte: »Es ist ein großer Irrtum, auf Frankreich zu zählen, wenn das Spiel der europäischen Nationalstaaten wieder beginnt. Die französischen Nationalisten sind ebenso wie die deutschen bereit, allen bösen Erfahrungen zum Trotz die alte Politik zu wiederholen. Denen ist Deutschland mit einer Nationalarmee lieber als Europa, wenn sie nur ihre eigene Politik mit den Russen machen können. Und die deutschen Nationalisten denken genauso. (...) Wenn ich einmal nicht mehr da bin, weiß ich nicht, was aus Deutschland werden soll, wenn es uns nicht doch noch gelingen sollte, Europa rechtzeitig zu schaffen.«

Um die Konferenz vor dem Scheitern zu bewahren, traf Adenauer nach zähen Verhandlungen den – so er selbst – »einzigen wirklich ›einsamen Entschluß‹« seiner Amtszeit: Er verzichtete im Namen der Bundesrepublik auf die Herstellung atomarer, bakteriologischer und chemischer (ABC-)Waffen sowie auf die Produktion schwerer Bomben und Raketen; diese einseitige, freiwillige Verpflichtung sollte im Vertrag zur Westeuropäischen Union (WEU) verankert und von den übrigen NATO-Partnern kontrolliert werden. Erst später, in seinen Erinnerungen, behauptete Adenauer, er habe diesem Verzicht auf Anraten von Dulles die völkerrechtlich einschränkende Klausel »rebus sic stantibus« – nur unter gleichbleibenden Umständen – hinzugefügt. Seine Mit-Unterhändler konnten sich an eine solche Szene allerdings nicht erinnern; der Kanzler war, um die Verhandlungen zu retten, weiter gegangen, als ihm hinterher lieb war.

Am 22. Oktober einigten sich Adenauer und Mendès-France auch in der Saarfrage: Die Franzosen machten die Zukunft des Saargebiets vom Ergebnis einer Volksabstimmung abhängig. Einen Tag später wurden die Pariser Verträge unterzeichnet – elf Verträge und Abkommen, die das Ende des Besatzungsregimes und den deutschen Beitritt zur NATO regelten. Es ging also in diesen Wochen und Monaten, als Franz Josef Strauß direkt gegenüber des Palais Schaumburg an seinem Schreibtisch nicht zu tun hatte, um die Zukunft Europas und die Zukunft Deutschland. Doch er war nicht dabei.

So machte der für nichts zuständige Minister seinen Unmut in einem überaus dreisten Brief an den – wie er in seinen Memoiren schreibt – von ihm doch so verehrten Herrn Bundeskanzler Luft – eine Kampfansage auf sechs Seiten, datiert auf den 8. Oktober 1954 (siehe Anhang). Das Schreiben platzte also mitten hinein in das weltpolitische Getümmel um Wiederaufrüstung, NATO-Beitritt, Souveränität und Saarstatut.

Schon damals hält Strauß die nötige Vorsicht im Umgang mit Koalitionspartnern für Leisetreterei; es sei Mangel an »straffer Führung«, schreibt er, »daß wir keine Koalition mehr sind«. Briefempfänger Adenauer notiert an den Rand neben diese Zeilen die spontane Gegenfrage: »Ist der B[undes]K[anzler] dazu berufen?«

Konrad Adenauer versteht den Brief so, wie er nur verstanden werden kann – als Anmaßung und Unverschämtheit. Er antwortet Strauß, der bereits zum die Landtagswahl vorbereitenden Parteitag der CSU nach Nürnberg gereist ist – die bayerische Wahl findet am 28. November statt –, mit einem frostigen Telegramm: »Ihr Brief vom 8. Oktober wird Grundlage einer sehr ernsten Aussprache sein müssen. Ich erlaube mir, darauf hinzuweisen, daß ein etwaiges Lautwerden der in diesem Brief zutage getretenen Tendenzen in Nürnberg zu einer öffentlichen Auseinandersetzung

führen wird. Eine solche scheint mir höchst inopportun für Ihre Wahl.«
Die Drohung im zweiten Teil der Depesche ist wohlkalkuliert. Adenauer zielt dabei auf die Ambition von Strauß, beim nächsten regulären CSU-Parteitag im kommenden Januar in München für das Amt des Parteichefs als Nachfolger des amtierenden bayerischen Ministerpräsidenten Ehard zu kandidieren. Auch Ehard erhält von Adenauer ein Telegramm, aber ein freundliches. Adenauer wünscht ihm und dem Parteikonvent einen »guten und erfolgreichen Verlauf«.
Strauß muß die unverhüllte Drohung in dem an ihn gerichteten Telegramm gut verstanden haben: Von der Nürnberger Landesversammlung drangen solche aufmüpfigen Redensarten, wie sie in seinem zornigen Brief enthalten waren, nicht nach Bonn. Er schimpfte nur allgemein auf die Zustände in der Koalition und machte dafür die Partner BHE und FDP verantwortlich.
Die von Adenauer angekündigte »sehr ernste Aussprache« fand wenige Tage später, am 13. Oktober, im engsten Koalitionskreis statt, jedoch ohne spektakuläre Folgen. Schon vorher hatte der Kanzler mit den FDP-Ministern Blücher und Preusker über die »Flegeleien« (Adenauer) des CSU-Kabinettskollegen gesprochen und sich, so erinnerte sich Blücher später, beklagt, »er könne Strauß höchstens mal wieder für einige Wochen in Ordnung bringen, hinterher würde es immer wieder Schwierigkeiten geben«. Und den Liberalen gibt der Regierungschef für den Umgang mit den beiden führenden CSU-Ministern den Ratschlag: »Sie behandeln im Ton den Schäffer und den Strauß viel zu freundlich. Das sind die nicht gewohnt!«
Adenauer obsiegte in dieser Auseinandersetzung mit Strauß auf der ganzen Linie. Der junge Ungestüme beugte sich wieder der Kabinettsdisziplin, machte seine brieflich angedeuteten Rückzugsabsichten natürlich nicht wahr und mußte kurz hintereinander zwei herbe Niederlagen persönlicher wie politischer Art einstecken: Die CSU konnte bei der Landtagswahl am 28. November 1954 zwar ihren Stimmenanteil von 27,4 auf 38 Prozent und die Zahl ihrer Mandate von 64 auf 84 gewaltig steigern, doch die vier anderen im Parlament vertretenen Parteien SPD, BP, Gesamtdeut-

scher Block GD/BHE und FDP vereinigten sich zur »Viererkoalition« unter Führung des SPD-Landeschefs Wilhelm Hoegner. Die CSU mußte für eine Weile auf die Macht in München verzichten und sich ungeduldig in die Opposition begeben. Das war ein Schlag ins Gesicht. Das nahmen die ehrgeizigen CSU-Größen, also besonders Strauß und Friedrich Zimmermann, sein Nachfolger als Generalsekretär, geradezu persönlich. Hatten sie sich dafür jahrelang abgerackert, daß ihnen jetzt »ihr« Bayern von der bürgerlichen BP-Konkurrenz, diesen Schreihälsen, wie sie fanden, weggenommen wurde? Der Freistaat, das waren doch sie, die Denker und Macher von der CSU, die der Macht und des neuen Anfangs wegen eine überkonfessionelle, antiklerikale, im bayerischen Sinne sogar liberale Partei gegründet und großgezogen hatten. Und dann kamen diese Exoten von der Bayernpartei daher, Nattern wie der neue stellvertretende Ministerpräsident Josef Baumgartner, dieser »Partisanenführer von Bayern« (Strauß), die die CSU selbst genährt hatte, und verdrängten die Christsozialen von allen Fleischtöpfen der Macht, jedenfalls in Bayern. Schuld hatten nach Ansicht von Strauß die Klerikalen um Hundhammer, die Erzkatholiken, die die Partei zu einer, wie Strauß nachträglich fand, unsäglichen Kultur- und Schulpolitik gezwungen hatten. Sie hatten Fehler gemacht, er nicht. Und sie sollten dafür büßen, daß ihnen die Regierungsinsignien weggenommen worden waren – indem nun er aus dem fernen Bonn das Parteizepter ergriff.

Ohne Rücksicht auf die Tatsache, daß seine Partei bei den Wahlen viel besser abgeschnitten hatte als je zuvor und nur durch das Zustandekommen der Viererkoalition von den bayerischen Kabinettspfründen verdrängt worden war, schlug Strauß im BAYERISCHEN RUNDFUNK mit Kritik und Selbstkritik zu: »Die SPD weiß ganz genau, daß ihre gegenwärtige Führungsrolle in der bayerischen Politik nicht so sehr ein Ergebnis ihrer politischen Stärke ist und schon gar nicht dem Wunsche der überwiegenden Mehrheit des bayerischen Volkes entspricht, sondern daß sie ihre führende Position dem Umfall und Abfall Baumgartners sowie den psychologischen und taktischen Fehlern der CSU verdankt, die nicht nach dem Wort gehandelt hat: ›Seid klug wie die Schlangen‹, sondern höchst naiv in Baumgartner immer den christlichen Politiker und

in der Bayernpartei die christliche Schwesterpartei gesehen hat, mit deren Hilfe man alle kulturpolitischen Forderungen kompromißlos durchsetzen könne. Mag in weiten Kreisen die Schadenfreude über den Mißerfolg der CSU sich mit der Empörung gegen den politischen Kuhhandel in München verbunden haben, größer ist die Sorge, daß ein ungutes politisches Klima in Bayern auch die schöne Koalitionslandschaft verdüstern werde.«
Strauß versuchte stets, den Eindruck zu erwecken, er habe es schon immer besser gewußt, indem er einen Fehler, den alle bemerken konnten, als erster geißelte und damit unmißverständlich klarmachte, daß es nicht der seine war. Dabei hatte er in diesem wie in anderen Fällen in den Präsidiums- oder Vorstandssitzungen immer dabeigesessen, hatte Beschlüsse laufengelassen, sogar gebilligt, von denen er sich anschließend im Falle eines Mißerfolgs sogleich distanzierte.
So zettelte er nun eine persönliche Auseinandersetzung mit dem als neuen Parteichef vorgesehenen Hanns Seidel an, der bei der Landesversammlung in diesem Januar 1955 zum Nachfolger von Hans Ehard gewählt werden soll; Strauß will Seidel zwingen, auch den Vorsitz der Oppositionsfraktion im Landtag zu übernehmen. Es mangele der CSU im Landesparlament deswegen an Schlagkraft, weil der bisherige Fraktionschef Prälat (!) Georg Meixner zu viele Rücksichten nehme, auch auf seinen Arbeitgeber. Strauß im Landesvorstand: »Eine Opposition muß manchmal sehr hemdsärmelig kämpfen.«
Daraufhin wird Exwirtschaftsminister Seidel, neben Fraktionschef Meixner, zum »Sprecher« der CSU-Landtagsfraktion gewählt, doch auch diese Konstruktion findet nicht das Wohlgefallen von Strauß: »Seidel ist ein sehr geschätzter, sachlicher, sachkundiger und seriöser Mann.« Und, direkt an den Gegenspieler gewandt: »Seidel, du warst aber bisher kein allzu kontaktfreudiger Mann. Du bist nicht landauf, landab gezogen, um für die Partei zu arbeiten.«
Beides trifft natürlich auf den Redner selbst zu, doch Strauß traut sich nicht so recht, seinen Führungsanspruch offen zu artikulieren. Er schlägt den von ihm sonst oft befehdeten Bonner Finanzminister Fritz Schäffer für den Parteivorsitz vor – und nur ersatzweise

sich selbst, für den Fall, daß Schäffer nicht will. Als der auf dem Parteitag seine Bewerbung zurückzieht, setzt sich Richard Stücklen für Strauß ein, den »durchschlagskräftigen Politiker«, der obendrein »weit über seinen Wahlkreis und die bayerische Heimat hinaus bekannt« sei. Strauß wird es Stücklen Jahrzehnte später vergelten.

Es ist typisch für Strauß: Sein Ehrgeiz läßt ihn die Logik vergessen, denn er als Bundesminister kann ja nicht, wie er es von Seidel einfordert, Fraktionschef im Maximilianeum werden. Außerdem mangelt es ihm an Umsicht: Seine Pluspunkte gegenüber Seidel hat er nicht genau gezählt, seine Chancen nicht realistisch kalkuliert. Warum hört er nicht auf seinen Parteifreund Michael Horlacher, der sich im Landesvorstand laut Protokoll gegen ihn wendet: »Strauß habe gute Eigenschaften, er habe eine pfundsoberbayerische Schnauze, wegen seines jugendlichen Leichtsinns müsse man ihn im Hinblick auf die Ämter, die er noch besetzen müsse, davon abhalten, sich zu verausgaben. Er gebe daher Strauß den Rat, vernünftig zu sein und seinem Namen Ehre zu machen und den Kopf in den Sand zu stecken.« Das mag Strauß nicht hören.

Hat er nicht gemerkt, daß er mit seiner Kandidatur dem Konkurrenten Seidel die Stimmen seiner persönlichen Widersacher aus der »Hundhammer-Riege« in Scharen zutreibt? Strauß verliert die Wahl mit 239 gegen 380 Stimmen, die Hanns Seidel auf sich vereinigen kann. Es ist die zweite schwere Niederlage seiner Karriere, die zweite Bruchlandung. Der Mehrheit der Delegierten war der Bonner Unruhestifter nicht geheuer. Sie plädierten für den gestandenen, ruhigen Bayern (aus Franken), der in aller Ruhe eine Hausmacht um sich geschart und auf die taktischen Fehler des anderen gewartet hatte – was er tun konnte, weil er nicht so sehr vom Ehrgeiz getrieben wurde.

Die Niederlage von Strauß ist auch ein halber Sieg für seinen direkten Münchner Gegenspieler, den puritanischen Erzklerikalen Alois Hundhammer, der die bayerischen Parteifreunde im Maximilianeum immer mal wieder mit Dossiers über das fröhlich-ausschweifende Leben ihres in Bonn weilenden Repräsentanten versorgte. Der prüde Erzkatholik regt sich auch darüber auf, daß Friedrich Zimmermann, damals 29 Jahre alt, eine evangelische,

zudem geschiedene Frau heiraten will. Strauß kann im geschäftsführenden Landesvorstand mit Mühe durchsetzen, daß Zimmermann dennoch in das Amt des Landesgeschäftsführers berufen wird.
Das Konkurrenzverhältnis zwischen Seidel und Strauß bleibt noch eine Weile bestehen. Strauß schreibt seinem Gegenspieler seltsamerweise einen Brief mit der Anrede »Seidl«. Der Parteichef, eben gewählt, aber längere Zeit krank, schlägt bei einer seiner ersten Amtshandlungen zurück: Er nennt das Parteiblatt BAYERNKURIER ein »Schandblatt« – und zielt damit natürlich auf den Herausgeber Strauß (und dessen Kompagnon Lorenz Sedlmayr, einst Staatssekretär im Münchner Verkehrsministerium). Strauß hatte die Herausgeberschaft von der ersten Ausgabe an innegehabt, zunächst wohl in seiner Eigenschaft als Parteigeschäftsführer. Auf Seidels Drängen muß Zimmermann die Auflagenhöhe des Parteiorgans dem Vorstand offenbaren – es sind 5600 Exemplare. Seidel plädiert für dringende Verbesserungen: »Ich stelle mir vor, daß er etwas darstellt und für die Partei grundsätzlich spricht: saubere Leitartikel und nicht das bisherige Gestammel.« Außerdem bezeichnet Seidel es als einen »unmöglichen Zustand«, daß er als Parteivorsitzender keinen Einfluß auf das Blatt geltend machen kann. Strauß ziert sich noch eine Weile, ehe Seidel zum Januar 1957 Mitherausgeber werden darf.
Strauß murrt, er tobt und schimpft vor seinen Freunden: So viele Gemeinheiten, so viele Tiefschläge habe er doch nicht verdient! Und er reagiert sich – nicht zum ersten-, nicht zum letztenmal – mit Drohungen in einem absurden Szenario ab. Seinem Vertrauten Richard Stücklen, dem parlamentarischen Geschäftsführer der CSU-Landesgruppe, erzählt er, was dieser sogleich an den CDU/CSU-Fraktionschef Heinrich Krone weitergibt: »Wenn nicht in absehbarer Zeit Strauß im Kabinett so verankert werde, daß er eine volle politische Aufgabe habe, werde er aus der Regierung ausscheiden und wieder die Führung der CSU [im Bundestag] übernehmen.« Und dann sei es möglich, daß Strauß den Fraktionsvorsitz, also Krones Posten, beanspruche. Falls er auch damit abgebügelt werde, stehe die Fraktionstrennung bevor. Schon wieder Kreuth, wenn auch nur als Gedankenspiel. Strauß ist vom Ehrgeiz

zerfressen. Er will gestalten, Politik machen – und nicht mehr nur reden.

Der Sonderminister, der nichts zu tun hat, legt sich erstmals so etwas wie eine persönliche politische Strategie zurecht, eine Art Karriereplanung, in der sein ihm ergebener Freund Fritz Zimmermann eine wichtige Rolle spielt. Die beiden gelten ja, seit ihr Lehrherr Josef Müller, der »Ochsensepp«, sie einmal so genannt hat, als die »trickreichen Unzertrennlichen«. Tatsächlich ist es, von Strauß aus gesehen, eher eine Art Haßliebe – er braucht den anderen, aber eigentlich möchte er einen anderen zu brauchen nicht nötig haben, weil das Abhängigkeiten schafft. Immerhin: Geht die Sache schief, trägt Zimmermann die Schuld; gelingt das Spiel, hat Strauß gesiegt. Er macht aus dem Generalsekretär der CSU so etwas wie einen Hof- und Hütehund auf dem bayerischen Gut; nun wird zweigleisig und arbeitsteilig gefahren. Strauß wird sich in Bonn unersetzlich machen, bis sein Ruf als Primus der Union nach Bayern dringt. Zimmermann soll zunächst in München aufräumen und vor allem die Partei auf Vordermann bringen, die ja bis zur Amtsübernahme der Viererkoalition aus der Regierungszentrale heraus verwaltet werden konnte. Jetzt muß eine richtige Parteiorganisation her. Zimmermann führt vergleichsweise moderne Managementmethoden ein, richtet die Partei auf die »Landesleitung« in München aus und schafft so den Beginn einer Wende. Die Zahl der Mitglieder steigt von 35 000 (1955) über 115 000 (1972) auf 178 000 (1994), die Zahl der hauptamtlichen Mitarbeiter von 14 auf über 200.

Allerdings ist die Zahlungsmoral der Mitglieder schlecht. Bis 1966 erzielt die Partei aus Beiträgen ganze 25 000 Mark im Jahr. Der damalige Generalsekretär Anton Jaumann stellt unverblümt fest: »Der ganze Parteiapparat ist mit Steuergeldern bezahlt worden.«

Zimmermann ist bei seinem Amtsantritt im Jahr 1955 klar, wie nötig eine grundlegende Organisationsreform, eine Modernisierung der CSU ist. Er weiß auch: Wenn die Bayernpartei diesmal nicht wieder gekauft werden kann, muß sie eben anderweitig zerstört werden.

Beim Parteimanagement gibt es reichlich zu tun, erst der Verlust der Regierungsmacht zeigt den Christsozialen, wie sehr sie davon profitiert hatte. Parteichef Seidel im Vorstand: »Wenn ich heute frage, wie viele Mitglieder hat die Partei, kann niemand eine authentische Antwort geben, weil draußen die Organisation nicht mehr da ist. Die Partei ist Staatspartei geworden. Sie ist von der Staatskanzlei gesteuert worden und hat ihre Eigendynamik verloren.« Dabei wußte der Vorstand wenigstens annähernd um das Problem: Die Zahl der CSU-Mitglieder war von 82 000 im Jahr 1947/48 auf ungefähr 35 000 im Jahr 1955 gesunken. Zimmermann schlug als erste Maßnahme vor, in den 47 Bundestagswahlkreisen hauptamtliche Geschäftsführer einzustellen, die zwischen der Landesleitung und den Kreis- oder Bezirksverbänden vermitteln sollten. Vier Monate später klagte Zimmermann, von den 193 Kreisverbänden hätten nur etwa 60 auf seine Vorschläge reagiert.

Die Münchener Viererkoalition bietet dem Freundespaar sogleich Anlaß wie Handhabe, die Bayernpartei in die Zange zu nehmen und an den Rand der Existenz zu drängen: Sie verabschiedet, völlig ohne Not, im April 1955 das Spielbankengesetz, das die Gründung von vier privaten Kasinos möglich macht, und empört damit die Klerikalen um Hundhammer, die ein Kasino für »Teufelswerk« halten. So fügt die Regierungskoalition die sonst zerstrittenen Flügel der CSU-Opposition gegen die frevlerisch-frivolen Bayernparteiler zusammen, die mit bemerkenswerter Einfalt den ausgebufften Christsozialen auf den Leim gehen. Die CSU erzwingt einen Untersuchungsausschuß und streut, bei der Konzessionsvergabe an die Kasinobetreiber sei Schmiergeld im Spiel gewesen. Beweisbar ist freilich nur, daß der CSU-Abgeordnete Franz Michel mit 50 000 Mark bestochen wurde. Der MÜNCHNER MERKUR im November 1955: »Eine tiefe Wunde will die CSU der Bayernpartei auf jeden Fall schlagen. Es wäre für sie ein Triumph ohnegleichen nachzuweisen, daß die BP in irgendeiner Form finanziell an dem Spielbanken-Komplex profitiert hat.«

Jetzt wird Hundhammer aktiv: Er stellt Baumgartner und dem BP-Innenminister August Geislhöringer eine Falle, indem er sie zu Eidesleistungen treibt, obwohl er schon zu diesem Zeitpunkt weiß, daß ihre Aussagen nicht korrekt sein können. Nun hat die CSU die Bayernpartei am Wickel: Sie droht, sie könne die Konkurrenz mit

Belastungsmaterial erpressen. Erst einmal versucht Strauß mit Hilfe der SPD, seine Partei zurück an die Macht zu bringen. Im Gespräch mit SPD-Chef Waldemar von Knoeringen bietet er sogar einen Verzicht der CSU auf den Posten des Ministerpräsidenten an – vergeblich. Die SPD sieht keine Gemeinsamkeiten. Danach versuchen Strauß und Prälat Meixner, einige Bayernparteiler direkt zu umgarnen, offenbar mit größerem Erfolg. Kurz nach der Bundestagswahl 1957, bei der es der CSU gelingt, sämtliche 47 bayerischen Direktmandate zu erobern, macht CSU-Chef Seidel der BP ein Angebot: Wenn sie die Viererkoalition in München verläßt, ist die CSU »bereit, das belastende Material aus der Spielbank-Affäre gegen die Bayernpartei nicht zu verwenden«. Im selben Monat schon, im Oktober 1957, verläßt die BP die Münchner Regierungskoalition, um mit der CSU ins Bett zu schlüpfen; SPD-Ministerpräsident Hoegner tritt zurück. Nachfolger wird Hanns Seidel, der nicht daran denkt, die BP ins Kabinett zu bitten.

Der ultrakonservative Hundhammer, in inniger Abneigung mit Strauß vereint, kandidiert jetzt für den Posten des bayerischen Landwirtschaftsministers, was den Widersacher in Bonn aufs höchste alarmiert. Strauß eilt nach München in die Sitzung der CSU-Landtagsfraktion, der er ja gar nicht angehört, und fordert Hundhammer zum sofortigen Rückzug auf; ansonsten müsse er, Strauß, für sich »Konsequenzen ziehen«. Doch anderntags wählt eine Zufallsmehrheit den Exkultusminister zum neuen Chef des Landwirtschaftsressorts. Regierungschef Seidel ermahnt ihn, sich ausschließlich um landwirtschaftliche Belange zu bekümmern. Strauß muß sich dem Feind beugen.

Die Landtagswahl 1958 zeigt den Erfolg der CSU-Strategie: Die Partei legt um 7,6 auf 45,6 Prozent zu, während die Stimmanteile der BP um 5,1 auf 8,1 Prozent schrumpfen.

Ende Januar 1957 beginnt der Feldzug der CSU gegen die Reste der Bayernpartei, als Zimmermann an Karl Freisehner gerät, eine zwielichtig-schillernde Gestalt aus der Kasinobranche, und die Chance zum Showdown wittert. Freisehner beschuldigt sich wenig später selbst, er habe vor dem Untersuchungsausschuß des Landtags falsch ausgesagt; tatsächlich habe er Mitglieder der Bayernpartei doch geschmiert. Im folgenden Prozeß, der einen Einblick in aberwitziges bajuwarisches Brauchtum und bayerisches Landrecht bietet, schwört Zimmermann an der Wahrheit vorbei, er sei niemals bei dem Kasinobetreiber Simon Gembicki gewesen, um Material gegen Baumgartner entgegenzunehmen. Die angeklagten Bayernparteiler, aber auch Freisehner und sogar ein CSU-Landtagsabgeordneter, erhalten drakonische Strafen wegen Meineids. Baumgartner etwa, immerhin eben noch stellvertretender Ministerpräsident, wird mit zwei Jahren Zuchthaus bestraft. Zimmermann dagegen, wegen seines Eids in diesem Verfahren selbst Beschuldigter in einem Meineidprozeß, bekommt im Juni 1960 vier Monate Gefängnis auf Bewährung, eine Strafe, die im Jahr darauf aufgehoben wird, weil der damalige CSU-Generalsekretär für den Zeitpunkt seiner Aussage »verminderte geistige Leistungsfähigkeit« geltend machen kann. Baumgartner allerdings erlebt sein eigenes Revisionsverfahren nicht mehr; krank und verbittert stirbt er vorher. Die CSU hat ganze Arbeit geleistet – eine Bayernpartei gibt es nicht mehr.

Anfang der siebziger Jahre rollt der STERN die Affäre wieder auf und behauptet, der Spielbankenskandal habe der CSU nur dazu gedient, die BP auszuschalten; dabei habe sich der Regisseur Zimmermann immer wieder mit Strauß abgesprochen. Ein auf die Veröffentlichung folgendes fünfjähriges Verfahren bestätigt den Vorwurf, allerdings stuft das Landgericht München die Zeugen des Klägers, also der CSU, durchweg als ernstzunehmend ein, während die Zeugen der Zeitschrift – darunter Zimmermanns Exehefrau Erika – eher als unbedeutend gelten. Das Gericht verfügt, die Behauptung, Strauß sei an dem Skandal mitbeteiligt, sei zu unterlassen, »obwohl nach dem Ergebnis der Beweisaufnahme deren Unwahrheit nicht voll erwiesen ist«. Zu deutsch: Die Beteiligten hatten kein Beweismaterial zurückgelassen. Gleichwohl ist die CSU seitdem die beherrschende Kraft in Bayern; und dazu verhalfen ihr die Aktivitäten der beiden Generalsekretäre Strauß und Zimmermann. Die Arbeitsteilung der Freunde zeitigte Früchte, auch wenn es gelegentlich zu persönlichen Rückschlägen für den einen oder den anderen auf dem Weg nach oben kam. Zimmermann, am Ende Bundesminister des Inneren von Strauß' Gnaden, rollte die Bundespolitik zunächst von Bayern aus auf; Strauß wählte den direkten Weg: Sein Ziel war ein Umzug auf die andere Seite der Koblenzer Straße in Bonn – vom Sonderministerium hinüber ins Kanzleramt.

In seinem kleinen Ministerium, in dem er nichts zu tun hat, beschäftigt sich der Ungeduldige Anfang 1955 intensiv mit einem Ressort, das ihn nichts angeht. Der künftige Verteidigungsminister Theodor Blank will innerhalb von drei Jahren eine 500 000 Mann starke Armee aufstellen; Strauß hält dieses Ziel für völlig »unerfüllbar« und meldet sich mit seiner Kritik auch im Kabinett zu Wort. Nach Blanks Planung, so tadelt er, müßten in jeder Woche drei Bataillone à tausend Mann aufgestellt werden, schon organisatorisch ein »Ding der Unmöglichkeit«.

Auch im Bundestag macht er klar, wer künftig in der Verteidigungspolitik vorzudenken beabsichtigt. In der hundertsten Sitzung des Parlaments am 16. Juli 1955 zieht er offen gegen Blanks Planung los und plädiert für Qualität statt Quantität bei der Aufrüstung. Im nuklearen Zeitalter hätten sich die Voraussetzungen geändert: »Für uns Deutsche ist es heute nicht mehr interessant, ob die USA die letzte Entscheidung gewinnen werden. Für uns ist es einzig interessant, daß sie die erste Entscheidung durch ihre Abwehrbereitschaft für den Angreifer aussichtslos machen würden.« Da meldet sich der Atomstratege, der später immerzu über Präventivschläge nachdenken wird, der besessen sein wird vom atomaren Vernichtungspotential unter besonderer Berücksichtigung der angeblich so expansiven sowjetkommunistischen Weltbeherrscherideologie.

Trotz aller Enttäuschungen zu Anfang des Jahres 1955 hat der Brandbrief von Strauß an den Kanzler für den Absender letztlich auch positive Folgen. Denn neben jene Stelle, wo Strauß sich beklagt, die Sonderminister stünden wegen ihrer undefinierten oder nicht erteilten Sonderaufgaben im »Ruf der Lächerlichkeit«, fügt Adenauer am Briefrand handschriftlich das Wort »Atom!« hinzu: Er wird ihn im Herbst desselben Jahres mit dem neugeschaffenen Atomministerium betrauen. So soll Verteidigungsminister Blank eine weitere Galgenfrist erhalten und Strauß eine weitere, aber nicht unbedeutende Ablenkung von seinem eigentlichen Karriereziel.

Allerdings versäumt es der Kanzler einstweilen, dem ungeliebten CSU-Draufgänger von seinen Überlegungen zu berichten. Er bietet ihm zunächst die Nachfolge von Anton Storch als Arbeitsminister an; Strauß erwidert dem Kanzler, diesen Job solle am besten Blank übernehmen, dann werde das Verteidigungsressort für ihn frei. Das mag der Kanzler, es ist Februar 1955, nicht akzeptieren. Er bindet den jungen Mann aber stärker in die operative Politik ein, indem er ihn mit diffizilen Kontakten zum französischen Außenminister Antoine Pinay betraut, den FJS schon in den Monaten zuvor während der Arbeiten für die EVG kennen- und schätzengelernt hat und zu dem er nun, nach dem Scheitern der Verträge im Pariser Parlament, die Verbindung im Kanzlerauftrag intensiviert. So kann Strauß in der Saarfrage ein wenig vermitteln und erhält gleichzeitig Einblick in das – wie er es selber schildert – waghalsige und doppelbödige taktische Spiel des Kanzlers mit Frankreich. Denn während Adenauer die Saarländer offen zur Zustimmung zum mit Frankreich ausgehandelten Saarstatut ruft – es sieht eine Volksabstimmung über den künftigen Status vor –, finanziert er laut Strauß im geheimen (mit Mitteln aus seinem »Reptilienfonds«) an der Saar einen Wahlkampf gegen seine eigene offizielle Politik, gegen seine eigene Partei und für die Eingliederung des Landes in die Bundesrepublik. Strauß nennt die für damalige Verhältnisse horrende Summe von »zehn bis elf Millionen Mark«, mit denen der Kanzler seine offizielle Regierungspolitik bekämpft und seine eigenen politischen Ziele erfolgreich durchsetzt. Die Historiker streiten noch, ob Strauß mit seinen Angaben recht hat, die ihn zu der bewundernden Bewertung bringen, welch »kühler und machiavellistischer Stratege« Konrad Adenauer gewesen sei. Das gefällt dem Bayern. Das wäre er auch gerne gewesen.

Allmählich gewinnt Strauß in Adenauers Augen an Bedeutung. Der Kanzler muß ihn ernst nehmen. Er läßt ihn über die komplizierten europäischen Verhandlungen regelmäßig unterrichten, und am 5. Mai 1955, dem Tag der (faktischen) deutschen Souveränität, treffen sich die beiden gleich zweimal: FJS ist Adenauers erster Gast nach dem Frühstück und, gemeinsam mit Kabinettskollegen, sein letzter am Abend. Vier Tage später tritt Deutschland

der NATO bei, einen Monat später (am 6. Juni) wird Blank, wie erwartet, erster Bundesverteidigungsminister, ohne daß die CSU auf ihre Forderung nach Repräsentanz in dessen Ressort zurückkommt. Strauß weiß ja schon, daß Blank es nicht schaffen wird. Deshalb versucht er, sich in der Öffentlichkeit als um- und weitsichtiger Verteidigungspolitiker zu profilieren, wie etwa bei der erwähnten hundertsten Sitzung des Bundestags am 16. Juli 1955: »Bei der unaufhebbaren Gegenseitigkeit von Abrüstung und Entspannung gilt es, die politischen Vertrauensvoraussetzungen zu schaffen, die einen Einsatz von Atomwaffen ausschließen. Bis dahin ist sicherlich noch ein weiter Weg.
(...) Wir dürfen nicht vergessen, daß der Einsatz der Atomwaffen von der NATO vorgesehen ist, weil die Sowjets nach dem Zweiten Weltkriege konventionelle Streitkräfte in ungewöhnlichem Maße beibehalten haben (...) und weil sie sie trotz der Entwicklung der Atomwaffen nicht abgebaut haben. Im Gegenteil, sie haben sie vervollkommnet und modernisiert. Das heißt, die Sowjets haben sich sowohl auf atomare wie auf konventionelle oder gemischte Kriegführung vorbereitet.« Das sechsseitige Redemanuskript des Ministers trägt die Überschrift »Gedankengänge zu dem Problem des Wertes konventioneller Streitkräfte im Atomzeitalter« – ein Thema, das Strauß in den nächsten Jahren nicht mehr losläßt.
Schon wenig später, am 6. Oktober 1955, kommt der Stratege Strauß seinem Traumziel, dem Verteidigungsressort, ein großes Stück näher. Adenauer beruft ihn in den neugeschaffenen Bundesverteidigungsrat, dessen Vorsitz der Kanzler selbst übernimmt. Vize zu gleichen Teilen werden Vizekanzler Franz Blücher und Minister Franz Strauß. Der zuständige Minister Blank wird nur einfaches Ratsmitglied.
Strauß präsentiert das neue Gremium stolz in der Öffentlichkeit und macht unverhohlen deutlich, daß er nun »die Wehrpolitik der Regierung koordinieren und kontrollieren« wolle. Blank muß häufig vor dem Rat erscheinen, seine Entscheidungen darlegen und rechtfertigen. Strauß dagegen übernimmt die Rolle des Oberaufsehers: Der Aufbau der Streitkräfte müsse im Einklang mit den »wirtschaftlichen Mitteln und finanziellen Möglichkeiten« stehen; eine deutsche Rüstungsproduktion und natürlich eine eigene

»deutsche Verteidigungskonzeption« seien nötig. Strauß nutzt jede Chance, den Ministerkollegen zu drangsalieren.
Als offiziell bestellter Verteidigungsexperte scheint ihm sein Ziel zum Greifen nah. Doch Adenauer verfügt sogleich einen weiteren Umweg: Am 21. Oktober 1955 beruft er Strauß zum Atomminister und rechtfertigt diese Entscheidung gegenüber dem Koalitionspartner und FDP-Chef Thomas Dehler so: »Es hat sich herausgestellt, daß auf dem Gebiete der Atomverwertung für friedliche Zwecke eine so den deutschen Interessen schädliche Zersplitterung eingetreten ist, daß es notwendig schien, dem betreffenden Bundesminister dadurch, daß man ihn ausdrücklich als Bundesminister für Atomfragen bezeichnete, eine größere Autorität zu geben. Sie wissen, daß Bayern einen Atomreaktor baut, daß Nordrhein-Westfalen etwas Ähnliches beabsichtigt, daß auf der Genfer Konferenz die ganzen deutschen Atomwissenschaftler überhaupt nicht geschlossen aufgetreten sind.«
Nun hatte Strauß ein wichtiges Ressort. Nun konnte er zeigen, ob er von Administration und Führung etwas verstand und nicht nur von Ehrgeiz, Taktik und Intrigen.
Diesmal war es weniger parteitaktisches Kalkül, es waren eher außen- und wirtschaftspolitische Motive, die den Kanzler bewogen, den Christsozialen zum Atomminister zu machen. Strauß gewann mit der Leitung des neuen Ressorts außen- und industriepolitische, auch militärtechnische Erfahrung – und hatte eine nationale Aufgabe von höchster wirtschaftlicher Brisanz. Für Strauß verband sich damit das Problem der nationalen Gleichberechtigung, der allmählichen Wiedereingliederung Deutschlands erst in den Kreis der gleichberechtigten Staaten und dann womöglich in den kleineren Zirkel der Großmächte, wie er es in seinem ersten Interview am Tag der Ernennung im NWDR formulierte: »Ich bin persönlich der Überzeugung, daß die Ausnutzung der Atomenergie für wirtschaftliche und wissenschaftliche Zwecke einen ähnlichen Einschnitt in der Menschheitsgeschichte bedeutet wie die Erfindung des Feuers für den primitiven Menschen. (...) Wir müssen jetzt ganz bescheiden und schlicht die ersten Schritte unternehmen, die notwendig sind, daß wir überhaupt im Kreis der Atommächte – ich meine mit Atommächten nicht Militärmächte, son-

dern Mächte, die diese Kraft für friedliche Kräfte nutzen – in absehbarer Zeit einen gleichberechtigten Platz einnehmen.«
Als er wenig später bei einem Vortrag in München seine Politik erläutert, ist unter den Zuhörern der CSU-Chef Hanns Seidel, ein ansonsten eher ruhiger Mann. Der packt völlig aufgeregt seinen Nachbarn, den Generalsekretär Zimmermann, am Arm und ruft: »Fritz, der ist ein Genie.«
Bis zur partiellen Wiedererlangung der deutschen Souveränität und bis zum NATO-Beitritt war den Deutschen offiziell jede Betätigung auf dem Gebiet der Rüstung, Luftfahrt, Verteidigung und Atomforschung untersagt. Natürlich wurden alle diese Verbote mit der Zeit unterlaufen oder zumindest umgangen. Hinter harmlosen Tarnnamen verbargen sich handfeste industrielle, politische oder militärische Interessen, hinter der »Gesellschaft zur Förderung des Verkehrs« zum Beispiel steckte die Lufthansa, hinter der »Gesellschaft für Funkortung« die Radartechnik, hinter der »Physikalischen Studiengesellschaft« die Atomindustrie. Die schlichte Bezeichnung »Fragen, die mit der Verstärkung der alliierten Truppen zusammenhängen« stand für Bundeswehrplanung, Amt Blank. Mit den Pariser Verträgen hatte die Bundesrepublik zwar feierlich, rebus sic stantibus, auf die Herstellung von ABC-Waffen verzichtet, doch behinderte dies natürlich nicht den Drang deutscher Politiker und Industrieller nach Teilhabe an der atomaren Energiewirtschaft. Darauf bezog sich Adenauers Verzicht ja nicht. Damals wie heute sind friedliche und militärische Nutzung der Nukleartechnik schwer zu trennen; es kam und kommt mithin auf internationale Kontrollen des Brennstoffkreislaufs an, um die eine von der anderen Verwendung zu unterscheiden. Das besorgten die USA schon damals mit ihrer monopolartigen Vormachtspolitik, die die Versorgung mit Uran von einer strikten Kontrolle der Atomanlagen und des Brennstoffkreislaufs durch die US-Atombehörde abhängig machte.
Bis Mitte der fünfziger Jahre beurteilten die USA die Uranvorkommen der Erde ausschließlich nach deren militärischer Verwendbarkeit und steuerten den Uranmarkt, gemeinsam mit Großbritannien, folglich nur zum eigenen Vorteil. Mit fortschreitender Erfahrung im Reaktorbau änderten die Amerikaner 1954 ihre Politik

und boten westlichen Ländern Know-how und angereichertes Uran für friedliche Zwecke (und zum Nutzen der eigenen Kraftwerksexporteure) an, freilich immer noch unter der Bedingung, daß eine strikte Kontrolle durch die US-Atomagentur sichergestellt war. Damit wollten sie nicht nur die Zahl möglicher Bombenbauer niedrig halten, sondern sich auch ständigen Einblick in die Produktionsprozesse jener Konkurrenten sichern, denen sie das Uran – laut US-Präsident Dwight D. Eisenhower »pachtweise« – überlassen hatten.

Das waren Bedingungen, die beispielsweise Frankreich nicht akzeptieren mochte. Die Franzosen begannen eine landesweite Prospektion von Uran, mit mehr Erfolg als die Westdeutschen, deren wenige Lagerstätten sich als unergiebig und vor allem unrentabel erwiesen. Die Regierung in Paris, deren Ziel eigentlich immer auch eine militärische Anwendung der Atomtechnologie war, fürchtete jedoch die gewaltigen Kosten einer eigenen Nuklearindustrie und strebte deswegen, unabhängig vom Scheitern der EVG, nach europäischer Arbeitsteilung. So wurde 1955 bei einer Konferenz der sechs mitteleuropäischen Kernstaaten in Messina nicht nur die Idee einer Europäischen Wirtschaftsgemeinschaft geboren, sondern gleichrangig auch die Gründung einer europäischen Atomgemeinschaft (EURATOM) diskutiert. Die Internationalisierung einer, damals weltweit überschätzten, Zukunftstechnologie war auch für die Deutschen verlockend: Sie konnte das überall schwelende Mißtrauen gegen eine deutsche Atomindustrie eindämmen und den Deutschen dennoch eine Mitwirkung erlauben. Was sich später daraus ergeben mochte, stand zunächst auf einem anderen Blatt.

In diesen komplizierten politischen Umständen erkannte Strauß seine Chance. Er mußte, um Erfolg zu haben, einen eigenen Kurs bestimmen, mußte die Interessen der Vormacht USA, des Nachbarn Frankreich, der deutschen Diplomatie im Kanzler- und im Auswärtigen Amt, die unbedingt Integrationsfortschritte in Europa erzielen wollte, und schließlich der deutschen Industrie abwägen und bewerten. Strauß schlug sich auf die Seite der wichtigsten und bald auch stärksten Gruppe, auf die der deutschen Großindustrie. Und er machte es besser als sein wichtigster Gegenspieler, der direkte Vorgänger in der Atomkompetenz, Wirtschaftsminister Ludwig Erhard, der in der Kernenergie nicht die technologischen Chancen, sondern lediglich eine neue, aber teure Art der Energieversorgung sah. Ihn hielt Adenauer für ungeeignet, die Probleme fach- und sachgerecht zu lösen. Strauß äußerte sich schon kurz nach seiner Ernennung vernichtend über die Fähigkeiten des Wirtschaftsministers, der in seinem Ressort über Jahre nicht imstande gewesen war, die Zuständigkeit für die neue Energiequelle zu klären; Erhard sei eben kein Mann der Planung. Die Folge war, daß Strauß acht verschiedene Entwürfe aus dem Wirtschaftsressort für ein Atomgesetz vorfand, als er sein neues Amt antrat.

FJS entwickelte sich zu einem effizienten »Minister für dat Atom«, wie Konrad Adenauer zu sagen pflegte. In einem Arbeitskatalog für sein Ressort nennt Strauß im Dezember als wichtige Aufgaben die Vorlage eines Atomgesetzes und einer Strahlenschutzverordnung, die Einrichtung von Forschungsprogrammen und den Zusammenschluß Kerneuropas zur Atomgemeinschaft, auf die der Kanzler im Januar des nächsten Jahres in einer ungewöhnlichen »Direktive an die Bundesminister« ausdrücklich Bezug nimmt:

»Es ist eine zwingende politische Notwendigkeit, jeden Zweifel darüber zu beseitigen, daß wir nach wie vor zu unseren Erklärungen von Messina stehen, wonach eine europäische Atomgemeinschaft mit Entscheidungsbefugnissen, gemeinsamen Organen und gemeinsamen Finanz- und sonstigen Durchführungsmitteln gegründet werden soll. Die Amerikaner sehen, wie sie offiziell erklärt haben, in einer europäischen Atomgemeinschaft, die im Gegensatz zur OEEC eigene Rechte und Verantwortlichkeiten hat, ein entscheidendes Moment der politischen Entwicklung. Sie sind bereit, eine solche Atomgemeinschaft mit allem Nachdruck zu unterstützen. Anderenfalls läßt sich nach Auffassung der Weltöffentlichkeit die friedliche Nutzung der Atomenergie von der Möglichkeit zur Herstellung von Atombomben praktisch nicht trennen. Der deutsche Versuch einer rein nationalen Atomregelung würde daher vom Ausland mit größtem Mißtrauen aufgenommen werden. Insbesondere können wir, wenngleich selbstverständlich

Deutschland nicht diskriminiert werden darf und die deutsche Forschung und Industrie möglichst freien Raum erhalten müssen, eine gemeinsame europäische Bewirtschaftung einzelner Stoffe nicht ablehnen, wenn sie aus Sicherheitsgründen erforderlich ist.«

Das war des Kanzlers Vorgabe für den Atomminister bei der Schaffung von EURATOM. Strauß, auf den die Direktive – neben Erhard – zielt, hält seine abweichende Meinung in einem internen »Positionspapier« vom 10. Februar fest: »EURATOM stellt weitere Teilintegration dar mit allen Nachteilen einer solchen. Gefahr, daß keine Fortsetzung der europäischen Pläne, sondern mangels einer echten Lösung eine Scheinlösung und vielleicht sogar eher eine Deintegration.« Und er verlangt, so die zentrale Aussage des Papiers, als Grundbedingung für EURATOM ein Junktim zum Gemeinsamen Markt, das zur »Voraussetzung für die Mitarbeit der Bundesrepublik gemacht werden« müsse. Im September erklärt er dem Vorsitzenden des Arbeitskreises Atomenergie im Bundesverband der Deutschen Industrie, Alexander Menne, »daß ich eine Verwirklichung des EURATOM-Projekts nur im Geiste absoluter Solidarität und Gleichberechtigung für wünschenswert halte«. Die »Gleichberechtigung« soll, ohne daß es konkret öffentlich so gesagt würde, vor allem im Verhältnis zu Frankreich gelten, von dem die Deutschen zu ahnen glauben, daß es schon bald in den Kreis der Atombombenmächte aufrücken möchte.
Und es geht Strauß auch ziemlich direkt um ein nationales Eigentumsrecht an spaltbarem Material. Zur Gleichberechtigung gehört für ihn zumindest die Option, mit Großbritannien und Frankreich gleichziehen zu können; dafür braucht Deutschland die Verfügung über Kernbrennstoffe, vorzugsweise ganz ohne lästige Kontrollen. Erst als Strauß sein Amt schon aufgegeben hat, kommt (am 20./21. Oktober in Paris) Bewegung in die EURATOM-Verhandlungen. Kanzler Adenauer hat zuvor gegenüber einem amerikanischen Regierungsvertreter deutsche Nachgiebigkeit angekündigt, denn der zähe Strauß sei »jetzt mit anderen Dingen beschäftigt«.
So wird Strauß zwar nicht Schöpfer, aber doch Urkundsbeamter

und Mitgestalter der europäischen Atombehörde, die er in seinem Sinne und im Interesse der Industrie von einer politischen Kontroll- in eine technologische Managementbehörde umformt. Zur Koordination und Information hat Strauß schon kurz nach Amtseintritt mit der Schaffung der »Atomkommission« die wichtigsten Persönlichkeiten aus Großindustrie, Wirtschaft und Wissenschaft in seine Politik eingebunden. Er versteht sich ganz offen auch als deren Sachwalter im Kabinett. Das vom Bund geplante Kernforschungszentrum will der Oberbayer natürlich nach Bayern holen, kann sich aber gegen Adenauer nicht durchsetzen, der für Karlsruhe plädiert – zur Belustigung von Strauß auch aus militärischen Überlegungen, weil im Fall eines sowjetischen Angriffs München schlechter zu verteidigen sei als Gegenden weiter im Westen. So wird erst der zweite Versuchsreaktor für Bayern vorgesehen, in Garching bei München.

Nach Einschätzung selbst kritischer Geister in Politik und Medien macht der Atomminister Strauß, sofern und soweit er sich auf sein Ressort konzentriert, seine Sache gut. Carl Friedrich von Weizsäkker über seine damaligen Begegnungen mit dem Atomminister: »Strauß gewann die Bewunderung und die Mitarbeit der Physiker durch seine effektive Arbeit – und ihr Mißtrauen durch sein abends beim Wein nicht mehr verhülltes Drängen nach Atomwaffen.« Die Sache mit dem Wein fällt übrigens auch Konrad Adenauer auf. Er äußert gegenüber Golo Mann, er habe FJS den dringenden Rat erteilen müssen, »nach Mitternacht keinen Wein mehr zu trinken«.

Schon nach wenigen Wochen des Lernens versteht Strauß sein Metier, er erwirbt Verhandlungsgeschick mit Gesprächspartnern – etwa bei zwei Reisen in die USA, wo er in Washington mit einer auf englisch gehaltenen Pressekonferenz zu seinen Fachthemen brilliert – und verfolgt hartnäckig sein Ziel: internationale Förderung der Atomenergie durch staatliche Instanzen, internationale Kontrolle nur, soweit sie nicht zu vermeiden ist. In seinen Erinnerungen wird Strauß mehr als dreißig Jahre später ganz offen schreiben, wie ihn »die Frage der Kontrolle der militärischen Nutzung geärgert« hat. Die SÜDDEUTSCHE ZEITUNG faßt ihren Eindruck über den Minister zusammen: »Er schießt ins Kraut und

benützt den Auftrag seines Ministeriums, die Atomsache in der Bundesrepublik in Schwung zu bringen, als eine Art Reckstange, an der er kraftbayerische Riesenschwünge vorführt.«
Und dennoch ist er unzufrieden, wenn er an die Bundeswehr denkt. Das ist doch seine Aufgabe, sein eigentlicher Auftrag! Natürlich würde er alles besser machen als dieser rührende CDU-Linke Blank, bei dem nach Ansicht von Strauß nichts funktioniert. Am 12. November hat Blank den ersten 101 Freiwilligen die Ernennungsurkunden überreicht; und wie es um die Bundeswehr steht, zeigt die Tatsache, daß nur für zwölf von ihnen die Uniformen rechtzeitig fertig geworden sind.
Von seiner Loge im Verteidigungsrat – Adenauer ist meist nicht anwesend, so daß der Bayer die Geschäfte führt – beobachtet er voller Ingrimm, wie Blank mit seiner Planung in Rückstand gerät. Mehr noch, FJS, der Stratege, hält die ganze Planung für völlig falsch. Er meint, es habe keinen Sinn, im Atomzeitalter riesige Heere aus dem Boden zu stampfen, die der modernen Waffen- und Kriegstechnik doch nur hoffnungslos unterlegen wären.
Ein konzentrischer Angriff auf Blank und sein Amt beginnt. Schon seit langem bezieht Strauß Insiderinformationen über die Zustände im Amt Blank: von seinem Freund Achim Oster, der ebenfalls aus dem Münchner »Ochsensepp«-Kreis hervorging und nun Abwehrchef der neuen Bundeswehr geworden ist, und von dem aus Altötting stammenden Luftwaffenchef Josef Kammhuber. So kann Strauß die administrativen Schwächen Blanks belegen – und darüber sogar noch Witzchen machen: »Ich muß in Zukunft mal andere Worte gebrauchen, sonst merkt der Blank immer gleich, daß ich's vom Kammhuber habe.« So kann er begründen, weshalb er Blanks Planung, binnen drei Jahren 500 000 Soldaten unter Waffen zu nehmen, für unmöglich hält. Obendrein hat er strategische Zweifel, ob es im Zeitalter von Massenvernichtungswaffen Sinn macht, eine mit konventionellen Mitteln ausgestattete Armee zur Abschreckung aufmarschieren zu lassen – Abschreckung wovor? Und womit?
Im Frühjahr 1956 bewirbt sich Strauß als CSU-Gastredner vor den Delegierten des Stuttgarter CDU-Parteitags um Blanks Ministerposten. In einem Aufsatz in der ZEIT distanziert er sich vom amtieren-

den Minister, der »um der Erfüllung einer Zahl willen« Streitkräfte aufstelle, »die den Anforderungen nicht entsprechen«.
Am 10. Juli 1956 verlangt Strauß im direkten Gespräch von Adenauer eine sofortige Korrektur der Konzeption der Bundeswehr, weil sich ein Desaster abzeichne: Es fehle an Planung, an Ausbildern, Kasernen, Waffen, Uniformen – also an allem. Um der Forderung mehr Gewicht zu verleihen, hat er seinen Parteichef Seidel und andere CSU-Spitzenpolitiker, darunter Hermann Höcherl, mitgebracht. Adenauer läßt seinen Minister eiskalt abblitzen: »Herr Strauß, Sie sind von enttäuschtem Ehrgeiz geplagt und wollen hier Herrn Blank heruntersetzen. Nehmen Sie bitte eines zur Kenntnis: Solange ich Kanzler bin, werden Sie nie Verteidigungsminister.«
Das Versprechen des Kanzlers beeindruckt den Adressaten wenig. So schnell gibt Strauß nicht auf. Wenn der direkte, persönliche Weg einer Vorsprache beim Kanzler nicht klappt, dann muß es eben anders gehen. Dann muß Blank eben öffentlich als unfähig dargestellt werden. Strauß überredet seinen Spezl Friedrich Zimmermann, damals Vize der Jungen Union, den nächsten Kongreß der Nachwuchsorganisation in Travemünde auch wehrpolitischen Themen zu widmen. Als wichtigster Redner wird der CSU-Bundestagsabgeordnete Richard Jaeger auserkoren, einst ein Klassenkamerad von Strauß im Münchner Max-Gymnasium, der die »konzeptionelle Fehlplanung« Blanks mit dessen angeblich »schwer angeschlagener Gesundheit« erklärt. Tatsächlich ist Blank völlig gesund, wenn auch politisch schwer angeschlagen, und der Aufbau der Bundeswehr vollzieht sich in einem beispiellosen Durcheinander: Im September 1956 muß die Einstellung von Freiwilligen fürs Heer gestoppt werden, weil die Neuen nicht untergebracht werden können. Gleichzeitig wird Weisung erteilt, alle Beschaffungsanträge für die Zeit nach dem 31. März 1958 zu stornieren, weil die Finanzierung nicht stimmt. Zugleich wird ein Beförderungsstopp für alle Soldaten verhängt, weil die entsprechenden Planstellen fehlen.
Mitte September versammelt sich die CSU-Landesgruppe zu ihrer Jahrestagung im schwäbischen Fuggerschloß Kirchheim, wo Strauß in einem Grundsatzreferat mit der Verteidigungspolitik sei-

ner eigenen Regierung abrechnet. Er – und die CSU mit ihm – plädiert für eine nur zwölf- statt achtzehnmonatige Wehrdienstzeit, für einen langsameren Aufbau der Bundeswehr und für eine Aktivierung der Arbeit des Verteidigungsrates.

Strauß nutzt die »Kirchheimer Beschlüsse« in Bonn zur ausführlichen Präsentation seiner Ziele, etwa als Gast bei einer Sitzung des CDU-Bundesvorstands am 20. September oder bei einer Pressekonferenz am 7. Oktober: »Der Aufbau der Bundeswehr, das Tempo der Truppenaufstellung, die Bewaffnung, die Ausrüstung und Unterbringung dürfen nur nach dem Grundsatz ›Qualität vor Quantität‹ vollzogen werden.« Und in München erklärt CSU-Chef Seidel der Presse: »Da Theodor Blank sich im Dienst für das Vaterland verzehrt hat, wird eine neue Kandidatur Blanks für das Verteidigungsministerium nach der nächsten Bundestagswahl von der CSU abgelehnt.«

Blank muß sich hüten; er hat den heißen Atem seines Nachfolgers schon im Nacken. Bei einer Klausursitzung der CDU/CSU-Bundestagsfraktion faßt der Atomminister seine Kritik in drei Punkten zusammen: Das Rüstungstempo müsse verlangsamt werden; vor Einberufung der ersten Wehrpflichtigen müsse es genügend Ausbilder und Kasernen geben; und schließlich, auch dies im Gegensatz zu Blank, die Bundeswehr müsse mit Atomwaffen ausgestattet werden.

Die Ansicht, Blank sei der falsche Mann und mit seiner Arbeit überfordert, machen sich auch zwei Vertraute Adenauers zu eigenen, auf deren Urteil der Alte gelegentlich hört. Regierungssprecher Felix von Eckhardt empfiehlt dem Kanzler einen Wechsel im Verteidigungsressort, um die Aussichten für die Bundestagswahlen 1957 zu verbessern. Daraufhin, so erinnert sich Eckhardt, habe der Kanzler gesagt: »Wissen Sie, was das bedeutet? Das bedeutet Franz Josef Strauß als Verteidigungsminister!«

Noch wehrt sich Adenauer. Am 27. September fordert er im Gespräch mit Krone laut dessen Tagebuch: »Wir müßten den Kampf mit Strauß aufnehmen; wenn es dabei zu einem Bruch zwischen der CDU und der CSU käme, müsse das in Kauf genommen werden.« Wenige Tage später wählt er den anderen Weg: Statt zu kämpfen, zieht er es vor, sich mit Strauß zu arrangieren.

Den letzten Anstoß für den Wechsel auf dem Ministersessel gibt Adenauers Chefberater und NATO-Botschafter Herbert Blankenhorn, der dem Kanzler von »Unruhe in der NATO« berichtet, weil die deutschen Zusagen nicht eingehalten werden könnten. Man halte Blank für unfähig und traue der deutschen Planung nicht mehr. Die deutsche Glaubwürdigkeit nehme Schaden. Blankenhorn hat vorher mit Strauß gesprochen; er weiß, daß der es kaum erwarten kann, die Nachfolge Blanks anzutreten.

So wurde das Verteidigungsministerium für Strauß freigeboxt. Theodor Blank mußte nicht ganz zu Unrecht die Rolle des Opfers spielen – er hatte sich verrannt, hatte naiv den Zusagen der von ihm berufenen Generäle vertraut, deren militärisches Denken noch von Reichswehr- und Stalingrad-Erlebnissen geprägt war.

Und den letzten Rückhalt in seiner Partei verlor er, als er mit dem rührenden Satz Einblick in sein Seelenleben gewährte: »Die Führung der Verteidigungspolitik bedeutet für mich mehr als ein Martyrium.« Blank hatte drauflosgeplant, als könnte er mit Kasernenneubauten Kernwaffenangriffe kontern. Nuklearstrategische Überlegungen waren ihm so fremd wie ursprünglich auch seinem Kanzler. Noch im Sommer 1956 hatte Adenauer im BULLETIN der Bundesregierung sein Bekenntnis veröffentlichen lassen, er halte eine »Verlagerung des Schwergewichts zugunsten der Atomwaffen für verfehlt«.

Im Kabinett forderte er am 20. Juli 1956, der Westen müsse »in erster Linie die Reduzierung und die Kontrolle der Kernwaffen in Betracht« ziehen. »Falsch und verderblich«, so das Kabinettsprotokoll, »sei der umgekehrte Weg, nämlich die konventionellen Waffen zu reduzieren und eine Vermehrung der Atomrüstung anzustreben« – so wachse nämlich »die Gefahr, daß bei Ausbruch eines Konfliktes die Atomwaffen sofort eingesetzt würden«. Das könne – Adenauer lernte ja erst noch, was Atombomben bedeuteten – »bei ungünstiger Windrichtung zum Tod von Hunderttausenden von Menschen des eigenen [Staates] und der verbündeten Länder führen«.

Strauß sah die Sache ganz anders als sein Regierungschef, und er machte sich ernsthaft Sorgen: Wenn die Sowjetunion mit den USA nuklear gleichzöge, sei es in der Konsequenz um den amerikanischen Nuklearschutz für Westeuropa geschehen. Dann, so Strauß im Kabinett, das sich zu jener Zeit unaufhörlich und nur durch die Sommerpause unterbrochen mit der Thematik befaßte, »könnten sich die USA zu der Drohung mit dem Atomwaffeneinsatz nur noch entschließen, wenn für sie lebenswichtige Interessen auf dem Spiele stünden«; ein lokaler Konflikt, etwa um Westberlin, reiche dafür schon nicht mehr aus. In jedem Falle müsse aber »der Aufbau der deutschen Bundeswehr in Übereinstimmung mit diesen Planungen wirksam vor sich gehen«.

Das bedeutete eine grundlegende Kursänderung. Unter Anleitung von Strauß lernte der Kanzler schnell dazu. Was Adenauer noch im Sommer beklagt hatte – die Nuklearisierung der Militär- und der Bündnispolitik –, gedieh zum Herbstanfang zu einer Forderung. An seinem erstaunlichen Meinungswandel läßt sich ablesen, daß er Blank nicht nur durch Strauß ersetzte, um den drängelnden Bayern zufriedenzustellen. Nach der Sommerpause übernahm Adenauer die strategischen Thesen des Noch-Atomministers und warb mit ihm gemeinsam im Kabinett für eine nukleare Ausrüstung der Bundeswehr.

Der CDU-Vorsitzende und sein halb so alter CSU-Minister, der nun gerade ein Jahr lang die friedlichen und die nicht so friedlichen Aspekte der Atomforschung und Atomtechnologie studiert hatte, gingen sogar noch wesentlich weiter. Adenauer und Strauß forderten vor ihren konsternierten Ministerkollegen, die EURATOM-Staaten dürften sich nicht nur auf US-amerikanische Nuklearwaffen verlassen, sie müßten eigene Atombomben produzieren – gegebenenfalls sollte die Bundesrepublik Deutschland das auch allein tun.

Adenauer will die Bombenoption aus politischem Pragmatismus. Strauß will sie aus Überzeugung.

Noch sind keine zwei Jahre vergangen, seit Kanzler Adenauer in London seinen Verzicht auf deutsche ABC-Waffen erklärte. Nun haben sich nach Meinung von Strauß und Adenauer die Umstände geändert, nun soll die schon damals von keinem Anwesenden bemerkte Klausel greifen – rebus sic stantibus.

Am Ziel, beinah

Der Griff nach der Bombe

1956 – 1962

Plötzlich und für viele überraschend nahm Kanzler Adenauer den radikalen Schwenk hinsichtlich seiner strategischen Ansichten zur Verteidigungspolitik vor, und es steht fest, wer ihm dazu verholfen hatte: der einzige militärisch-strategische Kopf im Kabinett, der künftige Verteidigungsminister Franz Josef Strauß. Daß die beiden nun, für eine Weile, einer Meinung sind, jedenfalls in militärischen und sicherheitspolitischen Fragen, hilft der deutschen Politik, ohne Schlingern über die nächsten ereignisreichen Wochen zu kommen. Der neue Mann übernimmt sein Ressort kurz vor einer dramatischen Zuspitzung der weltpolitischen Lage: Sowjetische Truppen beginnen am 26. Oktober, den Aufstand der Ungarn gegen die Besatzungsmacht niederzuschlagen. Drei Tage später startet in Ägypten eine britisch-französisch-israelische Kommandoaktion am Suezkanal, die durch gemeinsamen Druck der künftigen Supermächte USA und Sowjetunion beendet wird. Diese beiden Krisen bestärken Adenauer und Strauß in ihrer Einschätzung, die Europäer und speziell die Deutschen müßten unter allen Umständen und mit allen Mitteln eigene militärische Stärke gewinnen, die von der westlichen Vormacht USA nicht auf Dauer geborgt sein könne. Denn erstmals seit vielen Jahren machen die einstigen Alliierten USA und Sowjetunion wieder gemeinsame Sache, indem sie Großbritannien und Frankreich zum Rückzug aus Ägypten zwingen. Die Supermächte stecken ihr Terrain ab.

Am 20. September plädiert Atomminister Strauß, Gast beim CDU-Bundesvorstand, für die neuen amerikanischen Pläne zur Ausrüstung ihrer Truppen in Europa: Die konventionellen US-Streitkräfte in Europa sollen verringert, dafür aber mit taktischen Atomwaffen ausgestattet werden. Strauß widerspricht damit offen seinem Regierungschef, der zwei Monate vorher im gleichen Kreis exakt das Gegenteil verkündet und die US-Pläne noch »falsch und verderblich« genannt hatte. Doch Adenauer schert sich nicht um seinen Standpunkt vom Juli, jetzt ergreift er nach Strauß das Wort und erklärt dieses Mal die »atomare Artillerie« für eine wunderbare Sache. Begeistert berichtet er seinen Zuhörern, »daß man aus Handfeuerwaffen nukleare Geschosse abfeuern kann«: »Denken Sie einmal daran, welchen Lauf die Vervollkommnung der Waffentechnik seit der Erfindung des Schießpulvers genommen hat. Zuerst waren zwölf Mann nötig, um einen Schuß aus einer Büchse abzugeben. Und wie ist es heute? Mit der Entwicklung muß Hand in Hand gehen eine Anpassung der militärischen Kräfte an diese neuen Waffen. Das ist selbstverständlich.«

Im Prinzip hält Adenauer Atomwaffen nun für kriegsverhindernd: »Wenn die Atomwaffe einmal so weit ausgebildet ist, daß jeder Staat, der genügend Vorräte von diesen schrecklichen Instrumenten der Vernichtung besitzt, in jedem anderen Staat das Leben vernichten kann, dann vernichtet dadurch der Krieg sich selbst.« Die Betonung liegt auf »jeder Staat«: Folglich müssen auch in Deutschland Atomwaffen stationiert oder, besser noch, deutsche Truppen damit ausgerüstet werden, um zu vermeiden, daß sie als »Schlachtvieh« zwischen den Atomstaaten zerrieben werden. Auch Adenauer ist schließlich nicht frei von Großmachtdenken. Zur deutschen Souveränität im Mai 1955 hatte er bemerkt, Deutschland habe »den Status wiedererrungen, den eine Großmacht haben muß«. Man könne nun »mit Fug und Recht sagen, daß wir wieder eine Großmacht geworden sind«. Franz Josef Strauß ist exakt dieser Meinung.

Dazu paßt die von Adenauer vor Jahresfrist feierlich verkündete Verzichtserklärung nun nicht mehr. Der Kanzler (am 19. September 1956) ganz offen im Kabinett: »Deutschland kann nicht Atomprotektorat bleiben.« Und an anderer Stelle im Kabinettsprotokoll findet sich folgender Satz vom ihm: »Wenn nun etwa die gesamte Rüstung der freien Welt umgestellt werden sollte, müsse man diese Verpflichtung unter der Clausula rebus sic stantibus sehen.« Noch-Atomminister Strauß, so zeichnet es Ministerkollege Franz Etzel auf, sekundiert in der Sitzung am 5. Oktober: »Der EURATOM-Vertrag sei für die Bundesrepublik mehr ein Opfer als ein Vorteil. Er fördere die deutsche Entwicklung weniger, als daß er sie kontrolliere.« Darauf der Kanzler: Er »möchte über EURATOM auf schnellstem Wege die Möglichkeit erhalten, selbst nukleare Waffen herzustellen«. Ministerkollege Hans-Joachim von Merkatz schrieb in der denkwürdigen Sitzung ebenfalls mit und zitiert den Kanzler so: »Abschluß von EURATOM gibt uns auf die Dauer die Möglichkeit, auf normale Weise zu nuklearen Waffen zu kommen. Die anderen, auch Frankreich, sind weiter als wir.«

Am 19. Dezember, nach einer Tagung des NATO-Rats, wird der Kanzler im Kabinett ganz deutlich, als er »den mangelnden Einfluß der Bundesrepublik in der NATO« beklagt: Es müsse »gefordert werden, den Aufbau der Bundeswehr im Einklang mit den Verpflichtungen beschleunigt durchzuführen, eine Zusammenfassung Europas voranzutreiben und nukleare Waffen in der Bundesrepublik herzustellen«. Und weiter verzeichnet die Mitschrift die Kanzleräußerung, »es sei dringend erforderlich, daß die Bundesrepublik selbst taktische Atomwaffen besitze«.

In diesen Jahren, als die politischen Trümmer des Weltkriegs diplomatisch beseitigt und die Zukunftsperspektiven Europas in zahllosen Konferenzen diskutiert, verhandelt und festgelegt werden, denken weder Strauß noch Adenauer an einen offenen oder gar geheimen Vertragsbruch, um an Atomwaffen zu gelangen und so volle Gleichberechtigung demonstrieren zu können. Adenauers Verzichtserklärung und mit ihr der WEU-Vertrag sollen durchaus weiter gelten – aber eben nur, bis in neuen internationalen Verhandlungen festgestellt werden kann, daß sich die Umstände geändert haben und daß deswegen die Vorbehaltsklausel rebus sic stantibus greift. Sie betrachten den Verzicht in jenen wechselhaften Zeiten als vorläufig, als einen Schritt auf dem Weg zu einem anderen Modell; auch das Gegenteil, ein Schwenk um 180 Grad, muß ihrer Meinung nach möglich sein dürfen: Wenn einmal – so Adenauer vor Parteifreunden – die Atombomben weiter verkleinert seien und »mit normalen Geschützen« abzufeuern, »dann wird – VORAUSGESETZT, DASS WIR DIE WAFFEN HABEN – eine völlige Umorganisation der Wehrmacht nötig sein«. Strauß wie Adenauer halten über viele Jahre an dieser Vorstellung von einer »deutschen Option« fest, selbst als immer klarer wird, daß weder die Supermächte USA und Sowjetunion noch die anderen Atomstaaten jemals einen deutschen Atomwaffenbesitz gutheißen werden. Schon im Dezember 1956 kündigt Strauß an, die »europäischen« Streitkräfte würden künftig mit Waffen ausgerüstet, »die sowohl normale Munition als auch Atommunition verwenden können«. Die USA hätten einem solchen »Dual-purpose«-Einsatz zugestimmt, doch – so Strauß damals noch abwartend hoffnungsvoll: »Die Auslieferung der Sprengköpfe wäre einer späteren Regelung vorzubehalten.«

Adenauer wehrt sich 1959 vehement, aber vergeblich gegen einen Passus im Atomgesetz, der die Kernwaffenproduktion auf deutschem Boden verbietet. Strauß kämpft sogar noch Anfang der siebziger Jahre verbissen – und ebenso vergebens – gegen einen deutschen Beitritt zum Kernwaffensperrvertrag, den er für ein »Versailles kosmischen Ausmaßes« hält: Auch dadurch wird ja eine »deutsche Option« hinfällig gemacht, aber völkerrechtlich eindeutig und absolut verbindlich, nicht mit der für unterschiedlichste Interpretationen offenstehenden Einschränkung aus Adenauers einsamem Entschluß (rebus sic stantibus).

Noch kurze Zeit vorher hätte sich Strauß mit seiner Rede vor dem CDU-Bundesvorstand den Zorn und die Kritik des Alten zugezogen, denn der hatte Inhalt und Ziele des amerikanischen Radford-Plans seit seinem Besuch in Washington im Juni 1956 vehement bekämpft. Der US-Generalstab unter Führung von Admiral Radford arbeitete in jenem Sommer an einer neuen Verteidigungsdoktrin, um die hohen Militärausgaben den neuen militärtechnischen Bedingungen anzupassen. Empfohlen wurde eine Verringerung der konventionellen US-Streitkräfte um immerhin 800 000 Mann bei zeitgleicher Verstärkung der atomaren Komponente. Das vertrug sich überhaupt nicht mit der aktuellen Politik von Adenauer und Blank, die gerade gegen den heftigen Widerstand der Opposition die Einführung der allgemeinen Wehrpflicht in dritter Lesung durchs Parlament bringen wollte. Sie beharrten auf einer deutschen Truppenstärke von 500 000 Mann, weil dies und die angestrebte Dauer der Wehrpflicht von achtzehn Monaten angeblich »Forderungen der NATO« seien. Nun wollten, zum denkbar unpassenden Zeitpunkt, die Amerikaner gerade ihre eigene Truppenstärke reduzieren!

Dabei waren Radfords Überlegungen nur die logische Konsequenz aus der neuen NATO-Strategie, die von der massenhaften Verteidigung des eigenen Territoriums zur atomaren Abschrekkung überging; die NATO-Theoretiker nannten das den »new look« des Bündnisses. Jetzt galt die Doktrin der »massiven Vergeltung«, und deren Vorzüge machte Strauß dem Kanzler klar: Gingen die Deutschen auf den Radford-Plan ein, könnte der komplizierte Aufbau der Bundeswehr langsamer und damit besser vonstatten gehen; bei einer gleichzeitigen Atombewaffnung wären die deutschen Sicherheitsinteressen dennoch gewahrt.

Sechs Jahre später wird die gleiche Debatte unter umgekehrten Vorzeichen erneut ablaufen. Da wollen die USA unter John F. Kennedy den konventionellen Beitrag ihrer Verbündeten verstärkt sehen, um die atomare Schwelle zu erhöhen und damit die Gefahr eines Weltbrandes wieder zu senken – militärpolitischer Ausgangspunkt für die SPIEGEL-Affäre, die FJS das Amt kostet.

Es ist der 10. Oktober 1957, als der Kanzler dem Atomminister endlich das ersehnte Ministerium anbietet. Er tut es jedoch nicht auf direktem Wege, sondern schickt zunächst seinen Vertrauten Blankenhorn vor, der bei Strauß sondieren soll, ob der nach der Abfuhr im Sommer überhaupt noch Interesse hat am Verteidigungsressort. Anschließend bittet Adenauer Strauß zu sich zum Tee, und als der junge Mann wieder auf der alten Sache herumreitet, wird der Kanzler entwaffnend: »Herr Strauß, wollen Sie es einem alten Mann übelnehmen, daß er noch in der Lage ist, seine Meinung zu ändern?«

Endlich ist er am Ziel! Er verlangt noch schnell vom Kanzler freie Hand für die Änderung der Blankschen Planungen, und dann empfängt er auch schon – noch gar nicht im Amt – im Atomministerium die militärische Führungsspitze und erklärt unverblümt, nun folge die Stunde der Wahrheit: »Aber wir können uns nur EINE Stunde der Wahrheit leisten, nicht zwei. Also müssen wir die Planung reduzieren.« Der neue Minister ist jedoch, erinnert sich einer seiner Mitarbeiter, »zu feige«, um mit Blank die Modalitäten der Amtsübergabe zu besprechen. Vor dem direkten Gespräch drückt er sich lieber.

Bereits am 9. Oktober hat der Kanzler mit dem Bundespräsidenten über sein Kabinettsrevirement und über Blanks Nachfolger gesprochen: Er sei sicher, erklärte er gegenüber Theodor Heuss, Strauß habe »die nötige Rücksichtslosigkeit und Vitalität, sich nach allen Seiten durchzusetzen, und werde bei Erfüllung seiner Aufgabe sich sicherlich so mit der SPD zerstreiten, daß der CDU die Lust auf eine große Koalition« vergehe. Nicht nur Kanzler, auch Prophet. Vor Parteifreunden nennt Adenauer nun plötzlich Blank, an dem er so lange festgehalten hat, »verbraucht«. Strauß dagegen sei geeignet, »diese Schallmauer des Widerstands, die wir im Parlament und auch in der Öffentlichkeit haben«, zu durchbrechen: »Herr Strauß ist ein sehr begabter Mann, er hat eine starke dynamische Kraft, und er hat einen hohen Intellekt. Auf der anderen Seite hat er auch die Schwächen des Bayern, die sich manchmal darin äußern, daß sie sehr schnell sind und manchmal auch etwas zu weit schießen.« So stellt der Kanzler den neuen Minister der Unionsfraktion vor, die ihn ja gut kennt.

Zunächst setzt sich der eben ernannte Minister mit aller Kraft für die neue Bundeswehrplanung ein, die nun eine Truppenstärke von nur noch 360 000 Mann vorsieht. Er fährt persönlich zum jährlichen »Review«-Treffen der NATO nach Paris und erklärt den Partnern, warum die Deutschen »so wenig und so langsam« aufstellen können. In Deutschland muß sich der Verteidigungsminister hingegen rechtfertigen, »warum so viel und so schnell aufgerüstet« werden solle (Strauß). Speziell Frankreich, damals noch NATO-Vollmitglied, kritisiert den deutschen Rückzieher; Strauß gerät unter heftigen Beschuß. Gleich nach Rückkehr in die Bundeshauptstadt stellt der Kanzler den neuen Minister barsch zur Rede. Strauß hat von dem Wortwechsel ein Gedächtnisprotokoll angefertigt:

»Adenauer: Wissen Sie, Herr Strauß, daß Sie das deutsche Ansehen in Paris total zerstört haben?

Strauß: Nein, das weiß ich nicht.
Adenauer: Sie haben ohne meine Erlaubnis die Planung geändert.
Strauß: Da muß ein Mißverständnis zwischen uns bestehen. Meine Vorbedingung für die Amtsübergabe war ja, daß ich zur Änderung der Planung freie Hand erhalte.
Adenauer: Trotzdem hätten Sie zuerst meine Genehmigung einholen müssen und auf keinen Fall in Paris auf eigene Faust die Truppenherabsetzung bekanntgeben dürfen!
Strauß: Herr Bundeskanzler, ich weiß ganz genau, wie das ausgegangen wäre. Die Genehmigung hätten Sie mir nicht gegeben, und das Kabinett hätte sich Ihrer Meinung angeschlossen. Dadurch wäre ich in eine ausweglose Situation geraten.«
Der Minister erinnert den Regierungschef an die gemeinsame »Geschäftsgrundlage« und kann sich hinfort ziemlich ungestört um die Probleme seines Hauses kümmern: »Von da an hatte ich im großen und ganzen Ruhe.«
Adenauer lobt den Minister im Gespräch mit einem amerikanischen Diplomaten als »sehr fähigen Mann mit einer vielversprechenden Zukunft« und fügt hinzu: »Aber ich wünschte, er würde ruhiger. Ich wünschte, er würde besonnener. Er sollte nicht nur die Stimmen seiner ergebenen Anhängerschaft, sondern auch die der anderen gewinnen lernen. Er braucht diese Stimmen, um eine Führungsposition in Deutschland zu erringen, und er hat viel zu bieten.«
Zwei Wochen nach seiner Ernennung stellt sich der neue Minister mit einem markigen Tagesbefehl seinen Soldaten vor:

»Mit der Ernennung zum Verteidigungsminister habe ich die Befehls- und Kommandogewalt über die Bundeswehr übernommen. Tut alles, was in Euren Kräften steht, um der Bundeswehr Achtung und Vertrauen bei unserem Volk und im Ausland zu verschaffen.
Vermeidet peinlich und sorgfältig jedes Wort und jede Handlung, die diesem Ziel schaden könnte.
Ich habe volles Vertrauen zu Euch, daß Ihr diese Aufgabe meistern werdet. Als Euer oberster Vorgesetzter verlange ich Vertrauen und

Zivilcourage von Euch und sichere Euch jede Unterstützung in der Durchführung der Euch übertragenen Pflichten zu.
Wir sind uns gemeinsam unserer Sache bewußt, weil sich unsere Arbeit auf den Grundlagen von Sitte und Recht vollzieht.
Bonn, 31. Oktober 1956
Franz Josef Strauß«

Es sind die fünfziger Jahre. Es ist allgemein mehr die Rede von Sitte als von Demokratie.
Strauß packt seine schwierigen Aufgaben energisch an. Er hat es aber auch leichter als sein Vorgänger: Ihm macht der Job Spaß, er ist ein besserer Organisator, und, vor allem, hinter ihm steht keiner, der unaufhaltsam und unüberhörbar am Ministersessel sägt. Er muß sich in die internationale Strategiediskussion nicht erst einarbeiten, er kennt und beherrscht sie schon. Seine Konzeption, die er gemeinsam mit seinem theoretischen Kopf, dem Obersten und Pressesprecher Gerd Schmückle, entwirft und verfeinert, lautet: Die konventionellen Waffen haben ihre Bedeutung im Fall eines Krieges verloren, der wegen der gegenseitigen Bedrohung durch Kernwaffen ohnehin unwahrscheinlicher wird. Als Schutzschild und Drohung bleiben die konventionell ausgestatteten Streitkräfte – etwa für die zu der Zeit so genannte »Vorwärtsverteidigung« jenseits der westdeutschen Grenzen – so notwendig wie die taktischen Atomwaffen, mit denen die atomare Abschreckung beginnt. Doch die, meint Strauß, und der Meinung ist auch Adenauer, muß man erst mal besitzen.
Strauß, der überzeugte, kämpferische Antikommunist, sieht sich in seinem Konzept schon deshalb bestätigt, weil die Sowjetunion ihm mit immer lauteren Forderungen nach Einrichtung einer atomwaffenfreien Zone in Mitteleuropa begegnet. Strauß und der Kanzler erkennen darin nur eine Neuauflage alter sowjetischer Neutralisierungsideen für Mitteleuropa, die sie aus tiefster Überzeugung ablehnen. Und sie sehen ihre Einschätzung verifiziert durch die Anstrengungen der Briten, ihre Atomwaffenbestände aufzustocken, und die französischen Bemühungen, eine eigene »Force de frappe« mit entsprechenden Qualitäten aufzubauen. Nun fürchten sie eine »Diskriminierung«. Wenigstens außenpoli-

tische, also militärtechnische Gleichrangigkeit mit Großbritannien und Frankreich, deren Hauptstädte eben noch, beim Suezabenteuer, von sowjetischen Atomraketen ultimativ bedroht worden waren, ist nun das nächste Ziel.
Strauß: »Eine mindere Rolle im Kreis der Verbündeten wäre mir als unvereinbar mit meinem Selbstbewußtsein und mit meinem Begriff von nationaler Würde erschienen.« Seiner Ansicht nach erweist sich Adenauers freiwilliger Verzicht von London, in Paris in Vertragsform fixiert, als historischer Fehler: Allein den Deutschen, die doch unmittelbar an der Grenze zum kommunistischen Machtbereich westliche Werte verteidigen, Atomwaffen vorzuenthalten, führe zur Desintegration und komme einer Diskriminierung gleich.
Der Machtpolitiker glaubt fest an sowjetische Aggressions- und Expansionsgelüste in Mitteleuropa. Er will auch nach außen den wehrhaften Staat, der den Gegner mit allen Mitteln massiv abschreckt. Und für den Fall, daß der sich nicht abschrecken ließe, habe die NATO ein militärisches Potential, das ausreiche, »das Reich der Sowjetunion von der Landkarte verschwinden zu lassen«. Strauß merkt nicht, was er mit martialischen Sätzen wie diesem, gesprochen am Tag der sowjetischen Besetzung Budapests im fränkischen Hollfeld, direkt an der Zonengrenze, anrichtet. Da wird er erstmals, zunächst in Ostdeutschland, dann auch im Westen als »Kriegstreiber« bezeichnet oder auch, harmloser, als »kalter Krieger«. Die WESTDEUTSCHE ALLGEMEINE ZEITUNG fordert, der Verteidigungsminister solle künftig nicht mit einem Säbel rasseln, der ihm nicht gehöre. Und selbst die regierungstreue FAZ krittelt: »Es ist diesem talentierten Redner nicht zum erstenmal passiert, daß er sich von seinem Temperament und von seiner Gabe der lebhaften Formulierung hat fortreißen lassen.« Strauß' Credo, wenn er nicht frei improvisiert: »Politik der Stärke heißt doch im Zeitalter der Atombombe – das heißt deutlicher ausgesprochen: der Existenz der Wasserstoffbombe auf beiden Seiten, sowohl in den Händen der Machthaber des Kreml wie auch in den Händen der USA – nicht mehr, als daß man durch den militärischen Druck mit dem Risiko eines dritten Weltkriegs irgendwelche territorialen Veränderungen und auch notfalls mit Gewalt herbeifüh-

ren will. Politik der Stärke heißt, so stark zu sein, daß die eigene Entscheidungsfreiheit nicht durch den Druck von feindlicher oder unfreundlicher Seite beeinflußt oder ins Gegenteil verkehrt werden kann.«

Im Frühjahr 1957 erweist sich Strauß als Adenauers starker Mann. Er will sogar, sagt sein damaliger Referent Spilker, »ein Gegengewicht zu Adenauer« werden, also zum quasi automatischen Nachfolgekandidaten aufsteigen. Jetzt geht es ihm nicht mehr um die eigenen Pfründe; jetzt zielt er auf mehr. Er setzt die Themen, die die Öffentlichkeit beschäftigen. Er ist auf seine Weise am sensationellen Wahlerfolg vom Herbst desselben Jahres (absolute Mehrheit für die Union) beteiligt, auch wenn es zunächst den Anschein hat, als habe die Opposition endlich ein Thema zur Mobilisierung und Solidarisierung der Bürger gefunden. Das Verlangen von Strauß und Adenauer nach Atomwaffen hatte zwar in jener Deutlichkeit wie im Kabinett geäußert – nämlich notfalls unter Bruch der Londoner Zusage eine »deutsche Option« wahrzunehmen – nicht die Öffentlichkeit erreicht; aber Strauß hatte auch nicht mit seinem Wunsch hinter dem Berg gehalten, daß die Bundeswehr von den Amerikanern mit taktischen Nuklearwaffen ausgerüstet wurde, für deren Zündung auf den deutschen Trägersystemen dann nach dem Zweischlüsselsystem die USA verantwortlich sein sollten. Auf der NATO-Ratssitzung am 14. Dezember formuliert er seine Forderung, »daß die NATO-Verbände in Europa bis zur Division hinunter Atomwaffen zur Verfügung haben müßten«, vor der internationalen Öffentlichkeit.

Der damalige Atomwissenschaftler Carl Friedrich von Weizsäcker, der wie viele seiner Kollegen Strauß aus der Atomkommission beim Atomministerium kennt und deswegen davon ausgeht, daß eine Atombewaffnung in Deutschland bevorsteht, sucht nach Wegen, die Öffentlichkeit dagegen zu mobilisieren. Er und seine Freunde sind der Meinung, der Besitz von Atomwaffen müsse auf die Großmächte beschränkt bleiben, damit nicht in einem Spannungsfall in Europa eine Atommacht versuchen könnte, die Waffen der anderen präventiv auszuschalten. Sie teilen ihre Bedenken gegen eine deutsche Teilhabe an der Atombewaffnung schon im November dem Verteidigungsminister brieflich mit. Mit einer, so

sieht er es wohl selber, Notlüge verhindert Strauß zunächst, daß die Atomwissenschaftler ihren Protest öffentlich machen: Er empfängt sie am 29. Januar zu einem »ausführlichen und sehr lebhaften Gespräch« und versichert vehement, die Regierung lehne »eine deutsche Atomrüstung unter nationaler Souveränität« ab. Das ändere nichts daran, daß »eine große atomare Aufrüstung der europäischen NATO notwendig« sei. Weizsäcker: »Wir verließen den Minister, zum Schweigen gebracht, aber nicht überzeugt.«
Zwei Monate später meldet sich nun auch Adenauer mit seiner Ansicht, taktische Atomwaffen seien nichts weiter als eine »Weiterentwicklung der Artillerie«, öffentlich zu Wort. Bei einer Pressekonferenz am 5. April fügt er hinzu: »Selbstverständlich können wir nicht darauf verzichten, daß unsere Truppen auch in der normalen Bewaffnung die neueste Entwicklung mitmachen. Die großen Waffen haben wir ja nicht.« Damit meint er die interkontinentalen Waffen, berücksichtigt jedoch nicht, daß die Zerstörungswirkung unabhängig ist von der Entfernung zwischen Abschuß- und Detonationsort.
Als Antwort, als Aufschrei der Experten formuliert Weizsäcker eine Woche später einen Text, den weitere siebzehn Berufskollegen, darunter die vier Nobelpreisträger Otto Hahn, Max von Laue, Werner Heisenberg und Max Born, unterzeichnen und der als »Göttinger Erklärung« Geschichte macht. Der exakte Titel des drei Seiten langen Manifests lautet »Appell von 18 Atomwissenschaftlern für den Verzicht der Bundesrepublik Deutschland auf Atomwaffen vom 12. 4. 1957«. Der Appell wurde der DEUTSCHEN PRESSE-AGENTUR an einem Freitag nachmittag übergeben: Der 78jährige Otto Hahn wollte mit diesem Vorgehen erreichen, daß das Manifest eine Weile auf die Leser wirken konnte und daß die ins Wochenende abgetauchte Regierung daran gehindert wurde, es sogleich für tot zu erklären. Alles, was der Kanzler in der Vorwoche zu dem Thema gesagt hat, wird gnadenlos richtiggestellt – etwa seine merkwürdige Unterscheidung zwischen »kleinen« und »großen« Atombomben.
Aus dem Text: »Die Pläne einer atomaren Bewaffnung der Bundeswehr erfüllen die unterzeichneten Atomforscher mit großer Sorge. (...) Taktische Atomwaffen haben die zerstörende Wirkung nor-

maler Atombomben. (...) Für die Entwicklungsmöglichkeit der lebensausrottenden Wirkung der strategischen Atomwaffen ist keine natürliche Grenze bekannt (...). Für ein kleines Land wie die Bundesrepublik glauben wir, daß es sich heute noch am besten schützt und den Weltfrieden noch am ehesten fördert, wenn es ausdrücklich und freiwillig auf den Besitz von Atomwaffen jeder Art verzichtet. Jedenfalls wäre keiner der Unterzeichner bereit, sich an der Herstellung, der Erprobung oder dem Einsatz von Atomwaffen in irgendeiner Weise zu beteiligen.« Und, um den in jenen Tagen naheliegenden Verdacht zu zerstreuen: »Wir bekennen uns zur Freiheit, wie sie heute die westliche Welt gegen den Kommunismus vertritt.«
Kanzler Adenauer ist, als er von dem Appell hört, sogleich beleidigt: »Zur Beurteilung dieser Erklärung muß man Kenntnisse haben, die diese Herren nicht besitzen. Denn sie sind nicht zu mir gekommen.« Strauß nennt den Nobelpreisträger Hahn in geselliger Runde einen »alten Trottel, der die Tränen nicht halten und nachts nicht schlafen kann, wenn er an Hiroshima denkt«, die Verbreitung dieses Zitats läßt er Jahre später durch das Oberlandesgericht Nürnberg untersagen. Öffentlich erklärt er von oben herab und in eindrucksvoller Feindseligkeit:

»Der Aufruf der Atomwissenschaftler ist an die falsche Adresse gerichtet. Denn er richtet sich nicht an ihre wissenschaftlichen Kollegen, die im Osten und Westen diese Waffen hergestellt haben und laufend weiterentwickeln. Der Bundesregierung und insbesondere dem Verteidigungsministerium ist die Wirkung der Atomwaffen auf Grund der vorliegenden genauen Informationen aus dem Ausland mindestens genauso bekannt wie den Wissenschaftlern. Die in diesem Aufruf unterzeichneten Wissenschaftler verfügen aber nicht über eine ausreichende Kenntnis der politischen und militärischen Zusammenhänge. Und sie sind insbesondere nicht verantwortlich für die Sicherheit der Bundesrepublik und für den Schutz Europas vor einem sowjetischen Überfall. (...) Die Frage, ob die Bundeswehr mit taktischen Atomwaffen im Rahmen aller europäischen Streitkräfte der NATO unter amerikanischer Aufsicht und mit amerikanischen besonderen Vorbehaltsgarantien, im übrigen nicht vor 1959, ausgestattet werden soll, liegt außerhalb der Verantwortung der unterzeichneten Wissenschaftler, liegt auch außerhalb ihrer Möglichkeiten, das Für und Wider einer solchen politischen Entscheidung beurteilen zu können.«

Doch der Minister war bei Abfassung dieser rotzigen Erklärung nicht gut beraten; so einfach läßt sich die Öffentlichkeit nicht abspeisen. Adenauer zeigt Strauß nun, wie man taktisch klug vorgeht. Er lädt fünf der Unterzeichner zusammen mit Strauß und den Generalen Speidel und Heusinger ins Kanzleramt und läßt die Lage erläutern. Nach einer siebenstündigen Diskussion unterzeichnen alle Beteiligten, Kanzler und Verteidigungsminister eingeschlossen, ein Kommuniqué, mit dem Adenauer die Bürger besänftigen will: Es stehe fest, heißt es darin, daß »die Bundesrepublik nach wie vor keine eigenen Kernwaffen produzieren wird und daß die Bundesregierung demgemäß keine Veranlassung hat, an die deutschen Atomwissenschaftler wegen einer Beteiligung an der Entwicklung nuklearer Waffen heranzutreten.« Die Regierung wolle sich bemühen, »durch ein Abkommen zwischen allen Mächten eine generelle atomare Bewaffnung der sich in Ost und West gegenüberstehenden Armeen zu vermeiden«.

Tatsächlich geht es im Augenblick ja gar nicht um die Produktion deutscher, sondern um die Stationierung amerikanischer Sprengsätze im NATO-Rahmen; insofern dient das Kommuniqué eher der Verschleierung denn der Offenlegung der Wahrheit. Schon wenige Wochen später, Anfang Mai, sichern Strauß und Adenauer dem amerikanischen Außenminister Dulles auf der NATO-Frühjahrstagung in Bonn zu, Atomwaffenträger in der Bundeswehr bereitzustellen. Einzelheiten werden aber noch nicht festgelegt; die Deutschen wollen erst die Wahl hinter sich bringen und dem durch die Atomdiskussion ausgelösten »Schock« in der Wählerschaft mit einem »Kampf gegen die Angst« begegnen, wie Adenauer dem CDU-Vorstand verspricht.

Dieser Kampf wird von Stund an mit erbitterter Härte geführt. Die Union polarisiert auf bis dahin ungeahnte Weise mit Slogans wie »Alle Wege des Marxismus führen nach Moskau« oder »Wo Ollenhauer sät, erntet Moskau«. Und Moskau, das sind die Befehlshaber der Panzer, die den Aufstand in Budapest blutig niedergewalzt haben. Moskau, das sind die Kommunisten, die die deutschen Kriegsgefangenen so lange in Sibirien festhielten, bis Adenauer sie endlich heimholen konnte. Dagegen steht das Versprechen der Christenunion: »Wir sorgen dafür, daß die SPD niemals an die Macht kommt. Wir sind dazu entschlossen, weil wir glauben, daß mit einem Sieg der SPD, die uns aus der NATO herausführen, die allgemeine Wehrpflicht abschaffen und die NATO auflösen will, der Untergang Deutschlands erfolgt« (Adenauer). Der Altphilologe Strauß drückt – wenn er nicht in den Bierzelten redet – den gleichen Sachverhalt etwas gewählter aus: »Si vis pacem para bellum!«

Und die Wähler wollen tatsächlich »Sicherheit – keine Experimente«, wie ein weiterer Wahlkampfspruch nahelegt; sie geben der Union die absolute Mehrheit der Stimmen und Mandate, und die SPD hat mit 31,8 Prozent das Nachsehen. Strauß behält natürlich das Verteidigungsressort. Seine Stellung ist unangefochten, auch wenn Adenauers engste Berater – Staatssekretär Hans Globke, Fraktionschef Heinrich Krone und Außenminister Heinrich von Brentano – immer öfter über Strauß herziehen: Der CSU-Mann ist ihnen zu unberechenbar und zu frech. Auch Bundespräsident Heuss und der Kanzler rügen dessen lockere Ausdrucksweise, sorgen sich um seinen Alkoholkonsum und um sein brüskes, auch autoritäres Verhalten im Umgang mit hohen Militärs. Er befindet sich, den Ausdruck hat er selbst geprägt, wenn auch auf einen Kollegen gemünzt, offenbar in seiner »Sturm-und-Trank-Zeit«.

Im Fasching 1957 lernt der 41jährige, als venezianischer Troubadour verkleidete Strauß beim Ball der Münchner Kammerspiele im Deutschen Theater die 26jährige Marianne Zwicknagl kennen. Daraus wird eine Romanze mit Höchstgeschwindigkeit; an Ostern, die Fastenzeit ist eben vorbei, feiert das Paar Verlobung. Trauung ist am 4. Juni in Rott am Inn. Strauß muß die Feierlichkeiten zwischendurch verlassen, weil ein junger Ausbilder seine Rekruten zwecks Mutprobe in das Hochwasser der Iller schickt; fünfzehn Mann ertrinken. Der Bräutigam kann ersichtlich nichts dafür.

Bilder des jungen Paares zeigen einen Strauß, der ungemein stolz wirkt auf seine fesche Eroberung, die er zugleich festhält, als würde sie ihm sonst entgleiten. Noch immer nicht hat der Bundesminister seine Herkunft aus dem Metzgerladen in der Schellingstraße verwunden oder gar bewältigt. Jetzt meint er eine weitere Stufe erklommen zu haben: Marianne ist Tochter einer geachteten CSU-Größe, eines Brauerei- und Immobilienbesitzers, des deutschen Honorarkonsuls in Innsbruck. Die Hochzeit ist für Strauß auch eine Frage des sozialen Status: »Ich habe gut geheiratet. Nicht sehr gut, aber gut.« Marianne zahlt es dem Franz manchmal heim, indem sie ihn an seine kleinbürgerliche Herkunft erinnert: »Stellen Sie sich einmal vor«, so wird sie von Besuchern zitiert, »der Sohn eines Schlächters war so intelligent, schon vor Ausbruch des Krieges seinen Führerschein zu machen, damit er als Soldat nicht zur Infanterie mußte.«

Am Hochzeitstag erweist Kanzler Adenauer den frisch Vermählten die Ehre seines Besuchs. Der Alte will demonstrieren, daß er den jungen Mann respektiert und nicht mehr bekämpft, auch wenn er manchen Charakterzug seines Ministers mißtrauisch beäugt: »Der Strauß ist ein vorwärtsdrängender Mann. Es kann sein, daß es jetzt Tote und Verwundete gibt, und vielleicht bin ich eines Tages sogar unter den Leichen.« Doch ganz so schlimm wird es nicht kommen. Strauß stolpert allerdings fünf Jahre später beim Drängen.

Tatsächlich gerät die Verbindung mit Marianne Zwicknagl zu einer guten Partie. Ihrem Vater gehörte die Kaiser-Brauerei in Rott am Inn, in deren Klostergemäuer die Familie Strauß später wohnte; zusammen mit ihren beiden Schwestern erbte Marianne den Firmenbesitz, der Ertrag weniger aus der Bierproduktion als aus Immobilien abwarf.

Marianne hat nicht nur ein Faible, sondern auch ein Händchen für Immobilien- und Kapitalanlagen; das hat sie im väterlichen Betrieb gelernt. Schon im September 1958 erwerben die Eheleute in Calanques des Issambres an der Côte d'Azur eine Ferienvilla, zu der sie später (1964) ein zweites Grundstück hinzukaufen, »da die bisherigen Räumlichkeiten im Hinblick auf unsere drei Kinder zu klein geworden sind«. Marianne Strauß berichtete damals, beide Immobilien seien von ihr ausgesucht und auf ihren Namen eingetragen worden.

Wenn Strauß verliebt ist, wirkt er besonders energisch und ist besonders erfolgreich; wahrscheinlich, weil das die wenigen Momente seines Lebens sind, in denen er Rücksicht nimmt. Während der ersten Monate im neuen Amt erwirbt er sich allseits einen guten Ruf. Er organisiert vernünftig und setzt Grenzen. Er ist ungemein fleißig und wirkt kompetent. Nur Menschenkenntnis hat er sich nicht erworben; diesen Mangel kann er ein Leben lang nicht beheben, obwohl er das Problem durchaus erkennt: »Ich tue mich schwer, ein ausreichender Beurteiler und Kenner von Menschen zu sein«, sagt er Günter Gaus 1964 im Fernsehinterview. Das kommt daher: Er interessiert sich nicht für Menschen und ihre Schicksale; sie sind für ihn Figuren in einem Spiel, das möglichst er gewinnen will. Er kann auch nicht zuhören. Er muß immer im Mittelpunkt stehen, er braucht alle Aufmerksamkeit, für ihn muß sich in der Menschenansammlung die Gasse öffnen. Alle, glaubt er, warten auf seinen Erfolg.

Strauß macht gleich nach seinem Amtsantritt der Generalität, deren Angehörige ausnahmslos noch in der Tradition der Reichswehr stehen, klar, worin für ihn der Primat der Politik besteht. Der damalige Personalchef im Verteidigungsressort, Brigadegeneral Burkhart Müller-Hildebrand, fällt dem neuen Minister durch eigenwilliges Verhalten auf: Er weigert sich zuweilen, vom Minister bereits unterzeichnete Beförderungen gegenzuzeichnen und damit wirksam werden zu lassen. Das kann er sich gegenüber Strauß aber nicht erlauben. FJS macht den Offizier ungnädig darauf aufmerksam, daß die Bundeswehr nicht auf dessen Schreibtisch, sondern bei der Truppe aufgestellt wird. Müller-Hildebrand keift schriftlich zurück, Strauß bestellt ihn zum Rapport, der General erscheint, muß aber im Vorzimmer des Ministers fünfzehn Minuten warten, was ihn zutiefst erbittert. Er verläßt den Raum, weil er der Ansicht ist, eine so lange Wartezeit sei ihm nicht zuzumuten.

Auf den Eklat hat der Minister anscheinend nur gewartet. Er schickt Feldjäger aus, die den Widerspenstigen einfangen und dem Minister vorführen. Müller-Hildebrand wird als stellvertretender

Divisionskommandeur zur Truppe versetzt: Der alte Oberleutnant Strauß, nun Minister, verlangt auch von einem General und Personalchef Gehorsam. Die Lektion wirkt – auch wenn Strauß im Zorn überreagiert haben mag. Heeresinspekteur General Hans Röttiger erläutert den Unterschied zwischen Vorgänger und Nachfolger: »Wenn wir zu Blank gingen, hatten wir Generale immer ein Gefühl der leichten Überlegenheit. Wenn wir zu Strauß gerufen werden, kontrollieren wir vor der Tür des Ministerbüros noch rasch die Knöpfe an unseren Uniformen.« Nur General Müller-Hildebrand blieb, auch in militärstrategischen Belangen, ein überzeugter Kritiker seines Ministers.
Selbst eine formelle Abmahnung des Kanzlers kann zu dieser Zeit die starke Stellung von Strauß nicht schwächen. Adenauer regt sich darüber auf, daß er über eine Neuorganisation in der Bundeswehr zu karg informiert worden ist. Er wirft dem Ressortchef schriftlich eine »eklatante, empfindliche Störung meiner Politik« und eine »Pflichtverletzung« vor; dann droht er, er könne auch die Entlassung des Ministers beantragen. Weil Strauß sich nicht um die Ermahnung schert, stellt Adenauer ihn vor anderen Ministern zur Rede. Auch da bleibt Strauß uneinsichtig: Er weiß, er kann sich das leisten, denn er ist für Adenauer so wichtig wie für die Union. Bei der Neubildung der Regierung vermag Strauß sogar durchzusetzen, daß sein eigener Parteifreund, der CSU-Finanzminister Fritz Schäffer, sein Amt verliert. Der nörgelige Bayer ist Strauß und etlichen der Ministerkollegen wegen seiner sparsamen Haushaltsführung ein Greuel.
Die Sozialdemokraten suchen derweil aus aussichtsloser parlamentarischer Minderheitsposition die öffentliche Aktion und gründen das Komitee »Kampf dem Atomtod«. Der Bundestag billigt nach 37stündiger Debatte am 25. März 1958 die Bewaffnung der Bundeswehr mit amerikanischen Atomwaffen; und Strauß zieht vor das Verfassungsgericht in Karlsruhe, als die Bürgerschaften von Bremen und Hamburg sowie die Stadtparlamente von Frankfurt, Darmstadt und Offenbach eine Volksbefragung zur Atombewaffnung durchführen möchten. Das Gericht gibt, zum erstenmal, Franz Josef Strauß recht und erklärt derlei Befragungen für verfassungswidrig. Der Elan der Demonstranten und der Pro-

testanten schwindet. Die Atomwaffen sollen kommen, weil Adenauer und Strauß das so wollen. Sie müssen kommen, weil Strauß überzeugt ist, nur so der »kommunistisch-bolschewistischen Herausforderung« begegnen zu können. Sein Alptraum spielt in Moskau; dem Kampf gegen die russische Gefahr hat sich alles andere zu beugen.

Deswegen hält der antikommunistische Krieger Strauß auch nichts von den Demokratisierungsversuchen beim Militär, die Wolf Graf von Baudissin der Bundeswehr in Form der »Inneren Führung« einziehen und die das Parlament mit der Institution eines Wehrbeauftragten verstärken will. Das ist für Strauß bürokratisches Papperlapapp, und er nutzt jede Chance, den Wehrbeauftragten Helmuth von Grolman bedeutungslos erscheinen zu lassen. Er mag nicht einsehen, daß der Wehrbeauftragte doch allenfalls ein Ombudsmann für Soldaten, niemals aber – wovor er sich fürchtet – Korrektiv- oder Kontrollinstanz für den Verteidigungsminister sein kann. Laut beschwert er sich, der Wehrbeauftragte mische sich in fremde Angelegenheiten ein, statt sich mit dem »ständigen Sabotieren der Bundeswehr durch die Opposition« zu beschäftigen. Baudissin und andere Militärs äußern sich besorgt darüber, »daß der einzelne Soldat vor die Alternative Strauß oder Grolman sich gestellt sehe«.

Demonstrativ herablassend begegnete der Minister FJS dem »Beirat Innere Führung«, der den Ressortchef laut Auftrag eigentlich »in Fragen der Inneren Führung« beraten sollte. Schon die Berufung des Gremiums – in das Wissenschaftler, Theologen und Journalisten aufgenommen wurden – ließ er fast zwei Jahre lang bis zum Sommer 1958 verschleppen. Danach sagte Strauß immer wieder seine Teilnahme an Sitzungen des Beirats ab, weil der sich – schon wieder dieselbe Furcht – eine »Kontrollfunktion« anmaße, die ihm nicht zustehe. Der Beirat klagte, er stoße »immer wieder auf Wattewände«, und mußte dem Minister ein Ultimatum stellen, bis der sich nach fast vier Jahren erstmals mit dem Expertenkreis traf. Da wurde er dann sogleich pampig: Er dankte den Mitgliedern des Beirats für ihre Arbeit und berichtete, er habe »die ganze Problematik der Inneren Führung den UNTERGEORDNETEN Instanzen zugewiesen«. Und in Zukunft möge sich der Beirat doch lieber

dem »durch den Einsatz von Atomwaffen bedingten modernen Kriegsbild« widmen.
Merke: Wichtig ist, was Strauß dafür hält. Primat der Politik bedeutet für ihn keineswegs Vorrang der Demokratie vor anderen Formen staatlicher Machtausübung, sondern es ist für ihn einfach eine Sache von Autorität und Ordnung. Woher die Politiker ihre Autorität beziehen, danach fragt er nicht lange. Ihm reicht es, wenn sie um ihre Prioritäten wissen. Im Fall Strauß: erst der Kampf gegen den Weltkommunismus, für deutsche Gleichberechtigung und deutsche Atombomben. Demokratischer Firlefanz mag dann am Ende als Garnierung hinzukommen.
Strauß mag sich in jenen Jahren nicht in die Karten gucken und schon gar nicht kontrollieren lassen. Er gilt noch als entscheidungsstark – also entscheidet er. Jahre später wird der Rechnungshof viele seiner Entscheidungen bei Rüstungskäufen als übereilt, unsinnig oder falsch kritisieren. Während der SPIEGEL-Krise wird sich seine Entscheidungslust zur Hybris auswachsen, als er »im Namen des Bundeskanzlers« oder zur Rettung des Weltfriedens mit Madrid telefoniert. Seine Vorliebe für Geheimkontakte und vertrauliche Kabinettsdiplomatie bleibt ein Leben lang bestehen, ob er mit spanischen Faschisten, chinesischen Maoisten oder ostdeutschen Stasi-Generalen parliert. Die Manie beginnt, natürlich streng geheim, um die Jahreswende 1957/58, und es geht selbstverständlich um sein Lieblingsprojekt – Atomwaffen. Da hätte die deutsche Sicherheitspolitik um ein Haar einen radikalen Kurswechsel vollzogen.
Der Start des ersten Weltraumsatelliten ausgerechnet durch die Sowjetunion – der »Sputnik« kreist seit dem 4. Oktober 1957 – versetzt vielen westlichen Politikern einen Schock, vor allem aber den so vehement anikommunistischen Deutschen. Der Bundesverteidigungsrat tagt ohne Unterbrechung; Adenauer klagt über den Vorsprung der sowjetischen Atom- und Raketenrüstung und verdächtigt zugleich Washington und Moskau, sie wollten künftig gemeinsame Sache gegen alle kleineren Staaten machen.
Den Regierenden in Frankreich geht es offenbar ähnlich. Sie suchen – wie bereits beim EURATOM-Projekt – eine Annäherung an Deutschland, schon allein, um die Kosten für die Atomrüstung tei-

len, also überhaupt erst aufbringen zu können. Am 16. November erscheint, höchst geheim, eine französische Regierungsdelegation bei Adenauer und bietet Deutschland zusammen mit Italien die gemeinsame Entwicklung von Atombomben und Trägerwaffen an. Die Deutschen sind zunächst perplex, dann begeistert: Da ist endlich die Chance, von Adenauers ungeliebtem Verzicht auf die ABC-Waffen wegzukommen! Jetzt ändern sich endlich die Umstände, und zugleich bietet sich endlich die Möglichkeit, der amerikanischen Kuratel elegant zu entkommen. Nur Außenminister von Brentano bleibt skeptisch, er fürchtet sich vor der notwendigen Änderung der Pariser Verträge und meint, es reiche doch, wenn die Europäer Raketen und Kernwaffen zu ihrer »Verfügung« hätten. Darauf entgegnet der Kanzler brüsk: »Wir müssen sie produzieren.«

Strauß, der Anfang des Jahres im Sidi-bel-Abbès im damals noch kolonialen Algerien mit Frankreich eine allgemeine Rüstungskooperation vereinbart hat – daraus geht das deutsch-französische »Transall«-Transportflugzeug hervor –, soll mit seinem französischen Kollegen Einzelheiten des geplanten hochgeheimen Dreierpakts zwischen Paris, Rom und Bonn ausarbeiten. In der Öffentlichkeit soll der Eindruck erweckt werden, es gehe jetzt bloß darum, das Kooperationsabkommen mit Leben zu füllen. Jacques Chaban-Delmas, den Strauß bereits am 20. November in Paris trifft, erklärt, mit der nuklearen Zweiklassengesellschaft innerhalb der NATO müsse es nach Ansicht seiner Regierung ein Ende haben. Sollten die USA und Großbritannien sich einer Weitergabe ihrer Atomgeheimnisse an die anderen Bündnispartner erwartungsgemäß verweigern, könne der Dreibund beginnen, »allein zu forschen, zu finden und zu fertigen«. So erklärt es der Franzose dem Bayern beim gemeinsamen Essen.

Dabei ist den Beteiligten völlig klar, daß London und Washington keinen Augenblick daran denken, ihr Know-how mit den anderen zu teilen. Deswegen wird strikte Geheimhaltung vereinbart, die fast drei Jahrzehnte eingehalten wird. Geheimhaltung ist wegen der Beschränkung aus den Pariser Verträgen ohnehin geboten: Wenn sich Deutschland am Dreibund beteiligt, können die konkreten Arbeiten zunächst nur außerhalb des Landes anlaufen.

Laut den Aufzeichnungen des anwesenden deutschen Botschafters Blankenhorn fordert Strauß, alles müsse »völlig geräuschlos, völlig geheim und vollkommen legal erfolgen«.
Wie das so ist mit der Legalität oder eben ein wenig außerhalb davon: Die Gesprächspartner einigen sich bereits darauf, wie man die nötige Finanzierung im deutschen Bundeshaushalt unauffällig verstecken kann, nämlich als deutschen Beitrag zu einem »Europäischen Forschungsinstitut für Flugkörper« – man hat ja mit solchen Tarnadressen Erfahrung. Blankenhorn ist über das Ungestüm des deutschen Ministers verblüfft: »Leider ist es Herrn Strauß nicht klar gewesen, welche außerordentlichen finanziellen Lasten sich aus dieser Zusammenarbeit ergeben.« Doch das Projekt wird eilig vorangetrieben. Bereits am 21. Januar beraten die drei Verteidigungsminister Strauß, Chaban-Delmas und Paolo Emilio Taviani in Bonn den Text des geplanten Geheimpakts. Adenauer empfängt das Trio zum Frühstück. Am Ostermontag 1958 wird das Abkommen in Rom paraphiert: Die drei Staaten vereinbaren eine gemeinsame Finanzierung der französischen Atomfabrik in Pierrelatte, wobei Italien nur 10 Prozent, die beiden anderen jeweils 45 Prozent beisteuern sollen. Die Formulierung »gemeinsame Entwicklung von Atomsprengkörpern« wird im letzten Moment auf Bitten von Strauß aus dem Vertragstext getilgt; statt dessen heißt es nun »gemeinsame Erforschung und Nutzung der Kernenergie für militärische Zwecke«. So vorsichtig ist man selbst im geheimen. Noch ehe sich aber die drei Minister zu einer gemeinsamen Besichtigung der französischen Nuklearanlagen wieder treffen können, ist die französische Regierung und mit ihr die 4. Republik am Ende. Charles de Gaulle kommt am 1. Juni an die Macht. Das Projekt wird angehalten und nie wieder in Gang gebracht.
Es war ein Traum von Strauß und seinem Kanzler, aber ein ziemlich schlechter. Zu viele Fragen blieben ungeklärt, vor allem die entscheidenden: Was würden die Vereinigten Staaten zu einer solchen qualitativen Veränderung der NATO-Praxis sagen? Wie würden sich die anderen Vertragspartner zu dem deutschen Wunsch stellen, die Pariser Verträge entscheidend zu ändern? Wie würden die Sowjets reagieren, die damals unablässig eine kernwaffenfreie Zone in Mitteleuropa vorschlugen?

Der Traum von einer zunächst europäischen und dann sicherlich bald deutschen Bombe war also alles andere als durchdacht. Charles de Gaulle tat gut daran, die Sache zu stornieren. Es wäre ein deutsch-französisches Bündnis mit antiamerikanischer Zielsetzung geworden, das zudem die Kernwaffenmacht Großbritannien womöglich noch länger von Kontinentaleuropa abgetrennt hätte. Das Bündnis hätte dazu beitragen können, daß sich Adenauers seltsame Sorge, Washington und Moskau machten nun immer öfter gemeinsame Sache, bewahrheitet hätte.

Im Rückblick und in Kenntnis der deutsch-französisch-italienischen Geheimgespräche gewinnen die Auftritte von Strauß, aber auch von Adenauer bei der legendären Atomdebatte des Bundestags im März 1958 eine neue Dimension. Der Kanzler begründet die deutsche Pflicht, Atomwaffen in der Bundesrepublik stationieren zu lassen, mit Zwängen der NATO: »Wenn wir uns weigern, das zu tun, scheiden wir damit aus der NATO aus.« Dabei arbeitet er insgeheim zur selben Zeit an einem Projekt, das sich nur schwer mit NATO-Pflichten verträgt.

Und Strauß übt schon damals, wie leicht man das Parlament belügen kann. Sein Debattenbeitrag hat so etwas wie ein Gelöbnis zum Inhalt: »Wir wollen keine Atomwaffen in deutschen Händen, wir wollen keine Atomwaffen in deutscher Verfügungsgewalt. Wir wollen sie auch nicht für die Bundeswehr, sondern für die der NATO unterstellten Einheiten aller europäischen Bundesgenossen.« Es ist nicht das Verdienst von Strauß, daß seine Lügen später doch zur Wahrheit werden. Am Karfreitag des folgenden Jahres, 1959, unterschreibt FJS auf einem US-Stützpunkt im italienischen Vicenza den Vertrag mit den USA über die Lagerung amerikanischer nuklearer Sprengkörper in der Bundesrepublik – und für Strauß ist damit die »Frage nach dem Selbstbewußtsein der Deutschen« vorläufig beantwortet. Die Bundeswehr wird von 1960 an mit Atomsprengköpfen für taktische Trägerwaffen ausgerüstet. Über ihren Einsatz bestimmt der amerikanische Präsident.

Damit mag sich Strauß nicht abfinden, während die Sache etwa dem Bonner Finanzminister Franz Etzel aus grundsätzlicher Sicht viel zu weit geht. Er gesteht Strauß seine geheimsten Ängste: »Ich

möchte nicht im nächsten Kriegsverbrecherprozeß schuldig gesprochen werden.«
Strauß sind und bleiben solche Skrupel völlig fremd. Er bemerkt auch nicht, daß er es ist, der derartige Bedenken bei Kritikern, aber auch bei engen Parteifreunden weckt. Er rassele doch allenfalls rhetorisch mit dem Säbel, wolle aber natürlich nie und nimmer einen Krieg, pflegt er in solchen Fällen zu antworten, ohne allerdings Glauben zu finden. Für Strauß hat atomare Teilhabe nichts mit Macht oder Aggression zu tun, sondern ist ein nationales Anliegen, also eine »Frage deutschen Selbstbewußtseins«, und das soll möglichst wenig mit der Vergangenheit und ihren Lasten beschwert werden, sondern auf Gegenwart und Zukunft zielen.
So kämpft er, auch nach dem jähen Ende des geplanten Dreierpakts, unverdrossen für die deutsche Teilhabe am Atompotential, für eine deutsche Hand am nuklearen Drücker. Im November 1960 fordert er: »Es gilt, in der NATO eine Formel zu finden, in der einerseits dafür gesorgt wird, daß keine Krisenherde entstehen, bei denen die Vereinigten Staaten mit ihrem Engagement immer vor dem letzten Risiko stehen, und andererseits die übrigen Bündnispartner die Gewißheit haben, daß die große Vormacht im Bündnis bereit ist, dieses letzte Risiko einzugehen, wenn es gilt, andere NATO-Partner vor dem Zugriff des Aggressors zu bewahren.«
Strauß ist der Ansicht, daß ein Atomkrieg gewonnen oder verloren werden kann, und er glaubt, daß die Sowjetunion diese Meinung teilt. Und den USA glaubt er nicht, daß sie im Zweifelsfall bereit wären, die Zerstörung von Pittsburgh zu riskieren, um Vergeltung für die Auslöschung von Hamburg zu üben.
Noch beim Diktieren seiner »Erinnerungen« spricht er den Satz auf Band: »Bei einem Abbau der amerikanischen Sicherheitsgarantie zum Beispiel wäre die Bundesrepublik automatisch frei gewesen, Atomwaffen zu produzieren.« So versteht der Altphilologe den Zusatz rebus sic stantibus.
Henry Kissinger hatte recht, wenn er Strauß später eine »nukleare Obsession« nachsagte.

Der Tribun von Vilshofen

Die Kunst des Redners

1946 – 1988

Am liebsten sind Strauß seine Volksreden. Die Zürcher Zeitung DIE TAT schrieb schon 1957: »Er ist kein Mann des stillen Kämmerleins und der Publizitätsscheu; sich mitzuteilen ist ihm Bedürfnis.« Er genießt es, die Zuhörer in seinen Bann zu ziehen, sie mit manchmal lateinischen Fachbegriffen zu erschrecken und ihnen anschließend sogleich einen deftig-volkstümlichen Happen hinzuwerfen. Es gefällt ihm, wenn er die Leute zu manipulieren, also zu beherrschen vermag. »Ich denke rational, aber ich rede emotional«, sagt Strauß, der seine Redekunst sehr viel lieber analysiert als irgendeine andere seiner Fertigkeiten oder gar Charaktereigenschaften. Sonst müßte er ja bemerken, daß er sich nur deshalb so gern reden hört, weil er nicht zuhören kann. Er mag nicht diskutieren, nur recht behalten.

In Wahlkämpfen zählt er seine Versammlungen und seine Zuhörer. Die Summe gibt ihm recht und verbietet Kritik an den Inhalten seiner Reden. Im Bundestagswahlkampf 1976 hat er bei 130 »Kundgebungen«, wie er das nennt, 2,5 Millionen Zuhörer gehabt. Das könne ihm keiner nachmachen; die anderen kriegten ihr Publikum ja »in einem Campinganhänger« unter, meint er, oder sie füllen gar nur »den Hinterhof eines Dorfwirtshauses zur Hälfte«. Wer außer ihm sei schon in der Lage, »mehr als 2000 Leute zu mobilisieren«?

Seinen Redestil nennt Strauß »analytisch«; schon die Erklärung ist Beispiel: »Ich habe in Gracians Handorakel ein bedeutsames Wort gelesen, das heißt: Man soll das Intensive höher schätzen als das Extensive.« Daran hält er sich.

Als Rhetoriker ist er der Beste. Und er hat das Glück, der totalen TV-Ära zuvorzukommen; vor der Kamera fällt sein ganzkörperli-

cher Einsatz, sein Temperament, sein Schweiß nämlich mehr auf als in der bierdampfenden Atmosphäre eines Festzeltes, wo Stimmung alles ist.
DIE ZEIT im September 1962: »Begibt sich auf öffentlichen Versammlungen der Minister ans Rednerpult, ist es erschütternd zu sehen, wie ihm aus vielen Gesichtern blanker, nackter Haß entgegenstarrt. Gleichzeitig indes rast frenetischer Beifall: Hebt Strauß den Kopf, geraten seine Anhänger schon in Verzückung.«

In den fünfziger, sechziger und siebziger Jahren kamen die Menschen am Aschermittwoch von weit her ins abgelegene niederbayerische Vilshofen, stapften frühmorgens gemeinsam vom Bahnhof zum »Wolferstetter Keller«, dem Festsaal der örtlichen Brauerei, und warteten geduldig, bis Franz Josef ihnen die Ehre seines leibhaftigen Erscheinens gab. Und während das Bier aus den Maßkrügen rann, redete sich Strauß in Fahrt und meist in Rage: bis zu drei Stunden konnte solch ein Auftritt schon dauern, das Mittagsläuten war längst vorbei. Und immer ging es gegen die Roten und die Bolschewisten, gegen die Regierung oder gegen die Opposition, gegen Terroristen, Chaoten und alles Linke dieser Welt. Aber *wie* er das sagte! Und daß er überhaupt seine vielen und meist viel zu langen Sätze – zwischendurch fiel ihm nämlich immer noch ein Einschub ein – zu einem sinnvollen Ende brachte!
Die Kunst der Rede hat der Landrat im Landkreis Schongau, der CSU-Generalsekretär in Bayern und der Abgeordnete im Bundestag bei 153 großen Parlamentsreden trainiert und perfektioniert. Aber nur im Bierdunst von Vilshofen (seit 1975 des Ansturms wegen in der Nibelungenhalle zu Passau) oder in Festzelten ist er der Volkstribun, dem das Publikum zu Füßen liegt. Es ist die ungekünstelte Theatralik, die Dramatik des Auftritts, gemischt mit bayerischen Brocken und demonstrierter Belesenheit, die – unterlegt mit großen Gesten – die Zuhörer mißreißt. Selbst bei der Formulierung politischer Allerweltsweisheiten versteht er es, dem Vortrag Spannung zu geben, indem er die Binsen mit Schlägen der Hand (x) oder der Faust (xx) auf Tischkante oder Rednerpult unterstreicht. Etwa 1959 in Vilshofen:

»Wenn man eine Anklage erhebt, muß man auch sich selbst einschließen, weil niemand von menschlichen Schwächen und Anfechtungen frei ist. Aber ich erlaube (x) mir, eines (x) zu sagen (x): Ein Land (x), das eine achthundert (x) Kilometer lange (x) gemeinsame Grenze mit einem (x) Reich der Weltanschauung (x) des historischen (x) Materialismus hat, dieses Land (x) und dessen Bewohner (x) haben allen Grund (xx), im Inneren (x), wenn eine gerechte (x) Ordnung (x) herrscht, ruhig (x) und zufrieden (x) zu sein und nach außen (x) zusammenzustehen (x) wie (x) ein (x) Mann (x).« (Beifall.)

Eigentlich sind seine Reden viel zu lang. Sie enthalten immer einen Faktenteil, in dem der Vortragende eine Fülle von Zahlen über den Bundeshaushalt und die Staatsverschuldung, die jeweils aktuelle Steuerreform oder die Konjunkturentwicklung losläßt, aber selbst dadurch beeindruckt er seine Zuhörer. Um die Fakten herum wird ein Sammelsurium von Polemik, kleinen Spitzen, Wortspielen und Aufrufen zur Stammessolidarität (»Wir Bayern«) losgelassen. Er fängt ein solches Auditorium immer ein, wenn er ihm um den Bart geht: »Vilshofen war nie das, als was man es zur Verächtlichmachung der Bevölkerung in Niederbayern und der Christlich-Sozialen Union immer auszugeben versucht hat: so ein politischer Spätkarneval, der sich in dem Bier- und Rauchdunst einer niederbayerischen Bierhalle niederschlägt. Sondern jede unserer Veranstaltungen war eine ernsthafte politische Kundgebung.« Und jedes »es«, ein Wort, das er reichlich gebraucht, klingt bei ihm so bedeutungsschwer, als wäre »es« wichtigster Teil seines Arbeitsprogramms – »eeeees«.
Nun folgt die Aufwärmphase, in der er politische Gegner attakkiert, dem Publikum aber suggeriert, es würden erstaunliche Erkenntnisse verkündet: Erst erklärt er, »hier haben wir noch nie Dinge gesagt, die nur populär waren«, dann geht's gegen die anderen; die sind gehässig, unfähig, bösartig, zynisch, intolerant, aggressiv, arrogant, allesamt Amateure, Dilettanten, Träumer, Opportunisten, eine rote Saat. Die schiere Beschimpfung.
Zwischendurch schiebt er Beruhigendes ein, womit er zugleich seine Bedeutung und seine Glaubwürdigkeit betont: »Ich habe es

schon einmal im Bundestag gesagt und wiederhole es hier: Es gibt eine normative Kraft des Faktischen; es gibt aber keine Tatsachen ersetzende Kraft des Phraseologischen.« Da staunt der einfache Teil der Hörerschar, der solche Worte nicht versteht, geschweige denn benutzt. Dann ein Schmankerl für die Bildungsbürger: »Die Welt als Wille allein genügt nicht, man muß auch eine Vorstellung dazu haben; und eine Vorstellung, wie man den Willen in die Wirklichkeit umsetzen kann.« Die Botschaft ist gleich Null, aber der Schnörkel kommt an.

Zur Auflockerung folgt der jeweilige Lieblingswitz, etwa: »Was ist eine Maus? Antwort: Ein Elefant, der alle Phasen sozialistischer Planung durchlaufen hat.« Oder die übliche kleine Spitze gegen Brüsseler Eurokraten: »Die Zehn Gebote Gottes enthalten 279 Wörter, die amerikanische Unabhängigkeitserklärung deren 300. Die Verordnung der EG über den Import von Karamelbonbons« – hilfsweise auch über die Normierung landwirtschaftlicher Zugmaschinen – »hat exakt 25 911.« Oder eine kleine Gehässigkeit über Kabinettsmitglieder: »Der ist so langsam, daß man ihm beim Spazierengehen die Schuhe besohlen kann.« Gemeint war Bundesjustizminister Hans Engelhard.

Natürlich ist das Konzentrat seiner Reden immer das gleiche, sie unterscheiden sich nur im Datum. Bis 1969 und nach 1982 werden es die christlichen Politiker schon schaffen, die sittlichen Werte gegen linke Anfechtungen zu verteidigen; in den dreizehn Jahren dazwischen, in denen die Sozialliberalen »einen Saustall ohnegleichen angerichtet haben«, da haben er und seinesgleichen mit ihrer Kritik natürlich immer »recht gehabt, wir haben nur nicht recht bekommen. Und jetzt müssen wir dafür sorgen, daß wir recht behalten, dann werden wir in absehbarer Zeit auch recht bekommen.«

Zur passenden Zeit (1984) geht es natürlich auch um die Zerschlagung der »Programmdiktatur« des öffentlich-rechtlichen Fernsehens, und immer geht es um den Kampf gegen »das linke Meinungsmonopol« und ähnliche Schimären, an die zu glauben ein so kluger Kopf wie Strauß vorgibt. Sein medienpolitisches Credo wurde schneller realisiert, als vorherzusehen war: »Der Bürger soll nicht abends von gesellschaftskritischem Schmarrn stundenlang belästigt werden. Dreht man das eine Programm auf, sieht man die Biographie einer Hure. Dreht man das andere Programm auf, dann wird uns die ›Normalfamilie‹ vorgeführt: der Vater Alkoholiker, der Sohn drogensüchtig und so weiter. Daß es eine Chaotenpartei gibt, das ist die Schuld des Fernsehens. Die Programmdiktatur der öffentlich-rechtlichen Anstalten muß in Grenzen gehalten werden. Wenn man nach einem langen Arbeitstag mal abends daheim sitzt, dann möchte man selber bestimmen können, was man sich anschauen will. Dann möchte ich auch einmal ein Schauspiel, ein klassisches Schauspiel oder eine Oper oder einen Kriminalfilm oder einen Unterhaltungsfilm sehen und mir nicht mein Leben vorschreiben lassen von den Medienpäpsten.«

Einmal (1974) spricht er in einer Rede bewundernd über einen Redner, und man meint, er lobe sich selbst: »Ich bestreite ihm nicht gewisse Fähigkeiten – die der einschmeichelnden Rede; die Fähigkeit, primitive Formulierungen durch die Art der sprachlichen Darbietung als große Weisheiten zu verkaufen. Wenn man immer etwas im Stile eines politischen Burgschauspielers mit vielen Kunstpausen und sichtlich mit der eigenen Bedeutung ringend von sich gibt, dann ist das für manche Leute zunächst einmal von ungeheurer Wirkung. Man meint, daß in ihm sich faustische Naturereignisse abspielen. Der ganze Chor der Hofschranzen und Bewunderer um ihn herum hat ja auch immer zur rechten Zeit die Hand an den Mund gelegt: ›Pst, er denkt.‹ Frühzeitig haben sie ihm ein Denkmal errichtet, und am liebsten hätten sie zur Umwelt gesagt: Schuhe ausziehen, heiliger Boden, eine Gedenkminute des Schweigens, auf Zehenspitzen zurücktreten, sich noch einmal verneigen, dem Schicksal danken für die Größe eines solchen Staatsmannes, der dem deutschen Volk geschenkt worden ist, und so weiter.« Er meint sich selbst, man hört es deutlich heraus, aber er redet von Willy Brandt, dem rhetorischen Konkurrenten. Das kann er, der Wortmächtige – neue Bilder für den politischen Gebrauch zurechtlegen, Wortspiele präsentieren, bis das Volk jubelt.

Paul Sethe schreibt in der FRANKFURTER ALLGEMEINEN: »Er kann sich noch eben mit dir gelehrt über die Bedeutung eines schwierigen klassischen Zitats unterhalten; aber wenn du ihn eine Viertelstunde später vor der Volksmenge siehst, dann erkennst du ihn nicht wieder. Dann fließt ein wilder Sturzbach über seine Lippen, dann brodelt und donnert es, dann packt er Herz und Hirn der Tausende von Zuhörern, daß sie atemlos werden und mit glänzenden Augen an seinen Lippen hängen, dann verschmäht er auch breite Volkstümlichkeit nicht, dann entgleitet dem Redestrom gelegentlich ein Wort, das er am liebsten, ist es ihm entfahren, in seinen Busen zurückbewahren möchte. Nicht alle Intellektuellen mögen diese Beredsamkeit. Aber mit Intellektuellen gewinnt man keine Wahlen. Das Volk ist für Strauß.« Und für seine Schlagfertigkeit. Zwischenrufer werden mit Sätzen abgefertigt, die absolut spontan klingen: »Glauben Sie ja nicht, daß Sie auf Dauer den Kopf durch den Kehlkopf ersetzen können!«

Die Intellektuellen will er mit Wortspielen einfangen: Die Amerikaner nennt er »eine Mischung aus Globalgendarm und Welt-Caritaspfarrer«. De Gaulle ist für ihn eine »Mischung aus Jeanne d'Arc und einem politischen Kosmonauten«. Ironisch tut er Lebenserfahrung kund mit Sätzen wie: »Jeder glaubt bei uns schon kurz nach Erreichen seiner Denkfähigkeit über vier Dinge mitreden zu können – den Verkehr, die soziale Frage, die Erziehung fremder Kinder und den Aufbau der Bundeswehr.«

Für Franz Josef Strauß ist die Redekunst Teil seiner humanistischen Erziehung. Seine erste Rede muß er in der Obertertia halten, ein Referat über ein Buch des katholischen Romanciers Josef Magnus Wehner (1891 – 1973). Und daß er diese Belanglosigkeit nicht vergessen hat, zeigt, wie wichtig ihm seine Begabung und die ständige Arbeit daran erschien. Die Schule legt die Basis, auf der er später wirklich zu einem der Besten wird; und er lernt sogar aus einer Einführung in die Rhetorik, wie eine Rede aufgebaut zu sein hat: Einleitung, Hauptteil mit höchstens drei oder vier Schwerpunkten, Schluß. Nur beim politischen Aschermittwoch in Vilshofen oder Passau hält er sich daran nicht, denn er empfindet es als »Zumutung, wenn der Bürger, der kommt, um vom Politiker Auskunft zu erhalten, mit nichtssagenden Floskeln bedient wird«. Es gebiete schon die Höflichkeit, die »Bürger, wenn sie zu Tausenden von weit her kommen«, nicht in wenigen Minuten abzuspeisen. Deshalb werden es manchmal Reden von mehr als drei Stunden

Dauer, wobei einige Abschnitte einem wirtschaftspolitischen Seminar gleichkommen, an dessen Komplexität – so Strauß-Spezi Zimmermann – »der Ökonom Aloysius Schlagintweit aus Gotteszell oder der Handwerksmeister Xaver Klaffenböck aus Mitterfirmiansreuth für den Augenblick verzagen mochten«.
Schon im Lateinunterricht hat er Marcus Fabius Quintilianus' Lehrbuch der Redekunst gelesen, dessen altrömische Thesen ihm unvergessen bleiben, etwa: »Oratio sicut flamma materia alitur et motibus excitatur« – die Rede wird wie das Feuer vom Inhalt genährt und von der Bewegung gesteigert. Viele Redner, klagt der blendende Rhetoriker, scheuten das Risiko, die »breite Vielfalt des Sarkasmus, der Ironie, des Witzes, die Möglichkeiten der kunstvollen Pause, des Tempowechsels und der Satzmelodie« einzusetzen. Ironie, weiß jeder Zeitungsschreiber, wird in Deutschland ohnehin nicht verstanden, und deswegen übt es kaum noch einer – Strauß ausgenommen. »Dieses Angriffsmittel«, analysierte das MITTELSTANDSMAGAZIN mit schiefen Bildern zutreffend den Fall Strauß, »versteht beißender als alle polemischen Rammschläge zu sezieren und läßt doch keine verbrannte Erde zurück.«
Strauß begann seine Zeit als Atomminister bereits mit der ironischen Bemerkung, man qualifiziere sich für dieses Ressort, »1. indem man nichts von Naturwissenschaften versteht, 2. indem man von anderen Ministerien ferngehalten werden soll und 3. indem man verspricht, durch jugendlichen Eifer und organisatorischen Ehrgeiz trotzdem etwas zustande zu bringen«. Später sitzt er, auf den Fortgang seiner Karriere angesprochen, ein Leben lang »nachts im Bett wach, um den Anruf des Bundeskanzlers nicht zu verpassen«. Die meisten Politiker, er ausgenommen, »vertreten Argumente, wie andere sich die Füße vertreten«, so »nach dem Muster: Nachts ist es kälter als draußen.«
In den sechziger Jahren antwortet er auf die durchaus ernste Frage, warum er seine Kritiker so gerne mit Klagen überziehe: »Ich habe erst 90 Prozent der Weisheit Adenauers erreicht, der überhaupt keine Strafanträge wegen Beleidigung mehr stellt. Die 10 Prozent lasse ich nur darum strafrechtlich verfolgen, um die Justizbehörden nicht durch Gleichgültigkeit meinerseits zu verärgern!«
Natürlich trägt er auch ein paar Sprüche mit sich herum, die locker

klingen, aber seine politische Botschaft enthalten; damit macht er schon Eindruck, als er seinen politischen Weg beginnt: »Wir Deutschen haben zwar den Krieg verloren, aber nicht den Verstand.« Oder: »Wir haben keine Lust, mit unserem Blut eine Grenze zu verteidigen, die die Dummheit der anderen geschaffen hat.«
Während der Zeit in der Opposition macht er sich gern über die Opposition lustig, aber er findet es eigentlich nicht lustig: »Wir sind ja so flexibel, daß wir sogar für wie gegen dieselbe Sache eintreten können, je nachdem es die politische Lage erfordert.« Oder: »Prinzipien muß man so hoch hängen, daß man leicht darunter durchkommt.«
Da schimmert ein wahrer Kern hindurch: Strauß, der allzeit Flexible, hält nichts von programmatischen Grundaussagen, von ideologischen Festlegungen, braucht immer ein Hintertürchen. Tatsächlich ist er sich selbst Programm, parteipolitische Grundsatzarbeit ist nicht seine Sache. Nur einmal, Mitte der fünfziger Jahre, wirkt er an einem Grundsatzprogramm der CDU mit, aber auch nur beim außenpolitischen Teil. Um so öfter redet er von Grunderwartungen und Grundhaltungen. SPIEGEL-Reporter Jürgen Leinemann zählt einmal auf einem CSU-Parteitag neunmal das Wort »Grundlagen« in einer Minute, »viermal waren sie sogar ›werthaft‹«. Nur selten teilt Strauß mit, was er mit dem Nebelwort meint – etwa das »christliche Sittengesetz«, was immer das nun wieder ist.
In jüngeren Jahren kann er geradezu infam sein, so im Wahlkampf 1961: »Wir haben das Recht, Herrn Brandt zu fragen: Was haben Sie zwölf Jahre lang im Ausland getan? Was wir in Deutschland getan haben, wissen wir!« Er sieht in Brandt einen »Handlanger Moskaus« (Vilshofen 1959). Und er hat auch kein Verhältnis zu Minderheiten: »Lieber ein kalter Krieger als ein warmer Bruder!« Oder er gibt den Agitator: »Ich bin kein Feigling, denn ich bin kein Kriegsdienstverweigerer.« 1972 sah er als Jahr der »letzten freien Wahl«, obwohl damals schon, Strauß hat sie gesehen, die Unternehmer »Judensterne« trugen.
In jüngeren Jahren wird er auf Kundgebungen auch leicht aggressiv oder maßlos, so im Februar 1958 in Regensburg: »Ich nenne jeden einen potentiellen Kriegsverbrecher, der durch Schwächung der westlichen Abwehrkraft dem kommunistischen Osten strate-

gische Vorteile verschafft.« Fünfzehn Jahre zuvor habe man das Wehrkraftzersetzung geheißen und unter Strafe gestellt.
Das Publikum genießt das kitzelnde Schauspiel wie ein öffentliches Fingerhakeln und bewundert seine Schlagfertigkeit bei Zwischenrufen. Selbst seine Entgleisungen heizen die Wirtshausstimmung noch an: »Der da mit dem gelben Hemd, raus, schmeißt den raus!« Im Bundestag dagegen redet Strauß sehr diszipliniert. Golo Mann rechnet ihn zu »den wenigen ganz großen Parlamentariern, die Deutschland je besaß«. In all den Bundestagsjahren von 1949 bis 1978 hat er lediglich zwei Ordnungsrufe erhalten – und beide für den gleichen Satz: »Herr Brandt, Sie sind ein Lügner.«
»Wer so redet, der schießt auch« – der bittere Vorwurf des Altliberalen Maier im Bundestag an die Adresse von Strauß zeigt, daß dem Redegewaltigen bald alles zugetraut wird, auch Sprüche, die er im Übereifer getan haben mag, und Sätze, die ziemlich sicher gar nicht von ihm stammen. Während der Diskussion um die deutsche Wiederaufrüstung wird dem Verteidigungsminister jahrelang ein angebliches Uraltzitat vorgehalten: »Wer noch einmal ein Gewehr in die Hand nehmen will, dem soll die Hand abfallen.« Das Zitat stammt von einem Leserbriefschreiber, der es nach Kriegsende von Strauß vernommen haben will. Wahr ist allerdings, daß FJS niemals Pazifist war; zur fraglichen Zeit plädierte er ja schon für eine Bürgerwehr in Schongau.
Fragwürdig ist auch die Herkunft eines Zitats, das die FRANKFURTER RUNDSCHAU 1969 in einem Leitartikel verbreitete: »Ein Volk, das diese wirtschaftlichen Leistungen vollbracht hat, hat ein Recht darauf, von Auschwitz nichts mehr hören zu wollen.« Die FR distanzierte sich später selbst von dem Artikel, weil die »Quelle zweifelhaft« gewesen sei; einem nüchtern formulierenden Strauß, der so gern in weltgeschichtlichen Dimensionen verkehrt, wäre das Zitat nicht zuzutrauen. Aber er nannte es »verhängnisvoll, wenn deutsches Geschichtsverständnis und Geschichtsbewußtsein vorrangig oder gar ausschließlich auf die Auseinandersetzung mit dem Dritten Reich beschränkt würde«; das wäre »menschlich unzumutbar, moralisch unerträglich und politisch verderblich. Die Deutschen wären auf Generationen hinaus moralisch und politisch erpreßbar.«

Haltlos werden seine Aussagen immer dann, wenn er links und rechts in einen Topf wirft. Damit andere den Vergleich mit den Nazis gar nicht erst ziehen können, benutzt Strauß ihn unentwegt – Sozis gleich Nazis. Als ihn Demonstranten beim Wahlkampf in Essen mit Eiern bewerfen, ruft er ihnen zu: »Ihr seid die besten Nazis, die es je gegeben hat.« Zum Repertoire von Vilshofen und Passau gehört der auf den Sozialismus gemünzte Satz: »Wir wollen nicht noch einmal erleben, daß wir später hören müssen: Das haben wir nicht gewußt, das haben wir nicht gewollt.«

Antrieb ist ihm die Angst vor dem Kommunismus, die auch unsinnige Behauptungen nicht scheut: »Der Einbruch der Sowjetrussen nach Mitteleuropa ist die geschichtliche Katastrophe unseres Jahrhunderts.« Das ist keine unbedachte Bemerkung, kein verkürztes oder verfälschtes Zitat, sondern steht in seinem Buch »Herausforderung und Zukunft«, erschienen 1968. Oder: »Deutschland und Westeuropa werden eingekreist, von einer strategischen Zangenbewegung ohnegleichen umfaßt.«

Gerne spielt Strauß die Opferrolle: »Ich war nicht gerade der beliebteste unter den Politikern, als ich versucht habe – und nicht ohne Erfolg –, dem Zeitgeist zu widerstehen. Aber als Politiker darf man nicht fragen: Was kommt heute gut an? Sondern als Politiker muß man fragen: Worauf kommt es an? – und zwar auf mittlere und auf lange Frist. Der reine Politiker schaut bis zum Tellerrand des nächsten Wahlkampfes, der Staatsmann schaut in die Zukunft des eigenen Volkes und arbeitet dafür« (1985). Kein Zweifel, für wen er sich hält.

Tatsächlich enthalten die meisten seiner Reden, Texte und Interviews, jedenfalls seit 1962, eine nachgerade egomanische Konstante. Immerzu taucht er selber auf – ich als Christ, ich als eigentlich Liberaler, ich als Bayer, ich als Staatsmann, ich als Deutschnationaler, ich als Bester, ich als euer Vorbild. Und wenn er sich in seine Opferhaltung verkriecht, wird der Egozentriker schnell trotzig, wie ein Bub: Ich bin doch nicht größenwahnsinnig. Ich bin doch kein Depp. Ich bin kein Gefälligkeitshanswurst und kein Publikumsbajazzo. Ich bin kein Alkoholiker. Ich verliere nicht die Kontrolle. Ich bin doch kein Träumer. Ich bin doch nicht infantil.

Da ist einer unaufhörlich auf der Suche nach sich selbst.

Der Affären-Franz

Falsche Freunde

1958 – 1978

Zu den zahlreichen Affären, in die er – oft genug aus ungenügender Menschenkenntnis oder schierer Vertrauensseligkeit – verwikkelt war, sagt FJS in seinen »Erinnerungen« kaum etwas. Die meisten Affären kommen gar nicht vor, und die SPIEGEL-Affäre, eines der wichtigsten innenpolitischen Daten der bundesdeutschen Geschichte zwischen 1948 und 1968, wird in ganzen fünf Absätzen abgehandelt. Es ist dem Autor nicht anzulasten, daß er vor Fertigstellung der »Erinnerungen« starb; aber es ist kennzeichnend für den Menschen und den Politiker Strauß: Er kann Fehler nicht eingestehen, mag sie nicht wahrhaben. Oft genug klaffen bei ihm Lücken zwischen Anspruch und Wirklichkeit, zwischen Wollen und Sein. Wenn die Medien ein Fehlverhalten aufdecken, ist stets der Herold der Übeltäter, dann sind sie kommunistisch unterwandert oder schmieden Komplotte. Das eigene Verhalten, das die Medien erst zur Kritik ermuntert hat, wird von Strauß zerredet, vernebelt oder überhaupt nicht kommentiert. Er, der sich doch Tag und Nacht fürs Vaterland abrackert, sieht sich stets zu Unrecht verdächtigt – was immer auch geschehen ist.

Eindrucksvollstes Beispiel dafür ist sein Zusammenstoß mit dem Bonner Verkehrspolizisten Siegfried Hahlbohm am 29. April 1958 an einer Kreuzung unmittelbar vor der Einfahrt zum Kanzleramt. Tags zuvor hatte der Oberbefehlshaber der Bundeswehr von allen Vorgesetzten noch per schriftlicher Weisung eine »vorbildliche Haltung (...) im Dienst wie auch außerdienstlich« verlangt. Das gilt anscheinend nicht für den Minister selbst, jedenfalls weist er seinen Fahrer Leonhard Kaiser an, das Haltzeichen des Polizeihauptwachtmeisters nicht zu beachten und schnell auf das Gelände des Kanzleramts zu fahren – ohne Rücksicht auf eine

Straßenbahn, mit der der Ministerwagen beinahe kollidiert. Der Polizist notiert sich das Kennzeichen des ministeriellen Dienstwagens: BD 18–1. Auf der Rückfahrt läßt Strauß seinen Fahrer neben dem Polizisten auf der Kreuzung halten. Im Verlauf des folgenden Wortwechsels verlangt er: »Geben Sie mir Ihren Namen. Ich werde dafür sorgen, daß Sie von der Kreuzung verschwinden!«

Hahlbohm, ein Michael Kohlhaas der Verkehrspolizei, erstattet Anzeige wegen Verkehrsgefährdung gegen Kaiser. Darauf fordert Strauß vom Bonner Polizeipräsidenten die Entlassung Hahlbohms (»Ich verlange, daß ich als Bundesminister anders behandelt werde als ein Marktweib«) und richtet, als sein Wunsch nicht erhört wird, an den gerade neu ernannten CDU-Innenminister von Nordrhein-Westfalen, Josef Hermann Dufhues, eine Dienstaufsichtsbeschwerde: »Ich muß verlangen, daß der Beamte nicht nur gemaßregelt, sondern in Zukunft auch nicht mehr als Verkehrspolizist in Bonn verwendet wird. Ich kann mir das Verhalten des Beamten eigentlich nur aus einer gehässigen Einstellung heraus erklären, die ich in manchen Fällen bei Polizeibeamten des Landes Nordrhein-Westfalen und während der Regierungszeit des Kabinetts Steinhoff und unter Amtsführung des Innenministers Biernath habe beobachten müssen! (...) Ich bitte um eine scharfe Untersuchung und um ein strenges Eingreifen.«

Als Dufhues die Beschwerde abweist, gibt Rechthaber FJS immer noch nicht auf; er stellt Strafantrag gegen Hahlbohm wegen Verletzung der Amtsverschwiegenheit. Das Bonner Landgericht spricht den Polizisten frei.

Auch auf dem Flughafen Köln-Bonn wünscht sich Minister Strauß eine andere Behandlung, als sie nach seiner Meinung einem »Marktweib« zusteht. Nach der Landung aus Paris wird seine Luftwaffen-Convair auf eine ungewohnte, etwas abgelegene Halteposition eingewiesen; die Beschwerde des Ministers beantwortet der Chef der Flugsicherung, Adolf Birnbaum, mit Hinweis auf seine Dienstvorschriften und der Bemerkung, es »schadet ja auch nichts, Herr Minister, wenn Sie ein paar Schritte zu Fuß gehen«.

Es schadete aber Birnbaum, denn Strauß meldete den Vorfall dem der Flugsicherung vorgesetzten Verkehrsministerium und verlangte eine schriftliche Entschuldigung – gleich zweimal, weil ihn die erste Fassung nicht ausreichend dünkte. Als die Sache bekannt wurde, waren die Berichterstatter schuld, sie betrieben eine »Hetzkampagne«.

Einmal, ein einziges Mal nur räumt Strauß in seinen »Erinnerungen« einen Fehler in seiner Amtsführung ein. Dabei handelt es sich um den Fall des Oberstleutnants Siegfried Barth, aus dessen Jagdbombergeschwader Lagerlechfeld sich zwei »F-84«-Maschinen am 14. September 1961, vier Wochen nach dem Mauerbau, quer durch DDR-Gebiet nach Berlin-Tegel verirrten, statt ihr Ziel Laon in Frankreich zu finden. Daß Strauß, um ein Exempel zu statuieren, den Dienstvorgesetzten der beiden Piloten mit sofortiger Wirkung vom Dienst entbunden und auf einen Büroposten versetzt habe, sei ein »rechtlicher Fehler« gewesen, meint er nachträglich: Eine Versetzung hätte nur der Disziplinarvorgesetzte nach einer Untersuchung befehlen können.

Hätte Strauß schon damals seinen »Fehler« eingestanden, hätte man ihm keine Verletzung des Rechtsstaatsprinzips vorwerfen können. So mußte Barth, der sich frei von Schuld fühlte, mit seiner Klage durch die Instanzen gehen, bis er sich rehabilitiert sah. Und wäre der Verteidigungsminister damals einer Information nachgegangen, von der er seinen Biographen schon bald erzählte und die er mehr als zwei Jahrzehnte später in seinen Memoiren ausbreitete – der vermeintliche Irrflug sei womöglich Gegenstand einer »feucht-fröhlichen Kasinowette« gewesen –, wäre dem Rechtsstaat und Kommodore Barth noch mehr gedient gewesen. So bleibt der Vorfall eine unaufgeklärte Episode und die kleine Ausnahme von Strauß' Lebensregel »Fehler machen nur die anderen«.

Der Rechthaber weiß zwar, und er schreibt es in seinen Memoiren: »Das Bundesministerium der Verteidigung ist für den verantwortlichen Minister ein Minenfeld, was nicht nur ich, sondern ohne Ausnahme bisher alle Inhaber dieses Amtes erfahren haben. Geht man abends ins Bett und glaubt, daß alles in Ordnung sei, kann man morgens um sechs Uhr, wenn nicht schon während der Nacht, eines Besseren belehrt werden. Die besondere Belastung und Beanspruchung gehört zur Natur des Geschäftes des Verteidigungsministers.« Aber er will einfach nicht wahrhaben, daß auch er fehlbar ist. Statt dessen hält er alle Kritiker für verkappte Kommunisten oder für Drahtzieher von langer Hand geplanter Komplotte und überzieht sie mit meist langwierigen und – auch für ihn – oft unnützen Prozessen, die gelegentlich dank einer besonderen Ausprägung des bayerischen Landesrechts ihr bemerkenswertes Ende finden – Recht kriegt der Landesherr Franz Josef, auch wenn es ihm nicht zusteht. Und weil die Prozesse Aufsehen erregen, im Falle des SPIEGEL auch der Auflage förderlich sind, gehen die Kritiker in den Prozessen gelegentlich über das normal erträgliche Maß an Kritik hinaus, was Straf- oder Zivilverfahren um Jahre verlängert – eine Kette ohne Ende.

Strauß machte Kritik, Schmähungen, Anwürfe, selbst Kommentare zum bundesweit öffentlich diskutierten Thema, indem er sie gnadenlos verfolgte. Er merkte nicht, daß er mit seinem barocken Regierungsstil, mit seiner absolutistisch wirkenden Art der Ausübung von Herrschaft seine Kritiker auf sich aufmerksam machte und an sich band: Ohne ihn und seine Rechthaberei hätten der Schriftsteller Bernt Engelmann, der Satiriker Klaus Staeck oder der Karikaturist Rainer Hachfeld keinen Widerpart gehabt, niemanden, an dem sie sich so ausdauernd hätten reiben können. Doch weil Franz Josef Strauß zeitlebens auf Berater nicht, zuwenig oder nur im falschen Moment hörte, dafür aber immer wieder auf vermeintliche Freunde, die bestenfalls, wie sein Anwalt Hartwig Cramer, von ihm abhängig waren, fiel er auf Kampagnen immer wieder herein – und durch Affären auf.

Typisch für FJS, daß die Vorfälle, die FJS das Attribut des Affärenhansels eintrugen, in seinen Erinnerungen nicht auftauchen. FIBAG, Onkel Aloys, Hahlbohm – über die öffentlich heißdiskutierten Skandale, die ihn jeweils monatelang beschäftigten, verliert er kein Wort, und natürlich verschweigt er erst recht jene Dinge, über die immer nur halblaut gemunkelt wurde – etwa sein unbefangenes Verhältnis zu Geld und zu Geldgebern, seine Nähe zum Alkohol, seinen Hang zur lärmenden, stammtischhaften Geselligkeit von Männerrunden, wo er immer wie von Hofschranzen eingekesselt wirkte, und seine Freude an schönen Frauen.

Sein Ruf als gestandenes Mannsbild etwa breitete sich wie mit

Donnerhall aus, als ein New Yorker Polizeibericht 1971 meldete, dem Deutschen Franz Strauß seien nächtens am Central Park von einer Puertoricanerin des leichten Gewerbes Geldbörse, Paß und Führerschein entwendet worden; Strauß kommentierte bewundernd: »Sie war schnell wie eine Wildkatze.« Strauß-Spezl Walter Schöll, bei allen derartigen Extratouren dabei, versicherte, der Franz habe in jener Gegend nur Luft schnappen wollen, als er von dem schönen Kind überfallen wurde, der Arme. Kanzleramtschef Horst Ehmke meinte tiefsinnig, die Dame müsse »Linkshänderin« gewesen sein.

Nie konnten solche – im Wortsinn – Affären oder Amouren dem Bild des christsozialen Spitzenpolitikers in der Öffentlichkeit irgend etwas anhaben; im Gegenteil, sie unterstützten seinen Ruf als bayerischer Naturbursche noch. Ihn focht es in jungen Jahren nie an, im Parlament das Hohelied der Familie und des »christlichen Sittengesetzes« anzustimmen und zeitgleich beim intimen Duett mit schönen Frauen erwischt zu werden; erst die Liebschaft mit Ulrike Pesch machte ihn zur Zeit der Großen Koalition für eine Weile problembewußt. Dafür schadeten empörte Berichte darüber aber dem jeweiligen Denunzianten. Wie Strauß es vermochte, den Boten für den Inhalt der Nachricht verantwortlich zu machen, war eine Meisterleistung an Öffentlichkeitsarbeit.

Im Sommer 1957 polemisierte die (Ost-)BERLINER ZEITUNG gegen den »Kriegsminister als Heiratsschwindler« und zerrte einige wirkliche und einige angebliche Freundinnen des Ministers ins Rampenlicht. Allein in München habe er »seit Jahren zu fünf Frauen gleichzeitig intime Beziehungen« unterhalten. Genannt wurden seine Sekretärin Ermelinde ebenso wie die Rechtsberaterin Christel Lammers, für die sich Strauß beim bayerischen Justizminister Müller, dem »Ochsensepp«, persönlich einsetzte, nachdem sie einen Verkehrsunfall mit Todesfolge verursacht hatte. Der BZ-Beitrag erregte deshalb Aufsehen, weil der Westberliner KURIER den Bericht im Wortlaut nachdruckte und Strauß' puritanischer Intimfeind Alois Hundhammer Auszüge daraus bei einer Sitzung der Münchner CSU-Landtagsfraktion verlas. Hundhammer empörte sich vor den Abgeordneten: »Und hier schweigt der Parteivorstand, und der Betroffene selbst gibt keinerlei Erklärung ab. Einen solchen Mann, dazu noch mit seiner Braut, hat der Heilige Vater empfangen, und der Kardinal ist nach Rott gefahren, um ihn zu trauen.«

Das hätte Hundhammer, der Ritter vom Heiligen Grabe, besser nicht gesagt. Strauß' Ohr in München, Zimmermann, verständigte sogleich seinen Herrn und Meister in Bonn, der umgehend von Parteichef Hanns Seidel eine Sondersitzung des Parteivorstands verlangte. Zur Krisensitzung brachte Strauß aus Bonn gleich noch drei Parteifreunde mit – Gerhard Wacher, Hermann Höcherl, Richard Stücklen –, obwohl zwei davon (Höcherl und Stücklen) dem Parteivorstand gar nicht angehörten. Das Gremium folgte dem Wunsch des in seiner Ehre verletzten Strauß: Hundhammer solle sich entschuldigen, anderenfalls müsse er sich vor dem Parteischiedsgericht verantworten. Nach einigem Zögern gab Hundhammer klein bei; er hatte wohl die Argumentationskraft seines Widersachers unterschätzt. Denn dem Verteidigungsminister gelang das Kunststück, die Enthüllungen als »kommunistische Propaganda« einzustufen, ihren Wahrheitsgehalt einzunebeln. Strauß am 6. Juli 1957: »Man sollte bei uns vorsichtig sein mit der Verwendung kommunistischer Quellen.« Und Parteichef Seidel pflichtete ihm bei, ohne sich um die Substanz der behaupteten Amouren zu scheren. Erst siebzehn Jahre später sollte es heißen, ein Kanzler mit Amouren, die kommunistischen Gegnern bekannt seien – freilich ein sozialdemokratischer –, sei womöglich erpreßbar. Seidel 1957: »Landesvorstand und Fraktion der CSU sowie unsere Landesgruppe in Bonn lehnen es ab, zu dieser Veröffentlichung [der BERLINER ZEITUNG] Stellung zu nehmen. Sie ist ein Teil einer von der KP gesteuerten Kampagne, die vermutlich noch nicht geendet hat.«

Der letzte Halbsatz basierte wohl nicht nur auf Ahnungen, sondern auf genauer Kenntnis der Charakterzüge des Parteifreunds Franz Josef: Die meisten seiner Affären standen ja noch bevor. Da traf es sich gut, von vornherein in den Kommunisten die Drahtzieher erkannt zu haben. So brauchte sich der Angegriffene inhaltlich gar nicht erst zu äußern.

Nur seinen engsten Parteifreunden vertraute Strauß damals seine wahre Mutmaßung an: Er glaubte tatsächlich, Kanzler Adenauer

habe über seinen Staatssekretär Hans Globke die Pikanterien in Bonn gestreut. Unionsfreunde kolportierten damals so gerne wie ehrfürchtig die Ermahnung, mit der Adenauer – gestützt auf Globkes Recherchen – den Christsozialen Richard Jaeger, einst Schulkamerad von Strauß und später Justizminister in Bonn, für einige Zeit diszipliniert hatte: »Sagen Sie mal, Herr Jaeger, weiß Ihre Frau eigentlich, daß Sie in Bonn eine Geliebte haben?« Deswegen nahm Strauß an, die Zeitungsattacke stamme eigentlich aus dem Bonner Kanzleramt und direkt von dort sei die Sache an die Ostzeitung geraten. Nur weil er die eigentliche Quelle, Adenauer, kannte, habe sich dann der CDU-Parteifreund und Bundespostminister Ernst Lemmer getraut, den Bericht in dem von ihm herausgegebenen KURIER nachzudrucken. Kaum einer seiner Vertrauten fragte damals bei Strauß nach, ob das nicht bedeutete, daß die Geschichten stimmten; sie wußten es wahrscheinlich eh.
In seinen öffentlichen Verlautbarungen blieb Strauß verschwiegen wie sonst kaum ein Ritter vom Heiligen Grab. Nicht zu allem und jedem muß sich ein diskreter Politiker in seinen Memoiren äußern. Um so auffälliger aber, daß die einzige Affäre, der er breiten Raum widmet, jene ist, die sein Vorgänger Theodor Blank politisch und der Heeresinspekteur General Hellmuth Laegeler administrativ zu verantworten hatten – die durchaus skandalträchtige Beschaffung des sogenannten Schützenpanzers HS 30. Der ewige Primus sieht nur den Splitter im Auge des Konkurrenten, weil ihm die Sicht auf die eigenen Versäumnisse durch seinen Anspruch auf Unfehlbarkeit verstellt ist. Dabei hätte die HS-30-Affäre den Verteidigungsminister Strauß eigentlich sensibilieren müssen, in jener Goldrauschzeit der noch jungen Bundeswehr besonders aufmerksam auf korrekte Verfahrensweisen zu achten.
Schon bei seinem Amtsantritt fand Strauß den internen Entscheid vor, bei der schweizerischen Firma Hispano-Suiza exakt 10 680 Schützenpanzer des Typs HS 30 zu bestellen. Der Wunsch der Generalität basierte auf der Annahme, der nächste Krieg in Europa werde eine Panzerschlacht sein, und wurde von Strauß erklärt mit deren »Psychose, wir müßten fertig sein mit der Aufrüstung, wenn es losgeht«. Als eine seiner ersten Amtshandlungen unterschrieb Strauß den noch von Blank ausgehandelten Vertrag, der

sich durch gravierende Mängel auszeichnete: Die Anbieterfirma hatte noch nie Schützenpanzer gebaut, daher gab es auch keinen Prototyp, sondern nur Konstruktionszeichnungen und ein Holzmodell, mit dem sich Kanzler Adenauer und sein Verteidigungsminister im September 1958 noch stolz ablichten ließen.

Das dicke Ende kam, als die ersten Exemplare geliefert wurden – fehlerhaft und nicht einsatzfähig. Strauß entschied sich wegen des Prozeßrisikos nicht für eine Kündigung der Verträge, sondern für einen Vergleich. Die Auftragszahl wurde auf etwas über 2000 Stück herabgesetzt, die ersten nachgebesserten Exemplare wurden im Herbst 1959 ausgeliefert.

Zehn Jahre nach dem ersten Auftrag kam der Bundesrechnungshof (1967) zu einem vernichtenden Urteil über das Vorgehen der Militärbürokratie: »Der Bundesrechnungshof hat keine Anhaltspunkte dafür gefunden, daß der Beschaffung eine militärisch-technische Planung zugrunde gelegen habe, die auch nur den Anschein der Durchführbarkeit für sich in Anspruch nehmen konnte. (...) [Er] hat festgestellt, daß die Beschaffung in einer Weise betrieben wurde, die mit den Grundsätzen der Wirtschaftlichkeit nicht in Einklang steht.« Und das Resümee: »Insgesamt ist festzustellen, daß die Grundlagen der Einführungsgenehmigung für das Programm von 2,5 Milliarden Mark nicht mit der gebotenen Gründlichkeit erarbeitet worden sind. Dieser Mangel ist auch nicht mit dem Hinweis auf die angeblich unabdingbare militärische Forderung zur schnellsten Aufstellung der Bundeswehr zu rechtfertigen. Gerade wenn solche Forderungen erhoben werden, ist es erforderlich, die militärischen, technischen, finanziellen und wirtschaftlichen Voraussetzungen besonders eingehend zu prüfen, damit übereilte Maßnahmen vermieden werden, die letzten Endes zu kostspieligen Verzögerungen führen und die Abwehrbereitschaft der Bundeswehr beeinträchtigen. (...) Der Bundesrechnungshof kann nur feststellen, daß nach seiner Ansicht auch ›politische Entscheidungen‹ die Verwaltung nicht dazu berechtigten oder gar zwangen, vermeidbare Ausgaben zu verursachen und die Bundeswehr, wenn auch nur vorübergehend, mit nicht erprobten, unausgereiften und unzulänglichen Waffen auszurüsten.«

Das freilich verstanden die Prüfer nicht als Entschuldigung für

Verteidigungsminister Strauß, dem die Erprobungsstelle der Bundeswehr »schon seit Oktober 1957 laufend über Mängel des Fahrzeugs und Schäden« berichtet habe. Strauß hatte allerdings wenig später eine Untersuchungskommission eingesetzt. Zwei Gutachter empfahlen dem Minister die Kündigung des Auftrags; Strauß entschied Ende 1958 lediglich, die Stückzahl zu reduzieren. Für die Staatskasse entstand ein Schaden von etwa 80 Millionen Mark, den Spott nicht eingerechnet.

Und es blieb der schale Verdacht bestehen, den auch eine parlamentarische Erörterung der Vorgänge zehn Jahre später nicht ausräumen, sondern allenfalls untermauern konnte. Hatte Strauß im November 1968 gegenüber der SPD-Opposition noch bestritten, »daß ein damaliges Mitglied des Vorstands der CDU-Bundestagsfraktion für die Lieferfirma bei ihren Vertragsvorbereitungen gegenüber dem Bundesverteidigungsministerium tätig war«, so erwies sich diese Behauptung acht Jahre später als überaus zutreffend: Es stellte sich heraus, daß CDU-MdB Otto Lenz, der bis 1953 Staatssekretär und Vertrauter von Kanzler Adenauer gewesen war, als Rechtsanwalt und Berater des Hispano-Suiza-Generalbevollmächtigten Conrado José Kraémer bei den Vertragsverhandlungen im Verteidigungsministerium fungiert hatte. Wie das Leben so spielt: Lenz war auch, bis zu seinem Tod im Mai 1957, ein enger Freund von Franz Josef Strauß – man kannte sich aus dem Kreis um den »Ochsensepp« – und Wahlkampfleiter der CDU. Doch Beweise für Unkorrektheiten wurden nicht erbracht. Als die merkwürdigen Indizien aufkamen, war die frühere SPD-Opposition gerade die Große Koalition mit der CDU/CSU eingegangen. So hatte auch der zuständige Verteidigungsausschuß – Vorsitzender war damals Strauß' engster Vertrauter Friedrich Zimmermann – kein Interesse an der Aufklärung von Behauptungen, mit denen der Rüstungslobbyist und frühere Reichsminister Gottfried Treviranus im November 1966 für Aufsehen sorgte: Der erklärte vor der Bonner Staatsanwaltschaft, Hispano-Suiza habe für den diffusen Auftrag achtzehn Millionen Mark an Bestechungsgeldern nach Bonn gezahlt, davon mehr als drei Millionen Mark an Otto Lenz. Die Recherchen der Ermittler verliefen im Sande. Die CDU ließ erklären, sie habe »weder unmittelbar noch mittelbar« Geld von

Hispano-Suiza erhalten. Es waren Jahre des Raubrittertums für Rüstungsverkäufer, sie standen Schlange vor den Türen des Verteidigungsministeriums. Wer den Minister kannte, durfte einen Platz vorrücken in jenem seltsamen Spiel, in dem es um Millionen und manchmal, wie im Fall des Starfighterkaufs, um Milliarden ging. Und wem der Minister nicht schon aus Schongau oder vom »Ochsensepp« vertraut war, der kannte vielleicht einen, der seinerseits mit dem Minister bekannt oder befreundet war.
So hielt es der italienische Granatenproduzent Simmel, der sich 1956 lange Zeit vergeblich um einen deutschen Auftrag bemühte. Erst als die Firma den Rechtsanwalt Peter Deeg, der Strauß beim »Ochsensepp« kennengelernt hatte, als Vermittler einschaltete, kamen die Geschäfte voran. Deeg hatte schon für einen anderen »Ochsensepp«-Schüler, den damaligen CSU-Vize Hans Weiß, einen heiklen Auftrag erfüllt, indem er die Konzession für die Spielbank Bad Kissingen gegen ein Schmiergeld von 20 000 Mark an Simon Gembicki vermittelte, der wenig später die bayerische Spielbankenaffäre auslöste. Auch jetzt war Deeg wieder erfolgreich, ein Mann, der im »Ochsensepp«-Kreis eher alte statt neuer Ideen in die Debatten eingebracht hatte: Er war Verfasser eines fundamentalen 550-Seiten-Werks mit dem Titel »Hofjuden«, das 1938 mit einem Vorwort von Julius Streicher im Stürmer-Verlag erschienen war. Beim zuständigen Beschaffungsamt intervenierte Oberst Herbert Becker aus dem Verteidigungsministerium zugunsten des Strauß-Duzfreunds Deeg und der Italiener. So erhielt die Bundeswehr italienische 203-Millimeter-Haubitzen-Munition für 22 Millionen Mark und Deeg eine Erfolgsprovision von 80 000 Mark. Damals galt derlei als kleine Gefälligkeit, heute stünde es im Ruch der Korruption. Damals waren die Zeiten wilder und die Sitten rauher.
Gut, wenn man Freunde hatte, die in der Not halfen. So erging es dem Nürnberger Geschäftsmann Kurt Erich Poschardt, der in dem CSU-Politiker Willi Ankermüller einen Freund und beim Nürnberger Bankhaus Eichborn eine Schuld von 2,8 Millionen Mark hatte. Nachdem Ankermüller bei Strauß, zwei Monate nach dessen Amtsantritt in der Ermekeilkaserne, interveniert hatte, konnte sich Poschardt über eine schriftliche Kreditzusage von Strauß über

zwei Millionen Mark freuen »für die Entwicklung eines Raketentreibstoffs«. Bedingung von Strauß: Ankermüller mußte den Verwaltungsratsvorsitz bei Poschardt übernehmen. So hatte er die Firma unter Kontrolle, und alles war bestens.

Manches Entgegenkommen, das ihm Schongauer oder sonstige bayerische Freunde einst erwiesen hatten, suchte der Oberbefehlshaber der Bundeswehr dadurch zu entgelten, daß Grundstücke zu Preisen weit oberhalb des Verkehrswerts für das Militär aufgekauft wurden. Der Bundesrechnungshof rügte diese Art von Freundschaftsdienst für den Bereich des Bundestagswahlkreises Schongau/Weilheim: »Das Verfahren stand nicht im Einklang mit dem Grundsatz der Gleichheit vor dem Gesetz. Es widersprach auch dem Gebot wirtschaftlicher Verwendung der Haushaltsmittel.« Es stand jedoch im Einklang mit den Usancen bayerisch-barocker Herzogtümer: In diesem Ambiente ist ein Wunsch des Herrschers Befehl; er muß gar nicht erst schriftlich fixiert sein.

So geschah es auch dem Nürnberger Rechtsanwalt Hartwig Cramer, natürlich ein Freund von Strauß und ein guter Bekannter aus den Tagen des »Ochsensepp«. Cramer hatte Strauß immer mal wieder gegen allerlei aufmüpfige Presseleute vertreten, die seinen Freund ins Zwielicht bringen wollten. Dieser Cramer also erhielt Ende 1958 von Strauß den Auftrag, für das Verteidigungsministerium die wirtschaftliche Lage des BMW-Tochterunternehmens »Triebwerkbau GmbH« in Allach bei München zu überprüfen, weil die Firma NATO-Aufträge im Wert von 300 Millionen Mark erhalten sollte. Cramers Sanierungsplan stimmte die bayerische Staatsregierung im März 1959 unter gewissen Auflagen zu; dazu gehörte die Bedingung, Cramer in den Aufsichtsrat zu berufen. So wurde Strauß' Freund Cramer wenig später wundersamerweise Aufsichtsratsvorsitzender der BMW-Triebwerkbau, der es dank der NATO-Aufträge bald besserging.

Im Winter 1957/58 erinnerte sich ein verarmter Exunternehmer aus dem bayerischen Bad Aibling, Aloys Brandenstein, an Marianne Zwicknagl, damals jung verehelichte Strauß, die er gut zehn Jahre zuvor im Haus ihres Vaters, des Brauereibesitzers Max Zwicknagl, in Rott am Inn kennengelernt hatte. Zwicknagls

Töchter nannten damals den häufigen Gast »Onkel Aloys«. Auf Empfehlung des Ehepaars Strauß knüpfte Brandenstein Kontakt mit dem für Beschaffung zuständigen Oberst im Verteidigungsministerium, Herbert Becker. Daraufhin ereignete sich für den »Onkel« ein höchst privates Wirtschaftswunder: Becker verschaffte ihm die Bonner Vertretung der belgischen Rüstungsfirma Umal; hinzu kam die Vertretung des portugiesischen Unternehmens Norte Importadora, für die er Verträge über die Lieferung von 7,62-Millimeter-Patronen über 26,4 Millionen Mark und von 105-Millimeter-Granaten im Wert von 51,59 Millionen Mark abschließen konnte. Die Zünder und andere Zulieferungen für die portugiesische Munition stammten von Unternehmen der deutschen Diehl-Gruppe. Der Konzern des Nürnberger Unternehmers Karl Diehl, auch er befreundet mit Franz Josef Strauß, war Hauptlieferant der Bundeswehr für derartige Explosivgüter. Im Jahr vor dem Portugalkontrakt war Brandenstein bereits auf Beckers Betreiben aus dem Nichts Generalbevollmächtigter der Remscheider Firma Backhaus KG geworden, die mit ihren Produkten – vor allem Panzerketten – auf Bundeswehraufträge existenznotwendig angewiesen war. Brandenstein vermittelte danach den Verkauf der Firma an die Diehl-Gruppe für sieben Millionen Mark; so schloß sich ein für ihn äußerst lukrativer Kreis. Und freimütig erzählte »Onkel Aloys« überall herum, wem er seinen plötzlichen Wohlstand zu verdanken hatte – »dem Mariandl«.

Oberst Becker wurde zum General und später, nach Bekanntwerden der mysteriösen Transaktionen, an die deutsche Militärmission nach Portugal befördert. Bei den anschließenden Untersuchungen wiesen alle Beteiligten natürlich jeden Verdacht einer unrechtmäßigen Protektion und Vetternwirtschaft entrüstet zurück. Nur der Schwiegervater von Strauß, Max Zwicknagl, blieb als Opfer am Wegesrand zurück: Brandensteins Exfreund, inzwischen deutscher Konsul im österreichischen Innsbruck, schied im Herbst 1962 auf eigenen Wunsch aus dem Konsulardienst der Bundesrepublik aus. Alle anderen, die mit »Onkel Aloys« zu tun hatten, behaupteten steif und fest, Strauß oder seine Frau hätten sich niemals vermittelnd eingeschaltet. Seltsam nur, daß der mittellose Brandenstein seinen späteren Gönner Becker »ohne jedes Dazutun des damaligen Verteidigungsministers Strauß (...) im Büro des Hauptmanns Sagner kennengelernt« haben wollte. Sagner nämlich leitete das Büro des Verteidigungsministers und muß sich, folgt man der Aussage Brandensteins, dortselbst offenbar häufiger mit potentiellen Waffenverkäufern getroffen haben. Jedenfalls wurden in jener Zeit die seltsamsten Gestalten ins Verteidigungsministerium oder sogar in die unmittelbare Nähe des Ministers vorgelassen.

Zu ihnen gehörte auch der Münchner Architekt Lothar Schloß, der seinen Teil dazu beitrug, daß Strauß gestürzt und über die FIBAG- die SPIEGEL-Affäre ausgelöst wurde; dabei war Schloß gar kein Freund von Strauß, gehörte auch nicht in den Kreis des »Ochsensepp«. Er hatte nur von Plänen der amerikanischen Streitkräfte gehört, in Deutschland für die Angehörigen ihrer Truppen ein Programm zum Bau von 5500 Wohnungen zu realisieren. Bei einem voraussichtlichen Volumen von 300 Millionen Mark zog ein solches Geschäft allerlei Volk an, darunter den Passauer Zeitungsverleger Johann Evangelist Kapfinger, der sich schon dank dieser Funktion guter Beziehungen zur CSU-Landesleitung und zu deren Generalsekretär Friedrich Zimmermann rühmen konnte; außerdem duzte er sich mit Strauß. Am 6. Mai 1960 gründeten die Beteiligten, wenn auch nur auf dem Papier und nicht vor dem Notar, die »Finanzbau Aktiengesellschaft« (FIBAG) und hielten für Mitgesellschafter Kapfinger 25 Prozent des Grundkapitals (500 000 Mark) als Gratisaktien bereit – denn der mußte den wichtigsten Part spielen: Er sollte Empfehlungsschreiben beibringen, die den Kontakt zwischen bayerischen Geschäftemachern und den US-Verantwortlichen herstellen sollten. So geschah es.

Auf Kapfingers Bitten stellte Minister Strauß dem Architekten Schloß, den er nur flüchtig über Kapfinger kannte, dieses auf den 2. Juni 1960 datierte Empfehlungsschreiben aus:

»To whom it may concern

Betr. Rental Guarantee Housing Project.

Um das vorgenannte Projekt zu realisieren, wurde von Herrn Schloß eine Aktiengesellschaft gegründet und von ihm heute den

Ministerien die Planungsunterlagen, Kostenberechnungen und Finanzierungsvorschläge eingereicht.
Ich begrüße und befürworte die Ausarbeitung dieser Vorlagen, weil sie der Durchführung eines im gemeinsamen Interesse liegenden Planes dienen.
Ich bitte, Herrn Schloß bei seiner weiteren Arbeit jede Unterstützung zu gewähren.
(gez.) Strauß.«

Dieser Türöffner paßte Kapfinger und seinen Partnern wohl noch nicht so recht. Er bat den Minister um eine weitere, diesmal konkrete Empfehlung, die das Bonner Ministerbüro auch postwendend verließ. Mit seinem offiziellen Briefkopf schrieb Strauß am 20. Juni 1960 seinem amerikanischen Ministerkollegen Thomas S. Gates den folgenden Brief, den er zwei Wochen später in Kopie auch an Kapfinger schickte:

»Sehr geehrter Herr Kollege!
Nach den meinem Ministerium zugegangenen Informationen ist die amerikanische Armee daran interessiert, eine beträchtliche Zahl von Wohnungen für Angehörige der US-Armee in Deutschland zu bauen. Das Bundesministerium für Verteidigung hat damit unmittelbar nichts zu tun, hat aber die Pläne des Architekturbüros Lothar Schloß, München, die bei ihm eingereicht sind, geprüft und Herrn Schloß die in Abschrift beigefügte Bestätigung ausgestellt. Es handelt sich um dieselbe Firma, die bereits im Jahre 1956 das amerikanische Unterkunftsprojekt in Frankreich bearbeitet hat. Dieses Projekt wurde dann aus verständlichen Gründen einer französischen Firma übertragen.
Ich weise darauf hin, daß die von dem Architektenbüro Schloß vorgelegte Planung hier geprüft und als brauchbar bezeichnet worden ist. Wenn Sie daran interessiert sind, das Unterkunftsprojekt der US-Armee in Deutschland weiterzuverfolgen, bitte ich, diese Ihren Experten bekannte Planung prüfen zu lassen und zu verfolgen.
Mit freundlichen Grüßen
Strauß.«

Am Inhalt dieses Empfehlungsschreibens stimmte so gut wie nichts. Der Verteidigungsminister hatte die Pläne von Schloß keineswegs geprüft; dessen Firma hatte auch nicht in Frankreich ein ähnliches Projekt bearbeitet, sondern nur an einer entsprechenden Ausschreibung teilgenommen; die Entwürfe waren in Bonn weder als »brauchbar« bezeichnet, noch war die in Rede stehende Aktiengesellschaft jemals juristisch korrekt gegründet worden. Ein riesiges Luft-Schloß.

Dem »lieben Hans« sandte Strauß am 4. August einen Begleitbrief, der mit den Worten endete: »Ich glaube, wir sollten auch bei den Amerikanern nicht allzu stark drängen, weil das erfahrungsgemäß zu negativen Rückschlüssen und negativen Reaktionen führt.«

Diese Briefe, bekanntgeworden durch Artikel im SPIEGEL zwischen Mai 1961 und Januar 1962, galten selbst zu Beginn der sechziger Jahre als seltsamer Liebesdienst. Die FRANKFURTER ALLGEMEINE ZEITUNG kommentierte das Schreiben von Strauß an Gates: »Ein Minister, der einen solchen Brief aus seinem Haus hinausgehen läßt, scheint einen wesentlichen Unterschied zwischen Deutschland und dem Balkan aus dem Auge verloren zu haben.«

Dreißig Jahre später kostete ein ähnliches Empfehlungsschreiben für einen angeheirateten Schwager den Wirtschaftsminister das Amt.

Das Engagement von Strauß geriet sogar in den Ruch der Korruption: Der SPIEGEL lieferte Ende Januar 1962 die Behauptung nach, Strauß habe sich insgeheim an Kapfingers Gewinn beteiligen wollen. Dazu wurde eine angebliche Äußerung Kapfingers zitiert, das Ganze werde ein Bombengeschäft, es sei nur schade, daß er die Hälfte des Gewinns mit Strauß teilen müsse.

Ein Untersuchungsausschuß des Bundestags versuchte sich an der Aufklärung. Strauß, der vor dem Ausschuß am 13. April 1962 so ausführlich wie weitschweifig – das Protokoll umfaßt 120 Seiten – aussagte, verteidigte seine Briefaktion nur schwach: »Im Durchschnitt der letzten Jahre sind (...) etwa 5500 bis 6000 Schreiben jährlich an mich gegangen. (...) Also der Fall Schloß ist nicht ein Einzelfall, bei dem ich einen Vermerk daraufgeschrieben habe, sondern er ist ein Fall von Tausenden, ohne daß ich mich, wie in den meisten Fällen, vom Ausgang dann persönlich überzeugt habe.« Kein Wort davon, daß sich der Verteidigungsminister vor Unterzeichnung der dubiosen Briefe dreimal persönlich mit Schloß getroffen hatte. Wegen der vielen »Ungenauigkeiten« in den Schreiben tadelte der Ausschuß in seinem Abschlußbericht den Minister, er habe »sich der Gefahr ausgesetzt, den Eindruck hervorzurufen, die Sache mit leichter Hand behandelt zu haben«.

Noch jahrelang überzog Strauß einige der Beteiligten mit einer Flut von Prozessen. Dabei verschwanden die Akten, die von Bonn an ein Nürnberger Gericht hatten gehen sollen, und tauchten erst zwölf Jahre später in einem Bahnhofsschließfach wieder auf. Inzwischen hatten die Staatsanwälte die von ihnen angestrengten Verfahren längst eingestellt. Strauß weigerte sich strikt, der ausdrücklichen Aufforderung des SPIEGEL-Herausgebers Augstein zu folgen und seinen Exfreund Kapfinger wegen der Äußerung, er müsse mit Strauß teilen, zu verklagen. Strauß hielt das Ganze für eine »Kampagne, deren Hintergrundrechercheure in Pankow sitzen«, eine Ansicht, die der spätere Bundestagsvizepräsident Hans (Johnny) Klein kritiklos übernahm. Er faßte im Rückblick ein ganzes Affärenleben zusammen: »FIBAG, Hahlbohm, HS 30, SPIEGEL, Starfighter, Sonthofen – stets das gleiche Rezept: stets mit dem Aufwand stalinistischer Schauprozesse vorgetragen. Häufig von Moskau oder Ostberlin ins Rollen gebracht, zumindest nachdrücklich unterstützt.« Und Friedrich Zimmermann verteidigte die Dummheiten seines großen Vorbilds mit dem lebensnahen Satz: »Man muß sich auch mal die Hände schmutzig machen können.«

Die Sache versandete im Bundestag wie vor Gericht. Zwar lehnte es eine knappe Mehrheit des Parlaments (226 zu 224 Stimmen) am 28. Juni 1962 zunächst ab, den Mehrheitsbericht des Untersuchungsausschusses passieren zu lassen (Augstein: »Strauß selbst war als letzter Hammel durch die Ja-Tür gezockelt«; die FDP hatte erstmals mit der Opposition gestimmt), doch am 25. Oktober billigte dann der Bundestag nach fünfstündiger Debatte den Bericht und erteilte dem Verteidigungsminister mit der Stimmenmehrheit der CDU/CSU-FDP-Koalition die gewünschte Absolution: In Sachen FIBAG habe er seine Dienstpflichten nicht verletzt. Schon vorher hatten Strauß, vertreten durch Rechtsanwalt Hartwig Cramer, und Augstein vor dem Landgericht Nürnberg einen Vergleich geschlossen: Der SPIEGEL erklärte, er habe nicht behaupten wollen (und hatte auch gar nicht behauptet, sondern immer nur Kapfinger zitiert), Strauß »habe sich für die Förderung des housing program materielle Vorteile zusichern lassen«. Daraufhin wurde die einstweilige Verfügung, die Strauß gegen den SPIEGEL erwirkt hatte, hinfällig. Der Staatsrechtler Theodor Eschenburg resümierte in der ZEIT, Strauß sehe sich offenbar über allgemeine Regeln erhaben, fühle sich als »Minister legibus absolutus«.

Der weise Mann der SPD, Carlo Schmid, sagte im Bundestag: »Vielleicht veranlaßt das eben abgeschlossene Verfahren den einen oder anderen von uns, genauer hinzusehen, wenn ihm ein guter Freund einen Mann empfiehlt, der mit unserer Empfehlung Geschäfte machen möchte. Da stehen wir alle miteinander – nicht nur die Minister, auch die Abgeordneten – in einer Gefahrenzone. Auf dem Unkrautacker der Politik gehören Bitten um Empfehlungen an Behörden zu den Servituten, mit denen wir die Ehre des Mandats zu bezahlen haben.«

Zu der Zeit, als Schmid sprach, wußte FJS längst um die Ermittlungen gegen den SPIEGEL, das »Zentralorgan« seiner Feinde, und er wußte, daß tags darauf die Polizei die Redaktion des Nachrichtenmagazins besetzen würde. Er ahnte allerdings nicht, daß später zwei weitere Briefe bekannt werden würden, die er im Sommer 1961 kurz vor und kurz nach einer USA-Reise an seinen alten Kumpan aus Schongauer Tagen, Ernest F. Hauser, geschrieben hatte. Der erste, verfaßt am 16. Juni, verfolgte einen ähnlichen Zweck wie die FIBAG-Empfehlung an den amerikanischen Verteidigungsminister Gates, war aber wesentlich erfolgreicher als das damalige Schreiben. Im Wortlaut:

»Ich habe Herrn Robert Gross einen Brief geschrieben, den ich in Abschrift diesem Brief beifüge. Hoffentlich hat mein Schreiben den erhofften Erfolg. Du müßtest Dich also jetzt unter Berufung auf meine Intervention an Robert Gross wenden und ihn um eine

Gelegenheit für eine Unterhaltung bitten. Ich hoffe auf ein Wiedersehen in Kalifornien und bin mit vielen Grüßen – auch von meiner Frau –
Dein F. J. Strauß.«

Tatsächlich gab es während jener USA-Reise, die Strauß vom 13. Juli bis zum 2. August 1961 über New York, Washington und Seattle nach San Francisco führte, ein Wiedersehen mit dem treuen Freund aus Schongau – wie ein Brief vom 5. August beweist:

»Lieber Ernst!
Ich möchte Dir nochmals für die schöne, leider viel zu kurze Zeit, die ich während meines Aufenthalts in Kalifornien mit Dir zusammensein konnte, danken.
Nun hoffe ich auch, daß Dein Wunsch, nach Deutschland zu kommen, endgültig in Erfüllung geht. In New York erreichte mich die Mitteilung von Courtlandt Gross, daß Lockheed Dich nun fest eingestellt hat und nach einer Einweisung, die in Deinem Interesse recht gründlich sein sollte, nach Koblenz schicken wird.
Ich freue mich schon jetzt auf das Wiedersehen in Bonn.
Viele herzliche Grüße
Dein F. J. Strauß.«

Nun hatte Franz seinen alten, aus Salzburg stammenden Freund Ernst über die Brüder Gross – der eine war Aufsichtsratschef, der andere Vorstandsvorsitzender – an die Flugzeugfirma Lockheed vermittelt, und es ist klar, warum: Hausers Einstellung bei Lockheed als Deutschlandrepräsentant kam einem Sechser im Lotto gleich.
Der Verteidigungsminister, lange auf der Suche nach einem neuen Abfangjäger für die Luftwaffe, hatte sich bereits dreißig Monate vorher, im Oktober 1958, für das Lockheedmodell F-104, den »Starfighter«, entschieden. Seine Militärs, das Bundeskabinett und der Verteidigungsausschuß waren ihm dabei – meist einstimmig – gefolgt. Viele Jahre wurde darüber gerätselt, welcher Art jene »politischen Gründe« gewesen sein mochten, die Strauß damals in den entscheidenden Gremien vage geltend machte, um

die amerikanische F-104 statt der lange favorisierten französischen Mirage-III durchzusetzen. War das Schmiergeld, das die Verkäufer des US-Konzerns auf deutsche Parteikassen überwiesen, höher? Gab es Zusagen der amerikanischen Regierung, bei einem Kauf ihres Jägers auch bereitwillig die nötigen Waffen – das hieß für Strauß: die Atombomben – mitzuliefern? Oder hegte er die Hoffnung, die geschwächte deutsche Luftfahrtindustrie durch einen Lizenznachbau der F-104 in Deutschland an das Weltniveau heranzuführen?

Alle genannten Gründe mögen eine Rolle gespielt haben, wenn auch Korruption bis heute nicht beweisbar ist. Seit Öffnung der Archive steht aber fest, daß es vor allem die Enttäuschung des deutschen Verteidigungsministers über Frankreich war, die den Ausschlag zugunsten der F-104 gab. Strauß hatte nach eigenen Angaben »den Kauf der Mirage eifrig betrieben, nicht zuletzt deshalb, weil es mir unlogisch erschien, daß wir uns von den Franzosen die Kernwaffensprengkörper und von den Amerikanern die Flugzeuge verschafften«. Doch nachdem die neue französische Regierung unter Charles de Gaulle den eben erst paraphierten geheimen Militärpakt mit Deutschland und Italien einfrieren ließ, sah Strauß im Ankauf der Mirage keinen Sinn mehr.

Der Verteidigungsminister, im Spätsommer 1958 zu Besuch in Paris, um die Mirage zu besichtigen, war empört, als er vom Meinungswandel der Regierung erfuhr. Er herrschte seinen französischen Kollegen Pierre Guillaumat an: »Vergessen Sie die Mirage für die deutsche Luftwaffe!« und rauschte davon, um in Bonn anzuordnen, jede Form der Rüstungskooperation mit Frankreich sei einzustellen. Im Oktober traf er seine Entscheidung für die F-104, im folgenden Frühjahr wurde der Vertrag mit Lockheed unterzeichnet, den der Bundesrechnungshof später mit dem Prädikat »miserabel« bedachte: 66 Starfighter in der im Vergleich zum amerikanischen Typ modifizierten (Allwetter-)Version F-104-G aus amerikanischer Produktion sowie 200 mit US-Lizenz in Deutschland produzierte Typen; dazu 30 zweisitzige Starfightertrainer zum Preis von 1,8 Milliarden Mark.

Rechtzeitig zum Vertragsbeginn von Hauser bei Lockheed, aber zu einem Zeitpunkt, als die modifizierte deutsche Version noch gar nicht einsatzbereit war, erhöhte das Verteidigungsministerium seine F-104-G-Bestellung auf 700, später auf 900 Maschinen; davon wurden 560 mit dem speziell für einen Atombombenabwurf konstruierten Computer »Dual timer« ausgestattet, der für konventionelle Bomben nicht taugt.

Entsprechend Lockheeds Usancen – 1,75 Prozent Provision – waren für den Gesamtauftrag rund vierzig Millionen Mark als Erfolgsprämie für die deutschen Lockheed-Repräsentanten fällig, Gesellschafter und Mitarbeiter der Frankfurter Firma »Commerz GmbH«.

Ein Dutzend Jahre später, 1975, behauptete Hauser, der 1963 die Patenschaft für seinen in Bonn geborenen Sohn Ernst Alfred Franz Josef seinem alten Freund Strauß angetragen hatte, vor einem Untersuchungsausschuß des amerikanischen Senats, die Commerz GmbH habe einen Teil der Provision für die Parteikasse der CSU abgezweigt. Doch während Lockheed zugab, zahlreiche Politiker in aller Welt mit insgesamt 24,4 Millionen Dollar geschmiert zu haben, fanden sich für Hausers Angaben keine Beweise. Daß die Wahrscheinlichkeit für ihn spricht, ist nicht mehr als ein kleines Indiz. Einige von ihm als »Beweis« vorgelegte Papiere erwiesen sich jedenfalls als nachträglich angefertigte Fälschungen. Und der größte Teil der Akten aus dem Büro des damaligen Verteidigungsministers Strauß war, so stellte eine Regierungskommission fast zehn Jahre später fest, 1969 vernichtet worden – wieder nicht mehr als ein kleines Indiz. Solange Beweise nicht auf dem Tisch liegen, gilt die Vermutung der Unschuld, auch wenn sie eher unwahrscheinlich klingt.

Im Dezember 1977 erschien die SÜDDEUTSCHE ZEITUNG mit dem Protokoll eines Telefongesprächs, das Strauß mit seinem Alter ego Wilfried Scharnagl, dem Chefredakteur des BAYERNKURIER, am 28. September 1976 – kurz vor der Bundestagswahl – geführt hatte. Strauß darin, laut Protokoll: »Ich selbst habe nunmehr nach 16 1/2 Jahren aus dem Archiv die Akten eingesehen und alles, was die nicht sehen dürfen, gelüftet. Die persönliche Post mit L. ist entfernt. Sollten die dahinterkommen? Können die nicht!« Vor einem Untersuchungsausschuß des Bundestages räumten Strauß wie Scharnagl ein, das Gesprächsprotokoll sei, mit Ausnahme jener

Passage, ziemlich authentisch. Eine von Exstaatssekretär Walter Ernst geleitete Untersuchungskommission erklärte die Sätze, die sich auf »L« (das heißt Lockheed) bezogen, für gefälscht, und Strauß witterte dahinter eine Verschwörung der Kommunisten, hilfsweise hier der SPD mit dem Militärischen Abschirmdienst (MAD), dem er aus nie geklärten Gründen so ziemlich alles zutraute.

Und siehe da: Nach der Wende in der DDR und der Wiedervereinigung kam heraus, daß Stasi-Offiziere der Abteilung Desinformation jenes Gespräch, wie Millionen anderer, belauscht und protokolliert, die fragliche Passage jedoch eingefügt und dabei eines nicht bedacht hatten: Die Akten waren ja längst beseitigt. Warum sollte Strauß also etwas »lüften«, das längst gelüftet war? Das jedoch hatten die Stasi-Desinformateure nicht wissen oder sich auch nicht vorstellen können: Die Akten sind auf immer verschwunden, was für Strauß Vorteile wie Nachteile hat. Nun kann seine Schuld nicht bewiesen werden, seine Unschuld aber ebensowenig. Dies war das erste, doch nicht das letzte Mal, daß Akten aus dem Umfeld des FJS verschwanden. Die Häufung riecht nach System: Wo keine Akten existieren, gibt es keine Beweise, folglich keine Schuld.

Nach Bekanntwerden von Hausers Angaben, eine Korruption zugunsten der CSU betreffend, kündigte Strauß, der Pate, seinem Kumpel aus Besatzertagen jedenfalls die Freundschaft mit sofortiger Wirkung auf. Mehr als 220 Starfighterabstürze werden bis zum 23. Oktober 1987 (an diesem Tag wird das Flugzeug aus der Luftwaffe ausgemustert) gezählt, weil der Starfighter – so die barsche Kritik des Rechnungshofs – »überstürzt« beschafft und erst danach und für deutsche Verhältnisse unzureichend umkonstruiert worden war. Tatsächlich hatte Strauß, wie der Rechnungshof minuziös recherchierte, den Bundestag nur äußerst oberflächlich darüber aufgeklärt, daß dank der zahlreichen Spezifikationen des US-Modells der deutsche Starfighter eigentlich ganz neu konstruiert werden mußte.

Die Nachforschungen der Prüfer ergaben: »Die Beschaffung des nicht beschaffungsreifen Waffensystems hat keine Vorteile, auch nicht den erhofften Zeitgewinn gebracht. Sie hat vielmehr dazu geführt, daß die Ausrüstung der Bundeswehr mit brauchbarem Gerät verzögert, die militärische Einsatzfähigkeit über Jahre hinweg beeinträchtigt und die Ersatzteilversorgung sowie die Instandhaltung des Waffensystems erheblich erschwert worden ist.«

Als die Opposition dem Exminister 1971 bei einer Debatte über die Kritik der Rechnungsprüfer vorwarf, er sei für die technischen Mängel des Fliegers verantwortlich, erwiderte Strauß ironisch: »Ich gebe zu, daß ich es sehr begrüßt hätte, wenn anstelle der F-104-G die Mirage genommen worden wäre. Ich hätte es sehr begrüßt, aber nicht, weil ich mir anmaße, abwechselnd Testpilot, elektronischer Prüfer und betriebswirtschaftliches Genie zu sein, sondern wegen der politischen Bedingungen.«

Noch immer träumte er von der eigenen Bombe, er hätte sie so gerne mit Frankreich zusammen gebaut. Noch immer zog er Affären an wie das Licht die Motten.

Politik im geheimen

Die Lust am Risiko

1957 – 1962

Die Vorliebe von Franz Josef Strauß für geheime Operationen ist hoch entwickelt. Seit er die biederen Bayernparteiler bestochen hat, weiß er, wie überaus positiv es sich auswirken kann, ein gewisses Risiko einzugehen. Die Sache darf nur nicht öffentlich zerredet werden, sondern muß – so wie später der jahrelange Geheimkontakt zu DDR-Unterhändler Alexander Schalck-Golodkowski – absolut vertraulich bleiben. Strauß liebt konspiratives Verhalten, jedenfalls dann, wenn er selbst unmittelbar daran beteiligt ist. Tatsächlich aber passen sein Typ, sein Charakter eigentlich gar nicht dazu: Im Kreise seiner Freunde glänzt er gerne mit seiner Bedeutung, da lassen sich Geheimoperationen nur schwer verbergen. Aber vor der Öffentlichkeit hat er damit oft und lange Erfolg. Das exklusive Wissen und die Heimlichtuerei geben ihm offenbar einen besonderen Kick, weil sie sein Machtbewußtsein stärken und seine Berufswahl legitimieren.

Zur selben Zeit, als sich die Verteidigungsminister von Deutschland, Frankreich und Italien zu ihren höchst konspirativen Bombenkontakten treffen, läuft im Privathause Strauß in Rott am Inn eine weitere Top-secret-Aktion an. Es geht um Waffenlieferungen an Israel, die der junge Staat nach dem militärisch erfolgreichen, aber politisch verkorksten Feldzug im Sinai zu benötigen glaubt. Natürlich ist Israels Regierung nicht auf Deutschland angewiesen, denn sie könnte auch in den Vereinigten Staaten oder Frankreich die erforderlichen Rüstungsgüter einkaufen, aber man spekuliert darauf, manche Waffen aus den wachsenden Bundeswehrbeständen wegen der Verpflichtungen aus der jüngsten Geschichte billiger oder sogar gratis beziehen zu können. Generalstabschef Moshe Dajan, Held der Sinaioperation, sieht in Strauß den für seine

Zwecke geeigneten Gesprächspartner. In seinem Auftrag erscheint eine Delegation unter Führung des Generalsekretärs des israelischen Verteidigungsministeriums, Shimon Peres, beim deutschen Ressortchef und händigt ihm einen Wunschzettel aus – Munition, Panzerabwehrraketen, Hubschrauber und Transportflugzeuge. Strauß reicht das Papier, mit diskreter Billigung des Kanzlers und der höchsten Parteispitzen, an seinen speziellen Vertrauten im Ministerium, Oberst Herbert Becker, weiter, der damals Referent in der Abteilung »Verteidigungswirtschaft« ist. Dann wird geliefert – und obwohl die Bundeswehr selbst noch in den Anfängen steckt, zweigen Strauß und Becker Rüstungsgüter im Wert von 300 Millionen Mark ab, ohne Bezahlung durch den Empfänger.

Strauß erinnert sich, daß die Operation »in allem dem Haushaltsrecht zuwiderlief«. Sie befand sich nicht nur etwas, sondern weit außerhalb der Legalität. Um falsche Spuren zu legen, wurde zuweilen sogar bei der Polizei Diebstahlsanzeige erstattet, nachdem die für Israel bestimmten Waffen fortgeschafft worden waren. Das fliegende Gerät wurde übermalt und mit neutralem Anstrich nach Marseille geschafft, wo es auf Schiffe verladen und nach Israel transportiert wurde. Im Gegenzug lieferten die Israelis an die Bundeswehr »Uzi«-Maschinenpistolen – die allerdings auf Rechnung.

Es war Peres, der die waghalsige Idee forcierte und seinem Regierungschef David Ben Gurion erst noch schmackhaft machen mußte, denn Strauß konnte bis dahin nicht unbedingt als Freund Israels und der Juden gelten. Er gehörte zu einer Gruppe von fünfzehn Koalitionsabgeordneten, die 1952 gegen die geplante Wiedergutmachungsregelung gestimmt hatten, aus der Israel bis 1965 knapp 3,5 Milliarden Mark als Wirtschaftshilfe erhielt. In der Zeitschrift CHEMIE plädierte er energisch gegen pauschale Entschädigungszahlungen an Israel, weil die Bundesrepublik damit ihre alten Freunde, die Araber, vor den Kopf stieße. Das Gesetz kam dank 133 Stimmen von der Opposition dennoch durch. In seinen »Erinnerungen« erklärt Strauß sein damaliges Nein zu dieser Hilfe etwas unglaubwürdig mit grundsätzlichen Erwägungen: Er hätte eine individuelle Form der Wiedergutmachung besser gefunden.

Peres bedankt sich später für die Waffenhilfe: »Strauß' Bereitschaft, Israel beizustehen und uns entschlossen seine Unterstützung zu gewähren, war in dieser Zeit außergewöhnlich und hat sich für Jahre danach fest in unserem Gedächtnis eingeprägt.« Und so tragen Peres und Strauß dazu bei, daß es am 14. April 1960 im Waldorf-Astoria-Hotel in New York zum historischen Treffen zwischen einem israelischen und einem deutschen Regierungschef kommen kann. Während des anderthalbstündigen Gesprächs mit Adenauer drängt Ben Gurion auf die Aufnahme diplomatischer Beziehungen – die Bonn mit Rücksicht auf die arabischen Staaten verzögert – und überreicht eine weitere Liste mit gewünschten Rüstungsartikeln; diesmal geht es um U-Boote und Flugabwehrraketen. Adenauer verspricht Hilfe, die auf amerikanischen Wunsch hin um Panzerlieferungen aufgestockt werden soll.

Als die Sache auffliegt, sind Strauß und sein Kanzler schon nicht mehr im Amt. Die Folgen der Geheimniskrämerei müssen ihre Nachfolger ausbaden. Als die FRANKFURTER RUNDSCHAU am 26. Oktober 1964 erstmals von den geheimen Transaktionen berichtet, bricht die deutsche Nahostpolitik weitgehend zusammen; zugleich erweist sich erneut die Schwäche des amtierenden Kanzlers Erhard. Ägypten droht mit einer Anerkennung der DDR, falls die Waffenlieferungen nicht sogleich eingestellt würden. Außerdem wird SED-Chef Walter Ulbricht nach Kairo zum Staatsbesuch eingeladen. Die Bundesregierung gibt der ägyptischen Erpressung nach und stellt zum Ärger Israels die Waffenhilfe ein; dennoch wird Ulbricht in Ägypten pompös empfangen.

Ein Kernstück der Bonner Deutschland- und Außenpolitik zerbricht, die bis dahin geheiligte Hallstein-Doktrin, die für die Bundesrepublik einen deutschen Alleinvertretungsanspruch erhebt. Nach Monaten des diplomatischen Tauziehens nimmt die Bundesregierung im Mai 1965 offizielle Beziehungen zu Israel auf und bezahlt ihre doppelbödige Politik mit dem Abbruch der Beziehungen durch die meisten arabischen Staaten. Doktrinen, so die Lehre aus dem außenpolitischen Desaster, lassen sich nur aufrechterhalten, wenn sie nicht gleichzeitig durch geheime Operationen im Hintergrund konterkariert werden. Für Verteidigungsminister Strauß geht die Sache glimpflicher aus als für einen seiner Nachfolger, der ihm dreißig Jahre später offenbar nacheifern will. Als sich herausstellt, daß wieder einmal am Parlament vorbei Rüstungsgüter illegal nach Israel geschafft werden sollen, muß Gerhard Stoltenberg sogleich sein Amt aufgeben. Strauß hingegen hat die Erfahrung gemacht, wie leicht es sein kann, das Parlament zu umgehen und dennoch das angestrebte Ziel zu erreichen; allerdings gilt es – auch dies eine Lehre –, die späteren Folgen des Tuns für die eigene Karriere zu bedenken.

Bei einer weiteren ebenso konspirativen wie kühnen Aktion mußte Verteidigungsminister Strauß in jener Zeit, als er heimlich Waffen nach Israel schaffen ließ und von der deutschen Atombombe träumte, eine Niederlage einstecken. Ende 1958 versuchte sich der Christsoziale an der auch moralischen Aufrüstung der westdeutschen Bevölkerung. Er hoffte, auf diese Weise der SPD-Kampagne »Kampf dem Atomtod« und allen »Verharmlosern kommunistischer Umtriebe« entschlossen begegnen zu können, und gründete gemeinsam mit dem 34jährigen CDU-Hoffnungsträger Rainer Barzel das angeblich überparteiliche Komitee »Rettet die Freiheit«, das den Wehrwillen und die westlichen Werte schlechthin verteidigen sollte. Strauß hatte sich schon seit längerem geärgert, daß es ihm nicht gelang, vom Bundestag die Erlaubnis zur Gründung einer »Koordinierungsstelle für psychologische Verteidigung« zu erhalten; nun tat er sich mit Barzel zusammen, der sich vom Komitee Einfluß und politische Unterstützung erhoffte.

Strauß stellte den Leiter seines Ministerbüros, Major Alfred Sagner, für das Komitee ab, das nach Meinung der Oppositionsparteien »nur der Zusammenschluß der seit einem Jahrzehnt von der Bundesregierung ausgehaltenen CDU-Propaganda-Organisationen« zu werden versprach. Anläßlich der Gründung des Komitees unterzeichneten 36 Prominente aus dem konservativen Lager einen Appell zur »Auseinandersetzung mit den Mächten der Unfreiheit«, mit dem Ziel, »die Freiheit tiefer zu begründen und so wirkungsvoll darzustellen, daß der Selbstbehauptungswille des Geistes zu den militärischen Anstrengungen tritt«. Zu den Unterzeichnern gehörten neben Strauß die Minister Erhard, von Merkatz und Schröder sowie eine stramm rechte Professorenriege, darunter Emil Dovifat, Pascual Jordan, Friedrich August von der

Heydte und Theodor Litt. Die Gründungsrede hielt, immerhin, NATO-Generalsekretär Henri Spaak, der entschlossen zur Festigkeit gegenüber dem Berlinultimatum der Sowjetunion aufrief. Niemand könne »voraussehen, ob die nächste sowjetische Drohung Norwegen, Dänemark, Belgien oder die Niederlande betreffen« werde. Und dann nutzte er die Gelegenheit für Werbung in eigener Sache: Je mehr Basen für Atomwaffen in Europa errichtet würden, um so geringer sei die Möglichkeit, daß sie alle auf einen Schlag von einem Angreifer zerstört werden könnten. Das gefiel dem anwesenden Verteidigungsminister, der während der nächsten Monate häufig persönlich Veranstaltungen des Komitees in deutschen Landen besuchte.

Allerdings litt der Verein – vor dem sich die SPD so sehr fürchtete, daß sie einen Unvereinbarkeitsbeschluß gegen eine Doppelmitgliedschaft verkündete – schon bald unter seinem erzreaktionären Image, was das ursprüngliche Vorhaben beeinträchtigte, mit abzugsfähigen Spenden aus Wirtschaft und Industrie alle linken Tendenzen so entschlossen wie erfolgreich zu bekämpfen. Als ein hoher Gründungsfunktionär, Wolfram von Hanstein, als DDR-Spion enttarnt wurde, gab es die ersten Probleme. Die Situation verschärfte sich, als Strauß' Helfer Major Sagner in eine mysteriöse Liebes- und Spionageaffäre mit der Komitee- und Strauß-Mitarbeiterin Susanne Sievers verwickelt wurde und deshalb aus dem Ministerbüro in die Etappe versetzt werden mußte.

Sagner war offenbar ein ähnlicher Draufgänger wie sein vorgesetzter Minister. Einmal handelte er sich ein Disziplinarverfahren ein, weil er sich einer Mitarbeiterin zu forsch genähert hatte; und man nannte ihn den »Milchflaschen-Sagner«, weil er in Bad Godesberg bei der ungestümen Verfolgung einer jungen Dame zu früher Stunde zahllose Flaschen zerschlug und dadurch die Nachbarschaft empörte.

Wie sein Chef Strauß hatte Sagner die rothaarige, lebenslustige Susanne Sievers in deren stets gastfreundlicher Wohnung in der Bonner Reuterstraße kennengelernt. Nur ihre Beziehung zu einem dritten Gast jedoch machte die junge Frau öffentlich: Es war die CSU, die Susanne Sievers im Wahlkampf 1961 überredete, ihr Abenteuer mit Willy Brandt zu publizieren. Das Buch erschien unter dem Titel »Da war auch ein Mädchen«. Strauß muß sich um das Mädchen rührend gekümmert haben, denn nachdem manche ihrer Affären ruchbar geworden waren, kam sie beim Bundesnachrichtendienst (BND) unter, wurde dessen Residentin in Hongkong und erhielt durch Vermittlung der CSU-Seilschaft eine Abfindung von 320 000 Mark, als sich der BND zu sozialliberaler Zeit von entbehrlichen Mitarbeitern trennen mußte.

Ein Jahr nach seiner Gründung veröffentlichte das Komitee ein »Rotbuch gegen die kommunistische Untergrundarbeit in der Bundesrepublik«, das auf 175 Seiten im Stil McCarthys Namenslisten angeblicher Kommunistenfreunde in Westdeutschland öffentlich machte und sich mit Denunziationen Ärger einhandelte; Strafanzeigen und Prozesse waren die Folge. So wurde ausgerechnet Barzels Zimmergenosse im Bonner Abgeordnetenbüro, der CDU-Parlamentarier Peter Nellen, als Mann bezeichnet, der »in einem bedenklichen geistigen Verwandtschaftsverhältnis« zum kommunistischen Osten stehe. Damit war es um den Verein geschehen; auch die huldreiche Unterstützung durch Verteidigungsminister Strauß – er hatte das Komitee mit Unterlagen, Geld und Schreibkräften versorgt – half nicht mehr. Die Umsicht von Strauß machte sich allerdings für ihn bezahlt: Er hatte sich nur ideell und indirekt durch Sagner und Susanne, nicht aber persönlich in dem Kampfverband engagiert. So kam er ohne Blessuren davon. Nur mußte er künftig auf die Propaganda dieses Teils seiner Hilfstruppen verzichten.

Eigentlich war die auch gar nicht erforderlich. Die wirksamste antikommunistische Werbung betrieb nämlich der sowjetische KP-Chef Nikita Chruschtschow persönlich mit seinem Ultimatum vom 27. November 1958: Die Westmächte sollen die alte Hauptstadt verlassen, Berlin eine »freie Stadt« werden – und zwar innerhalb von sechs Monaten. Unter westdeutschen Bürgern wie Politikern bricht eine Kriegspsychose aus, wie es sie seit der Koreakrise nicht gegeben hat. Während die Amerikaner jetzt auf die Realisierung des NATO-Dokuments MC/70, also auf die von Adenauer und Strauß ersehnte Ausrüstung der Bundeswehr mit Atomwaffen, drängen, werden zeitgleich mögliche Reaktionen auf eine neue Berlinblockade durchgespielt. Strauß macht den Kanzler darauf aufmerksam, daß eine neuerliche Luftbrücke Westberlin nicht mehr helfen könnte, weil die Versorgungsansprüche der Stadt in den letzten zehn Jahren gestiegen sind. Und er bittet die amerikanische Regierung um Beteiligung, mindestens aber um Unterrichtung über deren Operationen in und um Berlin. Bei einem Besuch des strategischen Bomberkommandos im US-Bundesstaat Nebraska droht er den Russen mit dem Weltenbrand: »Die strategische Luftflotte der USA hat eine Feuerkraft, die schon jetzt ausreicht, um einen strategischen Raum wie den der Sowjetunion mehrmals zu vernichten.«

Dann läßt Chruschtschow das Ultimatum verstreichen und statt dessen auf der Genfer Außenministerkonferenz im Juni 1959 einen Vorschlag für eine Entmilitarisierung Berlins einbringen, was Adenauer und Strauß dazu bewegt, plötzlich für Vorsicht und Zurückhaltung im Umgang mit den Sowjets zu plädieren. Beide wenden sich vor allem – letztlich vergeblich – gegen die geplante Einberufung der Bundesversammlung nach Berlin. Adenauer spricht von »Informationen, daß die östliche Seite alle Vorkehrungen getroffen hätte, um innerhalb kürzester Frist den gesamten Verkehr nach Berlin und von Berlin stillegen zu können«. Strauß, der sonst immer für Härte und Standhaftigkeit plädiert, rät »aus militärpolitischen Gründen« zur Vorsicht; auch er behauptet in diesem Juni 1959, was Anfang August 1961 alle Bonner Politiker bestreiten werden – »daß die Sowjets inzwischen alle Vorbereitungen zur technischen Abschnürung Berlins abgeschlossen haben«.

Bis zur nächsten Berlinkrise kann sich Strauß auf seine Atomrüstung konzentrieren. Er wird bis an sein Lebensende glauben, Moskau gehorche einer »Kriegsdoktrin«. Im Sommer 1961 sieht er sich bei einem USA-Besuch in dieser Einschätzung bestätigt. Die Regierung der Vereinigten Staaten verlangt konkrete Kriegsvorbereitungen von Bonn: Alle Divisionen sollen auf Kriegsstärke gebracht, drei neue aufgestellt werden. Das hieße, die Ende September zu entlassenden Wehrpflichtigen bei der Truppe zu halten, Munition und anderes Material zu beschaffen, Fahrzeuge zu requirieren. Und das alles unmittelbar vor und nach der Bundestagswahl am 17. September!

Kanzler und Minister geraten darüber an Adenauers Urlaubsdomizil Cadenabbia, wohin Strauß sofort nach seiner Rückkehr geeilt ist, in Streit. Adenauer meint an diesem 3. August 1961, es sei unmöglich, die Wähler jetzt mit derlei Vorbereitungen zu ängstigen, Strauß hält aus Gründen der Bündnissolidarität dagegen; einen Krieg um die Zugangswege nach Berlin sieht er aber als unsinnig an. Der Kanzler jedoch erteilt Strauß die Weisung, den USA und der NATO klarzumachen, im Vorfeld der Wahl dürften keine sichtbaren Kriegsvorbereitungen getroffen werden. Adenauer ist dermaßen auf die Wahl fixiert, daß er taktische Fehler macht, als am 13. August die Mauer in Berlin gebaut wird: Er will der Abschnürung Berlins die Dramatik nehmen und fährt trotz des Drängens von Strauß zunächst nicht dorthin. Der Verteidigungsminister, am Tag des Mauerbaus auf Wahlkampfreise in Bad Oldesloe, appelliert an die DDR-Bürger: »Nachdem euch der letzte Weg in die Freiheit durch Stacheldrahtverhaue und Maschinengewehre versperrt worden ist – bleibt, wo ihr seid, und bewahrt unbedingte Ruhe!«

Konrad Adenauer bleibt zu ruhig. Für Strauß wird in jenen Tagen das Vertrauen in die Führungsstärke des Kanzlers »endgültig erschüttert«; der FDP-Vorsitzende Erich Mende zieht im Wahlkampf mit der Parole durchs Land, nun müsse Adenauer abgelöst werden.

Allerdings hat sich der neue Chef der CSU (Strauß hat es endlich, neun Jahre nach dem ersten Anlauf, geschafft – am 18. März wurde er zum Nachfolger des abtretenden Hanns Seidel gewählt) schon einen Monat vorher Gedanken um eine Ablösung des Alten gemacht. Im Düsseldorfer Haus des Kaufhausmillionärs und FDP-Sympathisanten Helmut Horten trafen er und CSU-Generalsekretär Friedrich Zimmermann mit den einflußreichen FDP-»Jungtürken« Willi Weyer und Wolfgang Döring zusammen; dabei plädierten die Christsozialen in realistischer Einschätzung der Stimmung im Land und bei der FDP für Ludwig Erhard als Kanzler. Die Freidemokraten hielten dies Votum allerdings eher für ein Spiel: Sie glaubten, auch die CSU gehe davon aus, daß sich Erhard als Kanzler nicht lange halten könne. Dann wäre der Weg frei gewesen für Strauß, der im ersten Schritt – so seine eigene Verabredung mit Erhard – Außenminister und Vizekanzler werden sollte.

Der Chef der CSU-Landesgruppe, Hermann Höcherl, hat dafür schon um die Jahreswende 1960/61 einen konkreten Terminplan entwickelt: Adenauer darf 1961 ein letztes Mal antreten und eine letzte Regierung bilden, tritt dann aber zwei Jahre später zurück. Erhard wird zu seinem Nachfolger gewählt, kandidiert jedoch 1965 für die Nachfolge von Bundespräsident Heinrich Lübke und zieht um in die Villa Hammerschmidt. Adenauers Außenminister von Brentano macht unter Erhard sein Amt frei für Strauß, bekommt dafür aber ein Europaministerium und den würdevollen Posten eines Vizekanzlers. Strauß wäre damit im Sommer 1965 endgültig am Ziel, Kanzler der Bundesrepublik Deutschland.
Am Wahlabend 1961, als die FDP mit 12,8 Prozent der Stimmen den größten Erfolg ihrer Geschichte verbuchen kann und die Union mit 45,3 Prozent die absolute Mehrheit verfehlt, hat sich Strauß' Umsicht beim Umgang mit dem neuen Koalitionspartner gelohnt. Er, der starke Mann der CSU, steht inoffiziell bereit, Erhard wartet de facto, um Kanzler zu werden. Und öffentlich erklärt Strauß auf die Frage nach dem nächsten Kanzler: »Es gibt eine Reihe von Persönlichkeiten; die Entscheidung der CSU ist aber gefallen: Wir haben uns für Dr. Erhard entschieden.«
Das erweist sich als taktischer Fehler, denn Kanzler wird wieder Konrad Adenauer, zu dem Zeitpunkt fast 85 Jahre alt.
Strauß, der als CSU-Chef am Tag nach der Wahl in der Sitzung des CDU-Vorstands dabei ist, erinnert sich: »Noch überwogen in der CDU die Treueschwüre zu Adenauer, wenn auch in Abwesenheit des Bundeskanzlers ganz andere Töne zu hören waren. Es herrschte eine Atmosphäre heldenhafter Scheinentschlossenheit oder pseudoheldenhafter Courage, die in bezug auf Adenauer verbreitet wurde, von der aber im Ernstfall nichts mehr zu spüren war.«
Strauß sinnt in den Tagen darauf sogar über Konstellationen nach, die ihm wie ein Alptraum erscheinen. Zu Mende sagt er : »In einer schwarz-roten Koalition würden Sie den Verteidigungsminister Strauß nicht finden. Wir würden alles tun, um dagegen anzugehen, selbst wenn wir ausscheiden müßten. Wenn wir beiden dann draußen sind, haben wir zwar 66 plus 55 gleich 116 [Mandate], aber wir können das nicht verhindern. Der Alte ist zu allem bereit.«
Und heftig kämpft er gegen eine Koalition mit den Sozialdemokra-

ten an – mit unvergleichlich prophetischer Begabung. Vor der CDU/CSU-Bundestagsfraktion weissagt er am 27. September 1961: »Wenn wir jetzt eine schwarz-rote Koalition machen, haben wir 1965 eine rot-schwarze und 1969 eine rot-gelbe.« Fast kam es so, und auch die Jahreszahlen stimmen beinah.

1961 kann Adenauer das Blatt noch einmal wenden. Der Alte erweist sich vor allem wieder als besserer Taktiker. Er mobilisiert allerorten seine eigenen Truppen oder wenigstens die inzwischen schon zahlreichen Gegner von Strauß, um Erhard als Kanzlerkandidaten zu verhindern. Denn Schröder, Brentano, Lücke, Blank, Merkatz, die CSU-Größen Hermann Höcherl und Freiherr von Guttenberg und selbst Strauß-Schulkamerad Richard Jaeger wollen Erhard unter anderem deshalb nicht akzeptieren, weil ihn alle nur für einen Übergangskanzler auf dem Weg zum Regierungschef Strauß halten. Dann entzieht auch die CSU-Landesgruppe Erhard die Unterstützung und plädiert für eine christliberale Koalition unter Adenauer – auch dies kann ja, in Anbetracht seines Alters, nur ein Übergang sein. Die FDP fällt – die Resonanz ist noch nach Jahrzehnten hörbar – krachend um und erklärt sich ebenfalls mit Adenauer einverstanden. Strauß bleibt selbstverständlich Verteidigungsminister. Um ihn in Schach zu halten, macht der Kanzler den Strauß-Widersacher Höcherl zum neuen Innenminister. Für Strauß heißt es abwarten. Er darf weiter seinen Träumen anhängen; zu dem von der deutschen Atombombe ist inzwischen jener von einer Kanzlerschaft hinzugekommen.

Dabei fällt ihm auf, daß die Bundesrepublik noch gar nicht ganz souverän ist, denn die Alliierten haben sich einige Rechte vorbehalten. Dazu gehört, daß dem provisorischen Staat eine Regelung für den Fall eines wie immer gearteten Notstands fehlt; die eben überstandene Berlinkrise und der Druck der USA, konkrete Kriegsvorbereitungen zu treffen, haben das deutlich gemacht. Darüber spricht Strauß mit dem CDU-Ministerpräsidenten von Nordrhein-Westfalen, Franz Meyers, und fragt ihn, wie er sich im Falle eines Notstands die Rolle der Bundeswehr vorstelle. Meyers antwortet nicht, sondern hört sich an, was Strauß dazu meint: In allen demokratischen Staaten sei »das Militär im Notstandsfall die Ultima ratio«. Darauf eilt Meyers zu Adenauer und der Kanzler zum Bundespräsidenten mit der Nachricht, Strauß plane einen »Staatsstreich«. Heinrich Lübke vermag in diesem Fall den Kanzler zu beruhigen und erzählt die Episode amüsiert dem Minister weiter. Strauß ärgert sich über Meyers, weil sie doch über den Inhalt ihres Gesprächs »Stillschweigen vereinbart« hatten. So harmlos kann das Gespräch also nicht gewesen sein, denn warum sollten zwei Parteifreunde sonst Vertraulichkeit verabreden? Warum sollte sich Strauß wohl sonst über deren Bruch aufregen?

Die Äußerung von Strauß hat einen überaus ernsten Hintergrund: Der Verteidigungsminister hält einen Krieg für möglich. Mehr noch: In jenen Monaten nach dem Bau der Mauer und während der amerikanisch-sowjetischen Panzerdemonstration am Berliner Checkpoint Charlie rechnet Strauß offenbar ziemlich fest mit einem Krieg in Europa, den die anderen Spitzenpolitiker ohne Ausnahme für absurd halten. Deswegen ist er in jenen Tagen noch mehr als sonst fixiert auf Notstand und Atombombenoptionen. Für ihn ist die Lage ernst, wenn nicht hoffnungslos. Seit dem Sommer beteiligt er sich an den Erörterungen innerhalb der NATO über mögliche Gegenschläge, falls die Sowjets Berlin vollständig abriegeln sollten. Er hält nichts davon, deutsche Soldaten über die Transitautobahn nach Westberlin durchbrechen zu lassen. Für ihn ist die Krise nicht regional, sondern global, deshalb will er die Westmächte nicht aus der Verantwortung entlassen. Er empfiehlt als Gegenmaßnahme einen Boykott des zivilen sowjetischen Luftverkehrs und das Aufbringen aller sowjetischen Schiffe aus den Weltmeeren. Und als die Amerikaner ihn bitten, er möge ihnen einen russischen Truppenübungsplatz auf DDR-Territorium nennen, den sie mit einer Atombombe zerstören könnten, da schreit der Bonner Verteidigungsminister nicht empört auf oder rennt zu seinem Kanzler, sondern er denkt kurz nach und nennt dann einen Stützpunkt in der Nähe der Oder, wo er neunzehn Jahre zuvor stationiert war. »Zum Glück«, so seine eigene Bewertung, mußte es so weit nicht kommen.

Aber er sieht seine düsteren Ahnungen im Oktober bestätigt, als es zur bis dahin ernstesten Konfrontation der beiden Supermächte kommt, wenn auch in Kuba statt in Europa. Das ganze Jahr über spürt er, daß sich etwas zusammenbraut. Und er will gerüstet sein, wenn es soweit ist.

Die mangelnde Klarheit der westlichen Nuklearstrategie treibt Strauß um. Henry Kissinger, damals Politikprofessor in Harvard, erkennt das und fährt ihn bei einer Begegnung in Washington, offenbar ziemlich genervt, an: »You are nuclear obsessed!« So ist es. Wenn Strauß in Amerika zu Besuch ist, kann er nur über dieses Thema reden; er ist von abgrundtiefem Mißtrauen den USA gegenüber erfüllt, weil er glaubt, niemals würde die Supermacht, bloß um einem kleineren Partner im Fall einer Bedrohung zu helfen, Atomwaffen einsetzen. Im Sommer 1962 verwickelt er Verteidigungsminister Robert McNamara in eine Diskussion über die Frage: »Werden die USA notfalls auch als erste Atomwaffen einsetzen, sozusagen präventiv?« McNamara lehnt einen Präventivkrieg ausdrücklich ab – nicht jedoch, feiner Unterschied, einen »preemptive strike«, womit er einen atomaren Erstschlag im Spannungsfall meint, der unmittelbar auf die gegnerischen Bombenstellungen zielt.
Strauß, zurück in Bonn, beauftragt seine Spitzengenerale, den »preemptive strike« in ein Krisenszenario einzubetten und darüber im Bundesverteidigungsrat zu berichten. Dem Kanzler wird eine Expertise diesen Inhalts zugestellt, die er aber offenbar falsch versteht. Wenig später beantragt Adenauer bei Bundespräsident Heinrich Lübke die Entlassung des Ministers, weil Strauß nun sogar auch noch einen Präventivkrieg plane. Als Strauß davon hört, eilt er sofort wutentbrannt ins Kanzleramt und beschimpft Adenauer als »töricht« und als »Lügner«. Globke muß helfen, die Streitenden auseinanderzubringen und die Begriffe zu erläutern. Anschließend erklärt Adenauer die Angelegenheit zwar für »erledigt«, aber Strauß ist später sicher, daß beim Kanzler etwas hängenblieb. Das hat nicht unbedingt mit der Art der Auseinandersetzung zu tun, sondern mit dem Inhalt: Strauß meint eher die plötzliche Erkenntnis Adenauers, vielleicht doch – wie die DDR-Propaganda unentwegt behauptet – einen »Kriegstreiber« als eigenen Nachfolgekandidaten in seinem Kabinett zu haben. Die Annahme zeigt, daß der Kanzler seinem Verteidigungsminister inzwischen, und nicht nur aus Altersgründen, alles zutraut, vom Staatsstreich bis zum Präventivkrieg gegen die Kommunisten. Die Vorwürfe, die die liberale Presse seit längerem gegen Strauß erhebt, finden offenbar im Kanzleramt Resonanz.

Schon wenige Tage nach dem Zusammenstoß mit Adenauer fährt Strauß in sein Ferienhaus nach Les Issambres an der Côte d'Azur. Es ist tatsächlich sein letzter Urlaub vor dem großen Knall, den er vorauszusehen meint – wobei es allerdings nicht zu einem Krieg zwischen den Supermächten kommt, sondern die für Strauß verhängnisvolle SPIEGEL-Affäre beginnt.

Endkampf mit Augstein

Strauß deckt Adenauer

1962

Am 5. April 1961 erschien der SPIEGEL mit einer Titelgeschichte, die völlig außerhalb der Norm, der Tradition und des üblichen Stils journalistischer Berichterstattung lag. Es handelte sich – da eigentliche Nachrichten als Inhalt fehlten – um einen reinen Kommentar gegen Strauß aus Anlaß seiner Wahl zum Parteichef der CSU. Der Autor, nach Aufbau und Diktion der Herausgeber Rudolf Augstein selbst, bezog sich mit dem Titel »Der Endkampf« auf die folgende Passage einer Rede von FJS, gehalten während der Atomdebatte des Bundestages drei Jahre zuvor, am 20. März 1958: »Es besteht kein Zweifel, daß sich die Sowjetunion die Mittel für eine offensive Strategie verschaffen will, daß sie sich durch den Bau ihrer Fernluftwaffe, durch den Bau ihrer interkontinentalen Rakete und ihre propagandistische Ausnutzung, durch den Bau ihrer U-Boot-Waffe und die Einrichtung ihrer U-Boote eine Bewaffnung schaffen will, um damit nach Ausschaltung des amerikanischen Bündnissystems den Endkampf mit den USA zu wagen.«

Daran glaubte Strauß damals und noch etliche Jahre später: Der Kommunismus ist per se aggressiv und will die Welt erobern, auch mit Waffengewalt. Augstein glaubte daran nicht, und er setzte sich das Ziel, zu verhindern, daß dieser Mann jemals Kanzler wurde. Augstein hat oft über »die Nacht, in der SPIEGEL und Strauß über Kreuz gerieten«, berichtet – die Nacht vom 9. auf den 10. März 1957, als man bis halb vier in der Früh in Augsteins Hamburger Haus zusammensaß, bei viel Alkohol und mit viel Geschrei. Der gerade erst ernannte Oberbefehlshaber machte vor, wie sein Pilot vor kurzem einen Triebwerksbrand gelöscht hatte, im Sturzflug, mit dem heldenhaften überlebenden Minister

an Bord. Und dann verglich er die Kommunisten der Sowjetunion mit Sittlichkeitsverbrechern, die man schließlich auch nicht frei umherlaufen lasse.
Da hatte Augstein sein Damaskus und Strauß einen Feind. Es sollte ein zäher Endkampf werden. Die ersten Absätze der »Endkampf«-Story des SPIEGEL im Wortlaut:

»Unter politisch denkenden Menschen gibt es keine Diskussion mehr darüber, daß der nächste Krieg am wahrscheinlichsten aus Angst vor einem Präventivschlag des Gegners ausbrechen würde, als ein Präventiv-Präventiv-Krieg sozusagen; daß es somit keine dringlichere Aufgabe gibt als die, das Mißtrauen stückchenweise abzubauen und stückchenweise durch konkrete Sicherungen zu ersetzen.
Weiter ist unter politisch Gebildeten nicht strittig, daß die Fähigkeit, den totalen Atomkrieg auszulösen, nicht jenen Ländern zugestanden werden darf, die Grenz- und Territorialkonflikte und die Ansprüche an ihre Nachbarn haben. Nicht also China, um ein großes, nicht der Bundesrepublik, um ein mittleres, und nicht Israel, um ein kleines Land zu nennen.
Trotz dieser weltweiten Strömung der Vernunft ist in der Bundesrepublik ein Mann groß geworden, der das Mißtrauen zwischen den Großstaaten unablässig genährt und der für die Bundesrepublik Waffen gefordert hat, die den ›Selbstmord‹ eines sowjetischen Angreifers und damit den Selbstmord der Menschheit auslösen könnten. Als einziger Prätendent auf den Sessel des Bundeskanzlers kann dieser Mann sich auf eine Hausmacht stützen, ja gleich auf eine doppelte Hausmacht: auf die Bundeswehr, die er zu einem Instrument seiner Karriere gestempelt, und auf die bayrische CSU, die ihn vor drei Wochen einmütig zu ihrem Vorsitzenden, will sagen zu ihrem ›Chef‹, gewählt hat. Die Wahl entlockte dem Münchner Informationsdienst DER WEISS-BLAUE HINTERGRUND den Stoßseufzer, Franz Josef Strauß sei jenen Leuten und Tendenzen ›weit vorausgeeilt‹, die sich eine gute Demokratie bei wachsender Entwicklung des modernen, von den Impulsen neuzeitlicher Wirtschaft und Technik erfüllten Staates ohne Parlament vorstellten.

Das Gesicht des Mannes, der mit Vokabeln wie ›totale Vernichtung‹, ›selbstmörderisches Risiko‹, ›absolute Abschreckung‹, ›verbrecherische Dummheit‹, ›dynamische Abschreckung‹ wie mit Jongleurkugeln um sich wirft, kennt jeder Bewohner der Bundesrepublik; das Gesicht des Mannes, von dem Zeitgenossen geschrieben haben, er sehe aus wie ein ›stein of beer‹ (TIME, 19. Dezember 1960), wie ein Maßkrug also, oder er sei rein äußerlich ›fast genau das, was die Franzosen meinen, wenn sie sachlich ‚boche' sagen‹ (William S. Schlamm in ›Die Grenzen des Wunders‹).
Das Gesicht des Mannes, dem Zeitgenossen bescheinigen, er sei ›von Ehrgeiz getrieben wie von Furien‹ (Schlamm) und ihm seien ›unverwischbare Spuren von Teutonentum eigen‹, des Mannes, der davon ›träumt, die deutsche Armee zur stärksten Europas zu machen‹ (Londons DAILY MAIL), das Gesicht eines ›der gefährlichsten Männer in Europa‹ (TRIBUNE), eines Mannes, von dem der Altliberale Reinhold Maier im Bundestag mit zitternder Stimme ausgerufen hat: ›Wer so spricht wie der Herr Bundesverteidigungsminister, der schießt auch.‹
Vor drei Wochen hat dieser Franz Josef Strauß, 45 Jahre alt, den vorletzten Schritt in Richtung auf den Kanzler-Sessel getan. Müßig ist jetzt das jahrelange Raunen und Mosern geworden, ob er denn wohl auch wirklich der deutschen Demokratie nicht zu Leibe gehen werde, warum er sich selbst immer im Wege stehe, warum er sein eigener schlimmster Feind sei und wann er wohl mit sich selbst fertig werden wolle. Die Bundesrepublik, den Rücken zur Wand, muß jetzt mit ihm fertig werden, indem sie ihn entweder annimmt oder abschüttelt.«

Mit diesem Aufsatz begann eine Auseinandersetzung, die viele Jahre währte und gelegentlich auch weit unterhalb der Gürtellinie geführt wurde – er war »eine Art Kriegserklärung« (Augstein). Rechtsanwalt Cramer erstattete im Namen seines Mandanten Strafanzeige wegen »mehr als hundert Beleidigungen« (Strauß). Die Staatsanwaltschaft Hamburg stellte das Verfahren mit einer 192seitigen Begründung im Februar 1962 ein. Kurz darauf erfuhr Strauß, daß sein Kumpel Hans Kapfinger von einer Berliner Zivilkammer wegen Verletzung der Persönlichkeitsrechte des Berliner Regierenden Bürgermeisters Willy Brandt zur Zahlung von 30 000 Mark verurteilt worden war; er habe ein »einseitig nachteiliges Bild von den menschlichen und persönlichen Eigenschaften« Brandts in seiner PASSAUER NEUEN PRESSE gezeichnet.

Strauß fand, etwas Ähnliches sei ihm widerfahren, und beantragte neun Wochen nach Erscheinen des »Endkampf«-Artikels in Nürnberg, wo Cramer wohnte, eine einstweilige Verfügung, weil der Beitrag »eine einzige außergewöhnlich schwere Beleidigung« darstelle. Im einzelnen kam Strauß auf 62 Behauptungen, die zu wiederholen künftig verboten werden sollte. Das Nürnberger Landgericht gab der Klage in acht Punkten statt und verbot obendrein den ganzen Artikel. Das Oberlandesgericht Nürnberg untersagte in der Berufung zehn Behauptungen, darunter seltsamerweise das Zitat aus TIME, Strauß ähnele einem Maßkrug. Vor Gericht zeterte FJS gegen Augstein: »Wenn die SPIEGEL-Artikel an die Sowjetzonenpresse weitergespielt werden, von der Sowjetzonenpresse aufgegriffen werden, so sehen wir hier ein abgekartetes Spiel der Politik, daß systematisch mit denselben Parolen diffamiert, angegriffen, herabgesetzt und in jeder Weise kaputtgemacht werden soll, wie es durch SPIEGEL-Artikel initiiert worden ist.«

Eine Verfassungsbeschwerde des SPIEGEL gegen das OLG-Urteil wurde in Karlsruhe verworfen. Doch Augsteins Kampf gegen den Bayern ging weiter, und er wurde auf beiden Seiten mit dem schweren Säbel geführt. »Fast pathologische Haßgefühle« entdeckte der Strauß-Anhänger Johnny Klein in Rudolf Augstein, und der erklärte: »Es kann keinen Waffenstillstand und keinen Modus vivendi geben, solange er seine politischen Gegner mit Kommunisten gleichsetzt.«

Ein Modus vivendi war damals kaum vorstellbar; zwei Züge brausten aufeinander los. Strauß beschäftigte die Justiz, Augstein legte mit immer neuen Geschichten nach. Die Behauptung, Strauß und Kapfinger müßten die FIBAG-Gewinne teilen, war am 29. Januar in der SPIEGEL-Ausgabe 4/1962 erschienen. Die ersten Prozesse zogen sich bis zum Sommer hin, und dann ging es Schlag auf Schlag: In Heft 39/1962 war die kleine Beschaffungsaffäre Deeg Thema, in Ausgabe 40 stellte ein kämpferischer Moritz Pfeil

(= Rudolf Augstein) im Stile von Emile Zola unter der Überschrift »Balkan in Bonn?« eine Reihe kritischer Fragen:

»Ist Dr. Aloys Brandenstein, der Nenn-Onkel der Frau Marianne Strauß, durch Vermittlung des Ministers innerhalb eines Jahres mehrfacher Millionär geworden, nachdem er vorher nie im Rüstungsgeschäft tätig und in anderen Geschäften bis aufs Hemd abgebrannt war?
Stimmt es, daß ein im Rüstungsgeschäft bis dato nicht tätig gewesener Peter Deeg innerhalb einer Stunde ein Geschäft über 25 Millionen Mark ›aufreißen‹ konnte, das die ›Profis‹ in Monaten nicht zustande gebracht hatten?
Stimmt es, daß dieser Peter Deeg, von einem ordentlichen Gericht rechtskräftig wegen Betrugs vorbestraft, Duzfreund des jetzigen CSU-Vorsitzenden Strauß war?
Ist diese Duzfreund-Demokratie das Leitbild, das wir dem Osten entgegenhalten sollen?
Stimmt es, daß der Verleger Kapfinger vor Aufkommen der FIBAG-Affäre seinen Passauer Verlag testamentarisch der CSU vermacht hatte – Schlüssel zur Schloß-Affäre?«

Augstein erhielt wenig später eine Antwort auf seine Fragen. Heft 41 erschien am 8. Oktober (aufgedrucktes Erscheinungsdatum war der 10. Oktober) mit der Titelgeschichte »Bedingt abwehrbereit«, einem Verriß der Verteidigungspolitik des Franz Josef Strauß. Am 25. Oktober billigte der Bundestag im zweiten Anlauf, nun wieder in gewohnter Koalitionsformation mit den Stimmen der FDP, den Schlußbericht des FIBAG-Ausschusses. In der Nacht vom 26. auf den 27. Oktober besetzten Polizei und Staatsanwälte die Hamburger SPIEGEL-Redaktion, weil jemand im zwei Wochen zuvor erschienenen Heft 41 Landesverrat gewittert hatte. Dieser Jemand war von der Heydte – FJS-Kumpel vom Komitee »Rettet die Freiheit«. Der Kampf ging weiter. Jetzt war Strauß am Zug.
All die Bücher, die während der letzten drei Jahrzehnte über die SPIEGEL-Affäre und damit über die schwerste Staatskrise der damals noch jungen Bundesrepublik erschienen sind, gehen – ob sie pro oder anti Strauß sind – von derselben Annahme aus: Es gab

eine Staatsaffäre, die die christliberale Regierung Konrad Adenauers an den Rand ihrer Existenz und die junge deutsche Demokratie in höchste Gefahr brachte. Strauß, so der gemeinsame Kern aller Darstellungen seitdem, war aber nicht Drahtzieher dieser Affäre. Er hatte sie nicht ausgelöst und nicht vorangetrieben.

Strauß hatte sich, so wollte er uns jahrzehntelang weismachen, lediglich auf einen fahrenden Zug geschwungen, der ohnehin mit machtvollem Polizeiaufgebot nach Hamburg in die deutsche Zentrale des Bösen unterwegs war, wo Landesverräter mit Hilfe eines Nachrichtenmagazins ihr Brot verdienten. Allerdings hatte auch nie ein Zweifel daran bestanden, daß ihm das – wie sich erweisen sollte – massive Vorgehen einer immer noch autoritär geprägten Staatsmacht gegen das einflußreiche, aber auflagenschwache Magazin ungemein recht gewesen war – Vergeltung für zahllose Angriffe auf ihn in Sachen FIBAG oder Onkel Aloys, Deeg oder Hahlbohm. Die Rätsel, die sich seitdem um Einzelheiten, um Anfang und Fortgang der Affäre rankten, hatte man mit enttäuschten Hoffnungen des Akteurs, der so gerne schon damals Kanzler geworden wäre, oder mit trotzigen Widersprüchen aller Beteiligten erklärt.

Der bisher »streng geheime« Teil der Affäre, der drei Jahrzehnte lang in Konrad Adenauers Briefarchiv versiegelt war, läßt die Affäre nachträglich aber als einen staatlich veranlaßten und betriebenen Skandal erscheinen, Strauß erst als Täter, dann als Opfer und den greisen Kanzler als durchtriebenen Taktiker, der seinen Minister gnadenlos fallenließ, um selber an der Macht bleiben zu können. Was Strauß seltsamerweise – ein neues Rätsel – mit sich geschehen ließ.

Immerhin hatten sich schon im Lauf des November 1962, als die Affäre sich zum Test für die junge Demokratie entwickelte, als Wogen der Sympathie für Pressefreiheit und den SPIEGEL das Land überrollten, als Studenten protestierten und im Bundestag der blanke Aufruhr losbrach, Wohlmeinende an merkwürdige Vorahnungen, gar Drohungen des Ministers gegen den SPIEGEL erinnert: So meldeten sich Zeugen, die gehört haben wollten, wie Strauß schon Tage vor der machtvollen Polizeiaktion unter Alkoholeinfluß angedeutet hatte, am folgenden Wochenende werde gegen das

Blatt etwas unternommen. In dem Bonner Hotel »Bergischer Hof« sollte er am Donnerstag, dem 24. Oktober, angekündigt haben, mit dem SPIEGEL gehe es nicht so weiter wie bisher, bald werde etwas geschehen: »Jede Minute, die die mich mit FIBAG beschäftigt haben, werde ich denen heimzahlen!«
So genau hätte Strauß allerdings gar nicht sagen können, wann die Bundesanwaltschaft denn nun im Hamburger Pressehaus anrükken würde. Er war ja, so die bisherige Lesart, erst seit dem 16. Oktober offiziell darüber unterrichtet, daß eine Aktion gegen seinen Intimfeind bevorstand. Denn am Tag zuvor war er von einem mehrwöchigen Urlaub in Südfrankreich nach Bonn zurückgekehrt, und sein Staatssekretär Volkmar Hopf hatte ihm berichtet, die Bundesanwaltschaft habe im Ministerium ein Gutachten darüber angefordert, ob der SPIEGEL in seiner Ausgabe vom 8. Oktober 1962 irgendwelche Staatsgeheimnisse ausgeplaudert und damit Landesverrat begangen haben könnte.
Die Titelgeschichte »Bedingt abwehrbereit«, die Geschichte machen sollte, war eigentlich recht langweilig. Ihr Autor Conrad Ahlers, Verteidigungsexperte und stellvertretender Chefredakteur des SPIEGEL, nannte sie später zu Recht »eine mühsame, nur für besonders interessierte Leser verdauliche Lektüre«, und weder Augstein noch andere Funktionsträger hatten die zähe Darstellung besonders ausführlich studiert. Der Autor verwob die – für die Bundeswehr negativen – Ergebnisse des NATO-Manövers »Fallex« auf mehr als zwölf Druckseiten mit den grundsätzlichen strategischen Meinungsverschiedenheiten in der deutschen und amerikanischen Verteidigungspolitik. Und natürlich ging es auch in dieser Abhandlung um den damaligen Grundkonflikt zwischen Bonn und Washington: Strauß wollte die atomare Schwelle möglichst niedrig ansetzen, im Konfliktfall möglichst bald nuklear losschlagen, um an der konventionellen Rüstung sparen zu können. Die USA wollten es, seit John F. Kennedy und sein Verteidigungsminister Robert McNamara im Amt waren, umgekehrt – Atomwaffen nur im äußersten Notfall, erst wenn alle Versuche, einen Konflikt zu begrenzen, nicht gefruchtet haben.
Das war damals, als die öffentlichen Nukleardiskussionen gerade erst begannen, ein trockener Stoff. Nur wenige Experten wußten,

um was es ging, vermochten aber nicht, das Sujet den Bürgern auf verständliche Weise oder gar Emotionen weckende Weise nahezubringen – wie es zwei Jahrzehnte später beim Thema Nachrüstung gelang. Ahlers war von einem nachdenklich-kritischen Oberst im Verteidigungsministerium, Alfred Martin, in den neuesten Stand der Fachdebatte eingeweiht worden. Das Ergebnis der NATO-Übung hatte den Kritikern recht und dem Artikel die Überschrift gegeben: Die Bundeswehr war nur »bedingt einsatzbereit«.

Unzählige Male ist seitdem die öffentliche Seite der Affäre beschrieben worden: Friedrich August von der Heydte, Professor in Würzburg und Oberst der Reserve, zutiefst von patriotisch-abendländischer Gesinnung erfüllt und wie Franz Josef Strauß Mitbegründer des reaktionären Komitees »Rettet die Freiheit«, zeigte den SPIEGEL gleich nach der Lektüre wegen Landesverrats und landesverräterischer Fälschung wieder einmal – er machte das öfters – bei der Bundesanwaltschaft an.

Die forderte nun ausgerechnet von einer der Konfliktparteien, dem Verteidigungsministerium des FJS, ein Gutachten, das den Juristen bei den Ermittlungen und der Bewertung des angeblich geheimzuhaltenden Materials helfen sollte.

Strauß ließ damals mit Bedacht den Eindruck verbreiten, er habe die Ahlers-Story gar nicht gelesen, obwohl sein Pressereferent Oberst Gerd Schmückle sie ihm ins Urlaubsdomizil nach Frankreich mitgebracht hatte; der wenigstens gab zu, die Geschichte zu kennen, fand aber nichts dabei. Staatssekretär Hopf hatte den zähen Stoff zunächst auch nicht studiert, nun mußte er mit der Lektüre beginnen. Denn der Urlaubsheimkehrer Strauß ergriff – so schildern es bisher alle einschlägigen Abhandlungen und auch der offizielle Bericht der Bundesregierung über die Affäre – die Chance, die sich ihm bot. Er bat am 16. Oktober den Staatssekretär, seine persönlichen Mitarbeiter, den mit dem Gutachten betrauten Oberregierungsrat Heinrich Wunder und dessen Chef, den Referatsleiter Hans-Günther Schwenk, zur Lagebesprechung in sein Zimmer. Wunder referierte, was er bisher an Verdachts- oder gar an »zum Teil äußerst wichtigen« Verratsmomenten eruiert hatte. Strauß gab Anweisung, alle sollten sich nun mit aller Kraft für die Unterstützung des Gutachters und seiner Expertise einsetzen, die wunschgemäß drei Tage später fertiggestellt wurde.

Aber schon einen Tag vor Ablieferung des Gutachtens ließ sich der Minister bei Kanzler Adenauer melden und erstattete Bericht. Die Angaben der beiden Gesprächsteilnehmer gingen seitdem auseinander, was mit welchem Ergebnis beredet wurde. Adenauer erinnerte sich später, er habe seinen Minister aufgefordert, sich um rückhaltlose Aufklärung zu bemühen. Strauß behauptete schon bald nach seinem Rücktritt – allerdings glaubte ihm keiner –, der Kanzler habe ihm die Vollmacht erteilt, so vorzugehen, wie er es für nötig erachte. Und seine Anhänger verbreiteten seitdem so unverdrossen wie unbewiesen, mit seinem Rücktritt einige Wochen später habe Strauß voller Edelmut nur seinen Kanzler schützen wollen. Konrad Adenauer, damals 86 Jahre alt, habe es ihm aber nicht vergolten.

Tags darauf brachte Wunder das Gutachten persönlich nach Karlsruhe, wo einen weiteren Tag später Staatssekretär Hopf erschien, der Dynamik in die Sache brachte. Er berichtete, gestützt auf Notizen, die offenbar aus der Besprechung im Ministerbüro stammten, wie »betroffen« das Ministerium über den Artikel sei, der »die Bundesregierung in eine äußerst schwierige Lage« gebracht habe; auch hätten sich »amerikanische Dienststellen (...) bestürzt gezeigt« und mit »Konsequenzen« gedroht, weil es »nicht nur um die Staatssicherheit, sondern auch um die Vertrauenswürdigkeit, die Bündnisfähigkeit der Bundesregierung« gehe. Auf die Frage des Bundesanwalts Walter Wagner, ob nicht doch etwas Persönliches hinter der Sache stecke, verwahrte sich Hopf: »Von einer, nun sagen wir Replik des Ministers auf die Anwürfe im SPIEGEL gegen ihn« könne keine Rede sein. Er, Hopf, habe Strauß völlig aus der Sache herausgehalten.

Das stimmte schon zu jenem Zeitpunkt nicht mehr, denn am 24. Oktober, soviel sickerte bereits damals durch, ließ sich der Minister von Staatssekretär Hopf über den Fortgang des Verfahrens unterrichten, das von Stund an zu seiner strafrechtlichen Seite eine politische Dimension hinzugewann. Zeitweilig nahm auch der Staatssekretär im Bundesjustizministerium, Walter Strauß, an der

Unterhaltung teil, der mit dem Verteidigungsminister weder verwandt noch verschwägert, allerdings ein allseits geschätztes CDU-Mitglied war. Seine Anwesenheit war nötig, um einer Vorschrift Genüge zu tun, der die Bundesanwälte nachzukommen haben: In solch wichtigen Fragen müssen sie dem Bundesjustizministerium berichten. Hopf erklärte Staatssekretär Strauß das Wichtigste, dann ergriff der Namensvetter und Minister das Wort: Es liege eine Weisung des Bundeskanzlers vor, den Chef des Staatssekretärs, den Bundesminister der Justiz, Wolfgang Stammberger (FDP), nicht zu unterrichten. Der Staatssekretär glaubte dem Verteidigungsminister. So wurde der Justizminister – der womöglich seinen Parteifreund Augstein hätte warnen können – aus der Sache ausgeschaltet, und die Affäre konnte ihren Fortgang nehmen, auch wenn sich nachher viele Kenner der Bonner Szene wunderten, wie einfach so etwas hatte geschehen können – Strauß ganz allein gegen den Rest der Welt, ein Minister auf dem Weg zum Staatsstreich, den der Kanzler ihm eben noch in ganz anderem Zusammenhang unterstellt hatte.

Nur dem Verteidigungsminister selber muß etwas unwohl gewesen sein: Am Abend des 24. Oktober – er wußte nun, daß der Einsatz gegen seinen Feind bevorstand – erschien er beim Empfang des Bundespräsidenten für die Abgeordneten auf Schloß Brühl und sprach nach Augenzeugenberichten ziemlich maßlos dem Alkohol zu. Er beschimpfte SPD-Parlamentarier als »verlängerten Arm« des SPIEGEL, und auf den SPD-Kollegen Gerhard Jahn deutend, murmelte er: »So etwas gehört eigentlich aufgehängt!« Dann ließ er sich, wie die neutrale NEUE ZÜRCHER ZEITUNG berichtete, dermaßen vollaufen, »daß er seiner Sinne nicht mehr mächtig gewesen ist«. Abgeordnete fanden den deutschen Oberbefehlshaber an jenem Abend in den Büschen des Parks von Schloß Brühl – zu einem Zeitpunkt, als sich die Kubakrise gerade gefährlich zuspitzte.

Jedenfalls lief die Polizeiaktion am Freitag, dem 26. Oktober, abends mit der Festnahme einiger Redakteure und der Besetzung der Redaktion an. Tags darauf stellte sich Augstein – der zu Hause gewesen war – der Polizei. Der Autor Ahlers wurde in der folgenden Nacht im spanischen Torremolinos festgenommen und kehrte von dort aus freiwillig nach Deutschland zurück.

Vor allem diese Mitteilung brachte in Deutschland die Gemüter in Wallung: Ahlers, dem mit »Landesverrat« ein politisches Delikt vorgeworfen wurde, hätte doch selbst im halbfaschistischen Spanien Francos gar nicht sistiert werden dürfen, da eine Auslieferung nicht in Frage gekommen wäre. In einer denkwürdigen, sich über drei Tage erstreckenden Fragestunde gehen nun hauptsächlich Abgeordnete der SPD-Opposition den Vorfällen auf den Grund, zuerst bei Innenminister Hermann Höcherl, der seinem Parteifreund Strauß zu helfen versucht, dann beim Verteidigungsminister selber. Und plötzlich erzählt Strauß den verblüfften Parlamentariern – jedenfalls teilweise –, was er in der Nacht der SPIEGEL-Besetzung so alles erlebt hat. Weit nach Mitternacht sei sein Haus »durch die Sicherungsgruppe« verständigt worden, daß Ahlers sich in Spanien aufhalte und der deutsche Militärattaché in Madrid, Achim Oster, mit Strauß wie mit Ahlers befreundet, wohl über seinen Aufenthaltsort informiert sei. »Auf dem Wege der Amtshilfe« habe sein Ministerium dann bei Oster in Madrid nachgefragt und ihm »erklärt, daß gegen Ahlers ein höchstrichterlicher Haftbefehl wegen des dringenden Verdachts eines landesverräterischen Verbrechens vorliege«. Die spanischen Behörden, so wurde Oster übermittelt, seien »bereits auf dem polizeilichen Wege von dem vorliegenden Haftbefehl unterrichtet« worden. Aber Strauß besteht darauf, wie er dem Nürnberger 8-UHR-BLATT erklärt: »Nein. Es ist kein Racheakt meinerseits. Ich habe mit der Sache nichts zu tun. Im wahrsten Sinne des Wortes nichts zu tun.«

Die Wahrheit kommt stückchenweise heraus. Einen Tag lang kann Strauß die entscheidende Antwort auf die Frage von Karl Mommer (SPD) noch verschleiern: »Wer hat die Weisung an Herrn Oster gegeben, die Festnahme von Herrn Ahlers zu veranlassen?« Darauf der Minister am 8. November: »In der Fragestellung steckt eine Behauptung, die in dieser Form wohl nicht zutrifft.« Denn – so windet sich Strauß – »eine deutsche Behörde kann diese Veranlassung überhaupt nicht treffen, weil alle Maßnahmen dieser Art nach dem in dem jeweiligen Landes geltenden nationalen Recht von der nationalen Behörde getroffen werden«. Am nächsten Tag wiederholt Fritz Erler von der SPD die Frage. Und nun antwortet Strauß schon halbwegs ehrlich: »Aus der Mitteilung der Sicherungsgruppe war zu entnehmen, daß sie an der Festnahme von Ahlers gerade wegen der Aufklärung der undichten Stellen in Bonn ein besonderes Interesse habe. Aus diesem Grunde ist nachts der Anruf der Sicherungsgruppe erfolgt. Da der Militärattaché – ich weiche dem nicht aus, das wäre eine völlig falsche Annahme oder Unterstellung – bei Anruf den Sachverhalt nicht kennen wollte, sondern sagte: ›Ich kenne nur die Stimme des Ministers‹, bin auch ich mit ihm verbunden worden und habe ihm das wiederholt, was vorlag.«

Kanzler Adenauer schmückt die Story noch aus. Drei Tage später beim Tee erzählt er einer Gruppe amerikanischer Journalisten: »Herr Ahlers wollte sich erholen in Spanien und hat sich an Oster gewandt und ihn gebeten, ihm ein Hotel zu empfehlen. Herr Oster hat ihm ein Hotel bei Málaga empfohlen. Nun geht die Sicherungsgruppe in die Wohnung von Ahlers in Hamburg, um ihn zu verhaften, und sie hört da, der ist doch in Spanien, und zwar durch Vermittlung der Deutschen Botschaft. Darauf hat die Sicherungsgruppe das Verteidigungsministerium bei Nacht und Nebel, tief in der Nacht, angerufen und hat das mitgeteilt. Dann wurde schließlich der Herr Oster angerufen, weil das gesagt worden war wegen der Vermittlung des Hotels. Der wurde also angerufen von Beamten des Verteidigungsministeriums, und er hat zur Antwort gegeben: Ich kenne nur die Stimme des Bundesverteidigungsministers.

Daraufhin hat man den Bundesverteidigungsminister aus dem Bett an den Apparat geholt, und der hat dann mit ihm gesprochen. Was hätte der nun sagen sollen? Er hat höchstwahrscheinlich dasselbe gesagt, was jeder sagen würde: Der Haftbefehl liegt vor, forschen Sie, ob er – ich drücke mich ganz vorsichtig aus! – spazierengeht nach Tanger, und so weiter.«

Nach der teilweise ehrlichen Antwort von Strauß, nach Recherchen in der Deutschen Botschaft in Madrid und in der Umgebung des Ministers kommt ein weiteres Stück Wahrheit an den Tag. Strauß war abends gegen 23 Uhr, nach Aussagen seines Referenten Wagenknecht weitgehend nüchtern (»Er hat nicht geschwankt«), im Ministerium aufgetaucht und hatte sogleich eine Serie von Telefonaten begonnen – mit Staatssekretär Hopf, mit weiteren, zunächst nicht identifizierbaren Gesprächspartnern und dann mit

Attaché Oster in Madrid, der aber nicht greifbar war. Statt dessen wurde Strauß mit dem Kanzler der Botschaft, Otto Reif, verbunden, dem er sogleich Befehle erteilte: »Ich erwarte, daß Sie alles tun, damit Oberst Oster in einer äußerst eiligen und wichtigen Sache mich innerhalb von 30 Minuten anruft. (...) Die Kenntnis des Aufenthalts von Herrn Ahlers ist für eine Information im Zusammenhang mit der Kubakrise ungeheuer wichtig. Ich verpflichte Sie, über dieses Telefongespräch mit niemandem zu sprechen als mit dem Oberst Oster. Dies ist ein dienstlicher Befehl.«
Und dann kommt es noch besser. Strauß, so berichtete Reif, habe mit dem Satz geendet: »Ich handle in diesem Augenblick auch im Namen des Herrn Bundeskanzlers und des Herrn Außenministers.« Der erschrockene Reif treibt den Attaché in die Botschaft und verbindet ihn mit dem Minister. Strauß erklärt das außenpolitische Umfeld angesichts der Kubakrise, in dem Landesverrat »einen schweren Schlag für die Sicherheit der Bundesrepublik und der NATO« bedeute: »Ich komme soeben vom Bundeskanzler, und dies, was ich jetzt zu sagen habe, ist ein dienstlicher Befehl zugleich im Namen des Bundeskanzlers.« Es gelte nun, Ahlers »so schnell wie möglich« festzusetzen. Daraufhin benutzt Oster als kurzen Dienstweg einen Bekannten bei der spanischen Polizei, die Ahlers wie gewünscht in seinem Hotel festnimmt. Innenminister Höcherl nennt diesen »kurzgeschlossenen Verkehr« später, ein mittlerweile geflügeltes Wort, »etwas außerhalb der Legalität«. Oster ruft noch zweimal in jener Nacht der langen Drähte bei Strauß an; um halb sechs in der Früh überbringt er die Vollzugsmeldung – Ahlers ist in Haft.
Das bedeutet: Es gab keinen Anruf der Bonner Sicherungsgruppe, keine Bitte um Amtshilfe, kein Tätigwerden des Verteidigungsministeriums als Behörde, keinen Wunsch des Attachés Oster, die Stimme von Strauß zu hören – dies alles hatte sich Strauß vor dem Parlament ausgedacht. Er hatte den Bundestag belogen – »zum Wohle des deutschen Volkes«, wie sein Freund Friedrich Zimmermann später ergänzte, der es mit der Wahrheit auch nie so genau nahm. Der Minister blieb während des gesamten Verlaufs der Fragestunde dabei, er habe die Aktion nicht veranlaßt, nichts zu tun gehabt mit den Maßnahmen von Polizei und Bundesanwaltschaft,

sei bloß am 24. Oktober kurz informiert worden, »daß diese Angelegenheit am Laufen sei«. Er schloß: »Mehr wußte ich nicht. Ich wußte nicht, was kommt. Ich wußte nicht, wann es kommt. Ich wußte nicht, gegen wen es kommt. Und so weiter.«
Der Minister ist fertig, die letzten drei Worte haben seine Verwirrung gezeigt. Aber während er noch sein Teilgeständnis ablegt, geht die Staatsaktion weiter. Immer noch nimmt die Justiz neue Verhaftungen von Redakteuren, Informanten oder deren Bekannten vor, Polizisten durchstöbern 17000 Aktenordner und 4000 Schnellhefter im SPIEGEL-Haus nach Verdachtsmomenten. Der liberale Teil der deutschen Öffentlichkeit ist in heller Aufregung. Die SPD fordert den Rücktritt des Ministers. Sein Konkurrent, in der Hoffnung, den alten Kanzler einst beerben zu können, Außenminister Gerhard Schröder, nimmt öffentlich Abstand vom Kollegen: Er, Schröder, auf dessen »Auftrag« sich Strauß in seinen Telefonaten mit Madrid berief, habe davon überhaupt nichts gewußt und deshalb auch nicht vermocht, sich »mit diesem Vorgehen einverstanden zu erklären«. Die FDP beschließt den Rückzug ihrer Minister aus der Koalitionsregierung, um eine Neubildung zu erzwingen. Darauf verlassen auch die CDU/CSU-Minister, mit Zustimmung von Strauß, das Kabinett, um Kanzler Adenauer freie Hand für eine Neubildung zu geben.

So also stellte sich das Geschehen dreißig Jahre lang nach dem damaligen Bericht der Bundesregierung, nach den Aussagen der Beteiligten und journalistischen Recherchen dar. Tatsächlich war vieles aber ganz anders. Strauß hatte recht, wenn er behauptete, daß er es war, der Kanzler Adenauer über all die Jahre deckte und schonte: Der Kanzler war von Beginn an in die Aktion eingeweiht. Und alle Kritiker und Widersacher von Strauß haben recht, die bisher, wenn auch ohne Beweise, vermuteten, FJS sei von Anfang an der Motor der Aktion gewesen.
Er hat sich selbst enttarnt, zwar nicht in seinen »Erinnerungen«, die über den Tiefpunkt seiner Karriere so wenig sagen, aber in einem postum bekanntgewordenen achtseitigen Brief an Adenauer mit Datum 19. November 1962, »streng geheim« gestempelt und jetzt im Besitz der »Stiftung Konrad Adenauer-Haus« in

Rhöndorf (siehe Anhang). Er sandte ihn ab, als er bis zum Hals in der Affäre steckte, und wollte sich damit wohl für die Nachwelt reinwaschen. Das gelingt nicht ganz, aber diesem Schreiben und einem vorhergehenden Briefwechsel mit dem Kanzler zufolge muß die bisher vertraute Geschichte der SPIEGEL-Affäre umgeschrieben werden.

Strauß hat den Bundestag nicht nur belogen, was seine Mitwirkung an der Festnahme von Ahlers in Spanien betraf. Er hat von Anfang bis Ende gelogen. Er hat geschwindelt, finassiert, taktiert.

Und der Kanzler log mit ihm. Denn Konrad Adenauer, der damals innerhalb wie außerhalb des Parlaments Unwissenheit oder vornehme Zurückhaltung demonstrierte, war während der gesamten Dauer der Affäre vorzüglich über die meisten Details informiert. Er hatte wohl selber den Rat erteilt, Justizminister Stammberger aus der Sache herauszuhalten. Er hatte Strauß Vollmacht gegeben. Er wußte schon früh, nämlich vier Tage nach Erscheinen des SPIEGEL, daß sich da etwas zusammenbraute, und er wußte es aus berufener Quelle – von seinem Verteidigungsminister. Strauß hatte bereits am 6. Oktober aus dem Urlaub dem CDU/CSU-Fraktionsvorsitzenden Heinrich von Brentano brieflich sein Leid geklagt: Er fürchte neue Angriffe in der Presse, eine »besondere Technik der Verleumdung in Kombinationen und Assoziationen«. Und dann fuhr er fort: »Aber ich glaube, wir müssen nunmehr aktiv den Kampf aufnehmen, sonst wird bald Herr Augstein, dessen Sympathien für Schröder unverhohlen gezeigt werden, bestimmen, wer in einer Spitzenposition sein darf oder wer was wird.«

In der folgenden Woche, am 12. Oktober, da war die SPIEGEL-Story bereits vier Tage auf dem Markt, schrieb Strauß dem Kanzler den folgenden Brief aus seinem südfranzösischen Urlaubsort nach Bonn: »Inzwischen haben – für mich nicht überraschend, weil zur Beeinflussung meiner Entscheidung angekündigt – neue Angriffe gegen mich begonnen, die eine raffinierte Vermengung richtiger Details mit falschen Behauptungen darstellen. Die hier angewandte Methode sollte Gegenstand einer ernsten Untersuchung und Ausgangspunkt energischer Maßnahmen werden. Der publizistische Terror ist genauso eine kriminelle Angelegenheit wie der

gewaltsame. Besonders bezeichnend war die Feststellung, daß man diese Angriffe nicht unternommen hätte, wenn ich nach München gegangen wäre.« Mit dem letzten Satz spielt Strauß auf einen Kommentar von Augstein an, in dem der ihn aufgefordert hatte, nach den bayerischen Landtagswahlen ein Amt in Bayern anzustreben und Abstand von einer Bonner Karriere zu nehmen; dann werde der SPIEGEL seine Kampagne einstellen.
Der Kanzler antwortet Strauß vier Tage später, denkt aber wohl zunächst an ein parlamentarisches Vorgehen zugunsten von Strauß: »Aufgrund Ihres Briefes vom 12. Oktober d. Js. habe ich Auftrag gegeben, einen Gesetzentwurf zu fertigen, der Beleidigungen usw. durch die Presse betrifft. Sobald der Entwurf vorliegt, komme ich auf die Angelegenheit zurück.«
Strauß ist schneller. Mag sein, daß er es war, der seinem Freunde von der Heydte am Telefon zuredete, den SPIEGEL anzuzeigen – der Reserveoberst wird jedenfalls wenig später, bis dahin eine einmalige Auszeichnung, zum Brigadegeneral der Reserve befördert. Und von der Heydte erklärt dem STERN: »Ihre Leser dürfen es nicht damit in Verbindung bringen, daß das sozusagen eine Belohnung war.« Strauß, soviel ist klar, denkt an »energische Maßnahmen«, doch läßt sein Brief offen, wie diese Ankündigung zu bewerten ist. Aber die konkreten Maßnahmen kommen sogleich.
Was Strauß, zurück in Bonn, am 18. Oktober persönlich mit dem Kanzler besprochen hat, darüber gibt jetzt der Brief vom 19. November Aufschluß, der die verhängnisvolle Entwicklung bis dahin und die beiderseitige Verstrickung referiert. Strauß an Adenauer:

»Die Tatsache der Einleitung eines Ermittlungsverfahrens und die bevorstehende Erstellung eines Gutachtens schien mir von so weittragender politischer Bedeutung zu sein, daß ich Sie am Donnerstag, den 18. Oktober, abends 18.00 Uhr verständigte und mit Ihnen die Angelegenheit eingehend besprochen habe. Ich weiß nicht, ob ein Minister eines anderen beteiligten Ressorts Sie informiert hat. Im Zweifelsfall hätte es der Justizminister tun müssen, denn dem Justizministerium war die Einleitung eines Ermittlungsverfahrens und das Gutachtenersuchen bekannt.

Ich jedenfalls war und bin der Auffassung, daß der Verteidigungsminister gemäß GGO den Bundeskanzler, wenn es sich um den Verdacht des Verrats militärischer Geheimnisse handelt, informieren muß. Denn diese Angelegenheit geht den Regierungschef noch mehr an als die zuständigen Ressortminister. Sie haben meine Information entgegengenommen und erklärt, daß ich alles, was zur Aufklärung des Verrats militärischer Geheimnisse notwendig ist, veranlassen und dabei ohne Ansehen von Name und Person vorgehen solle. Außerdem haben Sie mich ersucht, Sie auf dem laufenden zu halten. Wir waren uns beide darüber einig, daß der Kreis der einzuweihenden Personen auf das dienstlich unumgänglich notwendige Maß beschränkt werden müsse, weil sonst ein Verrat zu befürchten sei.«

Die angesichts der Ereignisse seltsame Anspielung, der Justizminister hätte den Kanzler eigentlich informieren müssen – alle wissen, daß er bis zum Tag der Polizeiaktion bewußt von der Planung ferngehalten worden war –, nimmt Strauß dann sogleich zurück, indem er sie erklärt:

»Außerdem habe ich bei dieser Besprechung Ihnen die schwerwiegenden Bedenken gegen die Person des Bundesjustizministers, die mir bekanntgeworden seien, mitgeteilt und darauf hingewiesen, daß nach meiner Information der SPIEGEL hier Einzelheiten kenne, die sicherlich gegen Minister Stammberger gebraucht werden könnten. Denn ich wisse aus eigener Erfahrung, daß der SPIEGEL aus nichts vieles und aus einer Kleinigkeit alles machen kann. Sie haben dafür volles Verständnis gezeigt, ohne daß ich diesem unter ›streng geheim‹ laufenden Brief Näheres anvertrauen möchte.«
Das ist auch nicht mehr nötig, denn Strauß hat Adenauer bereits über das »Stammberger-Dossier« informiert; und daß Adenauer diese Anschuldigungen ernst genommen hat, sagt genausoviel über ihn aus wie über den Denunzianten Strauß. Stammberger, so berichtete Adenauer dem damaligen FDP-Chef Erich Mende – laut dessen Memoiren – am 26. November, seien im Weltkrieg »Falschmeldungen, Urkundenfälschungen und Angabe falscher Verpflegungsstärken und Unterschlagung von Wehrmachtseigen-

tum nachgewiesen worden. Unterlagen darüber befänden sich beim SPIEGEL. Stammberger sei somit in seinen Handlungen nicht mehr frei, da er unter dem ständigen Druck stünde, der SPIEGEL könnte dieses Material veröffentlichen.« Des weiteren erzählt Adenauer Mende, es sei »seit längerem aufgefallen, daß der SPIEGEL über Vorgänge im Bundesjustizministerium laufend und gut informiert werde«. Womit er sagen will: Der arme Stammberger wird vom SPIEGEL schon seit längerem erpreßt, wir dürfen ihm nicht trauen.

Strauß rekapituliert in seinem Brief an den Kanzler weiter die Dramaturgie der SPIEGEL-Affäre:

»Am Montag, den 22. Oktober, habe ich Sie telefonisch auf der Sonderleitung verständigt, daß das Gutachten, das ich im übrigen weder damals noch bis zur Stunde gelesen habe, beim Generalbundesanwalt abgeliefert sei und daß Staatssekretär Hopf Einzelheiten, auch die grundsätzliche Frage der Amtshilfe, in Karlsruhe besprochen habe. Ich habe Ihnen weiter mitgeteilt, daß ich die Angelegenheit für schwerwiegend halte, weil sie an die Grundfesten unseres Staates rühre. Das trifft jetzt nach den Eindrücken und Erlebnissen der letzten Tage noch mehr zu, als ich damals geahnt hätte. Ich habe Sie weiter gefragt, ob Sie als Bundeskanzler und Regierungschef mit Ihrer vollen Autorität die Maßnahmen, die zur Strafverfolgung der Beschuldigten und zur Aufdeckung des Sachverhalts notwendig sind, decken und ob ich mich darauf verlassen und im gegebenen Fall berufen könne. Sie haben diese Frage mit Ja beantwortet und hinzugefügt, daß ich jederzeit sogar eine schriftliche Bestätigung von Ihnen darüber haben könnte. Ich habe erwidert, daß mir das klare Wort des Regierungschefs genüge und daß ich deshalb auf eine schriftliche Bestätigung verzichte. Im Vertrauen hierauf habe ich in Ergänzung dessen, was Staatssekretär Hopf auf seiner Ebene tun konnte, gehandelt, und das nach bestem Wissen und Gewissen im Bewußtsein der Verpflichtung, die wir für die Sicherheit unseres Staates haben.«

Merke: In Ergänzung dessen, was Hopf tat. Er war also ganz offensichtlich über jeden Schritt und jede Maßnahme, die Hopf veranlaßte, genauestens unterrichtet. Adenauer streicht diese Passage am Briefrand an und schreibt in großen, schwer lesbaren Sütterlin-Buchstaben die offenbar empörte Anmerkung, Strauß habe doch wohl »über den« (Hopf) hinaus gehandelt – Stichworte »Verhaftung« und »Durchsuchung des Verlags«. Strauß fährt fort: »Am Dienstag, den 23. Oktober, habe ich Sie anläßlich Ihres Essens für den irländischen Ministerpräsidenten unter vier Augen nochmals angesprochen und Sie auf die Notwendigkeit strengsten Stillschweigens hingewiesen. Sie haben das als Selbstverständlichkeit erklärt und bemerkt, daß Sie nicht einmal Herrn Globke Bescheid gesagt hätten.«

Die Vorstellung, wie Strauß den ungemein autoritären Adenauer zur Verschwiegenheit vergattert, hat etwas Erheiterndes. Aber er ist damit offensichtlich erfolgreich: Als sich am 24. Oktober die Politiker Strauß, Schröder, Carstens und Krone mit Globke und Adenauer bei einer Sitzung des Bundesverteidigungsrats treffen, verliert Adenauer über das geplante Vorgehen gegen Strauß' Erzfeind kein Wort.

In seinem tagebuchähnlichen Schreiben an den Kanzler erwähnt Strauß am 19. November auch, er habe schon am 17. Oktober den BND-Präsidenten Reinhard Gehlen darüber unterrichtet, »daß der Generalbundesanwalt ein Ermittlungsverfahren gegen SPIEGEL-Redakteure wegen Landesverrats eingeleitet habe und daß Gutachter aus dem Dienstbereich des Verteidigungsministeriums dem Generalbundesanwalt dazu ein Gutachten erstatten sollen«. Da muß Strauß prophetische Gaben besessen haben, denn in Wirklichkeit wurde das Ermittlungsverfahren in Karlsruhe erst zwei Tage später, nämlich am 19. Oktober, gestartet. Aber er wußte wohl, was bevorstand. Nur hätte er sich einige Wochen später, als er den Brief an Adenauer schrieb, den Gang der Dinge ein wenig anders gewünscht.

In seinem Brief erinnert Strauß den Kanzler an ein weiteres, bisher unbekanntes Detail aus der Nacht, in der Ahlers verhaftet wurde: »In der Nacht vom 26. zum 27. Oktober habe ich Sie, nachdem mich Staatssekretär Hopf von dem Anlaufen der bundesanwaltschaftlichen Maßnahmen unterrichtet hatte, in Rhöndorf angerufen und davon unterrichtet. Sie haben um laufende Information in den folgenden Tagen ersucht und Ihren bei den vorerwähnten Gesprächen betonten Standpunkt bekräftigt.«

Begonnen hatte Strauß sein Schreiben mit einer allgemein gehaltenen Mahnung: »Es besteht kein Zweifel, daß die FDP besonders unter Einwirkung des Herrn Döring jetzt darangeht, über die neue Krise (›Strauß muß weg‹) in kurzer Zeit einen Wechsel des Kanzlers herbeizuführen.«

Und er schließt seinen Brief mit der kaum verhüllten Drohung, bei ihm seien »in mindestens zwei Phasen echte Gewissensnotstände eingetreten«, und mit der konkreten Warnung, er wolle den Brief »nicht noch mit Ausführungen belasten, die ich gern mündlich zu machen bereit bin«: »Ich kämpfe nicht um meine Person und um eine Position. (...) Ich stehe für das ein, was ich getan habe, einschließlich der möglichen Konsequenzen, die sich daraus ergeben können, muß aber auch Sie, Herr Bundeskanzler, bitten, in dieser schwerwiegenden Angelegenheit die Gesamtheit der Dinge in Ihr Urteil einzubeziehen und danach zu verfahren. Jetzt ist Ihre Stunde gekommen, weil die ganze Regierung und unsere ganze Politik angesprochen sind und auf dem Spiel stehen.«

Drei Jahre später, Adenauer ist schon nicht mehr Kanzler, bestätigt er vor dem CDU-Präsidium eine Passage aus dem Verzweiflungsschreiben von Strauß. Er berichtet, Strauß habe ihn in jener Nacht angerufen und ihm alarmiert mitgeteilt, Ahlers wolle gerade von Spanien nach Tanger weiterreisen. Im Sitzungsprotokoll, das natürlich auch lange Jahre vertraulich blieb, steht: Adenauer »habe es sich daraufhin versagt, weitere Fragen an Strauß zu stellen. Er habe Strauß lediglich aufgefordert, alles zu tun, was er für möglich, für nötig und für verantwortlich halte.« Im Gespräch mit dem Bankier Hermann Josef Abs soll Strauß, so berichtet Adenauers Biograph Hans-Peter Schwarz, noch weiter gegangen sein. Auf dessen Frage »Hat der Alte gewußt, daß Sie mit Madrid telefoniert haben?« habe Strauß dezidiert geantwortet: »Gewußt? Er hat es von mir verlangt!« Dafür freilich findet sich keinerlei Beleg.

So ist es denn nur natürlich, daß sich Adenauer schon wenige Stunden nach dem letzten Telefonat der beiden vom Initiator und Vollstrecker der Aktion persönlich Bericht erstatten läßt. Strauß besucht den Kanzler am Nachmittag des 27. Oktober in Rhöndorf. Der

Minister kann, noch stolz, melden, die spektakuläre Aktion sei mit der Festnahme der Hauptbeschuldigten erfolgreich angelaufen.
Drei Wochen später, als er den Brief an den Kanzler schreibt, ist seine Position schon unhaltbar, und er ahnt das. Mit seinem verzweifelten Appell, der Kanzler habe ihm doch sogar eine schriftliche Blankovollmacht angeboten, will sich Strauß zum einen – dafür spricht die seltsam bürokratische Diktion – für die Akten, also für die Nachwelt ins rechte Licht setzen; zum anderen aber, und das ist ihm noch wichtiger, will er ein letztes Mal versuchen, den Kanzler stärker in die Affäre einzubeziehen, indem er an dessen Verantwortung erinnert und ihm droht. Kern der Botschaft von Strauß an den Kanzler: Nicht er, sondern »die Regierung« habe versagt: »Was zu sagen und was nicht zu sagen war, mußte durch die Regierung festgestellt werden und konnte nicht dem Ermessen eines einzelnen Ministers oder dem Kompromiß zwischen einzelnen Ministern überlassen bleiben.« Und die »Regierung« – das war in dieser Kanzlerdemokratie natürlich der Regierungschef.
Adenauer schwieg ja während der ersten Wochen der Affäre meist, wenn es um Details ging, und ließ andere ins Feuer ziehen. Allerdings machte er in einem eindrucksvollen Auftritt vor dem Bundestag deutlich, was er – der im Kaiserreich groß geworden war – von Landesverrat hielt: Das war für ihn eine Schandtat gegen Vaterland und Nation, begangen von Kriminellen (im Zweifelsfall Kommunisten). Zugleich offenbarte er – und das trieb zahllose Studenten zum Protest auf die Straße und ließ liberale Kommentatoren an seiner Regierung verzweifeln –, daß er das Grundprinzip der parlamentarischen Demokratie, nämlich den Grundsatz der Gewaltenteilung, nicht verstanden hatte.
Er ließ nicht Richter Recht sprechen, sondern fällte selbst das Urteil: »Nun, meine Damen und Herren, wir haben einen Abgrund von Landesverrat im Lande.« Zuruf von der SPD: »Wer sagt das?« Adenauer: »Ich sage das. Wenn von einem Blatt, das in einer Auflage von 500 000 Exemplaren erscheint, systematisch, um Geld zu verdienen, Landesverrat getrieben wird ...« Weiter kam der Kanzler zunächst nicht in dem Tumult, der sich erhob. Dann fuhr er fort: »Aber sehen Sie, in der Person Augstein sind zwei Komplexe drin. Auf der einen Seite verdient er am Landesverrat, und das finde ich

einfach gemein. Und zweitens, meine Damen und Herren, verdient er an allgemeiner Hetze auch gegen die Koalitionsparteien, und das gefällt Ihnen, wie Sie nicht bestreiten können.«
Wenn der Kanzler dem Minister beim Vorgehen gegen den SPIEGEL so pauschal recht gab, warum erinnerte Strauß den Regierungschef dann nicht rechtzeitig öffentlich daran, daß auch er in die Einzelheiten eingeweiht war und seinem Minister Handlungsfreiheit gewährt hatte? Warum stand Strauß in jener Minute nicht auf, als Adenauer seinerseits den Bundestag belog mit seinem, wie wir jetzt wissen, dreisten Statement: »Ich habe mich absichtlich, das möchte ich bemerken, so ferngehalten von dieser ganzen Sache, wie ich es mit meinen Amtspflichten vereinbaren konnte, aus dem einfachen Grunde, weil ich mich um Dinge entweder ganz kümmere oder wenig kümmere. Aber wenn ich mich ganz darum kümmern sollte – dafür habe ich keine Zeit –, dann hätte ich mich der ganzen Sache Tag und Nacht widmen müssen. Das kann ich nicht, ich habe auch noch andere Dinge zu tun.« Ein Zweikampf der Lügner.
Warum stellte Strauß den Kanzler nicht bloß? Allein die Mitteilung der Tatsache, daß er in der SPIEGEL-Nacht außer mit Madrid auch mit dem Regierungschef telefoniert hatte, hätte in der aufgeheizten Atmosphäre jener Tage im November 1962 das Ende der Kanzlerschaft Adenauers bedeuten können. Dessen Vertrauter Heinrich Krone schrieb schon am 4. November in sein Tagebuch: »Wenn es nicht zu einer einigermaßen annehmbaren Regelung kommt, geht die Koalition in die Brüche. Der Kanzler kann stürzen. Am Ende stünde die Koalition mit den Sozialdemokraten.«
Offenbar resignierte Strauß, als er merkte, daß er in einer Angelegenheit, die ihm von existentieller Bedeutung erschien, doch nur Spielfigur eines anderen war. Und dieser andere hatte die bessere Position und den besseren Überblick: Der Kanzler ließ gerade, um die lästige FDP aus der Koalition loszuwerden, und auch, um die eigene Haut zu retten, den CSU-Querdenker Karl Theodor Freiherr von und zu Guttenberg sondieren, wie die Sozialdemokraten zur Idee einer großen Koalition standen, und Herbert Wehner war schon damals dem Gedanken nicht abgeneigt, die SPD auf diese Weise an die Macht zu bringen.

Strauß war zu sehr Bundes- und Machtpolitiker, um einen eigentlich naheliegenden Ausweg zu wählen und sich nach dem 25. November, als die CSU völlig überraschend in einer Art Trotzreaktion der bayerischen Wähler die absolute Mehrheit im Münchner Landtag errang, doch noch nach Bayern zurückzuziehen. Zu diesem Zeitpunkt hoffte er wohl noch, trotz der Affäre weiterhin Chancen im Spiel um die Adenauer-Nachfolge zu besitzen. Denn vom präsumptiven Nachfolger Erhard hielt Strauß genausowenig wie der noch amtierende Kanzler. Er sah sich mindestens auf dem gleichen Erbfolgerang wie Schröder, von Brentano, Bundestagspräsident Eugen Gerstenmeier oder Krone.
Jedenfalls wird er zwei Tage nach dem Wahlerfolg vor der Bonner Fraktion – laut Wortprotokoll – trotzig: »Was sich in diesen Tagen abgespielt habe, sei ja das lebendige Bild des anderen Deutschlands gewesen, das von Herrn Augstein beherrscht wird.« Dessen SPIEGEL sei zu »einer Gefahr für den Staat und für sämtliche Wertordnungen« geworden. Dann startet er einen Versuch, den Kanzler in die Sache hineinzuziehen: Er habe, berichtet Strauß, Adenauer am 18. Oktober informiert, und der Bundeskanzler – so die Nachschrift – »habe sich dafür ausgesprochen durchzugreifen, damit die Informanten wirklich zutage gebracht werden«. Aber seine Abgeordnetenkollegen haben sich wohl schon ihre Meinung gebildet. CDU-MdB Paul Bausch forscht kritisch, »welche Art von Wahrheit« in der angekündigten Dokumentation der Regierung über die Affäre enthalten sein werde – »die reine, die lautere oder die absolute Wahrheit?«
Strauß spürt, daß sich die Stimmung gegen ihn kehrt. Anderntags versucht er in der Fraktionsvorstandssitzung erneut, den Kanzler stärker in die Pflicht zu nehmen, dessen Verantwortung aufzuzeigen. Er macht klar, er selbst brauche einen parlamentarischen Untersuchungsausschuß nicht zu fürchten, der Kanzler aber sehr wohl. Als diese Äußerung Adenauer hinterbracht wird, ist es um Strauß geschehen, denn der Kanzler weiß schon aus Guttenbergs Kungeleien mit Wehner, daß die Sozialdemokraten auf einem solchen Gremium nicht bestehen wollen. So kann Adenauer am nächsten Tag – dem 29. November – das Finale mit einer barsch formulierten, wenn auch ziemlich unrichtigen Erklärung eröffnen: »Der

Bundeskanzler hat im Einzelfall keine Weisung erteilt. Das gilt auch für die Frage der Nichtunterrichtung des Justizministers.« Der Fraktionsvorstand schließt sich dieser Erklärung an. Fraktionschef von Brentano droht damit, sein Amt niederzulegen, wenn Strauß ins Kabinett zurückkehrt. Die CDU-Minister Lücke, Krone, von Merkatz und Würmeling machen deutlich, daß sie nicht mehr gemeinsam mit Strauß in der Regierung sitzen wollen. Strauß hat verloren. Zuerst tobt er noch und droht mit dem Rückzug der CSU aus Regierung und Koalition. Seinen Ministerkollegen Stücklen und Höcherl fordert er vergeblich auf, nicht in ein Kabinett einzutreten, dem er nicht angehöre – eine Art Sippenhaft für CSU-Minister. Damit, so deutet Fritz Zimmermann die Absicht seines Freundes Franz, »wäre der Eindruck vermieden worden, daß er als einziger, also mit Schimpf und Schande als überführter Übeltäter, abgehen mußte«. Dann plötzlich die Einsicht ins Unabänderliche: Strauß läßt am 30. November über den CSU-Landesvorstand verkünden, daß er »einem neuen Kabinett Adenauer nicht angehören kann«.

Er will nicht mehr kämpfen, obwohl er sich Adenauer gegenüber doch im Recht wähnt. Er ist zwar Militärstratege, aber er ist keiner, der beim Ringen um womöglich erst spät sichtbare Vorteile den Sieg davonträgt. Er ist kein Kämpfertyp, der sich im offenen Streit den Widersachern stellt. Er kann nicht langfristig denken oder Gegenbewegungen vorausahnen und ins Kalkül nehmen, so wie Adenauer das ziemlich meisterhaft versteht. Strauß kann gut und schnell taktische Vorteile wahrnehmen. Er kann erfolgreich Karrieren zerstören, so wie die von Theodor Blank oder seine eigene. Aber den legendären Kanzler, das ist ihm bei den Reaktionen auf seine Andeutungen wohl klargeworden, kann er nicht packen.

Und außerdem: Hätte er es zum Showdown mit Adenauer kommen lassen, wäre er mit Sicherheit nicht Erbe des Kanzlers geworden, nicht er. Hatte er nicht gerade die peinliche Vorstellung im Bundestag gegeben, die alle Welt als Lüge empfand? Warum also sollte er seinem Konkurrenten Erhard diese Chance als Morgengabe vor die Tür legen? Da war es doch besser, weiter als CSU-Chef in der ersten Reihe der Koalition mitzumischen, in der

Hoffnung, es Adenauer und allen anderen eines Tages heimzahlen zu können.
Bundespräsident Lübke erläutert dem eben Zurückgetretenen in einem persönlichen Gespräch, vor dem Jahre 1965, also vor der nächsten Wahl, könne er sicherlich nicht in die Bundesregierung zurückkehren. Und so nimmt Strauß schon einen Tag nach der Ankündigung seines Rückzugs die Gelegenheit wahr, in den Gremien der Union gegen eine große Koalition Front zu machen: Er habe Probleme damit, »nunmehr statt an einen Kinderschreck Wehner auf einmal an den großen Heroen der Demokratie glauben« zu sollen. Und er durchschaut Wehners Strategie, als er warnt: »1957 war die SPD der Untergang Deutschlands, 1962 ist sie die Rettung Deutschlands; infolge der Initiative von Wehner wird sie 1965 mehr oder weniger die Zukunft Deutschlands sein.«
Doch der SPD geht die plötzliche Annäherung an die Christdemokraten viel zu schnell, zumal das Angebot einer großen Koalition an die Einführung des Mehrheitswahlrechts gekoppelt ist, also die Hinrichtung der FDP. So schwenkt Adenauer behende wieder um und bildet am 11. Dezember mit den Liberalen eine neue Regierung – ohne Strauß, aber mit dem Versprechen, die Kanzlergeschäfte im Spätsommer des Jahres 1963 abzugeben und, dann 87jährig, in den Ruhestand zu gehen. Strauß kann sich mit seinem letzten Vorstoß nicht durchsetzen, den Parteifreund und Innenminister Höcherl – wenn der schon nicht bereit ist, das Kabinett zu verlassen – wenigstens zu seinem Nachfolger im Verteidigungsressort zu machen. Als neuer Verteidigungsminister ist der schleswig-holsteinische Ministerpräsident Kai-Uwe von Hassel vorgesehen, der aber erst Mitte Januar in Bonn anfangen kann. So versucht Adenauer, Strauß einen weiteren Stich zu versetzen: Er beschließt und läßt es anderntags im BULLETIN der Bundesregierung verkünden, er habe den bisherigen Bundesratsminister Hans-Joachim von Merkatz interimistisch mit der Leitung der Amtsgeschäfte des Verteidigungsministers betraut. Die Meldung ist noch nicht gedruckt, da taucht Strauß bereits im Palais Schaumburg auf und macht dem alten Kanzler, wie dessen Biograph Schwarz berichtet, »einen gewaltigen Krach. Eine Drei-

viertelstunde schreien sich Adenauer und Strauß in Gegenwart Dollingers an«. Strauß schimpft, der Kanzler habe ihn feige im Stich gelassen.
Da merkte der Kanzler, daß er in einer solchen Kleinigkeit problemlos nachgeben kann: Strauß darf sein Haus noch vier Wochen lang bestellen (und womöglich die Akten »lüften«?). Sicherheitshalber gibt ihm der Kanzler beim Großen Zapfenstreich der Bundeswehr am 19. Dezember die Ehre seiner Anwesenheit, nachdem er unmittelbar vorher beim Tee mit Journalisten Strauß einige Krokodilstränen hinterhergeweint und auf recht zynische Weise gedankt hat: »Ich finde es als ein Unrecht von der Sozialdemokratie, daß sie so gegen Strauß auftritt. Strauß hat sich nicht geschickt benommen, das habe ich ihm von vornherein gesagt, und wenn Strauß gesagt hätte: ›Meine Herren, mir kam es darauf an, den Ahlers festzuhalten. Wenn ich dabei Vorschriften nicht beachtet habe oder übertreten habe, bitte ich um Entschuldigung. Mir war die Sache zu wichtig‹ – dann hätte wirklich kein Mensch was dagegen gesagt. Das hat er leider nicht gesagt.« Und dann dankt der Kanzler dem Exminister mit »allem Respekt« für die »ungeheure Arbeit«. Beim Zapfenstreich tröstet Adenauer den Gefallenen (»Bittere Stunden formen den Mann«) und sagt voraus, Strauß werde »in Zukunft im politischen Leben des deutschen Volkes noch eine große und entscheidende Rolle spielen«.
Das glaubt Strauß gerne. Es gibt ihm Hoffnung nach der verlorenen Schlacht.
Aber in der Niederlage ist Strauß kein großer Mann. Rachsüchtig, weil er ihn für mitschuldig hält am eigenen Schicksal, bringt er gegen Baron von Guttenberg (»Die CSU ist gesund an ihren Gliedern, am Haupt jedoch krank«) ein innerparteiliches Schiedsgerichtsverfahren in Gang, das der nur bestehen kann, weil ihm etwas gelingt, was Strauß nicht schaffte: Guttenberg läßt sich vom Kanzler nachträglich eine schriftliche Bestätigung ausstellen, er habe in dessen Auftrag gehandelt, als er mit der SPD über eine große Koalition sprach. Vor den Delegierten des CSU-Parteitags im Sommer 1963 begründet Guttenberg geradezu tollkühn, warum er FJS als Parteichef nicht wieder wählen wird. Auch das vergißt Strauß ihm nicht: Als drei Jahre später Kurt Georg Kiesinger den

Baron zum Staatssekretär im Kanzleramt berufen will, blockiert Strauß die Ernennung vier Monate lang.

Unabhängig von der Suche nach Sündenböcken und Fehlern im Detail kommt Strauß ein für ihn nicht schmeichelhaftes, aber für die Entwicklung der Demokratie in Deutschland historisches Verdienst zu: Schon sechs Jahre bevor die 68er-Studenten für Reformen in Gesellschaft und Universität aufstanden, erreichte er mit seinem – und des Kanzlers – Verhalten in der SPIEGEL-Affäre unbeabsichtigt den Durchbruch zu einem liberalen Staatsverständnis, das endgültig Abschied nahm vom konservativ-preußischen Autoritätsglauben. Erst nach 1962 begann die Bundesrepublik, den Muff von tausend Jahren des Vertrauens in den Obrigkeitsstaat abzustreifen. Seitdem wuchs das Vertrauen in die demokratischen Instanzen und Institutionen, ein langwieriger, aber allmählich erfolgreicher Prozeß.

Jahrelang zogen sich die Verfahren um Augsteins Behauptung hin, Strauß sei ein »der Korruption schuldiger Minister«. Es gehört zu den Kuriositäten um die schillernde Persönlichkeit des Franz Josef Strauß, daß ein solches Urteil fast ein Jahrzehnt nach seinem Tod kaum mehr angefochten werden könnte: Er war korrupt, er bereicherte sich, wo er konnte, und er half anderen, sich gemeinsam mit ihm zu bereichern. Damals hatte Augstein nicht so gute Karten; im Sommer 1964 war er mit dem Versuch, Strauß wegen Beleidigung die Immunität entziehen zu lassen, beim Bundestag aufgelaufen – Strauß hatte, zu Besuch in Israel, den SPIEGEL die »Gestapo unserer Tage« genannt. Der Exminister verklagte seinen Widersacher vor dem Münchner Landgericht auf Widerruf und Schmerzensgeld, denn er wollte in der deutschen Politik noch etwas werden. Da legten Augsteins Anwälte Anfang April 1965 einen 73 Seiten umfassenden Schriftsatz vor, der zwar den Vorwurf der Korruption nicht eindeutig zu beweisen, wohl aber zu suggerieren vermochte, der Kläger – also Strauß – sei ein durchtriebener Kerl, dem schlicht alles zuzutrauen sei.

In dem Schriftsatz – und nicht im SPIEGEL, den Strauß-Anhänger offenbar gar nicht lasen – tauchte die ziemlich abenteuerliche Behauptung auf, Lockheed-Chef Gross habe nicht nur Strauß während einer USA-Reise zu einem »intimen Souper« nach Beverly

Hills gebeten, sondern auch den Film- und Kurvenstar Jane Mansfield, wobei der Eindruck vermittelt wurde, diese sei jenem quasi zugeführt worden. Tatsächlich hatte Strauß' Duzfreund Hauser die Story erzählt, sie war allerdings frei erfunden. Augstein entsandte seinen Redakteur Hermann Renner, um den Bericht seiner Anwälte vor Ort zu überprüfen. Ergebnis: An dem offenbar tristen Souper nahmen tatsächlich nur Männer teil; die Mansfield hatte Strauß nie gesehen, war zur fraglichen Zeit nachweislich in Florida und obendrein zu jenem Zeitpunkt im siebten Monat schwanger.

Hauser hatte ferner berichtet – und die Anwälte hatten es in dem Schriftsatz niedergelegt –, der Brathendl-König Friedrich Jahn habe seinem Spezi Strauß bei dessen Aufenthalt in New York im Oktober 1959 eine Dame in dessen Apartment ins Waldorf-Astoria-Hotel geschickt, wo Jahn im Souterrain ein »Wienerwald«-Restaurant unterhielt. Schlecht erfunden: Jahns Hühnerstube im Waldorf-Astoria war erst 1964 eröffnet worden. Und Jahn und Strauß hatten sich erst 1965, als es um jene Behauptung ging, da allerdings intensiv kennengelernt. Augsteins Anwälte zogen diese Passage ihres Schriftsatzes selbst wieder zurück.

Der restliche Text war von ähnlich deftiger Art, soweit er die drei Dienstreisen von Strauß in die Vereinigten Staaten in den Jahren 1959, 1960 und 1961 anging. Die Rechtsanwälte suchten nachzuweisen, Strauß habe sich vor allem bei Aufenthalten im Hotel Ambassador in Los Angeles und bei Partys in Richey's Studio Inn in Palo Alto oder in Seattle auf Kosten von Lockheed zu sehr mit der Firma eingelassen und überhaupt in den USA gern auf den Putz gehauen. Ein Beispiel aus dem Schriftsatz, die Reise von 1961 betreffend:

»Mit einer Flasche Whisky in der Tasche zog der Kläger in der Nacht vom 25./26. Juli nach einem Herrenabend beim deutschen Generalkonsul in San Francisco in der 49 Marccia Avenue in das Negerviertel hinter der Market Street. Dort landete er schließlich in einer Prostituiertenkneipe billigster Art. Gegen zwei Uhr früh besorgte ihm ein schwarzer Zuhälter nach kurzer Rücksprache mit dem Kläger eine Begleiterin. Der Kläger nahm die Negerin in das exklusive Hotel St. Francis mit, wo er im ersten Stock eine Ecksuite bewohnte. Auf der Fahrt zum Hotel wurde er, dessen Bild in den Zeitungen San Franciscos erschienen war, von dem Taxichauffeur erkannt, der ihn fuhr. Anderntags meldete sich dieser Chauffeur beim SAN FRANCISCO EXAMINER mit der Information, er habe in der Nacht den deutschen Verteidigungsminister zusammen mit einer schwarzen Prostituierten und einem Amerikaner vom Negerviertel zum St. Francis gefahren. In der Hotelhalle des St. Francis erregte der Kläger mit seiner Begleiterin Aufsehen. Der Manager des St. Francis, der mit seiner zwanzigjährigen Tochter Mimi, einer Debütantin des Jahres 1961, noch an der Bar saß, wurde verständigt, wollte aber keinen Skandal provozieren. Der Kläger ging mit der Farbigen in sein Apartment und hielt sich dort mit ihr eine knappe Stunde im Schlafzimmer auf.«

Dieser Teil des – ziemlich abgeschmackten – anwaltlichen Pamphlets war offensichtlich ein Treffer: Die Story tauchte niemals in irgendeiner der Siegesmeldungen der treuen Straußgemeinde auf, während die Geschichten um Jane Mansfield und ihre angebliche Kollegin aus dem Manhattan-Wienerwald – gerüchteweise war von Marilyn Monroe die Rede, dabei war sie seit 1962 tot – jahrelang und ja durchaus zu Recht als Beweis für Irrtümer und Fahrlässigkeiten der Augstein-Seite immer wieder neu belebt wurden. Die CSU begnügte sich in Gestalt ihres Generalsekretärs Anton Jaumann, was die Dame aus San Francisco anging, mit einem kaum gehörten Schrei der Entrüstung: »Wir sind erschüttert über das ungeheuer niedrige Niveau, mit dem hier versucht werden soll, einen verdienstvollen Politiker herabzusetzen und auszuschalten.« Der greise Exkanzler Adenauer sprach den treffenden Satz: »Geschadet hat dat seinem Ruf als Mann jedenfalls nich'.«

Das Niveau war tatsächlich niedrig. Nie zuvor und selten seitdem ist in der bundesdeutschen Presse ein so heftiger Kampf Mann gegen Mann ausgefochten worden, ein Endkampf, bei dem einer k. o. zu gehen hatte. Daß die Bettgeschichten nicht im SPIEGEL, sondern nur in den Schriftsätzen von Augsteins Anwälten erschienen, erhöht das Niveau nicht wesentlich. Augstein wollte diesen

Mann nun nicht mehr, wie noch 1961/62, aus Bonn, jetzt wollte er ihn aus der Politik entfernt wissen. Jetzt war er es wohl, der sich Genugtuung verschaffen wollte – und zwar für 103 Tage erlittener Haft. Strauß strengte wegen »übler Nachrede« in den Amerikapassagen eine Privatklage gegen Augstein beim Amtsgericht München an.

Erst mehr als ein Jahr später kam es 1966 zu dem Termin, für den Augsteins Anwälte eine Reihe von Zeugen angekündigt hatten. Fünf Minuten vor Beginn der ersten Vernehmung erhob sich der Anwalt von Strauß, Günther Ossmann, und teilte mit, sein Mandant wolle nur noch drei Punkte – darunter den angeblichen »Wienerwald«-Besuch – verfolgen lassen und auf die übrigen, die unter dem Rubrum »Ausgaben von Lockheed« liefen – dazu gehörte auch die Hotelepisode in San Francisco – verzichten. So kam es. Die Öffentlichkeit erfuhr nichts davon, weil sie zu einem Termin vor dem Amtsgericht gar nicht zugelassen war, und der SPIEGEL-Leser erfuhr nichts davon, weil die Behauptungen ja nie in dem Nachrichtenmagazin erhoben worden waren. Strauß hatte wohl mittlerweile, nach vier Jahren juristischer Händel, eingesehen, daß eine öffentliche Debatte über solcherlei Details einer Vergnügungsreise nun seinen beruflichen Ambitionen schaden könnte; denn inzwischen näherte sich Erhards Kanzlerschaft dem Ende, und die große Koalition dämmerte herauf.

Im letztinstanzlichen Urteil in Sachen FIBAG des Münchner Landgerichts vom Juli 1965 wurde Augstein verurteilt, künftig nicht mehr zu behaupten, Strauß »sei ein der Korruption schuldiger Minister, der während seiner Ministerzeit Geld angenommen habe, das ihm nicht gehörte«. Aber es urteilte auch (Az. 180680/64): »Es kann keinem Zweifel unterliegen, daß ihm [Strauß] der Geruch der Korruption anhafte.« Erst Jahre nach dem Tod von Strauß wurde aus dem »Geruch« von Korruption tatsächliche Korruption, nur gibt es jetzt keinen Kläger mehr. Es steht jedenfalls fest, daß Strauß während seiner Ministerpräsidentenzeit Geld angenommen hat, das ihm rechtlich nicht zustand.

In diesem Sommer 1965, knapp drei Jahre nachdem sich ein »Abgrund von Landesverrat« aufgetan hatte, erledigten sich auch die meisten anderen SPIEGEL-Verfahren. Der 3. Strafsenat des Bundesgerichtshofs lehnte am 13. Mai die Eröffnung des Hauptverfahrens »gegen die Angeklagten Augstein und Ahlers« ab. Sie wurden »mangels Beweises« außer Verfolgung gesetzt, die Kosten des bisherigen Verfahrens der Staatskasse aufgebürdet. So oder ähnlich erging es auch den anderen Beschuldigten. »Die 41 Staatsgeheimnisse sind zur großen Null geworden«, schrieb die Münchner ABENDZEITUNG, »der große Landesverratsprozeß findet nicht statt.«

Aber auch der Drahtzieher der ganzen Affäre kam straffrei davon. Strauß war zusammen mit Hopf und Oster wegen Amtsanmaßung und Freiheitsberaubung im Fall Ahlers angezeigt worden, und zunächst suchte er dieses Verfahren nach der Devise »Frechheit siegt« zu verschleppen. Ohne jeden Selbstzweifel zankte sich Strauß nun mit der Bonner Staatsanwaltschaft. Die erste Vorladung lehnte er ab, »da mir immer noch nicht mitgeteilt worden ist, durch welche Handlung ich welche strafrechtliche Bestimmung verletzt haben soll«. Einem Untersuchungsrichter schrieb er: »Ich kann doch schließlich nicht zugeben, daß ich in der Nacht vom 26. zum 27. Oktober noch einen bisher unbekannten SPIEGEL-Reporter umgebracht habe. Oder muß ich angeben, ob ich Kaffee oder Tee getrunken habe?« Dann der Hinweis: »Ich gebe erneut der Erwartung Ausdruck, daß Ihre rechtswidrige Tätigkeit alsbald ein Ende findet.« Der vierten Vorladung leistete Strauß dann endlich Folge, doch die Staatsanwaltschaft stellte das Verfahren im Juni 1965 ein, weil Strauß und Hopf in einem »unvermeidbaren Verbotsirrtum« gehandelt haben könnten, als sie sich der Freiheitsberaubung und Amtsanmaßung schuldig gemacht hatten.

Ein weiteres Jahr später, am 5. August 1966, war die SPIEGEL-Affäre juristisch endgültig abgehakt. Da verkündete das Bundesverfassungsgericht, die Beschwerde des Hamburger Verlagshauses wegen der Verfassungswidrigkeit der gesamten Aktion sei, bei Stimmengleichheit der acht Richter, abgelehnt. »Nicht alles, was gegen ein Gesetz ist, braucht zugleich gegen die Verfassung zu sein«, urteilte die SÜDDEUTSCHE ZEITUNG. »Aber«, hieß es in dem Artikel weiter, »die gehäufte Vielfalt rüdester Maßnahmen gegen einen Pressebetrieb, seinen Herausgeber, seine Redakteure, seine Redaktions- und Verlagsräume, sein gesamtes Archivmaterial...«, wenn das, »von allen individuellen Einzelverstößen einmal abgesehen, kein flagranter Anschlag auf das Grundrecht der Pressefreiheit gewesen sein soll, dann wollen wir Hopf heißen, oder Strauß, oder Adenauer«.

Juristisch hätte es im übrigen wohl nichts bewirkt, wenn Strauß in seinem Verfahren seinen streng geheimen Brief an Kanzler Adenauer vorgezeigt hätte, aus dem sich dessen Mitwisser- und sogar Anstifterfunktion ergab. Die Bonner Staatsanwälte hätten allerdings auch gegen den Regierungschef ein Verfahren anstrengen müssen – bis hin zur Einstellung, aber bis dahin hätte es unübersehbare politische Folgen zeitigen können. Die hatte Strauß, in diesem Fall ausnahmsweise überraschend staatsmännisch, wohl im Blick, als er nach einigen Anläufen zur Enthüllung die ganze Wahrheit doch lieber für sich behielt. Aber die Kenntnis dieses Hintergrunds vermittelte ihm immer wieder das Gefühl, selbst doch ganz unschuldig zu sein; der Täter sei der Kanzler; und das erklärt die Mißachtung der juristischen Instanzen, denen der Exminister mit Dreistigkeiten begegnete, und sein Verlangen nach »Genugtuung« oder einer »Ehrenerklärung«, mit dem er sich selbst und Adenauers Nachfolger Ludwig Erhard jahrelang im Wege stand.

Erst nach längerer Zeit gewinnt er Distanz zu jenen für seine Laufbahn fatalen Ereignissen. Erst nach Jahren vermag er, den eigentlichen Anlaß seiner erzwungenen Demission, nämlich nicht den Zugriff auf Ahlers, nicht die Aktion gegen den SPIEGEL, nicht den Rückzug der FDP aus der Regierungskoalition, sondern seine Lüge vor dem Parlament anzusprechen und zu bewerten. 1964, im Gespräch mit Günter Gaus, vernebelt er noch:

»Widersprüche sind in der nachträglichen Darstellung eines so komplizierten Vorgangs, bei dessen Wiedergabe auch bestimmte Tendenzen zugrunde liegen mögen, selbstverständlich. Ich darf Sie an ein ganz einfaches Beispiel erinnern. Lassen Sie von vier Zeugen einen verhältnismäßig einfachen Verkehrsunfall vor Gericht rekonstruieren, und Sie werden erleben, daß alle subjektiv die Wahrheit sagen und trotzdem gewisse Widersprüche aufweisen. Und das führt mich zu der Feststellung, daß man zwischen Unrichtigkeit und Lüge endlich einmal den richtigen Unterschied ziehen muß.

Lüge heißt, in Kenntnis der Wahrheit – also bewußt – die Unwahrheit sagen. Etwas Unrichtiges kann jeder sagen, der nach dem jeweiligen Stand seiner Erkenntnis das wiedergibt, was er weiß, aber später in Einzelheiten etwas korrigieren muß. Ich habe auch im Parlament das gesagt, was mir in diesem Augenblick – bei der nur kurzen Frist, die wir hatten – an Angaben zuverlässig erschien, und habe das nicht gesagt, was noch in Prüfung war.«

Er möchte gerne nicht gelogen haben.

Später kann er den Karriereknick in kleineren Kreisen charmant ins Ironisch-Anekdotische umbiegen. Bei einer Klausur schwäbischer Parteifreunde erzählt er, so erinnert sich sein Freund und Anwalt Franz Dannecker: »Der heilige Petrus hat dreimal gelogen – und wurde trotzdem Papst. Ich habe nur einmal gelogen; warum sollte ich nicht Verteidigungsminister bleiben dürfen?« Ja, warum?

Erzwungene Ruhe

Der Schock nach dem Sturz

1962 – 1966

Die neue, letzte Regierung Adenauer ist kaum im Amt, Franz Josef Strauß eben aus dem Ministersessel gedrängt, da bricht in Bonn ein außenpolitischer Grundsatzstreit aus, der quer durch die Koalitionsparteien geht und Jahre währt. Der Kanzler, inzwischen in einer Art Altenliebe zu Frankreichs Staatspräsident Charles de Gaulle entbrannt, will mit diesem eine für ewig geltende Aussöhnung der einstigen Erbfeinde zelebrieren und unterzeichnet deswegen im Januar 1963 den deutsch-französischen Vertrag. Diese Zweierbeziehung erhält im gleichen Monat eine neue, eben die »gaullistische« Dimension, als der Franzose dem Aufnahmegesuch Großbritanniens in die Europäische Wirtschaftsgemeinschaft ein brüskes Nein entgegenschleudert. Er behauptet, England und die USA seien bereits ein zu enges Sonderverhältnis eingegangen, Britannien gehöre damit nicht zu Kerneuropa. Das kann nur bedeuten, daß Frankreich nun mit Deutschland eine ähnliche Bindung einzugehen gedenkt. Der Zweierbund hätte aber in Anbetracht der nationalistischen »Gloire«-Träume de Gaulles quasi automatisch einen antiamerikanischen Akzent und wird deswegen von den Bonner »Atlantikern« befehdet. Die Symbolfiguren der jeweiligen Lager reisen zu Staatsbesuchen in das umworbene Land; de Gaulle kommt im September 1962, John F. Kennedy im Juni 1963 in die Bundesrepublik. Beide werden von der Bevölkerung, die von dem Streit in Bonn nicht viel bemerkt, unterschiedslos emphatisch bejubelt.
Die Politiker in Bonn sind verwirrt und gespalten. Das Kartenhaus der deutschen Nachkriegsaußenpolitik – mitsamt der nichttragenden Säule der Hallstein-Doktrin – stürzt ein, und im gleichen Moment verläßt der Gestalter dieser Politik, Konrad Adenauer,

die Szene. Er gibt im Frühjahr seinen Rückzug zum Sommer bekannt. Die CDU nominiert Erhard zum Nachfolger – trotz der schroffen Warnung Adenauers: »Ich spreche nicht gern aus, daß ich einen Mann, mit dem ich selbst seit 14 Jahren zusammengearbeitet habe und der Hervorragendes geleistet hat, nun für einen anderen Posten, den er haben möchte, nicht für geeignet halte.« Adenauer hat natürlich recht, aber es hört ihm keiner zu; seine Warnung kommt einfach um Jahre zu spät und der Kanzlerwechsel wohl auch. Bei soviel offener Kritik am kommenden Mann möchte Strauß nicht zurückstehen. Er votiert zwar vor der Fraktion für Erhard, aber auf eine Weise, die der Kandidat in früheren Jahrhunderten nur mit einer Aufforderung zum Duell hätte kontern können: Erhard habe nicht immer »den Zugang zu den Arcana imperii gesucht und gefunden«, doch in seinem Alter – er ist 67 – sei er ja »durchaus noch entwicklungsfähig«. Eine Kampfansage am Tag der Nominierung.
So erfährt Erhard gleich am ersten Tag, was ihn erwartet: ein ständig nörgelnder Vorgänger, der in den drei Jahren seiner Kanzlerschaft alles tut, um ihm Unfähigkeit nachzuweisen, und ein CSU-Chef, der lieber an seiner Stelle im Palais Schaumburg säße.
Mit seiner Äußerung über Erhard meldete sich Franz Josef Strauß in die Bonner Politik zurück. Nach seinem dramatischen Sturz hatte er sich für einige Monate aus der Öffentlichkeit zurückgezogen. Er gab die Zweitwohnung in Bonn-Beuel demonstrativ auf und ließ die Wohnung seiner Schwiegereltern im Erdgeschoß eines früheren Klosters in Rott am Inn für sich und seine Familie renovieren. Und er fand sogar gelegentlich Zeit, sich mit seinen kleinen Kindern, dem dreijährigen Max Josef, dem zweijährigen Franz Georg und der ein Jahr alten Monika zu beschäftigen. Seine Frau Marianne erklärte später: »Ich habe ihm zu Hause bewußt Zeitungen und Illustrierte vorenthalten, die kritische und hämische Kommentare zu seinem Abschied als Minister geschrieben hatten. Denn sein Rücktritt vom Ministeramt hat ihn persönlich viel schwerer getroffen, als er es in Gesprächen nach außen hin zugeben wollte.«
Er zieht sich zurück aus der Bonner Wirrnis, wo er sich zuletzt von Feinden umzingelt sah. In München ersetzt er Generalsekretär

Zimmermann, der CSU-Schatzmeister wird, durch Anton Jaumann, der die Parteizentrale sogleich ausmistet: Die Chefsekretärin Auguste Niedermeier, die sich schon als Sprachrohr der Partei fühlt (»Die CSU-Landesleitung erklärt...«), wird entmachtet; dem Exreferenten von Strauß, Walter Oberhorner, Leiter der Öffentlichkeitsarbeit, ergeht es – wegen einer »Panne« in seinem Lebenslauf – genauso.

Und er langweilt sich. Das Privatisieren ist nicht seine Sache. Er absolviert ein paar erste Flugstunden, denn er schwärmt für Höchstgeschwindigkeiten. Er kauft sich einen Sportwagen, und im Oktober 1963 erwirbt er einen Jagdschein – dies allerdings in Niedersachsen, was neun Monate später, als die Sache aufkommt, zu allerlei Spekulationen Anlaß gibt. Denn selbst wenn Strauß bloß Jäger werden will, hat die Sache einen seltsamen Geruch.

Nach der niedersächsischen Jägerprüfungsordnung müssen die Kandidaten ihren Hauptwohnsitz im Lande haben und werden von fünf Prüfern (mündlich wie schriftlich) kollektiv examiniert. Für den Exminister gibt es Ausnahmeregelungen: Er wohnt in Bayern, und lediglich drei Prüfer erklären die Sache nach einer freundlichen Unterhaltung während eines eigens für Strauß arrangierten Termins für bestanden. Er bedankt sich mit einer »Spende« von 300 Mark für die Kreisjägerschaft Gifhorn – und kann nun, nach abgelegter Prüfung, völlig legal die Weissagung des Altliberalen Reinhold Maier erfüllen: »Wer so redet, der schießt auch.« Den Tip, in Gifhorn könne man besonders leicht zum Jäger werden, hatte Strauß von seinem Parteifreund Richard Stücklen, dem damaligen Postminister, den er allerdings nicht mehr leiden kann, weil Stücklen nach der SPIEGEL-Affäre unbedingt Minister bleiben wollte, und Stücklen hatte drei Jahre zuvor auch schon seinen Parteifreund Höcherl dort erfolgreich zum Jagen getragen.

Derart abseits der großen Politik, hält sich Strauß notgedrungen an jenen Rat, den der Münchner Prälat Lorenz Freiberger – sicherlich mit Wissen des Kardinals Döpfner – ihm im Januar 1963 in der Münchner ABENDZEITUNG erteilt hat: »Mach mal Pause.« Eigentlich hatte der Prälat seinen »offenen Brief« an die MÜNCHENER KATHOLISCHE KIRCHENZEITUNG gerichtet, aber das Boulevardblatt druckte ihn eilfertig nach. »Sie gleichen einem Fußballspieler, der im nationalen und internationalen Einsatz eine Formkrise durchläuft und, physisch wie psychisch angeschlagen, mit einer gewissen Gereiztheit das Spielfeld betritt; kein Wunder, daß ihm so Fehler und Fouls unterlaufen, die er selbst für unmöglich gehalten hätte. Ein weiser Fußballklub wird diesen seinen Star einige Zeit aus dem Kampf herausnehmen und pausieren lassen, bis eine völlige Regeneration eingetreten ist.« Der Prälat empfahl einen längeren Urlaub und sogar einen Wechsel des Arbeitsplatzes: »Keine einzige Demokratie verträgt es, daß ein Politiker, der schon in jungen Jahren in die erste Garnitur aufrückt, bis ins hohe Alter immer in solcher Position verbleibt. Das ist eine Grundregel jeder Demokratie, die immer von einem gewissen berechtigten Maß von Argwohn und Eifersucht erfüllt sein muß.«

Über diesen Hirtenbrief ärgerte Strauß sich ungemein. Er hatte darauf gehofft, daß wenigstens seine Bayern ihn als verlorenen Sohn warmherzig aufnehmen, ihn trösten und wiederaufrichten würden – und nun das! Er war dem Prälaten nur ein einziges Mal, sechzehn Jahre zuvor, persönlich begegnet. Seit der Schul- und Studentenzeit hatte er mit der Kirche nicht viel im Sinn, noch weniger mit ihren Funktionären. Ihm schauderte geradezu vor dem klerikalen Flügel seiner Partei, obwohl er auch diese Gruppe brauchte. Er konnte Alois Hundhammer und dessen »Petra-Kreis« nicht ausstehen, der ihm mal wieder mit dem moralischen Zeigefinger kam – wegen seines Lebenswandels. Nun mußte er vermuten, und zu Recht, daß Freiberger als Absender nur vorgeschoben war und das Sendschreiben in Wirklichkeit vom Münchner Erzbischof Julius Döpfner stammte, einem persönlichen Freund des amtierenden bayerischen Ministerpräsidenten Alfons Goppel.

Tatsächlich verfehlte der Brief seine Wirkung nicht, obwohl der Empfänger ihn »naiv« nannte und grummelte: »Man kann auch in einer Firma als Generaldirektor oder Vorstandsmitglied nicht sagen, jetzt höre ich zwei Jahre auf, bilde mich weiter und nehme dann meine Position wieder ein, geläutert und gereinigt.« Strauß zog sich also dennoch eine Zeitlang aus dem Rampenlicht zurück. Als er im April 1963 im Münchner Presseclub erschien, erlebten die Korrespondenten einen anderen Strauß, einen, der sogar über seine innere Befindlichkeit Auskunft zu geben bereit war: »Man kann nicht über Jahrzehnte hinweg unverändert bleiben. In der Politik braucht man auch mal eine ruhigere Gangart, wenn man nicht seine physischen und geistigen Kräfte einer Belastung mit tragischem Ausgang aussetzen möchte.« Die STUTTGARTER ZEITUNG schrieb: »Obwohl der Politiker betonte, sich ›gut erholt‹ zu fühlen, antwortete er auf alle Fragen vorsichtiger, zögernder und mit einer wesentlich geringeren sprachlichen Brillanz als in seinen letzten Pressegesprächen.« Der ungestüme Polterer stand noch unter Schock. Er hatte den Verdacht, nun wolle ihn auch noch die Kirche für aussätzig erklären – das wäre sein Ende in der deutschen Politik gewesen. Aber auch ein Döpfner traute sich diese Kraftprobe in jener Zeit nicht mehr zu; er hatte bloß warnen, nicht aber zerstören wollen. Bei einem theatralischen Auftritt vor dem Parteitag konnte Goppel im Juni 1963 erklären, er kandidiere selbstverständlich nicht gegen Strauß. So fand der Vorsitzende doch noch seinen Trost in der Heimat: Damit fehlte auch dem intriganten Widerstand des FJS-Dauerfeindes und dessen »Petra-Kreis« ein Kopf. Die Delegierten bestätigten ihn mit 79 Prozent der Stimmen in seinem Amt. Vielleicht, so hoffte er, ginge es bei ihm schneller mit der Rückkehr ins Amt.

Über die herbe Zäsur in seiner Karriere äußert Strauß sich im selben Monat erstmals nicht rechthaberisch: »Ich sah meine Aufgabe [als Verteidigungsminister] darin, innerhalb einer vertraglich festgelegten Frist Ziele zu erreichen, ohne mich durch opportunistische Erwägungen oder Karriereaspekte leiten zu lassen. Es ist schwierig zu beurteilen, ob man auch diese Ziele wirklich erreicht hätte, ohne sich zwangsläufig im Verfolg dieser Ziele viele Gegner zu machen. Hier spielt sicherlich auch die persönliche Seite – Naturell und Temperament – eine Rolle.« Im Fernsehen wird er sogar auf verschmitzte Weise selbstironisch: »Ich hoffe, meine Intelligenz wird zu- und mein Temperament abnehmen, bis das gewünschte Mittelmaß erreicht ist.« Im Interview mit dem MÜNCHNER MERKUR meldet er sich als Analytiker zu Wort, allerdings mit Seitenhieben auf den künftigen Kanzler Erhard, der am 23. April von der Unionsfraktion als Nachfolger Adenauers nominiert und am 16. Oktober vom Bundestag als Kanzler gewählt wird: »Wir sind in eine Zwischenphase eingetreten. Niemand

weiß, wie lange diese Zwischenphase dauert. Die erste Phase ist die Ära Adenauer. Dann kommt eine Zwischenphase von jetzt noch nicht übersehbarer Dauer, und dann wird noch eine zweite Phase kommen, von der auch heute niemand sagen kann, ob sie die Ära einer Persönlichkeit in demselben Maße wird, wie die erste Phase ebenden Stempel Adenauers getragen hat. In dieser Zwischenphase verschwimmen die politischen Konturen, zeigen sich Abnutzungserscheinungen in der CDU/CSU, zeigt sich ein Mangel an Führungsimpulsen, zeigt sich ein Mangel an Kampfgeist und Entschlossenheit.« Die Zwischenphase Erhard hat noch gar nicht begonnen, da hört der eben nominierte Kanzlerkandidat, daß Strauß ihn für die Zwischenphase hält. Nicht nur Strauß allein – bei der Kanzlerwahl, so wurde damals ausgerechnet, enthielten sich immerhin 23 Abgeordnete aus CDU und CSU der Stimme. Da war er schon, der von Strauß eben prognostizierte »Mangel an innerer Solidarität«.
Der neue Regierungschef wird eher zu den Atlantikern gerechnet. Das gibt CSU-Chef Strauß, der häufig von München aus grollt oder vor Gerichten um sein vermeintliches Recht kämpft, Gelegenheit, Partei zu ergreifen – er wird zum Gaullisten, was ja durchaus auf seiner bisherigen Linie liegt. Im Verein mit Frankreich kann Deutschland jene Sonderrolle in der Weltpolitik einnehmen, die Strauß schon lange für sein Land erhofft; als Juniorpartner der USA wäre das nicht möglich. Und hatte er nicht schon 1958 geglaubt, mit Frankreichs Hilfe an die Bombe zu gelangen? Damals hatte ausgerechnet de Gaulles erster Verteidigungsminister den Dreierpakt mit Italien gestoppt. Nun verbreitet Strauß, Adenauer habe ihn nach der Entlassung aus dem Ministeramt gebeten, sein Treuhänder gegenüber Frankreich zu werden: »Ich werde das nicht mehr erleben und nicht mehr schaffen, aber das Erbe vermache ich Ihnen, daß die deutsch-französische Union geschaffen wird.«
Doch die Mehrheit im Bundestag denkt anders. Schon zeichnet sich auch inhaltlich eine Basis für die bevorstehende große Koalition zwischen CDU und SPD ab. 1963 ist es noch eine Mehrheit aus SPD, FDP und Teilen der CDU, die gegen den Willen von Adenauer und Strauß dem deutsch-französischen Vertrag eine Präambel voranstellt, mit der die deutsche Zugehörigkeit zur NATO und mithin

zum amerikanisch geführten Sicherheitssystem bestätigt wird; Strauß hält diese freiwillige Unterordnung der Deutschen für »dekadent«. Die Atlantiker setzen im Sommer 1963 auch durch, daß Außenminister Schröder den Atomteststopp-Vertrag unterzeichnet. Frankreich und die deutschen Gaullisten, vor allem also Strauß und seine CSU, lehnen den Vertrag strikt ab, weil er ihrer Ansicht nach ein Monopol der Supermächte festschreibt.

Die deutsche Politik – das heißt der blasse Kanzler Ludwig Erhard – mag sich nicht klar zwischen Gaullisten und Atlantikern, zwischen de Gaulle und Kennedy, zwischen Adenauer und Strauß auf der einen, Schröder auf der anderen Seite entscheiden. So versucht der abgehalfterte Verteidigungsminister über die Außenpolitik – deren Ressortchef und Gestalter er ja ohnehin werden wollte – ein erstes Comeback. Praktischerweise kann er dabei zugleich auf zwei seiner wichtigsten Widersacher und Konkurrenten, auf Erhard und Schröder, zielen. Mit Schröder hat er sich schon vor Monaten, als es noch nicht um die Kämpfe zwischen Gaullisten und Atlantikern ging, zerstritten. Anlaß war eines der Lieblingsthemen von Strauß, die mangelhafte Vorsorge für einen Notstand in der Bundesrepublik: Strauß tadelte heftig, daß Schröder als Innenminister keine Pläne für einen solchen Fall vorbereitet und vorgelegt hatte. Mit Erhard verschlechterte sich die Beziehung, weil der, kaum zum Kanzler gewählt, dem nach einem Amt gierenden CSU-Mann einen Ratschlag erteilt, der zwar richtig ist, den der aber nicht hören will: »Sie müssen Ihren unstillbaren und unbezähmbaren Ehrgeiz jetzt endlich einmal unter Kontrolle bringen.«

Zum offenen Kampf zwischen den beiden kommt es beim Münchner Parteitag der CSU im Juli 1964, einer Veranstaltung, die sonst traditionell alle Konflikte und Meinungsunterschiede in der Union zugunsten des Kampfs gegen die außerparteilichen Gegner zudeckt. Kurz vorher war de Gaulle wieder in Bonn gewesen und hatte sich über den kühlen Empfang durch Erhard und Schröder geärgert, auch an die Regierung appelliert, den gemeinsamen Vertrag nun endlich mit Leben zu erfüllen. Strauß machte den Dissens kurz darauf öffentlich. Er hatte während der Vorbereitung des De-Gaulle-Besuchs gemeinsam mit Adenauer den Kanzler aufgefordert, konkrete Schritte in Richtung einer Zweierunion zu tun, doch Erhard plädierte gegen eine solche »kleineuropäische Lösung«. Vor seinen Parteifreunden schlug Strauß nun zu, pries de Gaulle als wahren Staatsmann und beschuldigte die Wichte in Bonn, die falsche Politik zu betreiben. Strauß pathetisch: »Wir sind jetzt aufgerufen, vielleicht vom Schicksal aufgerufen. Es gibt wenig Sternstunden im Leben eines Volkes. Es gilt, sie zu erkennen und zu nutzen.« Der Beifall war riesig.

Die »Sternstunde« aber hatte ein anderer. Wenigstens dieses eine Mal wuchs Erhard über sich hinaus und konterte am zweiten Tag derselben Veranstaltung, obwohl er eigentlich nur ein Grußwort hätte sprechen sollen. Er verwies auf seine Richtlinienkompetenz als Kanzler auch für die Außenpolitik und erläuterte den CSU-Delegierten, eine Union mit Frankreich bedeute eine Kampfansage an die Vereinigten Staaten und sei obendrein eine Quelle ewigen Mißtrauens für die anderen EWG-Mitglieder: »Ein Europa, das nur aus zweien besteht, ist kein Europa, das der Bundesregierung vorschwebt.« Nach seinem mutigen Auftritt – der Beifall war ebenfalls riesig – fürchteten manche Christdemokraten, der Union stünde eine Spaltung bevor, wenn der Streit nicht beigelegt werden könne. Strauß etwa plädierte während des folgenden Jahres immer wieder für einen »accord« zwischen Deutschland und Frankreich, ohne den »eine gemeinsame europäische Politik nicht möglich ist«. Aber indirekt gab er zu erkennen, daß er dabei nicht an einen Sonderweg von Bonn und Paris dachte, um Resteuropa zu beherrschen, sondern an eine Kooperation, mit deren Hilfe weiter an Europa gebaut werden sollte: »Jede europäische Politik muß auf einem Übereinkommen, auf einem politischen ›accord‹ zwischen Frankreich und Deutschland aufgebaut sein.« Da milderten sich langsam die Gegensätze zwischen Gaullisten und Atlantikern.

In seinem »Entwurf für Europa« versuchte Strauß sogar eine Annäherung zwischen beiden Seiten und bezog sich dabei auf die These von der »amerikanischen Herausforderung« Europas, die der französische Publizist Jean-Jacques Servan-Schreiber aufgestellt hatte. Strauß: »Wenn der schöpferische Geist in Europa nachläßt, würde unsere Handelspolitik mit den Vereinigten Staaten aus dem Gleichgewicht geraten, und wir würden sehr bald unsere wirtschaftliche Position gefährden.« Im beiderseitigen Interesse müsse verhindert werden, daß Europa »in politischer und militärischer Hinsicht, verstärkt durch die wirtschaftliche Kräfteverschiebung, zu einem völligen Satelliten« der USA werde. Das blieb sein Credo: »Deutschland und Frankreich sollten mit enger Zusammenarbeit die europäische Unabhängigkeit innerhalb des westlichen Bündnis- und Wertesystems bewahren.«

Strauß war pragmatisch genug, den Streit zwischen Gaullisten und Atlantikern innerhalb der Union nicht zu verschärfen. So wurden die Differenzen bald durch andere Themen ersetzt – durch die bevorstehende Bundestagswahl 1965, die Krise im Umgang mit den Staaten im Nahen Osten, dem Beginn der neuen Ostpolitik, die Schröder einzuleiten suchte, die Schwäche Ludwig Erhards und die Notwendigkeit, ihn abzulösen. Strauß ließ auch deswegen von der Außenpolitik ab, weil er ein neues Interessengebiet für sich entdeckte – die Wirtschafts- und Finanzpolitik.

Nur im BAYERNKURIER und bei der Frage, ob die Deutschen denn tatsächlich dem Atomwaffensperrvertrag beitreten sollten, schlug er noch die alte Schlacht der »Gaullisten«. Da verlangte er noch jahrelang »absolute Klarheit« über die amerikanische Sicherheitsgarantie für nichtnukleare Verbündete; unbedingt müsse verhindert werden, daß die Amerikaner einzelne Partner im Stich lassen könnten. Auch müsse anerkannt werden, daß ein künftiger europäischer Bundesstaat Atommacht werden könnte, ohne den Regeln des Sperrvertrags zu unterliegen. Auf seine letzten Tage gesellte sich sogar Adenauer zu den Kritikern des Sperrvertrages: Er nannte ihn eine »verteufelte Neuauflage des Morgenthau-Plans«. Strauß hielt die Vertragsziele für »nuklearen Kolonialismus« und wetterte dagegen, wo er nur konnte. Während der zweiten Hälfte der sechziger Jahre nutzte er das Thema, um eine nationale Opposition auf der rechten Seite des Parteienspektrums zu organisieren. Doch weil er damals selber der Regierung angehörte, mußte er das nötige Feldgeschrei eine Zeitlang seinem BAYERNKURIER überlassen.

Offiziell verabschiedete sich Strauß, nun ganz Realpolitiker, im Mai 1967 aus dem Lager der Gaullisten. Großbritannien hatte

zum zweitenmal um Aufnahme in die EWG nachgesucht, und wieder hatte de Gaulle abgelehnt. Da legte der CSU-Chef plötzlich los und schimpfte über die »politischen Schrebergartenverhältnisse« in Europa. De Gaulle begehe einen »fatalen Irrtum«, und es sei allerhöchste Zeit, die »kleinkarierte Denkweise« zu überwinden. Nun auf einmal störte es Strauß, daß de Gaulle an der nationalen Indentität Frankreichs festhalten wollte und damit Europa die Ausdehnung zum politischen Machtfaktor verweigerte. Nun auf einmal merkte Strauß, daß ein Europa der Vaterländer den alten Kontinent nicht wirklich zum Gegengewicht gegen die Supermächte machen konnte. Er warb für eine »Weltmacht Europa«, so 1969 in einem Gespräch mit dem britischen Premier Harold Wilson, für einen europäischen Bundesstaat – und da war es wieder, sein Lieblingsthema – mit einem nuklearen Potential aus britischen und französischen Beständen. Damit war Strauß aber auch bei dem Briten an der falschen Adresse. Er hatte mit seinen Ausflügen in die Außenpolitik einfach kein Glück.
Um so erfolgreicher war sein Wechsel ins Fach Ökonomie. Als er am 9. Januar 1964 zum erstenmal nach fast zehnjähriger Ministerzeit wieder als Abgeordneter im Bundestag das Wort ergreift, hält er sogleich eine wirtschafts- und haushaltspolitische Grundsatzrede, die als »Put-Put-Rede« in die Annalen des Parlaments eingeht. Zunächst antwortet Strauß auf einen Beitrag des SPD-Fiskalexperten Alex Möller und entpuppt sich dann als Ökonom, dem die aktuellen Schlagworte der wissenschaftlichen Diskussion höchst geläufig sind:

»Was Sie als Output bezeichnen, ist uns vorgeschrieben: eine bestimmte Zahl von Einheiten des Heeres, der Luftwaffe und der Marine. Deshalb können wir nur bei den Beratungen im NATO-Rat ansetzen, um die Größe des Outputs zu bestimmen. Hier hat die Bundesregierung eine bestimmte Größe zugesagt. Deshalb geht es nicht vom Input zum Output, sondern hier geht es zurück vom Output zum Input. Dann muß ebendas, was für das zugesagte Kontingent an finanziellen, personellen und raummäßigen Mitteln erforderlich ist, von uns bewältigt werden. Ich glaube, Sie könnten mir keine Antwort geben. Ich weiß, was Sie meinen. Sie

sprechen von dem Problem der ›costs-effectiveness‹, der höchsten Kostenergiebigkeit; man könnte es auch anders ausdrücken: des Kostenoptimums.
Was ist denn das Kostenoptimum? Das Kostenoptimum ist der Punkt, wo sich die Stückkostenkurve mit der Grenzkostenkurve schneidet. Jetzt sagen Sie einmal, wo sich bei einem militärischen Apparat Stückkostenkurve und Grenzkostenkurve schneiden. Es würde nicht einmal einem wirtschaftswissenschaftlichen Institut gelingen, das genau festzulegen. Zur Erfüllung der militärischen Aufgabe muß man sich der Mittel der modernen operational research bedienen. Operational research mit den modernen elektronischen Rechenmaschinen setzt voraus, daß man eine Reihe von Daten einführt – das sind die Inputs –, um eine Reihe von Ergebnissen oder Vorschlägen – das sind die Outputs – zu erhalten.«

Für einen eben geschaßten Verteidigungsminister waren das unerhörte Begriffe, für einen Studenten der Volks- oder Betriebswirtschaft allerdings das tägliche Handwerkszeug: Auf Strauß traf in jenen Tagen beides zu. An der Universität Innsbruck hatte er in aller Stille bei Professor Andreae ein paar Ökonomiekurse belegt, um sich auf den aktuellen Stand der Debatte zu bringen; die paar Semester Ökonomie an der Uni München während des Krieges reichten nicht mehr aus. Nun erfuhr also der Bundestag, daß Strauß sein Interessengebiet ausbaute; er suchte die Läuterung, indem er sich an einer neuen Herausforderung erprobte. Er ließ sogar eine neue Legende streuen: Zur Vorlesung sei er jeweils flußaufwärts das Inntal entlang bis Innsbruck und danach wieder nach Rott zurück geradelt, 120 Kilometer pro Strecke. Will er damit andeuten, sein neuer Lebensabschnitt überspringe zwei Jahrzehnte und setze fort, was der süddeutsche Jugendmeister an der Hochschule nur unterbrach? Oder will bloß das Mannsbild posieren, kraftvoll und stolz?

Daß sein Widersacher Augstein, der doch den Feind 1962 erlegt hatte, in jenen Jahren den Kampf unermüdlich fortsetzte, nützte Strauß aber eher, als daß es ihm schadete. Augstein war ersichtlich nicht gut beraten, als er seine Münchner Anwälte am 5. April 1965 jenen Schriftsatz über das Privatleben des Christsozialen erarbeiten ließ. Fünf Tage später, darauf hatten die Anwälte wohl gezielt, stellte sich der CSU-Vorsitzende zur Wiederwahl. Strauß nutzte die Gelegenheit vor den Delegierten zur Flucht nach vorn: »Es geht nicht um mich als Person, aber es geht darum, ob in diesem Staate die verfassungsmäßigen Gewalten herrschen oder ob unkontrollierte und unkontrollierbare Gewalten, die unser Rechtssystem und unsere Freiheiten mißbrauchen, allmählich eine terroristische Herrschaft auszuüben beginnen. Viele beugen sich, indem sie zahlen. Viele beugen sich, indem sie Informationen liefern. Viele beugen sich, indem sie sich in dieser oder jener Form zur Verfügung stellen. Was ich im Lauf der letzten Jahre, Monate und Wochen erlebt habe, das war der äußerste Grad der Niedertracht, den man sich vorstellen kann.«

Es folgt eine nachgerade erstaunliche und erstaunlich zutreffende Selbstbeschreibung, etwas, das FJS sonst gar nicht liegt: »Ich bin weder ein Heiliger noch ein Dämon. Ich bin kein ausgeklügeltes Buch, sondern ein Mensch mit seinem Widerspruch. Es geht hier nicht um einen einzelnen, am allerwenigsten um Franz Josef Strauß. Es geht um Grundwerte und Grundrechte. Regierung und Parlament sind aufgerufen zu tun, was notwendig ist, damit sie nicht zu Marionetten am Ende von Drähten werden, deren andere Enden sich in den Händen von selbsternannten Potentaten befinden, die, ohne die geringste sittliche Legitimation zu besitzen, sich zu Wächtern und Richtern dieser Demokratie ernennen und die einen Hintergrund aufweisen, den vor der Öffentlichkeit zu verbergen sie allen Grund haben. Es gibt nicht nur eine Unterwelt im Kittel, es gibt auch eine Unterwelt im Frack.«

Zwar blieb unklar, auf welche Art »Hintergrund« Strauß anspielte, aber seine Verteidigungsrede kam an. Sie war schließlich, was seine Person betraf, von seltener Ehrlichkeit und Selbsterkenntnis – ein Mensch in seinem Widerspruch, »Scheißkerl« und Primus. Fast 86 Prozent der Delegierten stimmten für ihn. Er begann, die Scharte auszuwetzen. Seine Bayern hielten wieder zu ihm. Anläßlich seines fünfzigsten Geburtstags am 6. September fragte der MÜNCHNER MERKUR ihn nach seinen »Unzulänglichkeiten und Fehlern«. Da antwortete einer, der fast drei Jahre nach der Stunde der Schmach einiges an Bekennertum vorzeigen konnte: »Erstens, daß ich in vielen Fällen aus Gutmütigkeit oder auch aus dem Bedürfnis heraus, anderen Menschen zu helfen, Unterschriften gegeben habe, die ich vielleicht bei ganz genauer Prüfung des Sachverhalts entweder nicht hätte geben sollen und auch nicht gegeben hätte. Hand in Hand damit auch eine oft zu weitgehende Vertrauensseligkeit, die dann mißbraucht worden ist. Ich weiß nicht, ob man das als Fehler bezeichnen kann, daß ich in der Verfolgung meiner sachlichen Ziele mit großer Hartnäckigkeit und Entschlossenheit gekämpft habe, was sicherlich manche Menschen in meiner Umgebung oder auch außerhalb meiner Umgebung vor den Kopf gestoßen hat.«

Zwei Wochen nach dem Geburtstag die erste und letzte Bundestagswahl des Kanzlers Ludwig Erhard. Der Bayer Strauß hilft dem Franken Erhard mit einem Rekordergebnis von 55,6 Prozent für die CSU, obwohl die beiden ganz offensichtlich nicht miteinander harmonieren. Auf Bundesebene erringt die Union 47,6 Prozent, die SPD 39,3 und die FDP immerhin noch 9,5 Prozent. Die Liberalen, die vier Jahre zuvor mit ihrem Wahlkampfslogan »Der Alte muß weg« 12,8 Prozent eingefahren hatten, um dann auf spektakuläre Weise umzufallen, hatten die 65er-Kampagne vor allem mit Parolen gegen Franz Josef Strauß bestritten; es war also den meisten Beteiligten und besonders Kanzler Erhard klar, daß sie nicht schon wieder umfallen durften. Daraus zogen Strauß und seine CSU genußvoll Vorteile. Sie verlangten kategorisch »Genugtuung«, und zwar schon vor Beginn der eigentlichen Koalitionsverhandlungen.

Erhard hatte eben die Wahl glänzend gewonnen, da begann bereits seine öffentliche Demontage. Strauß weigerte sich, ohne Ehrenerklärung an Koalitionsverhandlungen teilzunehmen, die FDP weigerte sich umzufallen – da blieb als diplomatischer Ausweg, von CDU/CSU-Fraktionschef Rainer Barzel gefunden, nur ein neues Etikett: Man traf sich, Strauß zur geringen Genugtuung, statt zu Verhandlungen lediglich zu »Besprechungen«, bei denen alle Beteiligten freilich genauso taktierten wie sonst auch im politischen Basar. Am Ende einigten sich die Koalitionskontrahenten auf eine Erklärung, in der sie verkündeten, die Partner wollten nun einen Schlußstrich unter den Streit der Vergangenheit ziehen und künftig nett zueinander sein. Und Strauß durfte im Fernsehen verkünden – was zwar nicht stimmte, aber seinem Ego schmeichelte –, der Kanzler habe ihm ein Ministerium angeboten, er aber habe abgelehnt. Eilig streuten Strauß' Helfer, es sei das Finanzministerium gewesen, das ihr Chef hätte leiten können, wenn er nur gewollt hätte. Dabei wünschte er sich eigentlich nichts sehnlicher, sah sich in seinem Sehnen allerdings durch die Erkenntnis gebremst, dieser Kanzler werde es ohnehin nicht mehr lange machen, die von ihm – Strauß – so genannte Zwischenphase bald beendet sein. Strauß förderte diesen Prozeß nach Kräften. Die Regierungsbildung war kaum abgeschlossen, da sagte er in seiner neu errungenen finanztechnischen Spruchweisheit schon voraus: »Diese Wahlen sind auf Wechsel gewonnen, die noch präsentiert werden.« Er tat manches dazu, daß dem Kanzler im folgenden Jahr die Schuldscheine gereicht wurden.

Erhards Regierungserklärung nach dem Wahlsieg stieß beim Chef der Koalitionspartei CSU sogleich auf offene Kritik. Der Kanzler hatte die Zäsur zur Adenauer-Ära deutlich machen wollen, als er das historische Resümee zog: »Die Nachkriegszeit ist zu Ende!« Strauß, immer bemüht um die Gleichbehandlung der Deutschen, immer auf der Suche nach einem »Schlußstrich« unter die Vergangenheitsbewältigung, hätte den Ausspruch des Kanzlers sicherlich ohne intellektuelle Verdrehungen gutheißen können. Statt dessen ging er demonstrativ auf Distanz zu Erhard: »Ist die Nachkriegszeit wirklich zu Ende? Die Opfer, die politische Verfolgung, Krieg und Nachkriegsschäden gefordert haben, werden wohl erst in der nächsten Generation, die aktiv und passiv an diesen Ereignissen nicht mehr unmittelbar beteiligt war, vergessen werden. Für uns ist, im großen politischen Rahmen gesehen, die Nachkriegszeit erst dann zu Ende, wenn wir wieder ein gerechtes Urteil über das deutsche Volk erlangt haben.«

Wirtschafts- und finanzpolitische Themen bestimmten die Diskussion des Jahres 1966, an dessen Ende wieder ein neuer Kanzler stehen sollte, und Strauß hatte sich für jene Debatte unter anderem mit seinem Zweitstudium fit gemacht. Die ersten zwanzig Nachkriegsjahre war es stetig aufwärtsgegangen; nun deutete sich erstmals ein Konjunkturabschwung an. Zum erstenmal legte sich Reif

auf die allseits bestaunte Wirtschaftswunderblüte. Tatsächlich war es mehr ein Wechsel in der Stimmung der Bürger als eine Veränderung der zentralen Wirtschaftsdaten – immer noch herrschte Vollbeschäftigung, gab es nur 100 000 Arbeitslose bei 600 000 offenen Stellen und 1,4 Millionen Gastarbeitern (September 1966). Dennoch machte sich in der Republik eine Art Krisenangst bemerkbar, inflationäre Tendenzen zeigten sich: Die Löhne stiegen um Raten zwischen 7 und 8 Prozent, die Preise stiegen um 4,5 Prozent. Die öffentlichen Haushalte finanzierten ihre Ausgaben zunehmend auf Pump, die Bundesbank steuerte mit höheren Zinsen dagegen. Der Kanzler sprach unaufhörlich von der Notwendigkeit des »Maßhaltens«. Strauß suchte den Bürgern zu vermitteln, daß sie nicht im Schlaraffenland, sondern in einer Situation internationaler Konkurrenz lebten: »Wir können nicht damit rechnen, daß wir in Zukunft billigere Arbeitskräfte haben werden. Wir können auch nicht damit rechnen, daß wir billigere Energie haben werden. Wenn also bei uns die Kosten für Arbeitskräfte ständig steigen, die Kosten eigener Energie ohnehin höher sind und zusätzlich noch steigende Kosten für Lizenzen bewältigt werden müssen, dann sehe ich für die Konkurrenzsituation Europas gerade in den zukunftsträchtigen Gebieten nicht gerade rosig.«
Bei einer Meinungsumfrage im Sommer 1966 hielten 20 Prozent der Bürger eine »große Krise« für unausweichlich, 42 Prozent für ziemlich wahrscheinlich; nur 3 Prozent meinten, sie werde bestimmt nicht kommen. Die Regierung tat nichts oder zuwenig, den ausufernden Pessimismus einzudämmen. Strauß faßte die Stimmung im Lande bei einer Fraktionssitzung der Unionsparteien unter der Bezeichnung »die fünf U« zusammen: »Ungewißheit, Unsicherheit, Unbehagen, Unruhe und potentielle Unzufriedenheit« hätten sich überall im Lande breitgemacht. Auch der Bonner CDU-Zentrale blieb der Stimmungswechsel nicht verborgen. In einem Dossier über die »Lage der CDU im Spätsommer 1966« heißt es: »Zweifellos hat die Politik der CDU selbst bestimmte Verhältnisse geschaffen, die diese langfristig wirksamen Veränderungen möglich machten: Wohlstand, Annäherung zum Versorgungsstaat, ziemlich untangierte und weitgehende persönliche Freiheit, tatsächlicher Frieden und damit die Verdrängung des Problembe-

wußtseins über die deutsche Existenz zwischen Ost und West, Erfolgserlebnis der Demokratie und Annahme des Pluralismus; schließlich gab es weltweite Entwicklungen, die auch bei uns zur Veränderung des politischen Bewußtseins beigetragen haben: das ›Aggiornamento‹ der Kirche und viele andere Erscheinungen neuzeitlicher Kulturveränderungen.«

Historiker haben den Sturz des Kanzlers Ludwig Erhard das »aktionslose Attentat« genannt; tatsächlich waren einzelne Killer nicht dingfest zu machen. CDU/CSU-Fraktionschef Rainer Barzel sprach schon Anfang September von der »bisher schwersten Situation für die Union«. Strauß forderte den Kanzler immer wieder zur Führung auf, zuletzt im Sommer bei einem Besuch in Erhards Haus am Tegernsee. Strauß mahnte, die Bundesfinanzen, die Koalition, das Kanzleramt bedürften der ordnenden Hand, sonst gehe die Regierung einem vorzeitigen Ende entgegen: »Ich habe ihm gesagt: Wenn ich jetzt hier weggehe, tickt die Uhr auf Ihrem Schreibtisch. Entweder haben Sie begriffen, worum es geht – dann haben Sie eine Chance, als Kanzler zu überleben –, oder Sie haben es nicht begriffen und wollen mich jetzt bloß loswerden, dann werden Sie am Ende des Jahres nicht mehr Bundeskanzler sein – nicht weil ich es will, sondern weil die Umstände Sie zwingen werden.«

Erhard verstand ihn falsch, oder er wollte ihn mißverstehen: »Herr Strauß, seien Sie doch nicht so ungeduldig. Es dauert nicht mehr lange, dann nehme ich Sie in mein Kabinett auf.« Das strebte Strauß zu diesem Zeitpunkt nun wirklich nicht mehr an. Er wollte nicht gemeinsam mit Erhard untergehen; die paar Monate im Wartestand festigten da eher seine Position.

Die Demontage des Kanzlers schritt im September munter voran. Bundestagspräsident Eugen Gerstenmaier streute, er halte sich »als Kanzler bereit«. Einer seiner denkbaren Konkurrenten, der baden-württembergische Regierungschef Kurt Georg Kiesinger, rechnete mit einem halben Jahr für den »notwendigen Auseiterungsprozeß«. Zugleich beschloß das Kabinett einen Bundesetat von knapp 74 Milliarden Mark, der trotz allseitiger Ermahnungen nicht ausgeglichen war. Die FDP lehnte aber die fälligen Steuererhöhungen strikt ab. Am 4. Oktober tat Barzel den historischen

Satz, es sei »selbstverständlich, daß Ludwig Erhard unser Bundeskanzler ist und bleibt«.
Drei Tage später rief Strauß im CSU-Landesvorstand unter konspirativen Umständen zum Kanzlermord auf, auch auf die Gefahr hin, dabei »die Einheit der Union zu riskieren«. Für wahrscheinlicher hielt er aber, »daß sich in einer handstreichähnlichen Aktion der CSU gegen die Regierung Erhard die ›harten‹ Kräfte der CDU mit der CSU verbünden würden«. Als Variante zum überfallartigen »Handstreich« nannte Strauß eine zermürbende Politik der Kollision und Konfrontation gegenüber der Schwesterpartei: »Den anderen Kurs drücke ich sehr vorsichtig aus, ich bitte um allerstrengste Diskretion: eine Änderung der derzeitigen Verhältnisse in capite et membris und der Methode sowie in der Programmgestaltung herbeizuführen und zu erzwingen, das ist der zweite Weg, um in der Landtagswahl vor der bayerischen Öffentlichkeit auftreten zu können und zu sagen: Als es innerhalb der CDU, innerhalb der Koalition nicht mehr möglich war, haben wir von der CSU aus die entscheidende Wende herbeigeführt. Das erfordert ganz harte Beschlüsse, bei denen alle mitziehen müssen und die bis zur letzten Konsequenz durchgehalten werden müssen!«
Während Strauß den Handstreich favorisierte, waren seine Parteifreunde wegen der unmittelbar bevorstehenden Landtagswahlen in Bayern eher für die Variante Obstruktion. Der Handstreich hätte ja auch nur mit einem klaren neuen Ziel vollstreckt werden können, doch wie sollte das aussehen: kleine Koalition trotz der Abneigung von Strauß gegenüber der FDP? Große Koalition, aber unter welchem Kanzler? Strauß hatte mal wieder etwas zerstören wollen, ohne die Folgen zu bedenken. Eine Lösung hätte sich, meinte er, quasi automatisch eingestellt, und bei der Gestaltung der neuen politischen Situation hätten er und die CSU wieder tüchtig mitgemischt. Doch ein solcher Katastrophenkurs war nichts für die insgesamt eher vorsichtige und abwartende CSU-Spitze, deren Funtionäre mehr als Strauß um Posten und Ansehen bangten. Der FDP-Fraktionschef Knut von Kühlmann-Stumm machte einen letzten Versuch, Erhard wenigstens einen honorigen Abschied zu ermöglichen – den Rücktritt zu seinem siebzigsten Geburtstag im Februar 1967 –, doch er stieß bei Strauß auf »eisige Ablehnung«.

Der CSU-Chef stellt, mitten in der Kampagne, den Wahlkampf um. Überall in Bayern werden die Plakate mir Ludwig Erhard überklebt und durch Porträts von Adenauer oder Strauß ersetzt. Erstmals in der Geschichte bundesdeutscher Wahlen verzichtet eine Landespartei darauf, am Bonner Kanzlerbonus teilzuhaben, und führt einen Landtagswahlkampf gegen die politischen Freunde in Bonn; das Beispiel macht später Schule. Bei einer Rede in Planegg skizziert Strauß ganz offen diese doppelbödige Taktik: »Wir haben es in Bayern gut gemacht. In Bayern sind die Verhältnisse in Ordnung. Ihr habt guten Grund, die CSU wiederzuwählen. In Bonn werden wir die Dinge in Ordnung bringen – aber nur dann, wenn ihr uns mit dem bayerischen Wahlergebnis gestärkt nach Bonn zurückschickt.«

Dennoch überläßt die CSU, gegen den Rat von Strauß, das Handeln der FDP, deren Minister am 27. Oktober zurücktreten. Damit ist die christliberale Koalition zerbrochen; doch auch die FDP hat die genauen Folgen dieses Schrittes nicht eingehend genug durchdacht. Sieht sie sich in der Opposition? Oder in einer neuen Koalition unter einem anderen Kanzler der Union? Strauß und Barzel fordern Erhard tags darauf zum Rücktritt auf, doch der Kanzler vollzieht seinen Abschied quälend langsam. Ein Brutus zeigt sich nicht: Der »Vater des Wirtschaftswunders« soll aus eigenem Antrieb gehen.

Zwei Politiker geben ihm wenigstens einen kleinen Schubs: Franz Josef Strauß erklärt, er sehe in Koalitionsgesprächen mit der SPD eine »Grundlage«, und in seinen bayerischen Landen führt er einen entschiedenen Anti-Erhard-Wahlkampf unter dem Motto: »Mit dem Saustall in Bonn muß Schluß sein«, wozu es eine starke CSU brauche. Und der junge CDU-Vorsitzende von Rheinland-Pfalz, Helmut Kohl, damals 36 Jahre alt, schlägt am 8. November im Bundesvorstand der Partei sechs Nachfolgekandidaten vor. Zwei lehnen sogleich ab – Innenminister Paul Lücke und CDU-Generalsekretär Josef Hermann Dufhues –, vier erklären sich zu einer Wahl in der Unionsfraktion bereit – Barzel, Schröder, Gerstenmaier und Kiesinger. Die Waage neigt sich schon am nächsten Tag zugunsten des Stuttgarter Ministerpräsidenten, als der CSU-Parteivorstand in München für Kiesinger plädiert, zu dem

Strauß bereits seit August in engem Kontakt steht, den sein Generalsekretär Anton Jaumann hergestellt hat. Strauß wird zwar nicht Kanzler, aber immerhin Kanzlermacher: »Wir wollten die Designation von Kiesinger vor den bayerischen Wahlen, um den Wählern glaubhaft zu machen: Die CSU wird sich durchsetzen, der Erhard wird endgültig gehen, der Kiesinger wird kommen, und dann ändern sich die Verhältnisse in Bonn, mit dem jahrelangen Wirrwarr der Bonner Politik ist es vorbei.«

Die bayerischen Wähler sprechen Strauß und seiner Taktik bei den Landtagswahlen am 20. November das Vertrauen aus. Die CSU baut ihre absolute Mehrheit im Maximilianeum um zwei weitere Mandate auf 110 Sitze aus, die FDP und Bayernpartei scheitern an der Sperrklausel; allerdings schafft die NPD mit 7,4 Prozent und fünfzehn Mandaten den Einzug ins Landesparlament. Und Strauß erfährt jene Genugtuung, nach der er sich seit vier Jahren sehnt – er wird wieder Bundesminister.

Natürlich tut er so, als geschehe das eigentlich gegen seinen Willen; er erweckt den Eindruck, als müsse er zum Eintritt ins Kabinett überredet werden: »Ob ich ins Kabinett komme oder nicht, davon hängt meine Seligkeit nun nicht mehr ab. Ich hatte gar keinen Grund, mein Leben als Vorsitzender der CSU und als Landesgruppenvorsitzender mit den Vorzügen der politischen Bewegungsfreiheit, der Kritikfreiheit, der finanziellen Unabhängigkeit und so weiter so schnell aufzugeben.«

Er kokettiert. Er spielt mit der Wahrheit. Er will so dringend in die Regierung wie die SPD an die Macht. Er ist es, der im Fraktionsvorstand der CDU/CSU eine Erklärung formuliert und verkündet, in der Erhard gebeten wird, »jetzt die Maßnahmen zu ergreifen, die erforderlich sind, um den Übergang zu einer neuen Regierung einzuleiten«. Er ist es, der übers Fernsehen den Sozialdemokraten mitteilt, ihre politischen Vorstellungen seien durchaus »eine Grundlage« für Koalitionsgespräche. »Er war die Kröte, die wir schlucken mußten«, erinnert sich später Helmut Schmidt.

Ebenso wie Strauß erfährt einer seiner Widersacher aus den Tagen der SPIEGEL-Affäre Genugtuung: Conrad Ahlers wird stellvertretender Regierungssprecher. Er hatte mitgeholfen, daß in Kurt Georg Kiesinger überhaupt der neue Kanzlerkandidat und schließlich Kanzler gefunden werden konnte; denn während unter anderem die seriös-konservative NEUE ZÜRCHER ZEITUNG den baden-württembergischen Regierungschef wegen seiner Mitgliedschaft in der NSDAP angriff, besorgte Ahlers aus SPIEGEL-Beständen ein Protokoll des Reichssicherheitshauptamts aus dem Jahre 1944, in dem Kiesinger als damaliger Mitarbeiter des auswärtigen Amtes denunziert wurde als einer, »der nachweislich die antijüdische Aktion hemmt«. So verwandelte sich der Vorwurf gegen Kiesinger schnell in eine Entlastung. Am 1. Dezember 1966 wird er zum Kanzler gewählt, am selben Tag Strauß als Finanzminister vereidigt. Gustav Heinemann, Anwalt des SPIEGEL beim Verfahren vor dem Bundesverfassungsgericht, übernimmt das Justizressort. Sein Staatssekretär wird der SPIEGEL-Anwalt Horst Ehmke, der sich später erinnert, daß es Helmut Schmidts Idee war, Strauß durch Ahlers und Ehmke »auszubalancieren«. So scheint gewährleistet, daß dem Ungestüm des Bayern Grenzen gesetzt sind. Nach Einschätzung des sozialdemokratischen Koalitionspartners hat Strauß ein Ressort erhalten, das ihm – so glaubt jedenfalls Karl Schiller – »jede Agitation« unmöglich macht.

Rückkehr ans Licht

Der verliebte Finanzminister

1966 – 1969

Jene knapp drei Jahre als Bundesfinanzminister der großen Koalition waren für den Politiker Franz Josef Strauß die beste Zeit. Der Schock von 1962 war überwunden, die Prozesse gegen Augstein beendet: Er durfte und konnte sich in einem neuen Leben bewähren, in seinem neuen Amt als – so hoffte und so glaubte er – zweitwichtigstes Kabinettsmitglied nächst dem Kanzler.
Tatsächlich hat Finanzminister Strauß eine ungemein wichtige Aufgabe. Er muß nicht nur das vergleichsweise geringe Haushaltsdefizit von acht Milliarden in den Griff bekommen, sondern auch zum entscheidenden Stimmungsumschwung beitragen, um die aktuelle Konjunkturentwicklung und die Konjunkturerwartungen zu verbessern. Wieder muß er sich als bayerischer Löwe, als der er sich so gern sieht, bewähren: 1956 hatte er die Bundeswehr aus »dem Chaos der Aufbaumonate in geordnete Verhältnisse« zu überführen.
Zehn Jahre später muß er, wie er selber sagt, gegen »chaotische Zustände auf dem Gebiet der Bundesfinanzen kämpfen«. Er sieht sich exakt so, wie auch der Kanzler ihn einschätzt. Kiesinger über seinen Finanzminister: »Von den verschiedenen Kandidaten, die zur Wahl standen, kam Franz Josef Strauß den Qualitäten eines Herkules am nächsten.« Strauß' offizieller Biograph Thomas Dalberg stellt in seinem 1968 erschienenen Porträt des damals 52jährigen Politikers die gravitätische Frage: »War es wirklich sein Schicksal, immer in letzter Minute mit hochbrisanten, höchst undankbaren Aufgaben betreut zu werden?«
Strauß hat das Glück, in dem sozialdemokratischen Wirtschaftsminister Karl Schiller auf einen Politiker zu treffen, mit dem er sich vorzüglich ergänzt. Die beiden werden »deficit brothers«,

auf deren Schultern die Hauptaufgaben der großen Koalition ruhen. Zwar ruft erst die sozialliberale Koalition 1969 das »Zeitalter der inneren Reformen« aus, doch schon drei Jahre zuvor beginnen Schiller und Strauß, genannt Plisch und Plum, ein so gewaltiges Reformwerk auf wirtschafts- und finanzpolitischem Gebiet, daß am Ende seiner Amtszeit ein stolzer Strauß im Kabinett stöhnt: »Ich kann das Wort ›Reform‹ schon nicht mehr hören.« Damit meint er sein eigenes Reformwerk auf dem Gebiet der Finanzverfassung; beispielsweise hilft er den Universitäten aus der Misere, indem er finanzielle »Gemeinschaftsaufgaben« von Bund und Ländern einführt. Für den Reformdrang der – meist studentischen – Jugend, der sich zeitgleich Bahn bricht, hat er allerdings keinerlei Verständnis.

Die Aufgabe der beiden klingt widersprüchlich: Sie müssen eine stagnierende Wirtschaft mit neuem Leben erfüllen, also Geld ausgeben (zum Amtsantritt der neuen Regierung werden 673 000 Arbeitslose gezählt). Und sie müssen den Bundesetat konsolidieren, also Geld einsparen. Strauß faßt das Problem folgendermaßen zusammen: »Konsolidierung heißt: Einnahmen erhöhen, Ausgaben kürzen, Gleichgewicht herstellen. Wiederbelebung heißt: Steuern eher senken als erhöhen, Ausgaben eher vermehren als kürzen, in gewaltigem Umfang Kredite aufnehmen. Ein Verzicht auf die Konsolidierung war unmöglich, ein Verzicht auf die Wiederbelebung der Wirtschaft lebensgefährlich.«

Die beiden Minister finden den Weg aus der Konjunkturkrise wie keine Regierung zuvor oder seitdem. Der Bundeshaushalt wird mittels einer Ergänzungsabgabe und Kürzung von Steuervergünstigungen neu geordnet, das Finanzverhältnis zwischen Bund und Ländern neu geregelt, eine mehrjährige Finanzplanung eingeführt. Zugleich wird die alte Umsatz- durch die moderne Mehrwertsteuer ersetzt. Die Wirtschaft wird mit Abschreibungserleichterungen und zwei Konjunkturprogrammen angekurbelt. In einer »konzertierten Aktion« aller wichtigen Teilnehmer am Wirtschaftsgeschehen wird immer wieder neu ein Konsens der unterschiedlichen Gruppen gesucht. Schiller versteht es zum Leidwesen des neidischen Strauß meisterhaft, schwierige volkswirtschaftliche Begriffe und Zusammenhänge in öffentlich nutzbare Schlagworte zu verwandeln; die ganze Republik spricht auf einmal von Konjunkturtälern, sozialer Symmetrie, magischem Viereck oder einem Aufschwung nach Maß.

Es ist wohl jene Verbindung der vertrauten Marktwirtschaft mit behutsam-planerischen Elementen, mit der die Konjunktur wieder ans Laufen gebracht und die Wirtschaft zu Investitionen angeregt wird. »Das damals geschaffene Instrumentarium eines wirtschafts- und gesellschaftspolitisch modernen, aktiven Interventionsstaates bleibt auch von heute aus betrachtet eine große Leistung«, urteilt fünfzehn Jahre später der Historiker Arnulf Baring.

Die Zusammenarbeit von Strauß und Schiller zeigt den Unternehmern, daß die Sozialdemokraten – jedenfalls jene in Schillers Nähe – längst die Wirtschaftsverfassung akzeptiert haben und nötige Beiträge zu ihrer Modernisierung leisten können. Und der wortmächtige Strauß ist der Garant dafür, daß selbst erzkapitalistische Unternehmergrößen nicht zu befürchten brauchen, die Sozis dürften über die Stränge schlagen.

Der CSU-Finanzminister sprach selber von einer fälligen »Modernisierung des Staatswesens: Es muß dem technischen Fortschritt von morgen aufgeschlossen sein. Deshalb müssen wir den Blick auf das 21. Jahrhundert richten, auf die Erfordernisse einer industriellen Massengesellschaft, und wir müssen erreichen, daß der Staatsapparat instand gesetzt wird, die dazu notwendigen Funktionen zu erfüllen.« Daß mithin auch Strauß daran beteiligt war, die Sozialdemokraten für ein dreizehnjähriges Regiment auszurüsten, hat er selber später oft genug bereut.

Er trat sein Amt an mit dem ehrlichen Hinweis: »Der Bundesfinanzminister ist kein Magier, auch er kann keine paradiesischen Zustände herbeizaubern.« Als er nach einem Jahr im Bundestag Rechenschaft ablegte, meinte er stolz, er habe die wichtigsten Aufgaben »im großen und ganzen befriedigend gelöst«. Und am Ende der Wahlperiode 1969 verkündete er: »Ich übergebe eine geordnete Kasse und völlig geordnete Bücher mit konsolidierten Verhältnissen.« Da verzeichneten die Statistiker gerade ein reales Wachstum des Sozialprodukts von seit langem unerreichten 7,3 Prozent (1968) und 8,2 Prozent (1969). Die ersten Gastarbeiter strömten ins Land. Es herrschte wieder Vollbeschäftigung – 200 000 offene Stellen bei 179 000 registrierten Arbeitslosen. Die Inflationsrate war von 3,5 (1966) auf 1,5 Prozent (1968) gefallen. Selbst die ZEIT lobt den Minister und seine Erfolge: Da »begannen an der Börse die Aktienkurse zu klettern, die Wirtschaft schöpfte Hoffnung, und die Großindustrie brachte ihm Sympathie entgegen«. Die RHEINISCHE POST nennt ihn einen »Zauberer«. Die STUTTGARTER ZEITUNG wagt einen stilistisch abenteuerlichen Vergleich: »Die Geheimwaffe Franz Josef Strauß entpuppte sich als Trägerrakete, deren Sprengsatz offenbar irgendwann und irgendwo abhanden gekommen ist.«

Bei allem wirkt die Waffe Strauß wie verwandelt. Als der britische Labour-Premier Harold Wilson in Bonn um Hilfe für sein Beitrittsgesuch zur EG bittet, ziehen sich nach dem Abendessen im Kanzleramt der exzentrische Außenminister George Brown und Finanzminister Strauß auf ein kleines Sofa zurück. Kiesingers Staatssekretär Günther Diehl beobachtet ängstlich die Szene: »Beide Herren hatten ihren Normalpegelstand bereits weit überschritten und waren in eine lebhafte Diskussion politischer Grundfragen eingetreten. Die Debatte wurde laut und stürmisch, hin und wieder schrien die Herren sich an. Wir fingen an, uns Sorgen zu machen. Schließlich, als die meisten Gäste schon gegangen waren, erhoben sich die beiden, klopften sich auf die Schulter und gingen untergehakt zusammen den langen Flur zum Portal, umarmten sich und versicherten sich gegenseitig, daß sie sich lange nicht mehr so gut unterhalten hätten. A jolly good evening, indeed.« Ein anderer Strauß.

Der polnische Journalist Marian Podkowinski gibt seinem Ende der sechziger Jahre erschienenen Buch über Deutschland den Titel »Warten auf Strauß« – nur der sei in der Lage, mit einer »Regierung der starken Hand« gegen neonazistische Tendenzen anzugehen und zugleich die Interessen Deutschlands an Einheit, Großmachtstellung und internationaler Gleichberechtigung mit atomarer Rüstung zu befriedigen. Podkowinski irrt sich: Ein starker Mann zur Eindämmung neofaschistischer Tendenzen wird in Bonn gar nicht gebraucht, weil der gleiche Mann schon als Finanzpolitiker Erfolg hat. Der NPD, die den Bonner »Saustall« aufräumen will, hält

er entgegen: »Schaffen WIR lieber Ordnung, dann werden die bestimmt nicht kommen.«
Seine Tragik ist: Auf dem Höhepunkt des Erfolgs muß er abtreten – nicht weil seine, sondern weil seiner Partei Zeit abgelaufen ist. Und er hat auch noch mitgeholfen, die SPD regierungsfähig zu machen – nicht nur mit seiner Finanzpolitik, die er gemeinsam mit Schiller betrieb, sondern auch mit einem Wahlkampf, den er entgegen aller Vernunft konträr zu Schiller anlegt und den er verliert.
Schon im Lauf des Jahres 1968, die binnenwirtschaftlichen Erfolge von Plisch und Plum stellen sich gerade erst ein, beginnt Unruhe an den Währungsmärkten. Die Deutsche Mark verlangt nach Aufwertung, die Strauß und zu diesem Zeitpunkt auch Schiller wegen der Auswirkungen auf die Arbeitsplätze in der Exportwirtschaft für schädlich halten. Der Wirtschaftsminister fordert, entgegen amerikanischem Drängen, vielmehr »eine Neugestaltung der Paritäten unter Einschluß des Dollar«. Und Strauß vermag nicht einzusehen, warum die deutsche Wirtschaft »wegen Tüchtigkeit auf die Anklagebank« gesetzt werden solle. So bildet sich seit November 1968, elf Monate vor der nächsten Wahl, das entscheidende Wahlkampfthema heraus.
Schiller und Strauß hoffen, das internationale Verlangen nach einer Neubewertung der Mark mit einer Ersatzaufwertung kontern zu können. Das Kabinett beschließt eine 4prozentige Entlastung der Importe und entsprechende Belastung der Exporte, weil sich Strauß gegen jede »Manipulation am Wechselkurs« sträubt und sich verspricht, eine Aufwertung gebe es »nur über meine Leiche«. Die Jahrzehnte seitdem haben gezeigt, wie wenig derartige Glaubensbekenntnisse taugen; denn gegen Marktkräfte läßt sich ein Wechselkurs niemals halten.
Doch Strauß ist von seinem Kurs überzeugt. Er glaubt, die überbordende Konjunktur mit einem kleinen Stabilitätsprogramm – Etatkürzungen, Einsparungen, vorzeitige Schuldentilgung – dämpfen zu können und so eine Aufwertung zu vermeiden. Mit zunehmender Dauer der Auseinandersetzung geht es ihm nicht mehr um die Sache; es geht um ihn und seine Rolle: Er kämpft gegen die »Diva«, die »Callas« der SPD und der ganzen Koalition. Er will sich vom Wirtschaftskollegen emanzipieren. Er mag nicht

dienen, sich nicht länger hinter Schiller, der immer im Mittelpunkt stehen muß, unterordnen. Der Part des Zweitbesten ist nicht der seine.

Etwa um diese Zeit hat er ein weiteres Mal sein Privatleben geordnet; das erklärt den Unterschied zwischen freiwilliger Unterordnung im Kabinett, die er am Beginn seiner neuen Ministertätigkeit hinnimmt, und der Unruhe danach. Seine Frau Marianne war 1966, als er Finanzminister wurde, nicht wieder mit ihm nach Bonn zurückgekehrt, sondern mit den drei Kindern in Bayern geblieben. Das Ehepaar Strauß führte eine Wochenendehe; seine Frau suchte sich daran zu gewöhnen: »Das war von Anfang an so, und es war auch die Basis unseres Zusammenlebens. Ich habe mich nie Illusionen hingegeben, daß er ein Mann sei, der am Freitagabend um fünf Uhr erscheine und vor Montag neun Uhr nichts täte.« Sie hat längst einen Verdacht und weigert sich deshalb strikt, wieder nach Bonn zurückzukehren; sie läßt ihn dort vielmehr zuerst gewähren: »Zum Hemdenwaschen und Bügeln bin ich mir zu schade«, erklärt sie fest.

Er mietet sich in der Bonner Löwenburgstraße 34 am Rande des Regierungsviertels eine Hauptstadtwohnung, die er auch als Bonner Parteifiliale verwendet. Er quartiert dort seinen außenpolitischen Berater Klaus Bloemer ein, bis er dessen als Büro genutztes Zimmer anderweitig benötigt und der Referent ins Bundeshaus umziehen muß. Strauß braucht Privatheit. Er hat Ulli kennengelernt, eine 17jährige Primanerin aus bester Kölner Familie. Ihr hilft er in seiner Freizeit bei den Schularbeiten. Zum Abitur schenkt er ihr ein Auto, einen gebrauchten VW-Käfer; und er überlegt ernsthaft, ob er mit Ulli ein neues anderes Leben beginnen kann. Er ist bereit, den Skandal in Kauf zu nehmen, denn ihm und den wenigen, die von der Affäre wissen, ist die Dimension sogleich klar: Der Vorsitzende einer Partei, die das Wort »christlich« im Vornamen führt, darf auch nicht auf dem Höhepunkt seiner Midlife-Krise die Familie schnöde verlassen – nicht in den sechziger Jahren, nicht als konservatives Aushängeschild. Ein Gefangener.

Doch er hätte es beinahe getan, hätte sich befreit und die Leute halt reden lassen. Und was wäre geworden, wenn er wirklich den Entschluß umgesetzt und sich von Marianne, die er zu Hause bald nur noch »Mami« nannte, getrennt hätte? Den Vorsitz der Partei, die ihn nach dem 62er Schock so hilfreich auffing, hätte er jedenfalls zeitweilig niederlegen müssen; und als Fürsprecher solch angeblich christlicher Werte wie Ehe und Familie wäre er zeitweilig ausgefallen. Der Hirtenbrief des Prälaten Lorenz Freiberger ist ja erst wenige Jahre alt.

Andererseits – ein bekennender Christ, gar Katholik, der wie Nachfolger Edmund Stoiber das Kruzifix als Monstranz vor sich herträgt und damit die CSU gewissermaßen reklerikalisiert, war FJS nie; für derartige Show-Einlagen fürs einfache katholische Gemüt war ihm der Unionsgedanke zu wichtig. Er wollte doch mithelfen, Bayern und Deutschland aus dem konfessionellen Kleinstaats- und Klüngeldenken herauszuführen. Er war doch Kopf des – im bayerischen Sinne – liberalen Flügels seiner Partei, kämpfte jahrelang gegen die moralischen Anwandlungen und Bigotterien seines Erzrivalen Alois Hundhammer. Und hatte nicht auch Fritz Zimmermann seine Ehe gelöst?

In dieser Zeit mag ihm seine Ehe als Fessel erschienen sein und die Partei oder deren Konventionen nicht minder. Er hat sich gewöhnt an die gelegentlich höchst indiskrete Neugier der Journalisten, die dann aber doch eine Intimsphäre zu beachten wissen; aber eine öffentlich eingestandene und in diesem Fall nach der Lüge im Bundestag sogar neuerliche Regelverletzung traut sich auch ein FJS nicht zu. Werner Dollinger, Strauß' (protestantischer) Stellvertreter im Parteivorsitz während 23 Jahren (1964 bis 1987), über dessen Verhältnis zu Religion und Christentum:

»Strauß braucht nicht täglich Worte, die aus dem christlich-kirchlichen Bereich stammen. Aber eine Formulierung kommt immer wieder bei ihm vor, das ist die ›Ausrichtung nach dem christlichen Sittengesetz‹. Und dies ist für eine Partei, die das Wort ›christlich‹ in ihrem Namen trägt, ein entscheidendes Fundament – und ein Parteivorsitzender ohne ein derartiges Fundament kann eine solche Partei nicht führen.«

Mit dem dunstigen Wort vom »Sittengesetz« will Strauß wohl Distanz schaffen zu Katechismen, Enzykliken und Gottesgeboten, die nur ein Hundhammer im ausgehenden 20. Jahrhundert noch als Richtschnur des Handelns hochhält; er will andeuten, daß sich

Sitte sehr wohl wandeln kann, wenn es der allgemeine Konsens zuläßt. Aber er weiß, daß in seinem Fall der Wertewandel zu spät kommt; selbst 30 Jahre später hat ja Nachfolger Theo Waigel noch eine Weile zu kämpfen, bis er unter völlig anderen Umständen eine zweite Ehe eingehen kann.

So faßt der CSU-Vorsitzende und amtierende Bundesfinanzminister einen Entschluß, der ihm das alte Ungestüm zurückgibt: Franz Josef Strauß, ein Freund der Frauen, »weinte bittere Tränen, als er sich von Ulli trennte« – so notiert es sein persönlicher Referent und Vertrauter Marcel Hepp kurz vor seinem Tod 1970. Er faßt den Entschluß allerdings nicht ganz freiwillig. Denn Marianne war nach Köln in Ullis Elternhaus gereist und hatte um ihren Mann, die Ehe und die Kinder gekämpft – und gewonnen. Aber für ihn ist es wieder eine Niederlage. Ulrike Pesch heiratet 1974 den damaligen Finanzstaatssekretär und späteren Bundesbankpräsidenten Karl-Otto Pöhl.

Strauß aber ist jetzt wieder frei für die Politik. Nun mag er wieder poltern. Nun kann der gelernte Altphilologe Widersachern wieder seine zuweilen kryptischen Sätze entgegenschleudern, zum Beispiel: »Peccatur intra muros et extra.« Gesündigt wird innerhalb und außerhalb der Mauern.

Jetzt fängt Strauß an, auch gegen den neuen Kanzler zu sticheln. Weil er einen langsamen Arbeitsstil pflegt – manche Kabinettssitzung dauert drei Tage –, fragt er einmal in der Regierungsrunde: »Hat einer der Herren zwei Nägel und einen Hammer dabei?« und vollendet den Satz ins verblüffte Schweigen hinein: »Weil, ich hab' nämlich heute meine Hängematte mitgebracht.«

Öfter verlaufen die Kabinettsdiskussionen zu Strauß' Ungunsten. Wenn er in der Runde bockt, bittet ihn Kanzler Kiesinger in ein Séparée des Palais Schaumburg, erläutert ihm die Notwendigkeit einer Einigung und fordert ihn dann, als die Sitzung wieder aufgenommen wird, zum Vortrag auf. Kiesingers Staatssekretär Günther Diehl: »Er erläuterte dann, warum er jetzt zustimmte, obwohl er noch vor einer halben Stunde abgelehnt hatte. Offensichtlich hatte Kiesinger eine erfolgreiche Methode entdeckt, mit Strauß ins reine zu kommen.«

Während der exzellente volkswirtschaftliche Theoretiker Schiller

im Frühjahr 1969 seine Position überdenkt, verfestigt der Gefühlspolitiker Strauß seinen Standpunkt und glaubt, damit weiter die Interessen der Wirtschaft zu vertreten. Schiller spricht während der Etatdebatte des Bundestages im März von »möglichen Entwicklungen«, auf die »beweglich« zu reagieren sei; Strauß sucht sogar die Bundesbank, deren Präsident Karl Blessing längst für eine Aufwertung plädiert, in seinem Sinne zu beeinflussen, indem er – obwohl formal nicht zuständig – während einer neuen Spekulationswelle zu einer Sitzung des Zentralbankrats nach Frankfurt eilt. Die Banker, traditionell auf Unabhängigkeit erpicht, willfahren seinem Wunsch – und widersprechen zugleich seiner Politik: Sie erhöhen den Diskontsatz um einen Punkt auf 4 Prozent und machen mit dem höheren Zinssatz die Mark noch attraktiver, eine Aufwertung also eigentlich unumgänglich. Doch Strauß schaltet auf stur, führt damit die Trennung des bis dahin so erfolgreichen Gespanns herbei und treibt die ganze Regierungsarbeit in die Immobilität: Gegen Strauß will auch Kanzler Kiesinger nichts unternehmen, den Strauß ein »schwankendes Rohr im Wind« nennt und dem er ständiges »Ausklammern« vorhält – hauptsächlich, weil sich Kiesinger zuwenig auf die Argumente des Finanzministers einläßt.
Das Kabinett beschließt auf Druck von Strauß im Mai erneut, »endgültig, eindeutig und ewig« auf eine Aufwertung zu verzichten. FJS übt weiterhin die Kunst des Übertreibens. Er nennt den (erst 1974 von der Bundesregierung unterzeichneten) Atomwaffensperrvertrag ein »Versailles kosmischen Ausmaßes« und kämpft zeitlebens gegen einen deutschen Beitritt an. Die Aufwertungsspekulation um die Mark nennt er eine »Verschwörung der Londoner City« und handelt sich damit im Kabinett die Bemerkung von Außenminister Willy Brandt ein, er argumentiere »fast so spannend wie die Protokolle der Weisen von Zion«. Das bringt Strauß zum Schweigen, aber nicht zur Vernunft. Mit dem Thema Aufwertung schenkt die Union dem kleineren Koalitionspartner SPD ein geradezu klassisches Thema für den Wahlkampf. Nun können die Sozialdemokraten zeigen, daß sie von der Ökonomie inzwischen mehr verstehen als CDU und CSU, denn alle Experten sind inzwischen auf Gegenkurs zu Strauß. Und die Union gibt der

Zapfenstreich für Verteidigungsminister Strauß (19. Dezember 1962);
links Konrad Adenauer. (*Foto: Ullstein – dpa*)

FJS mit seiner Verlobten Marianne Zwicknagl
am Polterabend (3. Juni 1957). (*Foto: Ullstein*)

Finanzminister Strauß mit Romy Schneider beim Faschingsball
in München im Januar 1968. (*Foto: Keystone*)

FJS an Bord eines Kampfflugzeuges »Hunter«, als dessen Co-Pilot er am 28. April 1960 die Schallmauer durchbrochen hat. *(Foto: Ullstein – dpa)*

Als Jäger im Jahre 1966. *(Foto: Ullstein – dpa)*

Pressekonferenz über den Bundeshaushalt am 20. Januar 1967:
Bundeswirtschaftsminister Schiller und Bundesfinanzminister Strauß.
(Foto: Ullstein – dpa)

CDU/CSU-Fraktionssitzung im Berliner Reichstag (1978):
FJS und CSU-Landesgruppenchef Friedrich Zimmermann.
(Foto: Ullstein – Klaus Lehnartz)

General Mobutu Sese Seku im Januar 1977 zu Privatbesuch in Bayern;
in der Mitte Weihbischof Ernst Tewes. *(Foto: dpa)*

FJS besucht Honecker anläßlich der Herbstmesse in Leipzig im September 1985. (*Foto: dpa/Holschneider*)

FJS mit dem Leiter der Koko Schalck-Golodkowski – ebenfalls Messe Leipzig – nach der Vereinbarung über den ersten Milliardenkredit. (*Foto: Ullstein – Ralph Rieth*)

Der bayerische Ministerpräsident an seinem Schreibpult, 1986.
(*Foto: Ullstein – Lorenz Baader*)

FJS und Kohl beim CSU-Parteitag 1986.
(*Foto: Ullstein – Wolfgang M. Weber*)

FJS feiert 1987 im Kreise seiner Familie seinen 72. Geburtstag. Vorn der Jubilar FJS mit Tochter Monika Hohlmeier und Enkelin Michaela, hinten v. l. Söhne Franz Georg und Max. (*Foto: dpa/Bajzat*)

SPD damit überhaupt erst die Chance zur Profilierung; auf den meisten anderen Feldern haben die Koalitionspartner ihre früheren Gegensätze ausgeglichen.

Warum ließ sich Strauß, der sonst so erfolgreiche Finanzminister, in diese für ihn fatale Fehleinschätzung treiben? Gerade er, ein seit Ende 1962 ausgewiesener Feind der Freidemokraten, brauchte doch für die Zeit nach der Wahl einen Partner, um an der Macht bleiben zu können, und das konnte nach Lage der Dinge nur die SPD sein. Doch so konstruktiv-strategisch dachte der Parteipolitiker Strauß nicht. Ihm ging es darum, beim öffentlichen Renommee mit Schiller gleichhalten zu können, und er wollte um jeden Preis recht behalten. Deshalb kämpfte er gegen Schiller und merkte gar nicht, daß er nur sich selbst schadete. Seine Äußerungen belegen die zunehmende Spannung: »Dieser aufgeblasene Professor denkt, ich sei ein kleiner Student.« Da war die alte Angst wieder, der andere könnte besser sein als er. »Ich war der Koch, er der Kellner. Ich hab' gekocht, er hat serviert und dabei auch gleich das Trinkgeld kassiert, nämlich die Popularität«, empört sich der Finanzminister.

Wie später beim Kampf gegen Helmut Kohl sucht Strauß nur den kurzfristigen Vorteil, den Sieg auf der Tagesetappe, und merkt nicht, daß für einen Gesamtsieg eine andere Einteilung der Kräfte nötig wäre. Er kultiviert geradezu seine Rolle als Polterer und Störer. Ein Konstrukteur ist er nicht, schon deswegen, weil ihm die Geduld fehlt. Und das Nachdenken über sich selbst, über seine Schwächen und seine Vorzüge, hat er nach den Schocks von 1962 und 1968 schnell wieder eingestellt. Das setzt Ruhe voraus, und er ist nun mal ein Mann lärmender Höchstgeschwindigkeit.

Denn daß die Sozialdemokraten für die Zeit nach der Wahl andere Pläne haben, daß Willy Brandt schon 1966 lieber ein sozialliberales Bündnis eingegangen wäre, kann dem CSU-Vorsitzenden nicht verborgen geblieben sein. Im März 1969 wird Gustav Heinemann mit den Stimmen der Wahlmänner von SPD und FDP zum neuen Bundespräsidenten gewählt und nennt dies selbst sogleich »ein Stück Machtwechsel«. Strauß, der im Herbst 1968 vehement für eine Präsidentschaftskandidatur Gerhard Schröders und strikt gegen eine Bewerbung Richard von Weizsäckers gefochten hatte, dreht Heinemann das Wort im Munde herum und tut so, als habe der von »Machtergreifung« gesprochen. Manche Konservative, Strauß gelegentlich eingeschlossen, spüren offenbar, daß ihre Regierungszeit zu Ende geht. Sie wollen es nur noch nicht wahrhaben.

Auf den Straßen der Republik hatte es schon während der parlamentarischen Beratung der Notstandsgesetze erbitterte Demonstrationen gegeben: Die kritische Jugend traute den Älteren inzwischen nicht mehr, man fürchtete eine Rückkehr zu obrigkeitsstaatlichen Zuständen. An den Universitäten kämpfte ein Teil der Studenten für mehr Mitbestimmung und gegen den »Muff von tausend Jahren« unter Talaren. Strauß sah darin Rebellion, Kiesinger eine Gefahr, Brandt eine Chance. Nach dem Attentat auf den Studentenführer Rudi Dutschke im April 1968, als überall Studenten gegen die Berichterstattung der Springerpresse aufbegehrten, schickte Kiesinger Dutschkes Frau Gretchen ein mitfühlendes Telegramm. Strauß war entsetzt und empört – nicht über den Mordanschlag, sondern über das Telegramm. Seinen alten Kumpel Richard Stücklen ließ er erklären, die herrschenden Unruhen seien keine Angelegenheit der Politik, sondern der Polizei.
Als Strauß im Wahlkampf 1969 erfährt, daß sich Demonstranten im Bamberger Landratsamt breitgemacht und dabei auch ihre Notdurft an nicht dafür vorgesehenen Orten verrichtet haben, schickt er dem bayerischen Ministerpräsidenten Alfons Goppel ein Telegramm: »Lenke Ihre Aufmerksamkeit auf die Vorgänge im Bamberger Raum. Diese Personen benehmen sich wie Tiere, auf die die Anwendung der für Menschen gemachten Gesetze nicht möglich ist.« Den Text des Telegramms läßt er sogleich veröffentlichen, weil er meint, damit bei Konservativen Eindruck zu machen. Das Präsidium des Deutschen Richterbundes protestiert: »Das Vokabular erinnert an Nazizeiten. Auch Rechtsbrecher sind Menschen.«
Daraufhin erwacht in Strauß wieder der alte Rechthaber. Dem Richterbund schickt der Finanzminister ein Telex, das die Debatte noch verschärft: »Hierzu bemerke ich, daß Mitglieder der Gruppe, die sich gern außerparlamentarische Opposition nennt, Verhal-

tensweisen zeigen, die sonst für Geisteskranke bezeichnend sind. Ich habe aber nicht verlangt, daß Leute, die sich wie Tiere benehmen, auch wie Tiere behandelt werden sollen. Ich habe lediglich festgestellt, daß die Anwendung der für Menschen gemachten Gesetze nicht möglich sei, weil diese Gesetze auch bei Rechtsbrechern noch mit Reaktionen rechnen, die der menschlichen Kreatur eigentümlich sind. Es ist daher schwer verständlich, daß ausgerechnet der Deutsche Richterbund derart menschenunwürdiges Verhalten zu rechtfertigen versucht und mich angreift, wenn ich mich bemühe, ein Mindestmaß an Autorität gerade der Justiz zu erhalten.«

Seine Formulierungslust geht in dieser Kampagne immer wieder mit ihm durch. Demonstranten, die gegen die Verstrickung der USA in den Vietnamkrieg auf die Straße gehen, sind für ihn »verdreckte Vietcong-Anhänger, die öffentlich Geschlechtsverkehr treiben«. Oder er verkündet: »Wir lassen uns Kritik gern gefallen, aber nicht von Ungewaschenen und Verdreckten.«

Eines schafft Strauß damals freilich mit seinen Worten wie mit seiner Politik: Er hält die aufkommende Rechte klein. Nach dem NPD-Erfolg 1966 ausgerechnet in Bayern verhindert er, daß die dumpfen Rechten weiter an Bedeutung gewinnen. Er schart deren Anhänger, die bürgerlichen Biedermänner, die deutschen Kleinbürger, die seit der Rezession 1966 um ihren neuen Wohlstand fürchten, mit solchen Sprüchen, Telegrammen und Fernschreiben wieder um sich und gibt ihnen in der CSU eine Heimstatt.

Doch bei der Wahl am 28. September 1969 erweist sich, daß sein Erfolg nicht ganz ausreicht. Die NPD schafft den Einzug in den Bundestag zwar nicht, aber sie erhält immerhin 4,3 Prozent der Stimmen, und die fehlen nun der Union. Kiesinger gibt sich noch kurz der Illusion hin, er könne die FDP für eine Koalition gewinnen. Er lockt den FDP-Chef Walter Scheel mit dem Angebot, Vizekanzler und Außenminister werden zu können. Strauß ist wieder einmal empört, hat er doch schon vor der Wahl kategorisch klargemacht, der Freidemokrat komme für die Union »als Außenminister nicht in Frage«. Wer aber dann? Und in welchem Bündnis?

Strauß steckt in der Sackgasse. Brandt und Scheel haben sich schon in der Wahlnacht festgelegt. Am 21. Oktober wird Brandt zum neuen Bundeskanzler gewählt. Nach dem Wahlakt gratulie-

ren die Spitzen der neuen Opposition, wie es die parlamentarische Höflichkeit gebietet, dem neuen Regierungschef. Nur Franz Josef Strauß bleibt sitzen, wie angenagelt. Und die SÜDDEUTSCHE ZEITUNG schreibt am folgenden Wochenende, einen Tag nachdem das neue Kabinett als erste Amtshandlung die Aufwertung der D-Mark um 8,5 Prozent beschlossen hat, über ihn: »Ganz wenige nur noch, die meinen, er halte sich bereit, um demnächst, wenn Kiesinger ganz verschlissen ist, mit neuer Kraft nach vorn zu preschen und die Führung zu übernehmen. Für die allermeisten ist Strauß jedoch kein Mann mit Zukunft mehr. Er mag, so heißt es, noch eine Weile imstande sein, in Bayern Geschäfte auf eigene Faust zu betreiben. Aber in Bonn wird ihm das Schicksal eines Glücklosen prophezeit, über den die Zeit bald hinweggeht.«
Bezeichnend für diese Entwicklung ist die folgende Auseinandersetzung zwischen dem trotzigen Strauß und dem überlegenen Schiller während einer Bundestagsdebatte. Dem öffentlichen Dialog vorausgegangen war die Frage von Altkanzler Kiesinger, wann wohl die nächste Aufwertung fällig sei.

Darauf *Schiller*: »In zwei bis drei Jahren. Niemand kann es abschätzen. Eines kann ich Ihnen sagen: In den Grundsätzen der Nationalökonomie findet sich der alte Spruch: Die Natur macht keine großen Sprünge – dann macht man es in kleineren Schritten viel besser, als wenn man es lange verzögert (...). Besser wäre es gewesen, für die Gesamtwirtschaft und für die Gleichmäßigkeit der Entwicklung, zweimal 4 oder einmal 4 und einmal 4,5 Prozent zu nehmen. Aber ich sehe, wir kommen hier in einen Dialog, in ein Propädeutikum, hätte ich bald gesagt.«

Strauß: »Dem Propädeutikum stimme ich durchaus zu; ich glaube, daß Sie hier einiges zu lernen haben.«

Schiller: »Ich lerne immer gerne zu.«

Strauß: »Aber, Herr Kollege Schiller, sind Sie sich wirklich nicht darüber im klaren, daß eine jeweils in kurzfristigen Abständen stattfindende Änderung des Außenwertes der D-Mark ein permanentes Element der Unrast und der Unruhe in einen Wirtschaftszweig hineinbringt, der auf langfristige Dispositionen angewiesen ist und der Anspruch darauf hat, von staatlichen Manipulationen seiner Ertragslage verschont zu werden?«

Schiller: »Die deutsche Wirtschaft und die internationale Wirtschaft sind erleichtert über den mutigen Aufwertungssatz.«

Strauß: »Total falsch! Die deutsche Wirtschaft ist nur der Meinung, daß der Zwischenzustand endlich einmal beseitigt werden muß!«

Schiller: »Allesamt sind froh, daß diese Bundesrepublik Deutschland auf zwei bis drei Jahre kein Herd irgendwelcher Spekulationen zugunsten der D-Mark und zu Lasten anderer Länder sein kann. Das ist der Tatbestand. Und das haben wir durch unser Handeln erreicht.«

Strauß: »Sind Sie bereit, zur Kenntnis zu nehmen, Herr Kollege Schiller, daß Ihre Behauptung, die deutsche Wirtschaft habe diesen Schritt begrüßt, eine unzulässige Vermischung von zwei Motiven darstellt? Sie hat es nämlich begrüßt, daß der Zwischenzustand, der Schrecken ohne Ende, einmal zu Ende geht, aber sie hat nicht die Aufwertung begrüßt.«

Schiller: »Herr Strauß, sie tut noch ein Weiteres. Ich habe es gestern gesagt, und ich bitte alle anderen hier im Saal um Nachsicht, wenn ich mich wiederhole, aber wir hatten nicht das Glück Ihrer Gegenwart.«

Strauß: »Ich habe Sie genau gehört!«

Schiller: »Sie waren physikalisch hier nicht präsent.«

Strauß: »Physikalisch bin ich nie präsent, sondern physisch!«

Schiller: »Manchmal doch recht physikalisch, ganz augenscheinlich. Die ganze deutsche Wirtschaft sagt heute: Wären wir doch bloß rechtzeitig dem Schiller gefolgt. Dann wäre die Sache billiger gewesen (...) Ich glaube, wir haben dieses Colloquium privatissime et gratis jetzt hier genügend gehalten. Wir können es gern später fortsetzen.«

Strauß wird hier vorgeführt wie ein kleiner Student im Doktorandenseminar. Eben hat er die Wahl und sein Amt verloren, und nun zieht er auch noch in der Debatte den kürzeren. Schiller besitzt anscheinend doch die besseren Argumente. Franz Josef Strauß hat den Zenit überschritten, er hat es nur noch nicht bemerkt. Er hofft, die Oppositionszeit möge eine kurze Episode bleiben, denn er will wieder an die Macht, ins Scheinwerferlicht. Warum hat er denn seine große späte Liebe aufgegeben, wenn nicht um der Macht willen?

Um die Macht gebracht

Ungeduld in der Opposition

1969 – 1974

Im Spätherbst breitet sich eine Aufbruchstimmung im Lande aus, die Strauß widerwillig registriert. Die neue Koalition verspricht, Deutschland zu demokratisieren und durch »innere Reformen« Muff und Moder der letzten zwei Jahrzehnte untertänigen Aufbaus fortzublasen. Die »außerparlamentarische Opposition« scheint integriert; manch Linker begibt sich auf den Weg durch die Institutionen.

Dem Rechten Strauß ist sogleich klar: Der sozialliberalen Koalition darf keine Ruhe gewährt werden, sonst gibt sie die Macht so schnell nicht wieder her. Dabei denkt er allerdings nicht sehr strategisch: Der allzeit Ungeduldige will die Regierung nicht zermürben, sondern zerstören. Und so beginnt er einen unbarmherzigen Kampf. Oft fällt er durch Maßlosigkeit auf, etwa auf dem Parteitag im Juli 1970 in Nürnberg, wo er die CSU als »Sammlungsbewegung zur Rettung des Vaterlandes« ausgibt. Seine Wortwahl kontrastiert seltsam mit seinem doch insgesamt maßvollen Wirken als Finanzminister der großen Koalition.

So wurde aus dem »Wienerwald«-Restaurant in New York berichtet, Strauß habe in kleinem Kreise – man war zu sechst – gedroht: »Wer mich hindert, an die Macht zu gelangen, den werde ich umbringen.« Tatsächlich floß bei derartigen Ausflügen reichlich Alkohol, und Strauß sagte manchmal Dinge, die er sonst kaum zu denken wagte. Andererseits wurden manche seiner Äußerungen aber auch verfälscht weitergegeben, wobei die eigentliche Botschaft des Betreffenden in solchen Fällen wohl lautete: Seht her, ich bin auch dabeigewesen.

Willy Brandt, so verstieg sich Strauß andernorts, plane eine »Welt-Volksfront«; und seine Politik der inneren Reformen glossierte der

Naturbursche so: »Das WC im Bundeskanzleramt ist noch ein Reform-Scheißhaus. Willy Brandt führt uns alle hinein.« Oder: »Was wir in diesem Lande brauchen, ist der mutige Bürger, der die roten Ratten dorthin jagt, wo sie hingehören – in ihre Löcher.«

»Rote Ratten« – das sind Kommunisten und ihre Sympathisanten, auch »fünfte Kolonie Moskaus« genannt. Strauß kämpft dafür, den Kommunismus »hinter die legitimen Grenzen der Sowjetunion« zurückzudrängen. Das ist für ihn die besondere Aufgabe der deutschen Politik, also nicht das Gespräch, sondern die Konfrontation. Kanzleramtschef Horst Ehmke fragt ihn während eines Vieraugengesprächs, was er denn – wäre er an der Macht – anders machen würde als die Sozialliberalen, worauf er denn warten wolle. »Auf bessere Konstellationen«, antwortete er und hat damit aus heutiger Perspektive, angesichts der Verhärtungen im sterbenden Sowjetsystem, so unrecht nicht.

Nicht nur im Umgang mit der neuen Regierung zeigt sich Strauß' mangelnde Fähigkeit zum Ausgleich. Der Nominierung des CDU-Vorsitzenden Rainer Barzel zum Kanzlerkandidaten der Union läßt Strauß eine Demonstration seiner Huld und zugleich einen Tadel vorausgehen. Zunächst schickt er Richard Stücklen zu Gerhard Stoltenberg, um dem damaligen Ministerpräsidenten von Schleswig-Holstein eine Kandidatur anzutragen. Erst als der ablehnt, stimmt Strauß der Nominierung Barzels zu. Und läßt zwischendurch immer mal wieder versteckten Charme erkennen: Barzels Buch »Gesichtspunkte eines Deutschen« bezeichnet er ironisch als die »Sommersprossen des Herrn Barzel«.

Den aufstrebenden Mainzer Regierungschef Helmut Kohl heißt er öffentlich »Filzpantoffel-Politiker«, Barzels Berater sind für ihn allesamt »Mickey-Mäuse«, und Barzels Vize in der Fraktion, Richard von Weizsäcker, nennt er einen »ökumenischen Weltbischof«. So macht er sich nicht bei den Titulierten, aber bei den Medien beliebt.

Seinem Stellvertreter im Parteivorsitz, Franz Heubl, der vor Journalisten gern mal keck wird, sich in den Parteigremien aber lieber still verhält, steckt er auf freundlich-brutale Art die Grenzen ab. Heubl, dessen Lebenslauf gewisse Parallelen zu dem von Strauß aufzeigt – er war mit 21 Jahren Gründungsmitglied der CSU, Abgeordneter des Landtages mit 29, Fraktionschef mit 34, bayerischer Minister mit 38, also allzeit der Jüngste –, hatte sich im November 1971 mit der Äußerung zitieren lassen, Strauß sei auf dem besten Weg, die christliche Einheitsfront mit der CDU zu sprengen. Nun erschien am 25. Januar 1972 in der WELT ein Interview mit ihm, in dem er unter anderem eine Charakteristik der Altbayern lieferte: »Sie sind vital, brutal, sentimental. Der typische Altbayer hat dieses barocke lebensfrohe Gefühl [und], wenn es darauf ankommt, einen Schuß Brutalität zur Durchsetzung seiner eigenen Interessen, und er ist sehr sensibel und empfindlich.«

Sich selbst mochte Heubl nicht in diese Kategorie einordnen, wohl aber seinen Parteichef FJS, »den ganz sicher«. Strauß habe sich, »als Reaktion auf die Linken, nach rechts bewegt«, während sich Heubl selbst als »Mann der Mitte« einstufte. Er fügte hinzu, in seiner Partei gebe es »ganz sicher« ein Generationenproblem: »Ich meine die mittleren Altersstufen, die an sich immer mehr dran sein müßten.«

Drei Tage später, am 28. Januar 1972, schickt FJS seinem Stellvertreter einen neunseitigen, von Ironie triefenden Brief, der dem Vize klarmachen soll, daß der seine Ambitionen zu zügeln hat, solange FJS in Amt und Würden ist. Der Brief gibt mehr Aufschluß über Strauß, als ein Untersuchungsausschuß des bayerischen Landtags herauszufinden vermag, der fast fünf Jahre später auf Betreiben der bayerischen SPD eingesetzt wird, um das seltsame Verhältnis zwischen Strauß und Heubl zu beleuchten:

»Lieber Franz Heubl!

Dienstagmorgen bin ich von mehreren Seiten auf einen Artikel in der WELT angesprochen worden, der die Überschrift trägt: ›Senkrechtstarter auf dem Bildschirm‹.

Ich habe dann diesen Artikel mit Aufmerksamkeit gelesen und bin über diese Bereicherung meines politischen Wissensstandes und Horizontes sehr froh. Offensichtlich geht dieser Artikel auf ein Gespräch zurück, das der aus Hamburg herbeigeeilte Redakteur und Direktionsassistent Walter Spiegel mit Dir geführt hat. Ich sehe von Nebensächlichkeiten ab, daß es zum Beispiel in München keinen ersten Parteisekretär gibt, wenn man nicht den Geschäfts-

führer des Bezirksverbandes darunter versteht, sondern einen Bezirksvorsitzenden, der Du nach meiner Erinnerung einige Jahre gewesen bist.
Neu ist mir, daß Du auf dem politischen Karussell an den Rand geraten und nach Bonn katapultiert worden bist. Bisher hatte ich geglaubt, daß Du bei der Kabinettsbildung 1962 Dich mit großem Nachdruck und mit meiner Hilfe bemüht hast, den Platz von Claus Leussner im Kabinettsrang eines Staatsministers einzunehmen. Es sei nur nebenbei erwähnt, daß es in Bayern kein Kabinett Erhard, sondern ein Kabinett Ehard gab, dem Du auf eigenen Wunsch als Staatssekretär bei gleichzeitiger Führung der Landtagsfraktion angehört hast.
Es ist wohl auch nur ein Druckfehler, daß in diesem Artikel von Claus Leussner als Bevollmächtigtem Bayerns die Rede ist. Jedenfalls eine besondere Vertrautheit mit den bayerischen Verhältnissen spricht nicht daraus.
Ich verstehe aber wirklich nicht, inwiefern die von Dir gewünschte Ernennung zum Staatsminister für Bundesangelegenheiten Scheitelpunkt, aber auch abrupter Stopp einer Blitzkarriere war, die jetzt laut Überschrift offensichtlich auch mit Hilfe des Artikels fortgesetzt werden soll. Es ist jedenfalls schlechthin unzutreffend, daß es nicht Dein Wunsch gewesen ist, Bayerischer Bevollmächtigter in Bonn zu werden, sondern daß andere das gewollt hätten. Ich habe noch die streitbare Unterredung mit Alfons Goppel in genauer Erinnerung, in der ich ihn mit größtem Nachdruck gebeten habe, Dich zum Staatsminister für Bundesangelegenheiten zu machen. Ich habe Dir nach dieser Unterredung ausführlich berichtet. Jedenfalls bist Du heute über die Übernahme dieser Aufgabe recht dankbar, weil sie Dir offensichtlich die fruchtbare Distanz ermöglicht hat, mit der Du Bayern richtig beurteilen kannst.
Nur wer ›die Relativität in Rechnung zu setzen‹ vermag, wer also diese höhere Warte der Einsicht und Beurteilungsfähigkeit erreicht hat, ist in der Lage, seine altbayerischen Landsleute richtig zu charakterisieren. Es ist wirklich schade, daß nicht alle vom Schicksal die Gnade erhalten haben, diese Distanz einzunehmen. Offensichtlich war es auch uns verwehrt, obwohl wir schon länger in Bonn sind, als Du es bist, und obwohl unsere Anwesenheit in Bonn

im Jahresdurchschnitt mindestens genausoviel Tage umfaßt wie bei Dir. Bei Dir macht es eben offensichtlich die Qualität der Urteilsfähigkeit und nicht nur die Quantität der Anwesenheit. So haben die Altbayern nunmehr das Glück, von ihrem Vertreter in Bonn, der selbstverständlich auch die übrigen bayerischen Stämme zu vertreten hat, eine farbenfrohe und plastische Beurteilung zu erhalten. Diese Analyse des Charakters der Altbayern ist eine wertvolle Bereicherung, als nunmehr das große Spektrum der Charakterologie von Ludwig Ganghofer bis Franz Heubl reicht.
So sind wir Altbayern denn recht dankbar, daß wir aus zuständigem Munde eines Stammesgenossen, der aber trotzdem durch seine Verbannung nach Bonn, um den Preis eines abrupten Stopps seiner Blitzkarriere, die Fähigkeit eines weisen und abgeklärten Urteils aus fruchtbarer Distanz sozusagen als Ausgleichsleistung des Schicksals erfahren hat, Hintergründiges über uns selbst hören zu können. Mich freut es, in Zukunft meinen altbayerischen Landsleuten eine kompetente Quelle und eine wertvolle Hilfe für ihre Selbsteinschätzung nennen zu können. Die Altbayern sind ›vital, brutal, sentimental‹. Die Altbayern sind außerdem sensibel und empfindlich. Bei so vielen Eigenschaften bleibt selbstverständlich kein Raum mehr für die Zuerkennung anderer Prädikate. Wahrscheinlich sind sie auch im Gegensatz zu anderen bayerischen Stämmen weniger intelligent, weniger ehrlich, weniger redlich, höchstens etwas zu geradeaus und unmittelbar. Diese ungeschliffenen Seiten des bayerischen Wesens sind natürlich einem allmählich verlorengegangen, der – aufgrund seiner politischen Berufung dem altbayerischen Milieu entrückt – die einmalige Chance hatte, die Gabe der Weltoffenheit und des diplomatischen Benimms zu erwerben. Insoweit muß ich es dann doch verschmerzen, daß Du für Dich die altbayerischen Adjektive nicht in Anspruch nimmst, was Dich aber sicherlich nicht zur Ausstoßung aus dem Kreise der Altbayern verurteilt.
Ich war jedenfalls sehr beruhigt, die Bestätigung zu lesen, daß diese einem Altbayern zukommenden Eigenschaften auf mich in vollem Umfang zutreffen, was Du mit der Formulierung ›ganz sicher‹ mit ausdrücklich testiert hast. Trotz dieser Freude, als Altbayer anerkannt zu sein, und trotz meinem Bedauern, daß Du in Deiner

Selbstlosigkeit Dir nicht mehr die altbayerischen Eigenschaften zuzuschreiben unterfangst, bin ich natürlich etwas betrübt darüber, daß nach SPIEGEL und STERN nun ein zuständiger, aber durch fruchtbare Distanz urteilssicher gewordener Altbayer mir die brutale Komponente zuerkennt. Bisher war nämlich die brutale Komponente ein besonderes Requisit im Arsenal der psychologischen Kriegsführung der Hamburger Kumpanei und ihrer Komplicen gegen mich.

Seit ich aber jetzt weiß, daß Du als treuer Freund und aus purem Wohlwollen, sozusagen um mein Image aufzubessern, mir diese Komponente bestätigst, muß ich allmählich auch den für einen harmlosen Altbayern nicht geeigneten häßlichen Aberglauben aufgeben, daß von SPIEGEL und STERN und dergleichen diese Behauptung bisher mit negativer Zielsetzung und aus häßlicher Motivierung erhoben worden ist.

Es freut mich, daß ich wenigstens auf diese Weise jetzt zu einer objektiveren Beurteilung dieser wertvollen Erzeugnisse des deutschen Geisteslebens gelangt bin. So habe ich denn allmählich auch begriffen, daß Brutalität auf der einen Seite, Sensibilität und Empfindlichkeit auf der anderen Seite zwei sich ideal ergänzende Seiten ein und desselben Wesens sind. Denn die Härte nach außen wird beim Altbayern in vorbildlicher Weise durch die Fähigkeit zur Selbstbemitleidung und Selbstbeweinung ausgeglichen, wenn er von Außenstehenden nicht verstanden wird.

Ein großer Zweifel ist mir allerdings geblieben, d. h., ich stelle jetzt vor lauter Begeisterung mit plötzlicher Sorge fest, daß es mir gar nicht zukommt, alle diese trefflichen Eigenschaften des altbayerischen Wesens für mich in Anspruch zu nehmen. Denn ich muß einen Fehler in meinem Stammbaum leider eingestehen. Ich habe schon früher einmal mit großer Sorgfalt nachforschen müssen, ob sich unter meinen Vorfahren eine nichtarische Belastung findet. Dieses zusätzliche Erschwernis meines irdischen Daseins ist mir im Dritten Reich aufgrund einer gütigen Fügung des Schicksals ohne mein Verdienst erspart geblieben. Um so ausgeglichener ist die Gerechtigkeit jetzt, wenn ich leider darauf hinweisen muß, daß 50 % meiner Vorfahren vom fränkischen Stamme geliefert worden sind, d. h. also nicht über die vortrefflichen Eigenschaften verfü-

gen können, die besonders dem Altbayern wahrscheinlich mit Ausschließlichkeit zustehen. Jetzt ist bei mir die Ratlosigkeit und Verwirrung sehr groß geworden. Denn Du hast offensichtlich dem Artikelschreiber keinen Aufschluß darüber gegeben, welche Adjektive auf einen Sohn des Stammes der Franken zutreffen.
Außerdem hätte mir das auch nicht weitergeholfen, denn ich armer Tropf hätte dann nicht gewußt, in welcher Mischung die, nach Urteil des durch Distanz erfahrenen Beobachters, den Altbayern und den Franken zustehenden Eigenschaften auf mich verteilt worden sind. Ich muß also weiterhin mit der bohrenden Ungewißheit herumlaufen, daß ich nicht sicher weiß, ob die dem Altbayern zustehenden Eigenschaften wenigstens teilweise von mir oder vielleicht nur selektiv für mich in Anspruch genommen werden können. Schade wäre es aber sicher, wenn die brutale Komponente dabei verlorenginge. Denn der Verlust dieser Komponente beziehungsweise die Klarheit darüber, daß diese Komponente in der behaupteten Form nicht vorhanden ist, würde sicherlich eine seelische Gleichgewichtsstörung bei denen hervorrufen, die sie bisher zur liebenswerten Kennzeichnung meines Wesens und zur Abschreckung einer naiven Umwelt beigelegt haben. Die gleiche Ratlosigkeit befällt mich, wenn ich die in der Folge zu lesenden sibyllinischen Äußerungen mit ehrfürchtigem Schaudern zur Kenntnis nehme. Denn die aus Bonner Quellen altbayerischer Provenienz gespeiste Pythia von Hamburg gibt ihren Gewährsmann mit folgendem Zitat wieder: ›Ich bin in meinem Wesen oder Selbstverständnis ganz sicher ein Mann der Mitte.‹
Daran besteht kein Zweifel, sagt der ehrliche Interviewer. Um so mehr befällt ihn aber der Zweifel bei der Frage, wo denn die CSU in einer Zeit stehe, in der das Terrain der Mitte immer mehr zu einer Trennungslinie zwischen links und rechts schrumpft. Aber auch hier wird wenigstens eine Deutung gegeben, wenn schon eine Auskunft nicht möglich ist. Denn heute ist das nicht mehr Mitte, was früher Mitte war, eröffnet sich dem Leser als lichtvolle Interpretation. Aber um so unklarer ist es ihm, ob der Mann, der nach Selbstzeugnis gemäß Wesen oder Selbstverständnis ganz sicher ein Mann der Mitte ist, nunmehr als Mann der alten Mitte oder als Mann der neuen Mitte angesehen werden muß. Als Mann der alten Mitte

stünde er heute rechts, als Mann der neuen Mitte hätte er sich selbst mit dem beweglichen Koordinatensystem automatisch von der Stelle gerückt und wäre somit nach dem alten Koordinatensystem als Linker zu verstehen, aber nach dem neuen Koordinatensystem als Mann der Mitte. Das gleiche gilt natürlich für Franz Josef Strauß. Wenn er nach dem alten Koordinatensystem in der Mitte ist, dann ist er nach dem neuen Koordinatensystem, das sich links des alten Koordinatensystems etabliert hat, als jemand anzusehen, der als Reaktion auf die Linken sich nach rechts bewegt hat.

Und somit verfügt die Partei der CSU über eine außergewöhnliche Reichhaltigkeit des politischen Sortiments in der Führung. Sie hat nämlich einen stellvertretenden Vorsitzenden, der sich als Mann der Mitte bezeichnet, es aber offenläßt, ob er es nach altem oder neuem Koordinatensystem ist. Sie verfügt ferner über einen zur Zeit noch ersten Vorsitzenden, der sich nach rechts bewegt hat, und zwar als Reaktion auf die Linken, weil ihm das Koordinatensystem nach links davongelaufen ist. Aber auch diese Aussage muß relativiert werden, denn er kann sich gar nicht nach rechts bewegt haben, er braucht nur auf seiner alten absoluten Position stehengeblieben sein, dann sorgt das nach links gerutschte Koordinatensystem dafür, daß er heute im Lager der Rechten definiert werden muß. So einfach ist das zu deuten und zu verstehen.

Ich habe auch tiefsinnigen Aufschluß über die Partei der Zukunft bekommen. Der Interviewte spricht von gesichertem Fundament und von der Offenheit für die Aufgaben von morgen, nach Beurteilung des Interviewers mit ›Formulierungen aus Druckwerken für Anspruchsvollere‹. Anscheinend ist der Interviewer überrascht darüber, daß er in einem Gespräch mit einem von Haus aus dem altbayerischen Stamm zuzurechnenden Politiker Formulierungen vernimmt, die er sonst nur aus Druckwerken für Anspruchsvollere gewohnt ist. Aber er hat ja dafür eine ausreichende Erklärung bereits in einem früheren Teil des Interviews erhalten. Wer durch den abrupten Stopp seiner Blitzkarriere gezwungen war, auf fruchtbare Distanz zu gehen, und damit die Möglichkeit bekam, seine altbayerischen Eigenschaften, vor allen Dingen die Komponente der Brutalität, durch andere Komponenten auszugleichen beziehungsweise zu ergänzen, der verfügt auch über die Möglichkeit, Formulierungen zu gebrauchen, die sonst der Nordgermane aus dem Munde von bayerischen Provinzgermanen zu vernehmen nicht gewohnt ist.

Mit Betrübnis liest natürlich der Parteivorsitzende, daß die mittleren Altersstufen, die an sich immer mehr dran sein müßten, wie es in diesem Interview heißt, immer noch nicht so richtig zum Zuge gekommen zu sein scheinen. Gerade das sollten aber die noch allzusehr im altbayerischen Milieu und in verflossenen Koordinaten-Vorstellungen erstarrten Würdenträger der Partei wie Alfons Goppel und Franz Josef Strauß endlich begreifen, daß ihre Plätze den mittleren Altersstufen endlich freigemacht werden müßten, damit das Licht des Fortschrittes über dem Bayerischen Staat und seiner Führung einerseits und über seiner staatstragenden christlichen Partei andererseits in noch hellerem Glanze erstrahlen kann. Die moderne und progressive Komponente in Staat und Partei kann eben doch nur von dem garantiert werden, der durch selbstgewählte Distanz sich die Reife des Urteils sozusagen als frühsommerliche Ernte und gleichzeitig aber auch die Erhaltung der Jugendlichkeit gleichermaßen ermöglicht.

Es paßt zu gut in das Bild dieser nun beinahe schon an herbstliche Zustände gemahnenden Abgeklärtheit, daß der Herr im blauen Einreiher wiederum der Politiker ohne Ehrgeiz ist, dem das ›rat race‹ Ekel einflößt. Leider ist es vielen Altbayern vorenthalten, die eben nicht durch rechtzeitige Tätigkeit im außerbayerischen Ausland sich Sprachkenntnisse verschafft haben, zu verstehen, was der Grund für diesen Ekel ist.

Der Interviewte möchte sich nicht an dem ›Ratten-Rennen‹ beteiligen, um aber niemanden zu verletzen, drückte er es in einer fremden Sprache aus. Diese Abgeklärtheit des Urteils, diese selbstgewählte Distanz der Beobachtung, diese Selbstlosigkeit angesichts lockender Positionen sollte ein Vorbild auch für andere Politiker der CSU sein, die wie Ludwig Huber, Anton Jaumann und möglicherweise noch andere, vielleicht sogar Max Streibl, in ihrer irdischen Verblendung und in ihrem ambitiösen Streben nach irdischen Ämtern sich an diesem Ratten-Rennen beteiligen und deshalb dem sittlich Geläuterten nichts anderes als zunächst ein Gefühl des Ekels, in das sich vielleicht etwas Mitleid mischt, vermitteln können. Ganz brauchen aber die Bayern, gleichgültig ob altbayerischer oder anderer stammesmäßiger Provenienz, noch nicht zu verzweifeln, daß diese Gaben für die Führung des Staates und der staatstragenden Partei ihnen endgültig verlorengehen könnten. Denn sie bekommen die trostvolle Gewißheit, daß der vom Ekel über das Ratten-Rennen bewegte Politiker bereit wäre, das Amt des Ministerpräsidenten zu übernehmen, allerdings nur unter der Voraussetzung, daß man es ihm antrüge.

Es ist schon ein rechtes Kreuz mit dem bayerischen Schicksal, daß die Inhaber der höchsten Gaben nicht gleichzeitig auch Inhaber einer Hausmacht sind. Dabei bleibt es offen, wem das Mitleid mehr gebührt, dem bayerischen Volke ob dieses Zustandes oder dem Betroffenen, der seine besten Gaben nicht im Dienste Bayerns frühzeitig genug in den höchsten Ämtern zur Geltung bringen kann. In seiner Bescheidenheit hat er auch noch vergessen, hinzuzufügen, daß die Kombination von Landesvorsitz und Ministerpräsident im Jahre 1974 wohl etwas wäre, was zwar vielleicht die Bayern nicht so ganz verdient haben, weil sie es noch nicht verstehen, dieses Glück zu schätzen.

Damit ihnen aber die Möglichkeit der Erlangung dieses Glückes in greifbare Nähe rückt, hat der liebe Gott für die Bayern auch die Zeitungen geschaffen, zum Beispiel sogar die im germanischen Norden erscheinende WELT, die sich auch in den Dienst der edlen Aufgabe stellen muß, selbstverständlich auch die SÜDDEUTSCHE ZEITUNG, deren Quasi-Chefredakteur Heigert sicherlich mit Wohlwollen darauf blickt, und nicht zuletzt der MÜNCHNER MERKUR, der von Lichtblicken in Bayern zu berichten weiß.

Der größte Lichtblick würde selbstverständlich darin bestehen, wenn der bayerische Ministerpräsident und der Parteivorsitzende trotz ihrer Vitalität, Brutalität, Sentimentalität, Sensibilität und Empfindlichkeit die Fähigkeiten hätten zu begreifen, daß sie dem in so überzeugender Weise zum Ausdruck gebrachten Fortschritt nicht mehr allzulange im Weg stehen sollten. Das wäre aber freilich nur ein Lichtblick, und Lichtblicke sind manchmal nur

Gesichtspunkte, und Gesichtspunkte sind manchmal nur Sommersprossen, aber leider noch nicht Wirklichkeiten. So schlecht geht es zu auf dieser Welt. Bis es eben besser wird, müssen weitere Interviews dafür sorgen, daß bei voller Loyalität und Treue gegenüber den Freunden trotzdem die Möglichkeiten für die Zukunft nicht verbaut werden.
Das schönste allerdings an der ganzen Geschichte ist, daß das alles nicht stimmt. Es stimmt nämlich deswegen nicht, weil der Interviewer seinen Gewährsmann völlig falsch verstanden und falsch zitiert hat. Hier zeigt es sich eben, daß trotz der Lehr- und Wanderjahre in der Fremde, trotz der sprachlichen Ausbildung, trotz der Geschliffenheit des weltmännischen Auftretens und der damit verbundenen Ausdrucksweise eben doch noch Verständigungsschwierigkeiten zwischen einem Hamburger Journalisten und einem – Verzeihung! – altbayerischen Politiker unvermeidliche Beigaben des ekelerregenden täglichen politischen Handwerkes sind. Wozu wären denn auch Dementis schließlich im Sprachgebrauch der Politiker eine unvermeidliche Notwendigkeit, sozusagen eine den politischen Umgang mit den eigenen Freunden regulierende Hilfe? In dem Sinne wissen alle, daß wiederum einmal ein Hamburger Organ einem Bayern durch seine Art der Darstellung Unrecht hat widerfahren lassen. Das Bittere an dem Unrecht liegt darin, daß die Übertreibung des Wohlwollens und die sonst nur von Hofberichterstattern gewählte Ausdrucksweise keinen anderen Zweck verfolgt haben, als den Interviewten bei seinen Freunden in bitteres, aber natürlich unverdientes Unrecht zu rücken. Da aber die Altbayern nicht nur eine brutale, sondern auch eine mitleidige Komponente haben, vor allen Dingen, wenn es um sie selber geht, empfinden sie das Ausmaß dieses Unrechts gemeinsam mit ihrem aus der Distanz her für Bayern wirkenden Botschafter, dem Staatsminister Franz Heubl.
Mit freundlichen Grüßen
Dein FJS«

Der Briefempfänger, kein besonders mutiger Mensch, ist konsterniert – soll so seine Karriere enden? Heubl hofft auf Wetterbesserung und schreibt, kaum daß er die Strauß-Epistel gelesen hat, exakt so, wie von Strauß bereits antizipiert, einen Leserbrief an die WELT, dessen Kopie er sogleich eilfertig an seinen Parteichef schickt:

»In der Ausgabe der WELT vom 25. 1. 1972 haben Sie mich in einem Porträt mehrfach zitiert, leider mißverständlich. Ich selbst bin von Herkommen und Wesen Altbayer und teile uneingeschränkt Vorzüge und Schwächen dieses Volksstammes. Seit beinahe zehn Jahren bemühe ich mich als Bayerns Vertreter in Bonn, die Vielschichtigkeit dieses liebenswürdigen Landes und seiner Menschen darzustellen und negative Vorurteile, wo immer es nur geht, abzubauen.

Wie notwendig das ist, zeigt sich auch in diesem Falle. Gerade aus meiner Kenntnis der Persönlichkeit von Franz Josef Strauß, der Gemeinsamkeit der politischen Zielsetzung in der Christlich-Sozialen Union und in Anerkennung seiner Leistungen für Bayern und die Bundesrepublik wollte ich durch mehr Verständnis für die Bayerische Wesensart mehr menschliche Gerechtigkeit für ihn erwirken. Franz Josef Strauß hat sie sicher verdient, weil er mehr als jeder andere ungerechtfertigt in der Schußlinie seiner Gegner liegt.«

Heubl lag am Boden, der Brief zeigt es. Vier Jahre später sollten die beiden Kontrahenten, der Chef und sein Stellvertreter, noch einmal – und diesmal öffentlich – zum Showdown gegeneinander antreten. 1972 hat Strauß mit seiner glänzenden Gegenattacke potentielle Widersacher erst einmal ruhiggestellt und Heubl erfolgreich aus dem Weg geräumt. In Bayern hat er eine Weile Ruhe.

In Bonn macht er die Ostpolitik der Koalition zum Hauptpunkt seiner Kritik und bemerkt nicht, daß gerade sie auch in bürgerlichen Kreisen populär wird. Seine strikte Antihaltung gewinnt der Union bundesweit keine Befürworter, schreckt allenfalls Wechselwillige ab. Kanzler Brandt wirft ihm im Bundestag »Doppelzüngigkeit« vor und kritisiert, daß Strauß in Bonn »auf etwas feiner macht und draußen, im BAYERNKURIER oder sonst, Hugenberg noch in den Schatten stellt«. Das CSU-Organ wettert gegen

»Brandt als Kanzler des Ausverkaufs«, gegen den »Verzichts-Kanzler« und sagt den »Untergang deutscher Wirtschaftskraft« voraus. Strauß distanziert sich mit Hinterlist: Er könne dagegen nichts ausrichten, auch im BAYERNKURIER griffen linke »Demokratisierungstendenzen« und der Abbau von Autorität um sich.
Energisch versucht er, über seine Kontakte zum rechten Flügel der Liberalen Mandatsträger der FDP und sogar der SPD umzudrehen; bis heute ist unklar, ob dabei Geld geflossen ist – es ist aber höchst wahrscheinlich.
Den Anfang machte, auf Betreiben von Strauß, der einstige Fraktionsvize der FDP im Bundestag, Siegfried Zoglmann, der am 8. Oktober 1970 die Seiten wechselte und als Hospitant bei der Unionsfraktion auftauchte, bevor er in der CSU eine neue Heimstatt fand. Details dieses Wechsels hatte Strauß bei einem Treffen mit dem Dissidenten im österreichischen Schloßhotel Pichlarn abgesprochen: Dazu gehörte die Zusage, Zoglmann mit einem Listenplatz bei der nächsten Bundestagswahl zu bedenken. Auch die Beteiligung, die Marianne Strauß in Höhe von 350 000 Mark an Supermärkten der Firma Bentz erwirbt, gehört in diesen Rahmen; denn Zoglmann, im Privatberuf Unternehmensberater, hat ihr und ihrem Mann dieses Geschäft empfohlen.
Schon einen Tag nach Zoglmann verließen der frühere FDP-Chef Erich Mende und der einstige Bundesfinanzminister Heinz Starke ihre Fraktion, auch Starke schloß sich der CSU an. Damit war die Mehrheit der sozialliberalen Koalition bereits von zwölf auf sechs Stimmen geschrumpft. Alle Wechsler gaben an, den »linken« Kurs der Koalition und vor allem die geplanten Ostverträge mit der Sowjetunion und Polen nicht billigen zu können.
Nun trat Karl Geldner, Bäckermeister aus dem fränkischen Ansbach und Bundestagsabgeordneter der FDP, auf den Plan. Er berichtete am 6. November 1970 Strauß und Stücklen von seinen und einiger Kollegen Gewissensqualen, die einen Wechsel zur CSU angeraten sein ließen. Noch am selben Tag konnte Geldner einen lukrativen Beratervertrag über 400 000 Mark unterzeichnen. In der Woche darauf erhielt der Liberale eine von Strauß und Stücklen unterschriebene Verpflichtungserklärung, sie wollten »dafür Sorge tragen«, daß der Abgeordnete »durch einen Stimmkreis

oder durch eine Absicherung auf der Landesliste, gegebenenfalls durch beides zusammen, eine sichere Aussicht erhält, wieder in den nächsten Bundestag zu kommen«.

Und weil Geldner den Christsozialen berichtet hatte, ihm wollten wenigstens drei Parteifreunde folgen, hatte Strauß für den, wie er dachte, bevorstehenden Kanzlersturz bereits eine Regierungsmannschaft zusammengestellt: Kanzler Rainer Barzel, Vizekanzler und Superminister für Wirtschaft und Finanzen Strauß, Höcherl Verkehrsminister, Stücklen zuständig für die Post und Zimmermann für Verteidigung. FDP-Landwirtschaftsminister Josef Ertl, der als unsicherer Kantonist galt, hätte sein Amt in der neuen CDU/CSU-Regierung behalten dürfen.

Doch zum gewaltigen Ärger von Strauß kam es nicht dazu. Plötzlich behauptete Geldner, er sei nur zum Schein auf die Lockangebote eingegangen. Strauß war außer sich. Über Geldner schimpfte er: »Die finanzielle Gier hat auf seinen Verstand abgefärbt« und deutete an, offenbar habe die Regierungsseite dem angeblich Wechselwilligen noch mehr Geld geboten und auch gezahlt. Diesen Vorwurf konnte Strauß freilich nicht beweisen, Geldner seine Darstellung des Kaufangebots aber sehr wohl. Und so tobte FJS in Bonn: »Was sich hier in der Landschaft rumtreibt an Personen und Methoden, kann ich nur als ein Stück Unterwelt bezeichnen.« Wobei er sicherlich nicht sich selbst meinte.

Nach einigen Monaten der durch Geldner erzwungenen Ruhe ging das Wechselspiel im Januar 1972 weiter, als sich SPD-MdB Herbert Hupka der CSU anschloß. Da waren's nur noch vier... Dem Vize der Jungen Union in Bayern, Walter Zöller, der den Kauf von FDP-Überläuferstimmen kritisierte, gab Strauß voller Empörung zurück: »Ich lasse mir von so charakterlosen Burschen, wie ihr es seid, die Partei nicht kaputtmachen. Juso-Methoden wird es bei uns nicht geben. Der erste, der damit anfängt, der kriegt von mir persönlich einen Kinnhaken, daß es ihn raushaut.«

Wenig später entzogen zwei weitere Rechtsliberale, der einstige Fraktionschef Knut von Kühlmann-Stumm und der eigenwillige Gerhard Kienbaum, der Regierung ihr Vertrauen. So kam es zum Patt, bis am 23. April der Bauer Wilhelm Helms aus der FDP austrat.

In der darauffolgenden Nacht rief Franz Josef Strauß beim Bonner Oppositionsführer Rainer Barzel an und machte Druck: Nun müsse gehandelt werden, Barzel müsse zum Mißtrauensvotum gegen Kanzler Brandt antreten. Dies sei der geeignetste Moment. Strauß hatte die vergangenen Tage gemeinsam mit Richard Stücklen auf Einladung des rechten Fabrikanten Fritz Ries (»Pegulan«) in dessen österreichischem Schloßgut Pichlarn verbracht und war dabei mit mehreren der abtrünnigen FDP-Abgeordneten zusammengetroffen. Seine Gesprächspartner hatten ihn in der Ansicht bestärkt, die Koalition habe ihre Mehrheit verloren; beim nächtlichen Telefonat stimmte Barzel dieser Einschätzung zu. Doch Barzel wollte nicht gleich mit Strauß zum Kanzlersturz aufrufen, sondern sich erst in seiner Partei absichern. Deshalb stellte er seinen Plan am nächsten Tag in Präsidium und Vorstand der CDU zur Diskussion, im Beisein von Strauß. Nur drei Christdemokraten – Hans Katzer, Gerhard Stoltenberg und Richard von Weizsäcker – lehnten Barzels Vorgehen ab. Am 27. April sollte im Plenum darüber abgestimmt werden, und drei Tage vorher erklärte Barzel, der wenigstens 250 Abgeordnete auf seiner Seite glaubte: »Ich sage in aller Offenheit, daß ich keineswegs garantieren kann, daß ein Erfolg beim konstruktiven Mißtrauensvotum sicher ist. Aber er ist wahrscheinlich.«

Vor demselben Zuhörerkreis schätzte Strauß die Chancen Barzels mit »50 zu 50« ein: »Es gibt plausible Anhaltspunkte dafür, daß eine Situation entsteht, die ein konstruktives Mißtrauensvotum empfiehlt. (...) Ich kann das nicht anders sagen, denn wenn ich sage, es besteht Gewißheit, heißt dies, der Gegenseite Namen zu offenbaren mit dem Risiko, daß aus Gewißheit Ungewißheit wird. Ein Mißerfolg ist nicht sehr wahrscheinlich.« Und dann legte er sich, auf altbayerisch, fest: »Es soll nicht von uns gesagt werden: Möchten hätten wir schon wollen, aber dürfen haben wir uns net traut.«

Strauß hatte gut reden; er persönlich ging kein Risiko ein. Für ihn war die Sache mehr ein Spiel: Siegte Barzel, wäre die Union wieder an der Macht. Dann stünden Neuwahlen bevor, die schwer zu bestehen wären, denn der Zerfall der FDP und die Art dieser Erosion sprachen nicht automatisch zugunsten von CDU und CSU. Verlor Barzel aber, wäre der Oppositionsführer als Konkurrent bei der Frage der nächsten Kanzlerkandidatur ausgeschaltet, dann blieben womöglich nur Strauß oder Helmut Kohl übrig.

Dennoch scheinen Spekulationen aberwitzig, Strauß selber sei es – neben anderen – gewesen, der Barzel bei der entscheidenden Abstimmung die Gefolgschaft verweigerte. Statt der von Barzel erträumten 252 stimmten nur 247 Abgeordnete, zwei unter der Kanzlermehrheit, für den CDU-Vorsitzenden; drei enthielten sich. Und bis heute ist unklar, welche Abgeordneten – außer dem abtrünnigen CDU-Abgeordneten Julius Steiner – Barzel die Stimme versagten.

Obwohl ihm nun dämmerte, daß die Rückkehr zur Macht in weitere Ferne gerückt war, versuchte Strauß es weiterhin mit Konfrontation, während Barzel mehr auf partielle Zusammenarbeit mit der Regierung setzte. Beide konnten für ihr Vorgehen gute Gründe nennen, schließlich hatte die Regierung keine Mehrheit mehr, wie sich bei der Abstimmung über den Bundesetat herausgestellt hatte; da konnte man, wie Strauß es wollte, die Regierung jagen oder, wie Barzel es tat, mit ihr paktieren. Denn während Strauß schon seit Monaten gegen die geplanten Verträge mit Moskau und Warschau Front machte, steckte hinter Rainer Barzels öffentlich belächeltem »So-nicht«-Votum die Bereitschaft, dem Vertragswerk vorbehaltlich bestimmter Retuschen durchaus zuzustimmen oder wenigstens den Parlamentariern der CDU/CSU die Abstimmung im Bundestag freizugeben. Um die Verträge zu retten, erklärte sich die Regierungskoalition bereit, ihnen eine gemeinsame Resolution aller Fraktionen beizugeben. Gemeinsam mit Kanzleramtschef Ehmke entwarf Strauß den Text. In BILD AM SONNTAG hatte er schon am 7. Mai 1972 überraschend erklärt: »Wir wollen zustimmen«, dabei allerdings Bedingungen für den gemeinsamen Resolutionstext genannt, den er und Ehmke am 9. Mai fertigstellten – ein »optimales Ergebnis«, wie Strauß fand. Der CSU-Chef, so schien es, war umgefallen und akzeptierte nun die Ostpolitik sozusagen im nationalen Interesse.

Doch eine Woche später fiel Strauß erneut um. Er vollzog eine abrupte Kehrtwendung, zu der nur ein derart impulsiver – seine Widersacher nannten das: wankelmütiger – Typ fähig war: Was er eben noch »optimal« genannt hatte, schien ihm nun »miserabel« und »nicht akzeptabel«. Im Fraktionsvorstand der Union votierte er für eine Ablehnung des gesamten Vertragswerks, nur im Notfall, um die Einheit der Fraktion zu retten, für Enthaltung. Anderntags kündigte er vor der Gesamtfraktion an, die CSU werde die gemeinsame Entschließung billigen, aber »die Verträge leider ablehnen«, wobei er die Option einer Enthaltung offenließ. Am Abend war wieder alles anders. Nach Mitternacht traf sich die CSU-Landesgruppe und formulierte ein Ultimatum: Wenn sich die Union nicht geschlossen der Stimme enthalte, werde die CSU geschlossen das Ratifikationsgesetz ablehnen. Strauß und Stücklen überbrachten die Drohung kurz vor der Abstimmung dem Oppositionschef, der tagelang nach Wegen für eine Zustimmung gesucht hatte. Die Auszählung im Plenum ergab für den Vertrag mit Moskau und mit Warschau jeweils 248 (von 496) Stimmen bei 238 bwz. 231 Enthaltungen.

Strauß hatte sich zwar durchgesetzt, aber nicht gewonnen. Die Verträge konnten, denkbar knapp, passieren. Warum aber hatte er überhaupt seine Meinung so grundlegend geändert? In seinen »Erinnerungen« erweckt Strauß den Eindruck, als sei nicht er umgefallen, sondern Barzel. Der habe ihm schon Monate vorher sein »Ehrenwort« gegeben, die Verträge abzulehnen. Im Osterurlaub habe er von Rom aus bei Barzel in Taormina angerufen, dabei habe der sein Versprechen erneuert: »Es bleibt beim Nein.« Weiter vermag sich Strauß nicht zu erinnern, außer daran, daß der Abstimmungskompromiß »unsere Glaubwürdigkeit nicht gestärkt« hat – kein Wort von der gemeinsamen Tüftelarbeit mit Ehmke, kein Wort von seinem positiven Votum in der Sonntagszeitung, kein Wort von seinem plötzlichen Versuch, der Regierung über die Verträge eine weitere Niederlage beizubringen.

Tatsächlich war Strauß, wie manch andere CSU-Größe auch, am Wochenende vor der Abstimmung in der bayerischen Heimat gewesen, und da hatten ihnen die örtlichen Funktionäre der Basis den Eindruck vermittelt – und einige versprengte Vertriebene hatten sie darin unterstützt –, die Verträge seien auf jeden Fall abzulehnen; Friedrich Zimmermann hatte sich dabei besonders hervorgetan. Neben diesem inhaltlichen Beweggrund gab es für

Strauß natürlich auch ein taktisches Motiv: Ließ er Barzel, der ja – wie jeder wußte – für die Verträge war, in seine Falle tappen und ihn seine Volte auch noch öffentlich darlegen, konnte das dem Oppositionsführer nur schaden, ihm selbst aber nützen.

Der eine Teil dieser Erwartung sollte sich bewahrheiten, der andere nicht. Zwar stellte Günter Gaus im SPIEGEL fest, der Oppositionsführer sei nur noch eine »Handpuppe« von Strauß und »in jeder politischen Hinsicht eine Nummer zu klein«, doch gelang es Strauß nicht, den anlaufenden Wahlkampf – die Regierung hatte sich wegen der fehlenden Mehrheit für Neuwahlen entschieden – mit seinen Themen wie »Finanzchaos« oder »Staatsverschuldung« zu besetzen. Dabei hatte er sich alle Mühe gegeben, war durch unzählige Wahlversammlungen gezogen und sogar auf seinen Exkollegen Karl Schiller losgegangen: »Seine Finanzpolitik verdient nicht mehr die Note mangelhaft, sondern nur die Note ungenügend.« Dann, als auch Schiller, im Sommer 1972, die Fronten wechselte, wandte Strauß im Wahlkampf exakt jenes Rezept an, das er in seinem Buch »Finanzpolitik – Theorie und Wirklichkeit« niedergeschrieben hatte: »Man kann einem Volk, auch wenn es ihm gutgeht, die Gegenwart als schwer erträglich und durch düstere Prophezeiungen die Zukunft als gefährlich und katastrophengeladen vorgaukeln, bis sogar Anwandlungen von Hysterie auftreten und durch Angstreaktionen erst die Gefahren heraufbeschworen werden, vor denen angeblich nur gewarnt werden soll. Dazu gehört auch der leichtfertige, das Gesetz der Dimension verletzende Gebrauch der Begriffe Krise, Depression, Inflation und ähnlicher.«

Den Wahlkampf lockerte eine Episode auf, politisch bedeutungslos, aber bezeichnend für den persönlichen Ruf von FJS: Kriemhild Barzel, Frau des Kanzlerkandidaten, antwortete auf die Frage einer Illustrierten »Sind Sie nicht eifersüchtig, wenn Ihr Mann zum Beispiel im Ausland ist?« ganz spontan mit den Worten: »Mein Mann ist doch nicht Franz Josef Strauß.« Darauf galten die Beziehungen der Eheleute Strauß und Barzel eine Zeitlang als gespannt. Kriemhild entschuldigte sich brieflich bei Strauß.

Die Wählermehrheit wollte jene Ostpolitik, der gegenüber Strauß und Barzel sich so schwankend verhalten hatten; sie wollte die

Verträge und den Ausgleich mit dem Osten. Strauß hatte sich mit seiner Einschätzung völlig geirrt. Die SPD erreichte bei den Neuwahlen am 19. November mit 45,8 Prozent das beste Ergebnis ihrer Geschichte, die Union fiel mit 44,9 auf die zweite Position zurück. Strauß fand dafür natürlich schnell eine Erklärung: Das Wahlergebnis, sagte er, sei eine »Quittung der Wähler für die wankelmütige Politik der CDU bei gleichzeitiger Bestätigung für den aufrechten Gang der CSU«. Denn wankelmütig, das sind immer nur die anderen. Ein Strauß zieht immer seinen Kurs durch; wenn er umfällt, gilt ihm dies als konsequent. Und wenn er wieder umfällt, steht er wieder aufrecht; das ist zwar nicht logisch, aber ähnlich der Mathematik – minus mal minus gibt plus.

Tatsächlich aber wird Strauß sichtlich unruhig; die Oppositionsrolle scheint mehr zu sein als bloß eine Episode. Sein Zorn auf die FDP, die sich freiwillig in eine, wie er das nannte, »babylonische Gefangenschaft« der Sozialdemokraten begeben hatte, wuchs ins Irrationale. Die Liberalen machte er für alles verantwortlich – daß er 1962 das Verteidigungsministerium verloren hatte, daß er sieben Jahre später auch das Finanzressort und seine Partei die Teilhabe an der Macht hatte aufgeben müssen und daß es nun auf längere Sicht kein Zurück gab.

»Die Charakterlosigkeit der FDP, verbunden mit ihrem Selbsterhaltungstrieb, ist eine der zuverlässig berechenbaren Komponenten.« Oder, noch drastischer: »Wer jetzt noch der FDP hinten reinkriecht, der schwebt doch in Wirklichkeit in einem Heißluftballon.«

Zum erstenmal in seinem politischen Leben versuchte Strauß jetzt, in größeren Zeiträumen zu planen. Wenn sich die Regierung nun also länger auf ein Bündnis derart unterschiedlicher Partner aus dem Mitte-links-Spektrum stützen wollte, dann war es doch höchste Zeit, ein solches Bündnis auch im Mitte-rechts-Lager zu etablieren. Zwar hatte sich dort die Union quasi monopolartig etabliert, aber Strauß ging es lediglich um rund 5 Prozent. So viel, oder aus seiner Sicht: so wenig, war hinzuzugewinnen von Splitterparteien oder enttäuschten Nationalliberalen, und die Union hätte hinfort wieder die absolute Mehrheit.

In jener Zeit wuchs sich bei Strauß die Idee einer vierten Partei – er meinte damit die CSU in bundesweiter Ausdehnung – zur fixen Idee aus. Könnte man so nicht auch enttäuschte CDU-Sympathisanten für die Union zurückgewinnen? Die Devise müßte lauten, getrennt zu marschieren, aber vereint zuzuschlagen. Das Problem war nur, die CDU zum Mitmachen zu bewegen, ohne daß sie sich in Bayern breitmachte. Denn daheim sollte das Prinzip keinesfalls gelten, sonst hätten ein paar CSU-Größen vor Ort um ihre Posten bangen müssen.

Das war natürlich ein zentraler Fehler im Kalkül des Politikers, das auch sonst nicht sehr einleuchtend erschien. Als er seine Idee Ende 1972 den Parteifreunden Heubl, Höcherl und Stücklen bei einem gemütlichen Beisammensein im Gut seines Freundes Josef März vortrug, reagierten die gar nicht so begeistert, wie er gehofft hatte, sondern äußerst skeptisch. So legte Strauß seinen Plan auf Wiedervorlage für bessere Zeiten. Daß die möglichst schnell kamen, daran arbeitete er ungeduldig, ob als »finanzpolitischer Sprecher« der Opposition oder lieber noch in der Außenpolitik, in der er auch die meisten Fehler machte. Vergeblich setzt er sich etwa in einem Schreiben an alle Unionskollegen dafür ein, daß auch sie einen deutschen Beitritt zu dem von ihm noch immer heftig bekämpften Atomwaffensperrvertrag ablehnten. FJS focht immer noch für sein Atom und seine Bombe, auch wenn die Zeiten sich geändert hatten.

Den Oppositionsführer Barzel aber hatte er 1973 endlich geschafft. Nach dem verlorenen Mißtrauensvotum, dem Hickhack um die Ostverträge, dem Verlust der Bundestagswahl war Barzel an einer eher nebensächlichen Frage gescheitert und am 9. Mai 1973 zurückgetreten. Nach außen war es um die Frage gegangen, ob die Union einem Beitritt der Bundesrepublik – und damit indirekt auch der DDR – zur UNO zustimmen sollte. Barzel war dafür und mit ihm eine Minderheit von 93 CDU/CSU-Abgeordneten; 101, darunter natürlich Strauß, waren dagegen. Die eigentliche Frage war aber die nach der Führungsqualität von Barzel und nach dem Rollenverständnis der Opposition: Sollte die Union bei wichtigen Themen mit der Regierungskoalition gemeinsame Sache machen oder Opposition um fast jeden Preis betreiben?

Diese Frage hatte die Unionsfraktion schon bei der Diskussion um die parlamentarische und die juristische Behandlung des Grundla-

genvertrags mit der DDR gespalten. Barzel war gegen eine Klage vor dem Bundesverfassungsgericht in Karlsruhe gewesen und hatte damals noch 102 von 187 Abgeordneten auf seine Seite bringen können. Strauß als Führer der Opposition gegen den Oppositionsführer höhnte, er habe sie gefunden, die »neue Mitte der Union: Barzel zwischen zwei Stühlen«. Barzel zieht die Konsequenz, tritt auch als CDU-Parteivorsitzender ab und wird bei einem Sonderparteitag am 12. Juni vom Mainzer Regierungschef Helmut Kohl abgelöst. Neuer Fraktionsvorsitzender wird Karl Carstens. Die Personalentscheidungen zeigen, daß Barzel zwar persönlich, aber nicht politisch verloren hat, denn seine beiden Nachfolger sind keineswegs auf Strauß-Kurs. Sie überlassen es dem Politiker aus München, nach außen den wilden Mann zu markieren. Der CSU-Chef versucht nun, der in Bonn unterlegenen Minderheit in Sachen Grundlagenvertrag vor dem Verfassungsgericht zum Sieg zu verhelfen.
Dabei geht er mit dem Kopf durch die Wand. Ihn kümmert nicht der eindeutige Wahlerfolg der Regierungskoalition und nicht die überwältigende Zustimmung, die der neue Umgang mit der DDR bei den Bürgern der Bundesrepublik genießt. (Zehn Jahre später werden ihm die eigenen Argumente von 1973 allerdings veraltet und überholt erscheinen.) Strauß besorgt sich ein Votum des CSU-Parteivorstands (21 Jastimmen zu vier Neinstimmen zu vier Enthaltungen) und verlangt von seinem Parteifreund, dem bayerischen Ministerpräsidenten Alfons Goppel, daß dessen Staatsregierung für den Freistaat in Karlsruhe klagt. Goppel, ein bedächtiger, honoriger Franke, wehrt sich verzweifelt. Er läßt im Ministerrat über den Wunsch von Strauß abstimmen; der CSU-Chef, so zeigt sich, hat ganze zwei Minister auf seiner Seite – Finanzminister Max Streibl und Arbeitsminister Fritz Pirkl. Aber so leicht läßt sich ein Strauß von der Münchner Staatsregierung nicht abwimmeln.
»Ich war wütend«, bekennt der Vorsitzende später. Er eilt von seiner Parteizentrale zu Goppels Amtssitz in der Schack-Galerie und staucht seine Widersacher in einer dreistündigen Redeschlacht zusammen: »Ich mußte voll und ganz mein Gewicht als Parteivorsitzender zur Geltung bringen.« Zuerst reicht das nicht aus: Die neue Abstimmung im Ministerrat ergibt ein Patt, sechs zu sechs

Stimmen. Damit ist das Ansinnen von Strauß eigentlich erneut abgelehnt. Aber er gibt nicht auf und erreicht schließlich, daß das (positive) Votum des Ministerpräsidenten und das des sozusagen zuständigen Innenministers für besonders gewichtig erklärt werden, der Schriftsatz Bayerns also doch nach Karlsruhe gesandt wird. Ein etwas seltsames Verfahren, so lange abzustimmen, bis es paßt. Aber in Bayern gehen eben viele Uhren anders.

Die Klage Bayerns weist das Gericht später zwar ab, es engt aber den Spielraum der folgenden Regierungen in der Deutschlandpolitik durch den Tenor des Urteils spürbar ein. Strauß kann also zu Recht darauf verweisen, sein Vorgehen sei im Prinzip gerechtfertigt gewesen. Er habe damit, brüstete sich Strauß, »unverrückbare Pflöcke« eingeschlagen, denn selbst die skeptische bis passive CDU habe sich später immer wieder auf das Urteil berufen. Das mußte sie allerdings notgedrungen, weil damals Entscheidungen des Bundesverfassungsgerichts noch allseits anerkannt wurden, auch wenn sie politisch bedenklich waren. Allein CDU-Rechtsaußen Alfred Dregger nannte den Entscheid »ein geschichtliches Verdienst von Franz Josef Strauß«.

Manche verweisen heute, nach der deutschen Einheit, darauf, Strauß habe mitgeholfen, daß die Bonner Regierungen nicht allzuviel Substanz in der Deutschlandpolitik aufgaben und damit den Weg zur Einheit offenhielten. Selbst wenn das so wäre – damals ging es ihm nicht um die Einheit Deutschlands, allenfalls um die Meinungsführerschaft in der Union. Seine Vorstellung von Opposition hieß: die Regierung jagen, in die Enge treiben, erlegen. Daß bei dieser Jagd auch Christdemokraten oder christdemokratische Prinzipien auf der Strecke blieben, nahm er billigend in Kauf. Und Strauß konnte sich freuen: »Wieder einmal hatte der deutsche Süden Entscheidendes geleistet, indem er der Bundesregierung in den Arm gefallen war.«

Mehr noch, auch seinem angeblichen Freund und Berufskollegen, dem CDU-Vorsitzenden Kohl, fällt er in den Arm. Das macht Strauß Spaß, er genießt seine Rolle als Schrecken von München, der die Bonner Dummköpfe zusammenstaucht, daß sie erschrokken aufschreien. So hält er es etwa im Fasching 1974, als Kohl gerade in Mainz an der für Karnevalisten obligaten Festsitzung

»Mainz bleibt Mainz« teilnimmt und Strauß im Bundeshausrestaurant über sein Glas hinweg losbellt, wie sehr er Kohl »verabscheut«. Tatsächlich wäre der Name austauschbar, Person und Politik des jeweiligen CDU-Chefs sind Strauß herzlich schnuppe: Das aus seiner Sicht Fatale ist immer nur, daß es den anderen, den Konkurrenten, überhaupt gibt. Das hält ihn auf Trab: »Wenn die Verflachung der Politik beginnt, kommt aus den bayerischen Bergen die Rettung.« Daran glaubt er, und seine Bayern glauben mit ihm daran, besonders nach den Bonner Turbulenzen um den Rücktritt von Bundeskanzler Brandt und den Regierungsbeginn seines Nachfolgers Helmut Schmidt. Bei den bayerischen Landtagswahlen im Oktober 1974 erreicht die CSU die Rekordmarke von 62,1 Prozent der Stimmen; das ist ein Zugewinn von 5,7 Prozentpunkten. Am Telefon verlangt er von Kohl gleich nach der Wahl, nun müsse die Union sich Zeit lassen mit der Nominierung des nächsten Kanzlerkandidaten; er schlägt vor, die Sache erst im Mai 1975 zu regeln. Schließlich gebe es – sagt er, um Kohl zu ärgern – »drei bis fünf geeignete Bewerber«. In Bayern läuft doch alles so gut, nämlich nach seiner Pfeife; nur in Bonn klappt nichts!

Franz Josef Strauß ist mal wieder an einem Höhepunkt seines politischen Wirkens angelangt. Seine Partei steht, meint er, wie ein Fels hinter ihm und hat dank seiner Führung sogar beinahe die verfassungsändernde Zweidrittelmehrheit im Landtag erreicht. Nur die blöden Nordlichter jenseits des Mains nörgeln weiter an ihm herum. Aber auch denen wird er die Welt, seine politischen Visionen und speziell den Rückweg zur Macht erklären. Zu diesem Zweck fährt er mit der gesamten Bonner Landesgruppe ins malerische Sonthofen, in die Berge, wohin Stücklen zur jährlichen Strategieklausur eingeladen hat. Strauß brilliert mit einer neunzigminütigen freien Rede, deren einzelne Elemente die Anwesenden schon kennen, deren Aussage fast alle aber nun begeistert zustimmen.

Es geht im fünften Jahr nach dem Bonner Machtverlust natürlich um den Kurs der Opposition und um den rechten Rückweg zur Macht. Ex-Finanzminister Strauß glaubt nun, daß die Wirtschafts- und Finanzpolitik der Sozialliberalen für 1976 wahlentscheidend sein wird: »Der Patient ist in einem Zustand, wo er

unter zwei großen Beschwerden leidet, nämlich Zerrüttung der Staatsfinanzen und Inflation mit steigender Arbeitslosigkeit«, aber es gebe »kein Rezept, das der Bekämpfung beider Krankheiten dient. Man kann immer nur einer Krankheit zu Leibe rücken.«
Doch Strauß glaubt ebenso, und dies ist der rote Faden seiner Rede: »Noch ist das Bewußtsein der Öffentlichkeit nicht auf die wirkliche große Krise so vorbereitet, daß es aus politischen Gründen richtig wäre, mit eigenen Rezepten zu kommen« oder mit »konkreten Empfehlungen«. Er variiert das Thema, noch sei »die Öffentlichkeit nicht so stark schockiert, daß sie bereit wäre, die Rezepte, die wir zur langsamen Heilung der Krise für notwendig halten, in Kauf zu nehmen«, mit jedem neuen Absatz einen kleinen Dreh weiter: »Lieber eine weitere Inflationierung, weitere Steigerung der Arbeitslosigkeit, weitere Zerrüttung der Staatsfinanzen in Kauf nehmen ...«; »es muß eine Art Offenbarungseid und ein Schock im öffentlichen Bewußtsein erfolgen ...«; »wir können nicht genug an allgemeiner Konfrontierung schaffen ...«; »wir müssen sagen, die SPD und FDP überlassen diesen Staat kriminellen und politischen Gangstern ...«
Die Lektüre erweckt den Eindruck, als sei ein enthemmter Zyniker der Macht am Werk, der erst den Staat ruiniert, um ihn dann um so leichter übernehmen zu können: »Und wenn wir hinkommen und räumen so auf, daß bis zum Rest dieses Jahrhunderts von diesen Banditen keiner es mehr wagt in Deutschland, das Maul aufzumachen – selbst wenn wir es nicht ganz halten können; aber den Eindruck müssen wir verkörpern.« Die aktuelle Parole, die »Taktik jetzt« sei »nur anklagen und warnen, aber keine konkreten Rezepte etwa nennen ...«, also auch nicht eine Koalition mit einer der amtierenden Regierungsparteien zu erwägen, weil das »Beteiligen an der Verantwortung« hieße. Diese Regierung, empfiehlt der Machtpolitiker, der so selten ein guter Stratege war, soll sich selbst zerstören: »Wir müssen sie so weit treiben, daß sie den Staatsbankrott erklären müssen ...« Kurz, die Bundesrepublik könne nur dann wieder ein Stabilitätsfaktor werden, »wenn die Krise so stark wird, daß aus der Krise ein heilsamer Schock erwächst und damit die Bereitschaft, die Konsequenzen ... tatsächlich auf sich zu nehmen«.

Das erscheint den Zuhörern als Verheißung einer neuen Zeit; der Franz, der kann's, immer noch. Der weiß und weist den Weg. Lang wird es nicht mehr dauern, bis die große Krise da ist, aus der der Machtwechsel erwächst. Das glauben und hoffen die Anwesenden nach dieser Bestandsaufnahme. Deren Botschaft wollen sie den Parteifreunden an der Basis draußen im Lande übermitteln. Noch in Sonthofen erbitten sich einige Christsoziale den schriftlichen Text der Analyse des Chefs. So macht die Straußsche Schreibstube aus der Tonbandaufnahme der Rede einen knapp zwanzigseitigen Aufsatz und schickt das Werk, wie erwünscht, an alle Zuhörer, die im Hochzeitszimmer des Hotels Sonnenalp dabeigewesen sind.

Das war ein Fehler. Er schadete Strauß und behinderte seine Karriere in der deutschen Politik ähnlich wie seine Rolle in der SPIEGEL-Affäre zwölf Jahre zuvor. Nur war es diesmal nicht FJS selber, der sich öffentlich den eigenen Weg verstellte. Es war bloß eine kleine Intrige gegen den großen Parteivorsitzenden.

Von Kreuth ins Kanzleramt?

Die großen Niederlagen

1974 – 1980

Selten hat eine Rede dem Vortragenden so geschadet, seine Karriere so behindert und sein Berufsziel so unerreichbar gemacht. Selten auch sind Strauß und seine Helfer so zäh und verbissen vorgegangen, um die Quelle der angeblichen Indiskretion ausfindig zu machen: Sie hielten es einfach nicht für möglich, daß unter all denen, die sich im Hotel Sonnenalp noch so begeistert gezeigt hatten, einer gewesen war, der offenbar den Judas spielte.
Schon im Dezember 1974 hatte ein Anonymus, mit Poststempel Köln, eine Kopie der Rede an den SPIEGEL nach Hamburg geschickt. Der Empfänger überflog den Text, fand nichts dabei (»typisch Strauß«) und gab ihn zur Ablage. Anfang März 1975 geriet derselbe Text unter konspirativen Umständen in das Bonner Büro des Magazins – und sogleich waren Skandal wie Schlagwort geboren: Als »Sonthofen-Strategie« des Franz Josef Strauß, der nur um seiner Macht willen gerne in Kauf nahm, daß der Republik Schaden zugefügt würde, ging der Text in die Nachkriegsgeschichte ein. Dabei waren es ja eher Binsenweisheiten, die FJS von sich gegeben hatte, eine kalte Analyse der Möglichkeiten, die sich der Union auf dem Weg zurück zur Macht boten. Das eigentliche Problem war die Schriftform. Sowenig sich eine Rede, die Strauß im Bierzelt vor einigen Hundertschaften dampfender Bayern hält, zur Wiedergabe etwa im dritten Fernsehprogramm des Westdeutschen Rundfunks eignet, sowenig sich ein wissenschaftlich einwandfreier, mit Zitaten gespickter Aufsatz zum fünfzigsten Jahrestag der Reichspogromnacht von einem Bundestagspräsidenten in einer Feierstunde verlesen läßt – so wenig taugte die Rede von Sonthofen zur Schriftlegung.
Der wirkliche Informant des SPIEGEL hat sich niemals offenbart.

FJS hatte ja auch, jedenfalls in Bonn, stets erfolgreich den Eindruck zu erwecken vermocht, er sei in Bayern oder wenigstens in der CSU der absolute Herrscher, geliebt und verehrt vom Volk und angebetet von der eigenen Partei. Nur selten konnten aufmerksame Beobachter blitzartig erkennen, daß der große Vorsitzende nicht ganz so unangefochten war, wie er tat. Natürlich – Strauß war umgeben von servilen Mitarbeitern, die sich als Dank für ihre Selbstaufgabe Karrierehilfen erhofften, wie auch von Freunden und Bekannten, die etwa sein besonderer Freund Fritz Zimmermann »nicht in meine Nähe gelassen hätte, jedenfalls nicht ohne Zeugen«. Aber es gab – auch nachdem Hundhammer und seine puritanischen Mitstreiter von der Politbühne geschubst worden waren – ein paar Honoratioren oder jedenfalls Mutige, die sich trauten, eine Intrige gegen den Gottvater der CSU einzufädeln. Das muß zunächst als Nadelstich gegen das herzoglich-bayerische Gottesgnadentum gedacht gewesen sein, mit dessen Aura sich FJS allzugern umgab und in dessen Klima ein offener Widerspruch undenkbar war. Politisch und journalistisch ergiebiger wären natürlich offene Aufstände gewesen, aber dazu kam es erst zehn Jahre später, gegen Ende der Karriere von Strauß.

Die Veröffentlichung seiner Sonthofenrede jedenfalls wurde für Strauß zur traumatischen Erfahrung. Welcher Verräter aus der eigenen weiß-blauen Truppe hatte da die Hand im Spiel? Wer konnte es überhaupt wagen, ihn dermaßen, wenn auch heimlich und ohne echten Kampfesmut, herauszufordern? Das konnte ja wohl, meinte Strauß, ein Hinterbänkler nicht gewesen sein; hier wurde offenbar eine alte sehr hohe Rechnung beglichen. Und so kam Strauß und Zimmermann ein Verdacht. Während Strauß noch vor dem Parlament in maßloser Übertreibung tobte: »In den letzten Tagen läuft in konzertierter Aktion eine Verfälschungs- und auch Verleumdungskampagne ungeheuren Ausmaßes gegen mich«, suchte Zimmermann den Missetäter schon still in den eigenen Reihen. Er sorgte dafür, daß der CSU-Abgeordnete Hermann Höcherl, der sich zwölf Jahre zuvor als Bundesinnenminister während der SPIEGEL-Affäre noch so tapfer und mannhaft für Strauß geschlagen hatte, nach 23jähriger Zugehörigkeit zum Bundestag in seinem Wahlkreis Regensburg für die Wahl 1976 nicht wieder

aufgestellt wurde. Und auf einer Sondersitzung des Landesgruppenvorstandes war Zimmermann die treibende Kraft in dem Bestreben, Höcherls Referenten und Vertrauten Eduard Schlipf abzulösen und zu kündigen. Der diskrete Höcherl äußerte Jahre später: »Getroffen hat's den Schlipf. Gemeint war ich.«
Höcherl, Jagdbruder von FJS, war schon 1962 bei seinem Parteichef kurzzeitig in Ungnade gefallen, als er gegen dessen Wunsch nach der SPIEGEL-Affäre für die CSU wieder ins Bundeskabinett zurückkehrte. Sehr übel nahm Strauß ihm auch, daß er im Sommer 1972 – in einer Phase schärfster Konfrontation – als einziger Unionsabgeordneter Bundeskanzler Willy Brandt gratulierte, als dem der Friedensnobelpreis verliehen wurde.
Eigenwillige, eigenständige Denker waren FJS nicht genehm, und er pflegte sich an ihnen zu rächen. Der Beinahepostminister Mayr hat es ebenso erfahren wie Strauß' Vize im Parteiamt, Franz Heubl, oder auch Richard Stücklen, gegen den FJS seit den unseligen Tagen der SPIEGEL-Affäre eine seltsam diffuse Aversion hegte, so als fühle er sich seitdem von Stücklen im Stich gelassen, als sei der an mancher Unbill schuld, mit der sich die Union und mit ihr die CSU und vor allem natürlich Strauß plagen mußten. Nun also war Höcherl an der Reihe.
Sonthofen beeinflußte den politischen Werdegang des FJS so nachhaltig wie einst die SPIEGEL-Affäre. Nur war im Fall dieser Rede unbestritten und unbestreitbar, daß er sie genauso gehalten hatte – es gab keine finsteren Mächte, keine Drahtzieher, keine Kommunisten aus Pankow, die dahinter hätten stecken können, allenfalls einen internen Widersacher, der die Brisanz seiner Worte erkannt hatte. Und diese Tatsache fuchste Strauß genauso, wie ihn die direkten Folgen der Veröffentlichung für seine Karriere erbosten. Hinnehmen mochte er ja noch die Reaktion der Sozialdemokraten auf seine Rede. Kanzler Schmidt meinte: »Der Strauß redet nicht nur so, der ist auch so.« Und SPD-Bundesgeschäftsführer Holger Börner befand: »Strauß will den totalen Krieg. Wir werden seine Sonthofener Rede in Erz gießen und tagtäglich verbreiten.«
Viel schlimmer traf Strauß das Verhalten seiner christdemokratischen Parteifreunde. Helmut Kohl etwa setzte sich im Bundestag öffentlich von dem Bayern ab: »Wir wollen nicht die Verteufelung

des Gegners, sondern werden die klare Alternative in allen Bereichen der Politik herausstellen. Das gilt auch für Franz Josef Strauß.« Besonders der letzte Satz, der recht gönnerhaft und von oben herab klang, erregt Strauß mächtig. Aber noch mehr erbittert ihn eine direkte Folge für seine Karriere.
CDU-Generalsekretär Kurt Biedenkopf nutzt nämlich die günstige Gelegenheit zu »einer Nacht-und-Nebel-Aktion« (Zimmermann), um seinen Parteichef Kohl ohne jede Rücksprache mit der CSU zum Kanzlerkandidaten für die Wahl 1976 auszurufen – dabei hält sich FJS damals schon seit knapp zwanzig Jahren für den geborenen Kanzler.
Ein weiteres Mal verläßt ihn jetzt sein politischer Instinkt, das Gespür für historische Entwicklungen. Er will eben unbedingt an die Macht, mit dem Kopf durch die Wand, und wenn es noch so schmerzt. Im Juli 1975 setzt Strauß einen Entschließungsantrag der Unionsfraktion durch, in dem die Bundesregierung aufgefordert wird, die Schlußdokumente der Konferenz für Sicherheit und Zusammenarbeit in Europa – KSZE – nicht zu unterzeichnen. Damit will er vor allen Wählern klarmachen, daß er die Konferenz für einen Baustein sowjetischer Europapolitik hält, mit dem die Nachkriegsordnung auf lange Zeit verfestigt werden solle. Er sieht in den Verhandlungen, an denen immerhin auch die USA teilnehmen, einen Versuch der Sowjets, Westeuropa ihrem Willen zu unterwerfen, und im Plädoyer der Sozialliberalen für die Konferenz die Absicht, ein Aktionsbündnis zwischen Sozialisten und Kommunisten zu schmieden. Strauß nennt dies eine »Finnlandisierung«, und er ahnt nicht, daß die KSZE fünfzehn Jahre später das exakte Gegenteil bewirkt: Osteuropa wird destabilisiert, der Ostblock zerfällt, der Westen setzt sich mit seinen Ideen und Idealen durch. Mit seinem Einsatz bringt Strauß es so weit, daß die Union zusammen mit den albanischen Kommunisten und den italienischen Neofaschisten zu den einzigen Gegnern des Vertragswerks zählt. Eine, im Rückblick, historische Fehleinschätzung.
Freilich sind an Führungsfehlern immer zwei beteiligt, derjenige, der den Kurs falsch bestimmt, und derjenige, der ihm folgt. FJS hat in den ersten Jahren der Opposition ein hohes Maß an Handlungs- und Narrenfreiheit. Kaum einer wagt es, ihm – und sei es argu-

mentativ – in den Arm zu fallen. Kaum einer steckt ihm Grenzen ab, jedenfalls nicht unter den Politikern seiner Couleur. So kommt es zwangsläufig dazu, daß er sich für den allzeit Größten hält. Und wenn da ein paar harmlose Journalisten, meist »linke Spinner«, in irgendwelchen Magazinen an seinem Nimbus kratzen, ist das für ihn noch lange kein Grund, sich zu ändern.

Im März 1976 zitiert der STERN den Strauß-Vize Franz Heubl mit der sporadisch sicher zutreffenden Bemerkung: »Der Strauß ist out. Jetzt ist er besoffen.« Einige Wochen später erörtert der SPIEGEL die Frage, wer nächster bayerischer Regierungschef werden könnte, und läßt dazu Heubl den seitdem legendären Satz sagen: »Für den bayerischen Ministerpräsidenten braucht's einen Herrn, und Strauß ist kein Herr.«

Der Zorn des Angegriffenen ist grenzenlos. Diesmal schreibt er seinem Stellvertreter keinen Brief, diesmal läßt er schreiben, und zwar seinen Bonner Büroleiter Friedrich Voss und seine Schreibkräfte aus der Bonner Amtsstube, die eine 75seitige Dokumentation mit dem Titel »Das Sündenregister des Franz Heubl«, gespickt mit Nachreden des Chefs auf seinen Vize, ausarbeiten und mit dem Absender »Büro Strauß« unter christsoziales und journalistisches Volk bringen. Die Leser des Dossiers erfahren von einem »bodenlos feigen«, »krankhaft mißtrauischen«, allzeit alkoholsüchtigen und dann enthemmten, »stinkfaulen« Politiker, der »während des Tages einer mehrstündigen Ruhe, in Decken eingehüllt«, bedürfe; dessen wöchentliche Arbeitszeit acht Stunden betrage und dessen dienstlicher Apparat »zu 80 Prozent für Heubl und seine Familie persönlich; zu 20 Prozent für die Erfüllung amtlicher Aufgaben und zu null Prozent für die Partei« arbeite. Die Empfänger dieses wütenden Dossiers fragen sich nur, warum Strauß diesen unfähigen Kerl schon seit Jahren in seiner Umgebung erträgt. Und warum die angeblich so unhaltbaren Zustände nicht von CSU-Verantwortlichen korrigiert wurden. Und was eigentlich der Hintergrund für diese maßlose Attacke ist. Die SÜDDEUTSCHE ZEITUNG fragt: »Wie tief muß eine Partei gesunken sein, daß zumindest ihre Führung glaubt, personellen Streit auch mit solchen Mitteln führen zu müssen?«

Aber die Hinrichtung des kleinen durch den großen Franz hatte Erfolg. Sie verschaffte für einige Jahre jedenfalls in Bayern einem Unfehlbarkeitsdogma Geltung, das Nörgler, Kritiker und Gegner gar nicht erst in die Nähe von Strauß gelangen ließ. Der hatte es schon bei seinem Parteifreund Mayr erfahren und probierte es ähnlich immer mal wieder bei seinem sogenannten Freund Stücklen aus: Fußtritte oder hinterhältige Kniffe machen Opfer unterwürfig, nicht rebellisch. Heubl verhielt sich genauso. Er erwarb sich den Ruf des servilen Lakaien, wenn er als Versammlungsleiter auf Parteitagen den Vorsitzenden – keineswegs ironisch – begrüßte mit Worten wie »Franz Josef, du bist der Quell unserer Inspiration« oder »Gib uns Hoffnung und Aussicht, Chance und Zukunft«. Heubls Rückgrat war dahin, so durfte er CSU-Vize bleiben. 1978 wurde er Präsident des bayerischen Landtags und 1990 in den Ruhestand verabschiedet.
Heubls Auseinandersetzung mit Strauß hatte sich Anfang 1976 aus Differenzen über den neuen, zweiten Vertrag mit Polen entwickelt. Dabei hielt Strauß Heubl allenfalls für einen Kläffer am Wegesrand; sein Hauptgegner war Helmut Kohl und dessen Glaubwürdigkeit, und Hauptthema war wieder einmal die Frage, wie die SPD/FDP-Koalition aus dem Sattel zu heben sei. Strauß wollte diesen Vertrag, einschließlich eines damit verbundenen Rentenabkommens, über die Unionsmehrheit im Bundesrat zu Fall bringen oder wenigstens durch Nachverhandlungen modifizieren, Kohl und besonders der neue niedersächsische Ministerpräsident Ernst Albrecht wollten ihn passieren lassen. Strauß plante sogar, das Thema – er hatte von 1972 gelernt – zum Wahlkampfschlager zu machen. Doch dann sei wieder, heißt es in seinen »Erinnerungen«, wie schon 1972, der CDU-Vorsitzende, diesmal also Kohl, umgefallen – »eine unheilvolle und klägliche Geschichte«. So kläglich, allerdings für Strauß, daß er einen bis dato unerhörten Vorgang gar nicht erwähnt – der bedächtige Ministerpräsident Goppel wagt die Rebellion gegen den Parteichef. Goppel lehnt nicht nur eine Klage gegen das Vertragswerk ab, sondern stimmt dem Gesetz im Bundesrat sogar ausdrücklich zu. Strauß muß sich mit einem telefonischen Donnerwetter bescheiden.
Goppels Verhalten scheint symptomatisch für den Umgang vieler

Politiker mit Strauß: Man läßt ihn reden und reden und sich aufblasen, und schließlich tut man doch, was man für richtig hält. Eine andere Möglichkeit gibt es nicht, denn er ist zu Kompromissen kaum bereit.

Die Bundestagswahl 1976 will Strauß zu einem Volksentscheid über »Freiheit oder Sozialismus« hochpuschen. In seinem antikommunistischen Credo hält er den Slogan für so zündend, daß es zum offenen Streit mit der CDU kommt, die die Formulierung »Freiheit *statt* Sozialismus« favorisiert. Biedenkopf will die Sozialliberalen auch mit linken oder sozialen Themen angreifen, Strauß sieht darin die Gefahr, daß sich rechte Wähler von der Union entfernen könnten: »Eines steht fest: Die Frage ›Freiheit oder Sozialismus‹ wird das geistesgeschichtliche Grundthema der politischen Auseinandersetzung im letzten Viertel dieses Jahrhunderts sein.«

Der Wahltag 1976 endet mit einem sensationellen Ergebnis für den Kanzlerkandidaten Kohl – fast mit einem Sieg. Er gewinnt für die Union 48,6 Prozent der Stimmen, ein Rekord. Es fehlen nur sechs Mandate zur Macht und zur absoluten Mehrheit (249), aber FJS ist zutiefst beleidigt. Er ist überzeugt, er hätte als Kanzlerkandidat mehr herausgeholt. Ist nicht Kohl nur deshalb so gut, weil die CSU in Bayern so phänomenal abgeschnitten hat? Und hat nicht Biedenkopf immer wieder gegen Strauß gestichelt und damit ein noch besseres Ergebnis für die CDU/CSU unmöglich gemacht? Strauß kennt, wie immer, die Schuldigen: »Entweder tritt man für eine Sache an, dann kämpft man sie durch, oder man tut es nicht. Das erfordert dann aber auch die nötige Geschlossenheit und erlaubt nicht, daß der eine aus der Kompanie in der Kantine ist und abwartet, wie der Marsch sich weiter vollzieht, der andere im Straßengraben sitzt und Brotzeit macht, der dritte sich im Revier behandeln läßt, um beim Siegesmarsch gesund zu sein, und der vierte abwartet, ob es Erfolg hat, wenn der Rest dann dafür kämpft.«

Und so kommt es nun tatsächlich zu jenem (Kreuth-)Ereignis, mit dem FJS sein ganzes politisches Leben kokettiert und gedroht hat. Schon sechs Jahre zuvor, kurz vor seinem Tod, notierte der Strauß-Referent Marcel Hepp in seinem Tagebuch: »Seine Lieblingsidee ist die Ausweitung der CSU.« Er habe penibel die Anschriften all der Sympathisanten aufnehmen lassen, die sich im Bundesgebiet als CSU-Anhänger zu erkennen gegeben hatten: »Er glaubte, auf Anhieb 25 Prozent für die CSU im Bundesgebiet zu erzielen.« So sandte er an CSU-Freundeskreise außerhalb Bayerns freundliche Grußworte, unterstützte die »Deutsche Union« des Exfreidemokraten Siegfried Zoglmann, die aus der »Nationalliberalen Aktion« rechter Liberaler hervorgegangen war, und liebäugelte mit dem »Bund Freies Deutschland« in Berlin – immer auf der Suche nach einem Potential, das seinen Einfluß und den der CSU schlagartig vergrößern sollte.

Dabei war seit Bestehen der Bundesrepublik, siebenmal bis dahin, die Erneuerung der Fraktionsgemeinschaft zwischen CDU und CSU eine reine Formsache, allenfalls wurde etwas um Personalia und Einfluß gepokert. Nun, nach der Bundestagswahl 1976, die der Union das beste Ergebnis seit neunzehn Jahren bringt, geht es erstmals wirklich zur Sache. Jahrelang ist Strauß gemeinsam mit Friedrich Zimmermann durch Gaststuben, aber auch vor die Mikrophone gezogen, um seine These von der »vierten Partei« zu verkünden: Wenn die CSU, und sei es nur mit Landeslisten, im Bundesgebiet auch außerhalb Bayerns kandidiere, könne sie womöglich ein Häuflein rechtsgewirkter Wähler, die »von der CDU abgeschreckt« (Strauß) sind, in ihr Lager ziehen und damit bei der Schlußabrechnung der Mandate vielleicht gerade jene 3 Prozent dazugewinnen, die der Union eine komfortable absolute Mehrheit im Bundestag garantieren würden. Bisher seien diese entscheidenden Prozentpunkte durch Voten für die NPD, für Splitterparteien oder auch durch Wahlverweigerung vom möglichen Stimmenpotential der Unionsparteien abgegangen.

Diese These mochte in der Theorie einige Überzeugungskraft besitzen, in der Praxis konnte es nicht funktionieren: Die CDU mußte aus Gründen der Selbstachtung und Selbsterhaltung ihren Alleinvertretungsanspruch auf dem Wahlzettel außerhalb Bayerns sicherstellen, um nicht selber Gefahr zu laufen, zugunsten der CSU auszubluten. Und umgekehrt vermochte Strauß niemals klarzumachen, weshalb im Fall einer Ausdehnung seiner CSU ins Bundesgebiet nicht auch die CDU nach Bayern kommen dürfe – um dort beispielsweise Wähler der bürgerlichen Mitte anzuziehen.

Zimmermann erklärte das so: »Wir wollten erstens nicht der CDU weh tun, die ja eine gute und solide Partei vernünftiger Bürger ist, auch wenn sie nicht immer sehr genial geführt wurde, und wir wollten zweitens auch gar nicht den bayerischen Charakter unserer Partei in einer bundesweiten Partei aufgehen lassen.« Strauß berief sich bei seinen Werbefeldzügen sogar auf eine »Weissagung« des CDU-Denkmals Adenauer, der ihm, dem Christsozialen, gesagt habe: »Wenn wir einmal keinen Koalitionspartner mehr haben sollten, Herr Strauß, dann muß die CSU unser Koalitionspartner sein!« Bei all den Schwierigkeiten, die die CSU dem Alten immer wieder bereitet hatte, kann dieser Satz eigentlich nur ironisch gemeint gewesen sein. Strauß, natürlich, wollte ihn anders verstehen, wollte für sich und seine CSU die Kirschen aus Nachbars Garten, aber von den eigenen Früchten partout nichts abgeben.

Der Mut von Strauß reichte denn auch nicht sehr weit, als im Frühjahr 1976 die Landeslisten in den Bundesländern auch außerhalb Bayerns aufgestellt wurden. Da zuckte er zurück, da fürchtete er, erst für einen Grundsatzstreit in der Union und dann für ein schlechtes Wahlergebnis haftbar gemacht zu werden. Es mangelte ihm, wie sich erwies, an einem strategischen Konzept und ebenso an der Begabung, seine Ideen den Partnern von der CDU plausibel zu machen. So waren die CSU-Führer, erkannte Zimmermann, »nach der gewonnenen Wahl und der verlorenen Regierungsbildung so klug als wie zuvor«. In dieser diffusen Lage rief der eben gewählte Landesgruppenvorsitzende Zimmermann seine Bundestagsabgeordneten am 18./19. November 1976 zur zweitägigen Klausur nach Wildbad Kreuth, wo der Parteichef Strauß über alles mögliche redete, nur nicht über das Unbehagen, das fast alle Anwesenden erfaßt hatte: Sie wollten, nein, sie mußten dringend zurück an die Macht, und nun waren sie um Haaresbreite geschlagen. Und dabei hatte der große Vorsitzende doch schon seit Monaten den rechten Weg gewiesen!

Immer wenn Strauß vage Worte brummelte über die ungewisse Zukunft in Bonn und die Unfähigkeit der CDU, dann merkten die Anwesenden in ihrer Schläfrigkeit auf. Und nach einer langen, ziellosen Diskussion meldete sich plötzlich Franz Handlos zu Wort, der von den anderen Landesgrupplern immer mal wieder als

»Hirnlos-Handlos« tituliert wurde, und schlug vor, nun solle die CSU im Bundestag doch eine eigene Fraktion bilden. Darauf wurde dies Thema einen Abend lang, Stunde um Stunde, hin und her gewendet. Während Strauß, zaudernd und zögernd, allenfalls indirekt Einblick in seine Haltung – pro Trennung der Fraktionen – gab, warf sich ein Redner mächtig gegen die Depperten in Bonn ins Zeug, von dem die meisten Delegierten das nicht erwartet hatten: Richard Stücklen, Bundestagsvizepräsident, redete den Kreuther Sezessionsbeschluß herbei.

Die wenigsten der 52 anwesenden Christsozialen wußten, was Stücklen zu seiner überraschend entschiedenen Haltung trieb. Es war nämlich so, daß Stücklen vor der Wahl von Oppositionsführer Helmut Kohl die Zusage erhalten hatte, nach der Wahl zum Präsidenten des Bundestags aufzurücken, wenn die Union die stärkste Partei geworden sei. Nun war sie, in der Formation CDU plus CSU, stärkste Partei, würde im Fall einer Fraktionstrennung diesen Rang aber an die SPD abgeben müssen, und dann wäre Stücklen ohne Chance auf den Chefposten. Und dennoch sprach der Richard sich für die Trennung aus! So dachten die Delegierten und jubelten Stücklen zu, weil er selbstlos Positionen vertrat, die bis vor kurzem nur Strauß und Zimmermann eingefallen waren. Sie wußten nämlich noch nicht, daß Stücklen gerade von Strauß erfahren hatte, er habe doch keine Aussicht auf den Präsidentensessel: »Woaßt, der Helmut ist dagegen.«

In Wirklichkeit hatte Strauß dem CDU-Vorsitzenden den Plan wieder ausgeredet, den CSU-Kollegen zum Präsidenten zu machen: »Der Stücklen ist Vize. Das reicht.« Strauß wollte mit diesem seltsamen Verzicht seiner Partei »mehr Spielraum« bei anderen Unionsentscheidungen ergattern, was bedeutete: Er fürchtete, jede Chance auf eine eigene Kanzlerkandidatur zu verlieren, wenn schon ein anderer CSU-Mann ins zweithöchste Staatsamt gewählt wäre. Stücklen aber sah sein Lebensziel durch, angeblich, Helmut Kohl verpatzt. So wurde der in der Sache eigentlich zögerliche Strauß durch Stücklen, dem er einen neuen Karriereabschnitt mißgönnte, zu einer Entscheidung gedrängt, deren Folgen er nicht durchdacht hatte. So hatte eine kleine Bosheit, mit der Strauß den Stücklen mal wieder deckeln wollte, ungeahnte Folgen für den Urheber. Strauß hatte den Parteifreund schon 1966, was den erbitterte, vom geliebten Posten des Postministers vertrieben, weil er plötzlich er Meinung war, in die Bundesregierung müsse für die CSU auch ein protestantisches Kabinettsmitglied einziehen – also statt des katholischen Stücklen der evangelische Werner Dollinger.

Am Morgen nach der langen Nacht in Kreuth wurde die Diskussion fortgesetzt und per Abstimmung beendet: Dreißig Abgeordnete votierten für, neunzehn gegen eine Auflösung der Fraktionsgemeinschaft. Strauß persönlich zählte die Abstimmungszettel aus. Die Sache war durch, und so richtig hatte es keiner gewollt; niemand wußte, was nun geschehen sollte. Strauß traute sich nicht, den CDU-Vorsitzenden über die Entscheidung zu informieren, und als Zimmermann endlich ein Telefon gefunden hatte, kannte Kohl den Beschluß schon aus dem Radio und von zwei Vertrauten aus der CSU. Sogleich erhob sich ein Orkan der Entrüstung – nicht nur bei der CDU, sondern auch in der bayerischen CSU-Landtagsfraktion, deren Mitglieder um Einfluß und Posten bangten, falls die CDU in Bayern einmarschierte. Der Aufruhr setzte sich fort bei einer eilends nach München einberufenen Konferenz aller Kreisvorsitzenden der CSU, die vehement ihre Parteiführung attakkierten und eine Rücknahme des Beschlusses verlangten. Und weil Strauß bei der öffentlichen Präsentation des Kreuther Entscheids so zurückhaltend taktiert hatte – nicht er hatte mit Kohl telefoniert oder die Pressekonferenz bestritten, sondern Zimmermann –, geriet Zimmermann ins Kreuzfeuer der Kritik, nicht der Parteichef Strauß. Dabei war Kreuth einer seiner größten Fehler; ein öffentliches Desaster. Zimmermann warf ihm lange vor, nicht genug für die Durchsetzung des Kreuther Sezessionsbeschlusses getan zu haben, und er hatte wohl recht damit: Nur, Strauß hatte die Trennung so genau nun auch wieder nicht gewollt, zumindest weder durchdacht noch geplant. Und auf einmal war es zu spät und vorbei wie ein Spuk. Am 12. Dezember bildeten CDU und CSU wieder ihre gewohnte Fraktionsgemeinschaft. Karl Carstens wurde Bundestagspräsident, Stücklen blieb (bis 1979) Vize. Und Strauß war an einem weiteren Tiefpunkt seiner Karriere angelangt.

Denn am 24. November abends, als die Partei über dem so gänzlich unvorbereiteten Kreuther Beschluß zu zerbrechen drohte, diskutierte der Landesausschuß der bayerischen Jungen Union über die Lage der Partei und die Einheit der Union. Zur Sitzung der 28 Funktionsträger dieser Jugendorganisation war Strauß in Begleitung Zimmermanns und seines fünfzehnjährigen Sohnes Franz Georg erschienen. Er hielt, nach dem Genuß »von ein paar Gläschen« – so Zimmermann –, ein Neunzig-Minuten-Referat, das wegen der unglaublichen Tiraden gegen Helmut Kohl sogleich in die deutsche Parteiengeschichte einging. Einer der 31 Anwesenden hatte eine Aktentasche auf dem Tisch im Schulungsraum der Münchner »Wienerwald«-Zentrale liegen. Drinnen lief ein Tonband, das des Redners tiefe Wut auf die CDU und ihren Vorsitzenden Kohl dokumentierte.

Am folgenden Montag erschien der SPIEGEL mit dem Text der »Wienerwald«-Rede und mit einem Interview, in dem sich Strauß ungemein staatsmännisch – und wohl auch nüchtern – über die politischen Aussichten des eben knapp geschlagenen Unionskanzlerkandidaten Kohl äußerte: »Wir wünschen Helmut Kohl jeden, aber jeden Erfolg, lassen ihn auch nicht allein, sondern werden ihn unterstützen.« Im »Wienerwald« war von einer solchen Hilfszusage nicht die Rede gewesen:

»Ich sage es denen seit zehn Jahren: So, wie ihr es macht, kommt ihr nie mehr hin. Dieser Faschingszug, den die Opposition dargestellt hat, nicht einmal ein Trauerzug, Faschingszug, Karnevalszug in Abschnitten ... Es gibt noch andere Themen, über die sollte man sich in der Jungen Union hier in den Bezirksverbänden unterhalten. Warum stellt denn zum Beispiel die CSU in Regensburg keinen Oberbürgermeisterkandidaten, der Aussicht hat [auf Erfolg]? Da holt's doch ihr eure Genies raus aus der Versenkung. Da erwarte ich, daß man sich schlägt. Ich berate auch nicht Herrn Carter, [den US-Präsidenten,] wie man Erdnüsse pflanzen soll ...

Ich geh' davon aus, daß die Bewährung unten beginnt. Daß hier einmal unsere Basis sich bewähren soll und daß nicht dauernd in die Arbeit parlamentarischer Gremien eingegriffen wird ... Aber Sie brauchen ja nicht glauben, daß ich ein Dorfdepp bin. Der das

glaubt, der hat sich völlig verkalkuliert. Und ich kann Ihnen eines sagen: Ein Sonderparteitag ist auch nicht einberufen worden, als wir die Fraktionsgemeinschaft beschlossen haben. Aber wenn Sie die Spaltung der Union wollen und die CSU in Bayern zur Minderheitspartei machen wollen, dann müssen Sie so weitermachen, wie Sie heute abend hier begonnen haben. Dann werden Sie aber blaue Wunder erleben, was dabei herauskommt...
Wenn ich alles sagen würde, was ich wüßte über die Zusammenarbeit mit der CDU seit Konrad Adenauers bedauerlichem, aber unvermeidlichem Ende, und wenn ich das zur Begründung meiner Einstellung sagen würde, dann wäre das der permanente Krieg. Das wäre Stoff für alle Leitartikel für Jahre hinaus. Da ich das nicht tue, muß ich mich belehren lassen, wie in den Zeiten des Frühkapitalismus ein Schusterjunge vom Lehrmeister behandelt worden ist...
Ich bin nicht größenwahnsinnig, aber ich möchte auch mal erleben, daß jemand außer mir, einer von Ihnen hier, mehr als 2000 Leute mobilisieren kann – damit ich mir meine Ruhe gönnen kann. Der Normalfall ist doch der, daß die in einem Hinterhof eines Dorfwirtshauses die Hälfte voll kriegen, wenn sie reden. Das ist doch der Normalfall überhaupt. Ich möchte mal haben, daß aus der CSU wieder politische Führungskräfte herauswachsen und nicht bloß Disputierer, die dasitzen und alles besser wissen...
Keiner soll euch mehr sagen, in der gemeinsamen Fraktion habt ihr doch erstens den Ballast Strauß, zweitens die Rüpel von der CSU, dieses räuberische Volk am Nordrand der Alpen, die diese feinnervigen, hochgesinnten, intellektuellen, übersensitiven, eben nunmehr schon ein fortgeschrittenes Stadium der Menschheit erreicht habenden Nordgermanen verschrecken. Wir sollten nun endlich einmal den Entschluß begrüßen, daß der CDU in Niedersachsen 70 oder 90 Prozent gehören. Denn wenn die nicht mehr von uns gehindert werden, ist der Sieg nicht mehr aufzuhalten. Und dem sollten wir eigentlich nicht mehr im Wege stehen. Wenn Sie wollen, schicke ich Ihnen die Abschriften der Briefe zu, der unzähligen Briefe, die sagen: Ja, der rauhe Wahlkampf der CSU hat uns gehindert.
Wenn in einer Firma der größere Partner sagt, der kleinere Partner mit seinen rüden Verkaufsmethoden verschreckt mir meine Kun-

den, und der kleinere Partner sagt, machen wir doch mal eine neue Aufstellung, daß du deine feinnervigen Kunden besser bedienen kannst und von dem rauheren Partner nicht mehr behindert wirst, – warum dann eigentlich der andere Partner unbedingt der Meinung ist, er müsse den kleineren, rüpelhaften Partner behalten und dadurch seine geschäftlichen Nachteile in Kauf nehmen? Da stimmt doch etwas nicht... Aber so geht's doch nicht, daß man einerseits ›Freiheit‹ oder ›Freiheit statt‹ sagt und gleichzeitig sich dafür entschuldigt, wie es im Wahlkampf im Norden leider geschehen ist.
Wenn ein Primaner einer hoffnungslosen Liebe nachläuft, kann man das verstehen, weil er noch unter Pubertätsschwierigkeiten leidet. Unser Führungsstil kann auch nur darin bestehen, ich nehme heute kein Blatt vor den Mund: Wenn ein Rentner mit fünf Dackeln spazierengeht, der eine hebt's Bein, der andere läuft dem Wurstzipfel nach, der dritte verschwindet in der Kantine, der vierte legt sich im Straßengraben schlafen und der fünfte jault durch die Gegend. Und wenn man ihn dann fragt: Ja, was ist denn da los?, sagt der: ›Ja, das ist mein Führungsstil.‹...
Was wir brauchen, ist eine glaubwürdigere antisozialistische liberal-konservative Politik. Und deshalb bin ich für eine Trennung der Fraktionsgemeinschaft gewesen, weil wir dauernd draußen an unsere Unglaubwürdigkeit erinnert worden sind. Gesagt wird: Was wollt ihr denn? Wenn ihr sagt, das ist falsch, warum haben denn zehn, zwölf, zwanzig, dreißig von euch, darunter der Herr von Weizsäcker, der Herr Barzel, der Herr Blüm und und und so weiter, warum haben denn die dann dafür gestimmt? Ich kann das jetzt überhaupt nicht mehr aushalten. Wir sind bereit, ein Koordinationsgremium zu schaffen, aber was an Ungereimtheiten passiert, das ist ja doch nicht zu glauben...
So kann man keine Politik mehr machen. Unsere Frage: Was ist denn die langfristige Strategie – mit der FDP, wann denn und wo? ... Was Herr Genscher sagt: Solange uns die CDU keinen anderen Partner bietet als den Herrn Kohl – mit uns eine Koalition, Kameraden? Nie! Herr Genscher hat wörtlich erklärt, den Saustall von Brandt und Scheel müssen Helmut Schmidt und ich jetzt ausräumen. Und wenn man uns glaubt, wenn man uns zutraut oder uns

zumuten will, eine Koalition mit Herrn Kohl zu machen, solange die CDU uns nichts anderes zu bieten hat als jemanden, der nur von Ausrede zu Ausrede ausweicht, wartet ihr vergeblich.
Aber ihr wartet sowieso vergeblich. Und ich sage auch jetzt hier eines verbindlich: a) Ich will nicht und werde nie Kanzler werden, b) Herr Kohl, den ich nur im Wissen, den ich trotz meines Wissens um seine Unzulänglichkeit um des Friedens willen als Kanzlerkandidaten unterstützt habe, wird nie Kanzler werden. Er ist total unfähig, ihm fehlen die charakterlichen, die geistigen und die politischen Voraussetzungen. Ihm fehlt alles dafür. Aber man kann unter Umständen mit jedem regieren. Das geht da auch noch. Aber nicht mehr in dem Zustand! Das Kapitel ist mit dem 3. Oktober abgemeldet.
Man kann mit mir die Einheit der Union erhalten, aber man kann nicht durch Sonderforderungen, mit Sonderparteitagen und einer kontroversen Diskussion ... – ich garantiere euch, die CSU verliert die Landtagswahlen mit dem Stil, mit dem hier in der Vorgeschichte operiert worden ist. Und ich garantiere euch noch eines, daß in dem Augenblick, wo die CSU die Gebote der Loyalität, der Vernunft und der Erfahrung bricht, ich den Aufruf erlassen werde, dann in der Bundesrepublik anzutreten, um mit dem Schranzenhaufen ein Ende zu machen, und dann ist von Mehrheit in Bayern überhaupt nichts mehr drin. Und dann treten ganz andere in Erscheinung ... Und glaubt mir nur eines: daß ich mit Helmut Schmidt viel schneller einig bin, als der Helmut Kohl jemals mit Genscher einig werden wird. Weil dann mal endlich politische Gewichte gewogen werden, statt daß Schranzen nach ihren Opportunitäten gewürdigt werden. Genügt das jetzt? ...
Und jetzt halten Sie mich nicht für größenwahnsinnig, aber ich sage jetzt, was ich meine: Die politischen Pygmäen der CDU, die nur um ihre Wahlkreise bangen, diese Zwerge im Westentaschenformat, diese Reclam-Ausgabe von Politikern, warum die sich empören über eine Haltung der Landesgruppe, wenn der Gegner, den wir meinen, tief betroffen reagiert und sagt, jetzt geht das Kesseltreiben gegen uns los. Wenn eine Armee nicht mehr begreift, daß sie, wenn sie dreimal an der falschen Front angegriffen hat, einmal anderswo angreifen muß, dann geht's eben um [alles]. Und glau-

ben Sie mir eines: Der Helmut Kohl wird nie Kanzler werden. Der wird mit 90 Jahren die Memoiren schreiben: ›Ich war 40 Jahre Kanzlerkandidat. Lehren und Erfahrungen aus einer bitteren Epoche.‹ Vielleicht ist das letzte Kapitel in Sibirien geschrieben oder wo. Die CDU wird nie mehr an die Regierung kommen ...
Die christlich-demokratischen Kräfte haben in Europa in voller Breite versagt, in Italien, Frankreich, in Holland, in Belgien, am wenigsten noch in Deutschland, in voller Breite versagt. Die Krise in Italien kommt noch. Die Volksfront kommt vom Süden und vom Westen, vielleicht hätten wir sie noch verhindern können. Und dieselben Kerle, die in der CDU die Anpassung an die Ostverträge propagiert haben à la Leisler Kiep, werden dann sagen: Jetzt müssen wir uns anpassen an die unaufhaltsame Entwicklung. Und wer immer – ich weiß, daß man hier wie ein Herkules beinahe den Weltball auf den Schultern trägt – sich dagegen wendet, der muß dann Tausende Stunden diskutieren, warum ein Ausbruchsversuch aus dieser Pygmäen-Ideologie, aus dieser Zwergen-Mentalität dann nicht verbrecherisch ist, nicht eine Sünde an der Gemeinschaft ist ...
Als erklärt wurde, Helmut Kohl ist unser Kanzlerkandidat, wo war denn da unsere Empörung? Hat denn die CSU und haben denn ihre jungen Leute jeden Mumm verloren? Kriechen sie denn nur noch hinter der CDU drein? Wo ist denn da mal der Mut zur Selbständigkeit, der Mut zur Kritik? Ich sage euch, ich kann euch nur warnen: Vergessen Sie den Sonderparteitag, vergeßt das mit all diesem Hin und Her. Am Ende dieses Sonderparteitages nach kontroverser Diskussion werde ich im Norden der Bundesrepublik eine ›Freiheitliche Deutsche Volkspartei‹ ausrufen. Dann können Sie auch mich als Landesvorsitzenden vergessen, dazu bin ich schon lange bereit. Ein Zurück gibt es nicht mehr. Das ist der Gang nach Canossa. Das ist die Unterwerfung. Dafür müßt ihr euch eine Memme, einen Feigling suchen, einen Kompromißler suchen, mich nicht. Mit mir gibt es so was nicht. Ich habe diese Partei 15 Jahre von Erfolg zu Erfolg geführt, und wenn man das heute nicht mehr mitmachen will, dann werde ich mich an die Öffentlichkeit der Partei wenden. Und die Zuschriften, die ich von Nicht-Mitgliedern habe, aus Bayern und auch aus Nicht-Bayern, waschkorb-

weise, die zeigen, daß vielleicht einmal aus der Versumpfung und Verfettung gegenüber Postenjägern und Schwätzern in Hinterhöfen von Gasthäusern eine andere Generation hochwächst.«

Hier ist die Person FJS und ihr ganzes Drama auf den Kern reduziert. Im Wein, dessen Genuß Zimmermann einräumt, lag wohl die Wahrheit. Strauß hat sich abgerackert, ein Leben lang, und seine Leistung wird nicht honoriert. Er kann in Bonn sagen, was er will – die machen doch alle nur, was sie wollen. Und jetzt widerfährt ihm das gleiche in seinem Bayern, wo er doch bisher – er glaubt schon der eigenen Legende – von Erfolg zu Erfolg eilte.

Und das schlimmste: CDU-Chef Kohl, den Strauß doch für einen ausgemachten Dummkopf hält, hat wieder einen Sieg über den Bayern errungen, sogar ohne eigenes Zutun. Der CDU-Partner kann sich die Hände reiben und die Fehler des Konkurrenten zusammenzählen.

In diesen Tagen der Schmach kommt Strauß erstmals der Gedanke an einen freiwilligen Rückzug aus dem Bonner Getriebe. Zwar hat er schon 1974 kurz versucht, die Amtszeit des bayerischen Regierungschefs Goppel dadurch zu begrenzen, daß ihm selbst eine Option für die Nachfolge eingeräumt würde; doch der Versuch scheiterte, weil Goppel in der Partei allseits beliebt war und Strauß daher die offene Machtprobe scheute. Nun wirkt er seltsam desinteressiert am Alltag des Bonner Oppositionsgeschäfts; von Sonthofen in den Wienerwald – das hat ihn doch mehr geschafft, als er zugibt. Wohl nörgelt er erwartungsgemäß am Kurs Kohls und am Stil der Oppositionsarbeit herum. Wohl findet er in dem neuen CDU-Generalsekretär Heiner Geißler, der Biedenkopf im März 1977 ablöst, einen weiteren Lieblingsfeind (»der mit dem Gesicht wie ein ungemachtes Bett«), dessen Thesen und oft linke Tendenzen er erbittert bekämpft.

Wohl vertritt er im großen Krisenstab nach der Entführung des Arbeitgeberpräsidenten Hanns-Martin Schleyer im »deutschen Herbst« 1977 eine der exotischsten Lösungen. Kanzler Schmidt hatte alle Teilnehmer unter strikter Verschwiegenheit aufgefordert, Vorschläge zur Befreiung von Schleyer und zur Bekämpfung der Terroristen abzugeben; Fritz Zimmermann etwa plädiert für

eine »Änderung des Grundgesetzes« und meint damit, seine Zuhörer verstehen es so, die Einführung der Todesstrafe. Kohl plädiert für »Druck« und »Repressalien« gegenüber weiterhin einsitzenden RAF-Häftlingen. Dann kommt Strauß mit seiner Idee: »Einen nach dem anderen aus dem Gefängnis rauslassen.« Und dann? Dann die Jagd eröffnen, auf alle, schließlich herrscht »Ausnahmezustand«. Eine andere Variante: »Alle Stunde einen erschießen.« Sein Plädoyer fürs Standrecht nennt er selbst »exotisch«. Aber die RAF und ihre Häftlinge müßten einsehen, »daß Gefahr im Verzug ist für euch und eure Freunde«. Schließlich sei »irgendwann das Ende der Phase« erreicht, in der sich »der Staat noch demütigen« lasse.
Die Gedankenspiele von Strauß müssen nicht realisiert werden; Schleyers Tod und die Befreiung der Geiseln in Mogadischu entheben die damals für einige Wochen informell waltende große Koalition weiterer, im Rückblick hysterisch anmutender Debatten. Aber als in Bonn wieder der Alltag einkehrt, mag Strauß ihn in gewohnter Rolle nicht länger ertragen. Gelegentlich wirkt auch er hysterisch, etwa als er im Sommer 1978 Schriftsteller als »Ratten und Schmeißfliegen« beschimpft, mit denen man keine Prozesse führe. Damit meint er eigentlich nur den Schriftsteller Bernt Engelmann, der ihn seit Jahren beharrlich und oft auch auf unfaire Weise verfolgt. Der Rattenvergleich erregt ungeheures Aufsehen, denn die Worte wirken, als stammten sie direkt aus dem NS-Vokabular. In ruhigeren Zeiten urteilte er über Bernt Engelmann ironisch-präzise: »Meine literarischen Fähigkeiten und die vom Engelmann, dann kann man ja sagen: Das ist Goethe zu Ganghofer.«

Während Kohl geduldig die Opposition zu disziplinieren sucht, erlebt Strauß, mit seinen 63 Jahren an der Schwelle zum Ruhestand, auf einigen Touren durch die weite Welt, wie eindrucksvoll prächtige Empfänge und Reiseerlebnisse sein können. Allzugern wäre er Außenminister statt des ubiquitären Hans-Dietrich Genscher, doch läßt sich diese Sehnsucht wegen der politischen Konstellationen nicht erfüllen. So verläßt er immer häufiger die Bundeshauptstadt, in der er immer weniger auszurichten vermag, und geht auf Reisen. Damit er die Spesen nicht selber zahlen muß, auch

die CSU-Parteikasse geschont wird, reist er meist entweder in Privatjets reicher Freunde oder im Auftrag der parteieigenen Hanns-Seidel-Stiftung, deren Konten aus dem Bundesetat »für Zwecke der politischen Bildung« und ähnliche Ziele alimentiert werden.
In Peking erfährt er schon 1975 einen seiner größten diplomatischen Triumphe: Ministerpräsident Tschou En-lai begrüßt ihn mit den Worten: »Diese Leute, die Herrn Strauß die Etiketten anhängen, nennen auch uns Abenteurer und kriegslüstern. Unsere Zusammenkunft in Peking ist daher auch nach Ansicht dieser Leute ein Treffen der schlechtesten Menschen auf der Welt. Leider jedoch gibt es auf der Welt noch viel zu wenige solcher schlechtesten Menschen.« Er lernt Deng Hsiao-ping kennen, und dann darf der Mao aus München beim 81jährigen echten Mao vorsprechen. Die beiden überzeugten Moskaufeinde sind sich in manchem einig – etwa, wenn sie vor einer »Finnlandisierung« Westeuropas warnen oder vor sowjetischem Hegemoniestreben. Von Tschou En-lai darf der überraschte Gast die Erkenntnis mitnehmen, »daß es in Deutschland nur eine Nation gibt«.
So macht ihm Politik Spaß – kein Kohl schießt quer und kein Heubl. Er wird hofiert, weil die Chinesen mit ihrer Gastfreundschaft eine Botschaft vermitteln wollen. Und in der ganzen Welt wird über den Politiker aus der Schellingstraße berichtet – diesmal sogar ohne den sonst ständig geäußerten Verdacht, da sei wohl wieder ein krummes Ding gedreht worden.
Das ändert sich, als Strauß seine Reiselust auf Länder ausdehnt, die zu besuchen außer Aufsehen auch Argwohn erweckt. Er fährt mehrfach in den Apartheidstaat Südafrika, geht dort und in Namibia auf Jagd und ergreift für seine weißen Gastgeber unverhohlen Partei. Er besucht Israel und den syrischen Präsidenten Assad, Saudi-Arabien und den pakistanischen Präsidenten Zia al Haq. Seine Reisewut stößt allseits auf Kritik, als er beim chilenischen Diktator Pinochet erscheint und die Überzeugung kundtut: »Ich habe keinen Zweifel, daß Chile ein demokratisches und freies Land ist.« Den dortigen Generälen (»autoritär, nicht totalitär«) hält er zugute, Südamerika vor dem Kommunismus gerettet zu haben: »Wenn die Militärs eingreifen, ist das etwas anderes, als wenn die Franziskaner Suppe verteilen.« Er posierte vor einem

»Ahnendenkmal« (»Unseren Ahnen«) von Deutschstämmigen zur 125. Wiederkehr der Ankunft deutscher Einwanderer im Süden des Landes und übernahm dabei die Version der regierenden Militärs, Freiheit der Bürger sei »nur in Ordnung« möglich. Und Zuhörer Pinochet war zufrieden, als sein Gast auf einer Kundgebung rief: »Sorgen Sie dafür, daß die Freiheit in Ihrem Lande, gleichgültig von woher sie bedroht wird, erhalten bleibt.«

Da zweifeln selbst manche treue Anhänger am Urteilsvermögen ihres Helden, der zwar zeit seines Lebens ein überzeugter, zuweilen auch fanatischer Antikommunist gewesen ist, aber darüber doch lange seine bajuwarisch-liberale Grundstimmung beibehalten hatte: Faschistische Tendenzen waren ihm eigentlich so zuwider wie klerikal-reaktionäres Gedankengut. Hatte er nicht auch seinen Aufstieg bei der CSU als Mann der (dortigen) Mitte betrieben? Nun, bei den Ausflügen in die Außenpolitik, stellt sich heraus, daß sich Strauß immer noch von einer klaren Prioritätenliste leiten läßt – obenan steht der Kampf gegen Moskau und die »sowjetisch-bolschewistische Gewaltideologie«. Dieser Auseinandersetzung hat sich alles zu fügen. Gut ist, wer gegen Moskau ist: also so unterschiedliche Systeme wie die Kommunisten Chinas, die faschistischen Militärs in Griechenland, Spanien, Portugal und Chile, die menschenverachtenden weißen Herren von Südafrika, der autoritäre Eigentümer von Zaire, Mobutu, oder sogar die Neofaschisten Italiens. Überall sieht er, wie er im Bundestag erläutert, »die nahtlose Kombination von großrussischem Imperialismus und weltrevolutionärer Zielsetzung des Kreml«.

Da bleibt er sich treu, jedenfalls bis zu seinem Besuch in Moskau 1987. 35 Jahre vorher, im Jahr 1952, verkündet er: »Die Russen sind das einzige Volk in der Geschichte dieser Welt, das sich in seiner Politik immer Zeit gelassen und alle Ziele auf lange Sicht und bis heute mit Erfolg verfolgt hat.« Das Fernziel sei immer das gleiche: »Über die Zersplitterung Europas zur Bolschewisierung Europas.«

1968 heißt es: »Deutschland und Westeuropa werden eingekreist, von einer strategischen Zangenbewegung ohnegleichen umfaßt.«

Und 1980: »Die Sicherheit und die Lebensfähigkeit Europas ist heute in dem Raume von Afghanistan bis zum südlichen Afrika in

Mitleidenschaft gezogen, betroffen und gefährdet.« Die kommunistischen Parteien in Europa, »das sind die Wallfahrtskirchen, die Kathedrale steht in Moskau«.
Die scheinbar überall lauernde rote Gefahr blendet ihn und läßt ihn braune Gefahren nicht erkennen. Spanischen Rechtspolitikern schlägt er ganz ernsthaft vor, dem Militär müsse für den Notfall die Möglichkeit der Machtübernahme schon qua Verfassung gegeben werden, sozusagen als »bewaffnete Gewerkschaft für die Freiheit«. Die rechtsgewirkte »Alianza Popular« unterstützt er freigebig mit einer Viertelmillion Mark, die er bar im Geldkoffer mit dem Flugzeug seines Kumpans, des Bäderkönigs Eduard Zwick, nach Spanien schafft.
Das war Folge der neuartigen Alimentierung parteieigener Stiftungen durch den Bund; plötzlich stand reichlich Geld zur Verfügung. Erhielt die Stiftung 1977 gerade 1,9 Millionen Mark aus Steuermitteln, so flossen 1980 bereits 13 Millionen Mark auf ihre Konten – Geld, das Strauß großzügig, wenn auch gegen Quittung (das verlangten die Bundesrechnungsprüfer), im Kampf gegen den Kommunismus ausgab. Seine internationalen Kampfgenossen traf er recht regelmäßig im »Cercle Violet«, einer rechtsgerichteten Diskussionsrunde, die der Pariser Anwalt Jean Violet begründet hatte. Ihn kannte Strauß aus alten Freundschaftstagen mit dem Pariser Politiker (und Ex-Ministerpräsidenten) Antoine Pinay. Der »Cercle«, so behaupteten linke Kritiker, sei so etwas wie eine streng geheime Verschwörerrunde der Rechten gewesen, die sogar Waffenlieferungen in vom Bolschewismus bedrohte Weltgegenden beschlossen habe; dafür gibt es, wie meist bei Komplott-Theorien, keinen Beweis. Die Herren, vom portugiesischen Putschgeneral Antonio de Spinola bis hin zu Henry Kissinger, tauschten sich über Politik und natürlich die rote Gefahr aus.
Daß die Existenz des tatsächlich recht konspirativ wirkenden »Cercle« überhaupt bekannt wurde, verdankte der heimliche Außenpolitiker Strauß seinem mit diesem Thema betrauten Referenten Dieter Huber, der eines Tages beschloß, die Seiten zu wechseln und sein Wissen mitsamt einigen Akten einem professionellen Nachrichtenhändler namens Frank Heigl anzuvertrauen, der sich in urbayerischen Belangen trefflich auskannte. Hubers Offenba-

rungen stellten nicht nur die diplomatischen Aktivitäten seines Exchefs Strauß in ein diffuses Licht, sondern auch dessen Geschick bei der Auswahl und Behandlung von Mitarbeitern: Er brauchte, weil er sich selbst kaum Rast noch Ruhe gönnte, ergebene und opferwillige Arbeitssklaven vom Schlage eines Edmund Stoiber (in der CSU »das blonde Fallbeil« genannt), Friedrich Voß, Holger Pfahls, Wilfried Scharnagl, für deren Dienste er sich auf dem Wege der Karriereförderung durchaus erkenntlich zeigte.
Allzuviel Eigenständigkeit des Denkens, Kritikfreude oder etwa linksliberales Gedankengut war bei der Einstellung nicht gefragt; und so kam es, daß Strauß zwei seiner außenpolitischen Berater – Bloemer und Huber – nicht lange an sich binden konnte. Marcel Hepp, dessen Wirken nach seinem frühen Tod legendär verklärt wurde, vertraute seine wirklichen Gefühle einem Tagebuch an, aus dem postum einige Passagen bekannt wurden. Über die Menschenkenntnis seines Chefs bei der Personalauswahl etwa notierte Hepp: »Er tendierte zu Halbseidenen.« Ein Pressereferent wurde wegen sexueller Ausschweifungen gerichtlich belangt, ein persönlicher Referent wegen unberechtigter Titelführung. Strauß' Machtbewußtsein zog solche Typen an, und er vermochte sie nicht zu durchschauen. FJS über seine größte Schwäche: »Ich tue mich schwer, ein ausreichender Beurteiler und Kenner von Menschen zu sein.«
Er fürchtet, daß er in Bonn aus der Opposition heraus nicht mehr viel ausrichten kann – Oppositionsführer Helmut Kohl ist fünfzehn Jahre jünger. Strauß merkt, daß es auch ein Genuß sein kann, im Inland oder im Ausland als wortmächtiger Parteiführer anerkannt und hofiert zu werden, statt im Bundeshaus gemeinsam mit seinem Referenten Voß Presseerklärungen zur Finanz- oder Steuerpolitik der Regierung Schmidt/Genscher zu redigieren.
So läßt er dem Bayernpremier Alfons Goppel über Parteifunktionäre – für den direkten Weg ist er mal wieder zu feige – ausrichten, er sei doch wohl amtsmüde, was den allseits beliebten freundlichen Franken sichtlich kränkt. Dann endlich entscheidet sich Strauß für den Rückzug nach Bayern, mit dem er so oft gedroht und zu dem ihn sein Widersacher Augstein so oft aufgefordert hat. Die CSU gewinnt die Landtagswahl 1978 immer noch mit erstaun-

lichen 59,1 Prozent, und Strauß übernimmt die Amtsgeschäfte in der Schack-Galerie. Nun ist er zuständig für die Gegend zwischen Aschaffenburg und Reichenhall, Hof und Lindau; er kann beim Gäubodenfest in Straubing sprechen oder die Fronleichnamsprozession in Plattling anführen. Froh ist er damit zunächst nicht. Es ist halt ein Abstieg, findet er, von Bonn in die – wenn auch heimische – Provinz, in der er doch schon als Landratsvize 33 Jahre zuvor amtierte. Aber er nimmt sich vor, das Beste daraus zu machen – er will dem lahmen Trott der Opposition entkommen. Er will regieren, hofhalten und hofiert sein; schließlich nähert er sich mit seinen 63 Jahren dem Pensionsalter.

Den Umstieg ins neue Amt und neue Leben vollzieht er in zwei Abschnitten, als brauche er noch eine Rückversicherung. Zunächst hat er noch einen Koffer in der Bundeshauptstadt, seine vertraute Wohnung am Rande des Regierungsviertels. Dort übernachtet er vor den Sitzungen des Bundesrats, wenn der Bundeskanzler die Regierungschefs der Länder zum traditionellen Tee ins Kanzleramt geladen hat.

Und in Bonn ist er auch am 23. Mai 1979 als Mitglied der Bundesversammlung. Die Wahlmänner, Strauß eingeschlossen, haben soeben den Bundestagspräsidenten Karl Carstens zum Nachfolger des Bundespräsidenten Walter Scheel gewählt, übrigens auf Betreiben von Strauß. Helmut Kohl hätte lieber den Ex-FDP-Chef Walter Scheel zu einer zweiten Amtszeit überredet, um die Liberalen an seine Seite zu bringen. Jetzt feiern die Unionsabgeordneten auf einer fröhlichen Party den Erfolg, endlich wieder ein Staatsamt ergattert zu haben; Strauß hat eben ein weiteres Mal den beruflichen Aufstieg seines Freundfeindes Stücklen zu behindern getrachtet, vergeblich: Er wollte erst nicht, daß sein liebster Feind Nachfolger von Carstens als Parlamentspräsident wurde, gab dann aber nach. Während der Feier erfährt Fritz Zimmermann, Kohl und das CDU-Präsidium wollten noch in derselben Woche den niedersächsischen Ministerpräsidenten Ernst Albrecht zum Kanzlerkandidaten ausrufen. Da hat die Fröhlichkeit sogleich ein Ende: Strauß und die anderen CSU-Spitzenpolitiker ziehen erst in seine Wohnung in der inzwischen umgetauften Fritz-Schäffer-Straße 34, dann in ein Godesberger Edelrestaurant, um Krisenpläne zu schmieden. Und dort in den »Klopfstuben« richtet Zimmermann, Stoiber ist dabei, an Strauß den entscheidenden Satz: »Wann, wenn nicht jetzt?«

Alle reden nun auf ihn ein, erinnert sich Zimmermann, »daß nunmehr die Zeit des Mundspitzens vorbei und der Pfiff fällig sei, aber Strauß verweigerte erst einmal – wie ein Pferd vor der Hürde«. Vor kurzem hat er noch im »Wienerwald«, auch in Alkohollaune, versprochen: »Ich will nicht und werde nicht Kanzler werden.« Doch dann gibt ein Wort das andere, »der Wein floß, am Ende hatten wir alle schwere Köpfe, aber endlich war es soweit, daß Strauß zusagte«. Zumindest stimmte er zu, Kanzlerkandidat der CSU sein zu wollen; dies Hintertürchen, an dem theoretisch noch eine Abrede mit der CDU-Schwester möglich wäre, sollte offenbleiben. Wichtigen Entscheidungen, seine Person betreffend, wich er ja eigentlich lieber aus. Er ließ sich lieber treiben, bis es am Ende – wie in Kreuth, wie in den »Klopfstuben« – kein anderes Votum mehr geben konnte. Aber hinterher konnte er dann darauf verweisen, so habe er das nicht gewollt; in diese Sache habe ihn der Zimmermann, der Stoiber, der Handlos, der Kohl getrieben, er habe dann eben das Beste draus machen müssen.

»Strauß zauderte – und war dann ewig unzufrieden«, so kannte ihn sein Zimmermann. Deshalb gab er ihm jetzt den Schubs. Nach viel Wein war er also bereit und »stand für die Kanzlerkandidatur der Unionsparteien zur Verfügung«, wie die Nachrichtenagenturen anderentags meldeten. Und da hatte die CSU, wie die SPD juxte und wie es auch Strauß freute, den christlichen Bruder »handstreichartig ausmanövriert«.

Zum Charakter des Handstreichs und des Umgangs zwischen den Parteivorsitzenden gehört, daß Kohl und Strauß sich nun keinesfalls zum persönlichen Gespräch treffen, sondern einen Telex-Krieg anzetteln. Kohl äußert sich über die »einseitige« Bereitschaft von Strauß verwundert; der wiederum wirft Kohl einen »Bruch der bisherigen Vereinbarungen« vor. Beide haben recht.

Die Sache war, wie jeder Handstreich, nicht durchdacht. Er war so etwas wie ein Gnadenakt dem unsteten Strauß gegenüber: Er sollte seine Chance kriegen, um dann für immer Ruhe geben zu müssen; Zimmermann äußerte später ganz ehrlich: »Wir schuldeten es

Strauß.« Und so sahen es wohl auch die 135 Abgeordneten der Union, die ihn gegen Ernst Albrecht (102 Stimmen) auf den Schild hoben. Da waren auch etliche dabei, die es nicht wegen der Person Strauß taten, sondern die andernfalls um die Einheit der Union fürchteten: Zimmermann war ja entschlossen, im Fall der Nominierung Albrechts die CSU als bundesweite vierte Partei auszurufen (»1979 standen die Zeichen ja noch günstiger als 1976«), und FJS hätte dann natürlich mitgemacht – wenn nicht jetzt, wann dann?

Aber eine wirkliche Chance, Kanzler zu werden, hatte er nicht und würde er nicht bekommen, das wußten fast alle – die FDP hätte sich sonst zuvor entleiben oder auswechseln müssen. So, wie die Dinge standen, mußte Strauß den Wahlkampf um die absolute Mehrheit führen, und das konnte gar nicht gelingen – jedenfalls nicht ihm, der nördlich der Mainlinie die Wähler polarisierte, aber nicht wirklich anzog. Auch dieses Problem kannten die Unionsstrategen, kannte auch Strauß, deshalb zog er wie ein US-Präsidentschaftsbewerber mit einem zweiten Mann, einem Gegenstück, in die Wahlschlacht – aber auch Gerhard Stoltenberg, im Parteijargon der »große Klare aus dem Norden«, konnte die zur absoluten Mehrheit nötigen Prozente nicht herbeizaubern. Er sollte den liberalen Gegenpart zum Rabauken Strauß abgeben, das Team gemeinsam Wähler von rechts und aus der Mitte einfangen – doch daraus wurde nichts, konnte nichts werden: Strauß verweigerte; er nahm seine Aufgabe nicht an. Zimmermann: »Daß dieser Mann sich im Wahlkampf monatelang zurückhielt, so daß man von ihm behaupten konnte, er habe ›Kreide gefressen‹, war eine absurde Wahlkampftaktik, die sich nur mit einer gewissen Bereitschaft zur Nicht-Hingabe des Letzten erklären läßt.«

Man könnte auch sagen: Er hat sich geändert. Er ist nicht mehr der Draufgänger, den seine Parteifreunde immer noch in ihm sehen, jedenfalls nicht in der Politik. Er lebt, wie jeder Ältere, immer mehr in der Vergangenheit: »Denken Sie an meine Rede 1970 ...« »Ich habe schon 1973 gesagt ...« oder »Ich war schon immer der Meinung, und habe es auch Konrad Adenauer mitgeteilt ...«. Das ist, meint sein leiser Widersacher Hermann Höcherl, eine Rechthaberei, die an Altersstarrsinn grenze. Er weiß, wie viel er schon erlebt hat; da kann ihm doch keiner was vormachen, ihm doch nicht.

Er gehört doch zum Urgestein der deutschen Nachkriegspolitik. Er war doch schon im Frankfurter Wirtschaftsrat, in Rhöndorf, bei den Alliierten dabei. Und hat er nicht im Rückblick, vermeintlich oder wirklich, oft recht behalten? Er weiß um sein analytisches Talent. Nun plötzlich zu Beginn seiner Kampagne zur Bundestagswahl 1980 hat er seinen Fehler erkannt. Plötzlich merkt er auf: »Kassandra wählt man nicht.« Kassandra ist aber seine Lieblingsrolle. Nun muß er statt dessen auf offener Bühne ins Heldenfach wechseln, muß den Wählern Hoffnung vermitteln und die Überzeugung, nur er könne den Karren aus dem Dreck ziehen. Mit der Wahl zum Kanzlerkandidaten hat er den Irrtum bemerkt: Er will ja gar nicht wirklich Kanzler werden; der Job, der so viel Geduld wie Selbstbewußtsein, so viel Geschick im Umgang mit Menschen wie Kompromißfähigkeit erfordert, liegt ihm gar nicht. Hat er nicht selber schon 1969 in einem Interview mit CAPITAL den längst legendären Satz gesagt: »Ich glaube, es ist reizvoller, in Alaska eine Ananas-Farm aufzubauen, als in Deutschland das Bundeskanzler-Amt zu übernehmen«?

Geduld, Ruhe oder Besonnenheit – das sind doch Fremdworte für ihn; das gibt ihm nichts. Wirklich gut ist er nur als zweiter Mann in der Exekutive – Verteidigungsminister unter Adenauer, Finanzminister unter Schiller – oder als Opferdarsteller. Da sieht er sich unentwegt verfolgt von dunklen Mächten oder Drahtziehern, Brunnenvergiftern oder Verleumdern, kommunistischen oder jedenfalls linken Dreckschleudern: »Ich bin der vom Osten meistgehaßte Mann.« Das reicht als Programm nur in Bayern zum Wahlsieg, dessen Bewohner sich traditionell von Preußen oder Bonn unterdrückt fühlen, nicht aber im Bund. Erst nach der Niederlage kann er wieder Opfer sein – diesmal von Zimmermann oder Stoiber, die ihn hineingeritten haben, oder von der CDU, die immer nur so halbherzig kämpft, wie er meint. Klar, daß es exakt so kommt.

Die CDU/CSU verliert gegenüber der Wahl von 1976 immerhin 4,1 Prozent der Stimmen und siebzehn Mandate, während die Liberalen 2,7 Prozent, das sind vierzehn Sitze, hinzugewinnen. Am Wahlabend äußert sich der geschlagene Strauß optimistisch: »Das ist der Anfang vom Ende Helmut Schmidts.« Aber es ist auch die Bestätigung, daß es von nun an den Bundespolitiker Franz Josef Strauß nicht mehr gibt. Er hat sich für sein neues Leben in München entschieden. Aber für die Öffentlichkeit und für die Geschichtsschreibung etikettiert er seine Kanzlerkandidatur schnell neu: »Für mich selber war es ein Opfergang, weil ich die Wahl selber nicht gewinnen konnte und trotzdem die Voraussetzungen geschaffen habe, daß der liberal-sozialistischen Regierung das Ende ins Haus stand.«

Er hat sich geopfert, der Selbstlose. Er wollte also gar nicht wirklich Kanzler werden. Aber er wollte um jeden Preis verhindern, daß es ein Parteifreund würde; das mochte er nicht ertragen. Und die Unionschristen machten gute Miene zum falschen Spiel – auch sie wußten ja, daß es in der Geschichte des Bundesrepublik nur ein einziges Mal einem Herausforderer gelang, den amtierenden Kanzler zu stürzen. Die Ausnahme von 1969 war nicht wiederholbar. Strauß tat seinen Opfergang, und die Christenunion – vor allem ihr Vorsitzender Helmut Kohl – konnte hoffen, daß Franz Josef nun, in Bayern und auf bayerisch, »a Ruah« gibt.

König von Amigoland

Cliquen und Claqueure

1978 – 1988

Jetzt kann er machen, was er will. Weit weg sind, von München aus gesehen, Helmut Schmidt und Oppositionsführer Helmut Kohl, die immer alles besser wissen; für die Bayern ist Strauß dagegen sogleich einer der ihren: Sie fressen ihm aus der Hand, und das merkt er schnell. Mit dem Wechsel nach Bayern hat er eine neue Lebensperspektive gesucht; und wie die aussieht, läßt er sein Volk und den Landtag gleich in der ersten Regierungserklärung nach der Wahl wissen:

»Bayerische Politik ist keine arkadische in dem Sinn, daß sie in provinzieller Selbstgenügsamkeit an den weiß-blauen Grenzpfählen endete. Bayerische Politik ist im Gegenteil in vielfältiger Weise mit der Bundes- und der europäischen Politik verwoben. Es kommt der bayerischen Landespolitik sicher zugute, wenn der Ministerpräsident sich nicht nur als Landesvater, sondern als Anwalt bayerische Belange und Interessen selbst bei scheinbar landesfernen Institutionen, Gremien und Persönlichkeiten des wirtschaftlichen, politischen und kulturellen Lebens versteht und danach handelt. Einem bayerischen Ministerpräsidenten dürfen die wirtschaftlichen Interessen Chinas oder Japans auf dem europäischen Markt nicht fremd sein.«

Das ist nicht nur ein Bekenntnis zur Reiselust. Er will sich damit einen Freibrief verschaffen, indem er die eigentliche Aufgabe eines Landesministerpräsidenten mit dem höhnischen Wort der »provinziellen Selbstgenügsamkeit« belegt und für sich ablehnt: Das hat zwar der biedere Alfons Goppel so gehalten, aber FJS pflegt einen anderen Stil. Er ist weder provinziell noch selbstgenügsam.

Jetzt will er sich in München eine Machtbasis errichten, die auf Bonn und die Welt ausstrahlt. Und nebenher kann er sich nun etwas leisten, was einem Bonner Spitzenpolitiker nicht vergönnt ist: Er will, wo er kann, sein Leben genießen. Er will herrschen und seinen Spaß haben. Im ersten Teil seiner beruflichen Laufbahn stand die Politik im Vordergrund; nun steht die Lebensqualität an erster Stelle, zumal nach der erwarteten Niederlage bei der Bundestagswahl 1980. Da zieht er einen Schlußstrich unter 32 Jahre der aktiven Bundespolitik und stürzt ins Leben – als habe er bisher zu viel davon versäumt. Jetzt erwartet er den Lohn für die vielen Schmerzen und Verletzungen, die er zuvor erlitten hat. Jetzt geht es mit Höchstgeschwindigkeit ins Leben, auf die Jagd nach allem, was Spaß macht. Nun fallen schärfer als sonst seine Marotten auf.

Fast alles, was er den 179 Zentimetern seines Körpers zumutet, macht er maßlos. Er lebt und genießt so gerne. Er trinkt zuviel; er ißt auch zuviel. Er kann Fleisch in riesigen Portionen vertilgen. »Meine Frau sagt immer, wenn ich mich ärgere, dann esse ich zuviel.« Dabei muß er sich in München kaum noch ärgern.

Jetzt ist er Fürst, hier darf er's sein. Seinen Regierungsstil charakterisiert er als »Mischung von Heinrich VIII. und Ludwig XIV.«. Als eine seiner ersten Amtshandlungen läßt er den Etat für »repräsentative Verpflichtungen« um 80 Prozent auf 1,7 Millionen Mark anheben. Er läßt 10 000 silberne Münzen mit seinem Bildnis prägen und sie als ehrende Anerkennung an Landeskinder verteilen; so hat es seit Jahren schon sein Freund, der österreichische Hendl-Erfinder Friedrich Jahn, gehalten, indem er immerzu Maria-Theresia-Taler verschenkte. Er redet, natürlich ironisch, über »meine Vorgänger, die Wittelsbacher«. Aber es ist nicht nur ein Scherz. Marianne Strauß meint, ihr Mann sei »zum Herrschen geboren, zum Dienen erzogen«. Aber die Zeit als Zögling ist vorbei, spätestens jetzt. Er betreibt, so DIE WELT, eine »großzügig gesponserte Renaissance-Hofhaltung«.

Zuweilen läßt der Landesvater sich noch stolz herab, den Landeskindern zu zeigen, daß er einst anfing wie sie. So erklärt er dem Küchenchef der Seidel-Stiftung in Kreuth vor versammelter CSU-Prominenz, wie das Tellerfleisch richtig – nämlich anders –

geschnitten gehört. Vom Fleischerssohn zum Feudalherrn ist bei FJS nur ein kleiner Schritt.
Ein Dutzend Jahre zuvor hat Franz Josef in einem jener seltenen Momente von Selbstbetrachtung erkannt, er sei »weder Heiliger noch Dämon«. Das Dämonische hat er nach dem Schock der SPIEGEL-Affäre und mit der erfolgreichen Amtszeit im Finanzressort verloren und in Bayern nie gehabt; nun möchte er ganz gerne wenigstens seiner politischen Bedeutung – sicher nicht seines Lebenswandels – wegen heiliggesprochen werden. Seine Geburtstage werden mit höfischem Pomp und Zeremoniell begangen. Er treibt mit sich selber und seiner Selbstherrlichkeit Scherze. Gern erzählt er vom Treffen mit einem Astronauten, der im All Gott traf. Darauf Strauß: »Na, der sah mir doch ähnlich?« Seine Umgebung und seine Partei machen mit beim frivolen, liebedienerischen Spiel; und seine vielen Freunde sowieso, die mit ihm in einem dichten Geflecht von Abhängigkeiten und Gefälligkeiten stecken. Er ist von einem Hofstaat umzingelt, dessen Mitglieder den Herrscher bewundern, aber nicht beraten, und denen es genug ist, von seinem Glanz gestreift zu werden. So schafft er ein Feudalsystem, das selbst bayerische Eigentümlichkeiten und Traditionen weit übertrifft. Er ist es, der Bayern zum Amigoland macht, obwohl erst sein Nachfolger Max Streibl darinnen stolpert.
Zu Zeiten seiner Herrschaft gilt das Beziehungsgeflecht als neuer Maßstab der Politik. Seine Hofschranzen haben nicht aus eigener Bedeutung, sondern nur deshalb Einfluß im Land, weil sie bei Hofe gelitten sind. Da muß der Landesfürst gar nicht erst plump intervenieren: Das wissen schon alle und handeln demgemäß. Es ist diese nicht kontrollierbare Mischung von Hofstaat, Macht und Gewinnstreben, die typisch für das von FJS verfilzte Bayern ist und dessen Relikte sich noch lange danach zeigen. Ein Münchner CSU-Funktionär begleicht seine privaten Schulden, die vom Betrieb einer Käseschachtel-Fabrik stammen, aus der Kasse eines von ihm kontrollierten karitativen Vereins. In einem Kreisverband, in dem Max Strauß reüssieren will, stößt man urplötzlich auf Fehlbeträge in sechsstelliger Höhe. Die Kinder prominenter Politiker werden bei Behörden und vor Gericht auffallend bevorzugt. Ein Verfahren gegen Max Strauß wegen Wilderei wird eingestellt, während sein

Jagdbegleiter »wegen besonders schwerer Wilderei« zu einer hohen Geldstrafe verurteilt wird: Das Andenken an Strauß senior ist allerorten noch wach.

Bei den meisten wirklichen, wichtigen oder windigen Geschäften des FJS steckt im Hintergrund mindestens ein Mitglied jener Kamarilla oder jener beiden Cliquen, an deren wirbligem Wirken Strauß stets merkwürdig großen Anteil nahm. Zur engsten Umgebung von Strauß gehörten:

- Walter Schöll, einst Annoncenverkäufer des MÜNCHNER MERKUR, später enger Reisegefährte, Partner und Besitzer der Werbeagentur Contas, Konsul von Papua-Neuguinea;
- Josef März, Fleisch- und Wurstfabrikant (Fa. Marox), Brauereiinteressen, Eigentümer von »Gut Spöck«, wo Strauß später den DDR-Emissär Schalck traf; Besitzer einer Feriensiedlung in Togo; Verleiher eines Jets (Cessna Citation II);
- Karl Diehl, Uhren- und Rüstungsfabrikant in Nürnberg, Flugzeugverleiher;
- Franz Dannecker, für FJS Vertrauensanwalt und Vermögensberater, Hausherr des Praschberghofs bei Kufstein;
- Karl Dersch, genannt »Karli«, Aufstieg vom Mechanikerlehrling zum Vertriebschef der Daimler-Tochter Dasa, vorher Chef der Münchner Mercedes-Vertretung;
- Friedrich Jahn, Aufstieg vom Kellner zum Gründer der »Wienerwald«-Kette und häufiger Reisegefährte;
- Wilfried Scharnagl, Chefredakteur des BAYERNKURIER seit 1978 und kongeniale Schreibhilfe;
- Valentin Argirov, aus Bulgarien stammender Leibarzt und Romancier (»Die Seelenhändler«, »Der Chefarzt«);
- Eduard Zwick, Arzt und »Bäderkönig« aus Bad Füssing, ließ sein Flugzeug unter den Initialen D-IFJS registrieren und »Strauß und der CSU« eine Zeitlang »monatlich 20 000 bis 25 000 Mark« zukommen;
- Fritz Haberl, größter VW-Audi-Händler Süddeutschlands, bis 1977 Honorarkonsul der Zentralafrikanischen Republik, danach von Panama;
- Josef Schörghuber, Bau- und Brautycoon, einst Eigner einer

Fluggesellschaft (»Bavaria«), dann einer Hotelkette (»Arabella«);
- Ludwig (»Luggi«) Waldleitner, Filmproduzent, Eigner eines Anwesens im italienischen Terracina;
- Jost Hurler, Chef einer Großmarktkette und »Kaufhauskönig«.

Vor allem Dannecker und Zwick gelten als die Säulen jener Clique, die von den anderen den Namen »die wilden Zuhälter« bekommt – im Unterschied zur Clique der »Gschaftlhuber«, in der die anderen versammelt sind, oder zum »Franzensclub«, dem inneren Zirkel, in den aus Prinzip nur Männer mit dem Namensbestandteil Franz Zutritt haben. Diese Gruppen halten sich jeweils für die einzig wahren Freunde; ein wirklicher ist aber nicht dabei.
Auch einen echten Berater hat er nie gehabt – das hieße ja, er hätte Vertrauen haben können zu einem anderen. In Peter Gauweiler und Gerold Tandler sieht er seine politischen Erben; aber beide haben zu viel von ihm und zu wenig von einer neuen Zeit gelernt, die persönliche Eskapaden nicht mehr zuläßt und den reinen Politiker fordert, der sich allzeit unangreifbar dem Gemeinwohl hingibt. Tandler verheddert sich in Finanzproblemen, aus denen ihm ausgerechnet der mit Haftbefehl gesuchte Steuerflüchtling Zwick heraushilft. Gauweiler, von Beruf Anwalt, hat mit Beginn seiner Amtszeit als Umweltminister seinen Mandantenstamm so lukrativ verpachtet, daß Edmund Stoiber schnell die Chance nutzt, den Gegner loszuwerden. Stoiber hat lange in Strauß' Staatskanzlei das Regieren geübt, er kennt seine Pappenheimer.
Alle drei dürfen dem Landesfürsten Strauß nicht dreinreden. FJS hört nur auf sich selbst, auf sein Ungestüm, auf seine Spontaneität, auch seine Neugier kann ihn sprunghaft machen. Aber er hat, so konstantiert Thomas Dalberg in der autorisierten Biographie, und daran änderte sich in den folgenden zwanzig Jahren nichts, »keinen Freund, der vielseitig und informiert genug wäre, ihn umfassend zu beraten. Bei aller Kontaktstärke blieb Strauß deshalb ein Einzelgänger, wenn auch ein liebenswerter, jovialer, ständig mit anderen Menschen umgehender und im Umgang mit Menschen [leidlich] erfahrener Einzelgänger.« Er hat viele Freunde, aber keinen Freund.

Und er hat viele Freundinnen. Seit dem erzwungenen Abschied von Ulli und bis zur Altersliebe mit Renate Piller nach Mariannes Tod ist aber eine wirkliche gleichberechtigte Beziehung nicht dabei. Frauen waren ihm Wesen mit Funktionen – sie sollten dienen, seinem Charme erliegen und sich hingeben. In seine politische Vorstellungswelt paßten sie nur auf der Passivseite, als Wählerinnen, hinein. Auch in der Partei sollten und durften sie allenfalls dienen, und zwar dem Proporz. So wie ein protestantischer Franke mußte auch eine Frau als Vizevorsitzende der Partei nach außen zeigen, daß derartige Minderheiten selbst in der CSU wohlgelitten waren, wenn auch ohne Einfluß. In den neunziger Jahren revidierte ausgerechnet Strauß' Tochter Monika mit ihrem politischen Talent und ihrer Karriere dieses verstaubte Frauenbild, und womöglich wäre sogar ihr Vater stolz auf sie gewesen. Aber seine Art der Frauenförderung war anders und entsprach mehr der bayerischen Variante. Seinem Schwiegersohn Michael Hohlmeier verhalf Strauß über seinen Spezi Josef März zu einem Job. FJS baut diejenigen, die sich für seine Freunde halten, ohne Umstände in sein Beziehungsgeflecht ein.

Seine Kumpel sind meistens Aufsteiger, Selfmademen wie er; und wie er immer auf der Suche – nach mehr Umsatz, mehr Erfolg, mehr Tempo, mehr Erleben, einem Quentchen Glück. Innehalten wäre Stillstand, und der ist Stagnation oder Kapitulation, alles Fremdworte für diese Naturburschen. Bald nach seinem tiefen Fall hat Strauß den »Wienerwald«-Betreiber Jahn kennengelernt, übrigens bei jener Verhandlung im Münchner Gericht, als es um die (schlecht erfundene) Nachrede ging, Jahn habe Strauß in einem seiner New Yorker Lokale eine Dame aufgedrängt. Da beteuerte Jahn, persönlich kenne er den CSU-Politiker gar nicht; das änderte sich auf der Stelle: Strauß, beglückt über einen Erfolg bei Gericht, lud den Hühnerbrater spontan in den »Franziskaner« ein, wo er dem damaligen Jungunternehmer »bei ein paar Weißbieren und Schnäpsen das ›Du‹ anbot« (Jahn). Das war der Beginn einer langwährenden Freundschaft, die FJS gerne ausnutzte; denn er galt bei seinen Cliquen als begnadeter Schnorrer.

Manche seiner falschen Freunde nimmt er zur Jagd auf Großwild oder große Geschäfte mit in die Exotik; zumindest die Freunde profitierten davon, wenn etwa Messerschmitt-Bölkow-Blohm (MBB) über seine französische Partnerfirma für den Verkauf von Rüstungsmaterial (Hot- und Milan-Raketen, gepanzerte Fahrzeuge) Provisionen für die erfolgreiche Vermittlung zahlte. Freilich war das kein illegaler Waffenexport; Strauß lockte das Fernweh, die Exotik, die Hofhaltung anderenorts – wie bei Togos Eyadema oder bei dem mit Abstand korruptesten Staatschef Afrikas, dem zairischen Präsidenten Mobutu. Und im Hintergrund, das hatten die Steuerberater und CSU-Kollegen Reinhold Kreile und Wolfgang Pohle ihrem Mandanten erläutert und dieser seinen Mitreisenden weitererzählt, lockte immer das Entwicklungshilfe-Steuergesetz, eine Schöpfung der sozialliberalen Koalition, das Investitionen in bestimmten Drittweltstaaten zu 80 oder gar zu 100 Prozent – beispielsweise für ein Krankenhaus in Kinshasa – von der Steuerschuld absetzen ließ.

Von Jahn ließ sich Strauß besonders gern aushalten. Bei ihm gab es stets genug zu essen und zu trinken, was Strauß im Übermaß vertrug; Jahn hatte auch einen privaten Flugzeugpark, den er mit Hilfe einer eigenen Tochtergesellschaft, der Heron GmbH, betrieb. So kam der Friedrich nicht nur für die Speisen und Getränke auf, wenn er Franz zur Eröffnung seiner weltweit wuchernden Lokalitäten einlud, sondern für seine An- und Abreise gleich mit dazu.

Das waren überall zwischen New York und Windhoek wilde Sausen, wenn der ungemein großzügige Jahn auftischte. Einmal jährlich bat der Hühnerbrater seine männlichen Freunde auf eine Yacht zur einwöchigen Kreuzfahrt durch die Ägäis. In jedem Februar lud Jahn den Politiker in die private Loge zum Opernball nach Wien ein; und wenn sich Gast und Gastgeber genug amüsiert hatten, ging das Fest im kleineren Kreise in einem »Wienerwald« an der Wiener Annagasse weiter, der in jener Nacht nur für die Nutzer der Opernball-Loge geöffnet war. »Er war der ideale Gast für einen Wirt«, erinnert sich Jahn, »weil er die ganze Nacht hindurch konsumieren konnte und dann nur vier Stunden Schlaf brauchte. Auch in angeheitertem Zustand verlor er nie seine Haltung.« Und dem Restaurantchef war die Bekanntschaft nicht von Schaden.

Schon seit Ende der sechziger Jahre ist Strauß Ehrenmitglied der sogenannten »Fünfergruppe«, die alljährlich am 1. Oktober die

Wiederkehr ihres zweiten Geburtstags mit viel Spaß und Alkohol begeht. Jahn hatte fünf Freunde – Strauß, Dannecker, Hurler, den Präsidenten des bayerischen Sparkassen- und Giroverbandes, Theodor Jakob, sowie Bernhard Scheublein, den Chef der Paulaner-Brauerei – in seinen »Mystère«-Jet zum gemeinsamen Flug zur Weltausstellung nach Montreal eingeladen. In letzter Minute sagte Strauß ab. Der Privatjet geriet vor Neufundland in einen Orkan und mußte kurz hinter der Küste in einem Sumpf notlanden. Kein Passagier kam zu Schaden; aber der Pilot rechnete aus, daß die Maschine wegen des höheren Gewichts ins Meer gestürzt wäre, wenn FJS nicht abgesagt hätte. Seitdem waren die fünf und ihr verhinderter Reisebegleiter »in einer Art Blutsbrüderschaft« (Jahn) einander verbunden.

Von ähnlich inniger, zuweilen intimer Art war die Beziehung zwischen Strauß und dem Bäderunternehmer Zwick. Franz und Edi stürzen sich, glaubt man Zwicks Berichten – manchmal auch gemeinsam mit Schöll –, in wilde Exzesse, die an die sagenhaften Touren von Hauser und Strauß durchs Schongauer Land erinnern. Zwick hat zu diesem Zweck gegenüber dem Café Luitpold (Maximilianplatz 9) ein Appartement gemietet. Jeweils um Strauß' Geburtstag herum schafft er mit seinem Flieger schöne, wenn auch für leicht empfundene Frauen zu fröhlichen Festen nach Südfrankreich; jedenfalls so lange, wie Zwick noch keinen Ärger mit dem deutschen Fiskus hat. Zweimal gibt es Schwierigkeiten, weil einzelne Damen den Geldgeber auch mit Hinweis auf Strauß zu erpressen suchen; eine wird, sagt Zwick, mit 60 000 Mark abgefunden.

Neben der intimeren Vorfeier organisiert und zahlt der spendable Bäderkönig auch die Kosten der offiziellen Geburtstagsfete und die Spesen der Gäste samt Flug nach Südfrankreich. Die Kosten für diese Trips der Strauß-Entourage, zu der auch schon mal Edmund Stoiber oder Gerold Tandler geladen waren, belaufen sich laut Zwick auf 150 000 bis 200 000 Mark pro Ausflug – kein Wunder, daß Zwick echte Probleme mit den Steuerbehörden bekommt und 1982 in die Schweiz emigrieren muß, in der er schon zuvor Teile seines Vermögens sicher angelegt hat. Lange Zeit, selbst nach seiner Flucht in die Eidgenossenschaft, glaubt sich Edi sicher aufgehoben in der Protektion seines Freundes Franz; denn er weiß von ihm etliches, und nicht immer nur das Beste. Und Franz besucht den Edi sogar im Exil und gibt ihm Tips, wie er sich krankschreiben lassen kann.

Strauß nennt den »lieben Edi« zwar bald »ein Riesenarschloch«, doch versucht er insgeheim und ganz diskret, dem Steuerflüchtling vor den Nachstellungen der bayerischen Justiz zu helfen. Er weiß seit seinen Tagen als Verteidigungsminister, daß eine direkte Protektion zuweilen nachteilig auf den Urheber zurückschlagen kann, deshalb ebnet er indirekt Wege. Er bittet seine Schwester Maria, die seinen Finanzminister Streibl seit dessen Kindertagen kennt, erfolgreich um Mitwirkung. Sie arrangiert (was sie später wahrheitswidrig bestreitet) ein Treffen zwischen Zwicks Sohn Johannes und dem von Streibl empfohlenen Ministerialexperten, der für den Fall Zwick zuständig ist; die Herren einigen sich, bei einer inzwischen auch durch Säumniszuschläge aufgelaufenen Steuerschuld von 70,952 Millionen Mark, auf die Zahlung von 8,3 Millionen Mark, um Zwicks Schuld zu begleichen. Fast zur gleichen Zeit wird Gerold Tandler, Lieblingsschüler von Strauß, bayerischer Finanzminister – ihm hatte Zwick auf Bitten von Strauß mit einem quasi zinslosen Darlehen über 200 000 Mark und einer Bürgschaft über 500 000 Mark aus einem finanziellen Loch geholfen. Notizen aus Amigoland.

Zwick hatte Strauß nicht nur, nach eigenem Bekunden, die wilden Parties spendiert, sondern ihm auch Kontakte zu diskreten Schweizer Geldinstituten verschafft, bei denen sich Beträge über einer Kleinigkeitsgrenze von einer Million Mark so sicher wie günstig anlegen ließen. Strauß hatte sich 1979 über die Konditionen der Züricher Bank Vontobel beklagt und den reichen Geschäftsmann um einen Tip gebeten. Der empfahl ihm die Genfer Privatbank Pictet mit dem Hinweis, mit 5000 oder 10 000 Franken könne er da nichts werden, »ein paar kräftige Millionen« müsse er dann schon anlegen. Zwick erzählte gern die Anekdote, wie sich Strauß einige Zeit später in dem Geldinstitut über den Stand seiner Konten informieren wollte, die dort angeblich unter dem Namen eines Freundes für ihn geführt würden; doch die Schweizer wahrten ihr Bankgeheimnis: Da müsse auch ein so bekannter Politiker eine Vollmacht mitbringen. Über so viel Diskretion sei Strauß ganz entzückt gewesen. Denn er hatte zwar ein sehr enges und anziehendes Verhältnis zu Geld, breitete darüber aber gern den Schleier des Geheimnisvollen. Auch bei der Züricher Bank Bär war er Kunde, seit er das Institut gemeinsam mit seinem Freund und Geschäftspartner Schöll »so um 1980 herum« erstmals aufgesucht hatte.

Öffentlich gab es allenfalls Gerüchte über jene merkwürdigen Konten in der Schweiz, und der frühere Strauß-Vertraute und Bankenvorstand Ludwig Huber wärmte sie mit einer seltsam betonten Aussage auf: »ICH habe keine Konten in der Schweiz.« (Huber seinerseits geriet ins Abseits, weil seine Exgeliebte Renate Thyssen die Restbestände des »Wienerwald«-Konzerns 1986 besonders günstig erwerben konnte.) Von Tochter Monika wurde zuweilen der Satz kolportiert, »Mutter mußte Geld in die Schweiz bringen«.

Schon Mitte der siebziger Jahre waren jene Gerüchte genährt worden, als bei der Flugzeugfirma Lockheed Hinweise auf Bestechungen europäischer Politiker und Einflußträger aufkamen. Doch die Behauptung von Strauß' Exfreund Hauser, er habe den damaligen Verteidigungsminister und seine Partei für den Kauf des Starfighters mit etlichen Millionen geschmiert, ließ sich nicht erhärten. Auch das Angebot eines angeblichen Bankangestellten aus Zürich, er sei gegen Belohnung bereit, Einblick in gewisse Buchungsvorgänge und Kontenausdrucke zu gewähren, taugt nicht als Beweis: Die Buchungen ließen sich nicht weiterverfolgen, weder zum angeblichen Absender Lockheed noch zum angeblichen Kontoinhaber Strauß. Das war Nachrede, genährt aus Strauß' Eigenart, Politik und Vermögensmehrung nicht stets zu trennen.

Tatsächlich legte Marianne Strauß einen Teil ihres Erbes und des Familienvermögens in der Schweiz an, weil sie – so formulierten es ihre Kinder – »stets Angst vor haßerfüllten politischen Feinden ..., vom SPIEGEL über Terroristen bis zur Stasi hatte. Die Konten dienten der reinen Vermögensanlage.« Anlagen bei deutschen Geldinstituten wären allerdings vor dem Zugriff von kriminellen Banden oder von Presseerzeugnissen genauso sicher; lediglich der deutsche Fiskus ist bei solchen Vermögensanlagen gieriger.

Marianne verwaltete die Immobilien aus Familienbesitz; dazu gehörten nicht nur die Häuser in Südfrankreich, Rottach-Egern, München-Sendling oder eine Eigentumsetage im Münchner Listseeweg, sondern auch ein Wohnblock in der Schwabinger Wilhelmstraße, den Strauß gemeinsam mit dem Anwalt Richard Thiermann erbaut hatte, einem Bekannten aus dem »Ochsensepp«-Kreis. Immer mal wieder ließ sich das Ehepaar Strauß von Bekannten Anlagetips geben: Der FDP-Dissident Zoglmann empfahl Supermärkte (350 000 Mark), »Wienerwald«-Jahn machte sich für eine Fast-food-Kette in den USA stark (250 000).
Zum politischen Filz gehörte eine Beteiligung, die nominell Marianne Strauß gutgeschrieben war: Sie war Eigentümerin einer 16prozentigen Kommanditeinlage der Firma Dyna-Plastik in Bergisch Gladbach. Dieses Unternehmen gehörte zum Imperium des rechtsgewirkten Unternehmers Fritz Ries (»Pegulan«), dem Vater von Kurt Biedenkopfs späterer Ehefrau Ingrid, in dessen österreichischem Schloßhotel Pichlarn die Kontakte zwischen Strauß und FDP-Abweichlern geschmiedet worden waren. Leiter des persönlichen Büros von Ries war Eberhard Taubert, der zuvor (1958) von Verteidigungsminister Strauß als Berater für psychologische Kriegsführung verpflichtet worden war. Der Filz: Marianne Strauß mußte ihren Anteil, der einem Wert von 406 000 Mark entsprach, nicht einbezahlen – er sollte aus den Unternehmensgewinnen bestritten werden. Gemeinhin gilt eine derartige Transaktion als Geschenk.
Niemals ist behauptet worden, der in kleinen Dingen sehr penible Exfinanzminister habe das Finanzamt geradewegs beschummelt und Steuern etwa für seine zahlreichen Haupt- und Nebentätigkeiten hinterzogen. Bei Essenseinladungen zerknüllte er meist demonstrativ die Quittung, um gar nicht in den Ruf kleinkarierter Spesenmauschelei zu geraten. Er pflegte einen kunstvollen Umgang mit dem Geld und hier vor allem mit seinen Einnahmen.
Über das Vermögen von Strauß waren zeit seines Lebens eher abenteuerliche Gerüchte als gesicherte Daten in Umlauf. Einer seiner Vertrauten schätzte es auf 300 bis 400 Millionen Mark; die Summe scheint um ein Fünffaches übertrieben. Kumpel Edi Zwick mit seiner eher schrägen Beziehung zu Vermögen taxiert es auf 250

Millionen. Noch in Wirtschaftswunderzeiten hatte Strauß ganz offen seinen Erwerbssinn gerühmt. Eine Werbebroschüre der Partei verbreitete in den siebziger Jahren ohne Arg die stolze Behauptung: »Der Mehrung seines Vermögens gibt er sich mit demselben Eifer hin, den er in der Politik walten läßt.« Referent Hepp war noch offener: »Seine Geldgier steigt mit seinem Einkommen« – eine innige Relation.

In einer schwarzen Kladde hatte schon Hepp die sonstigen Einnahmen seines Chefs sozusagen aus selbständiger Tätigkeit verbucht. Dazu gehörten Honorare für Vorträge des Parteivorsitzenden etwa vor Wirtschaftsverbänden, für die Strauß im Schnitt 3000 Mark, je nach Anlaß und Auftraggeber aber auch bis 6000 Mark verlangte. Für eine Rede in Davos kassierte er 5000 Franken, auch für Interviews mit ausländischen TV-Stationen berechnete er Honorar. »Wer am meisten zahlte, zu dem kam er«, resümiert Hepp.

Nach dessen Tod wurde Schwester Maria mit der Buchführung der politisch bedingten privaten Einnahmen betraut, der Diskretion wegen. Maria teilte alle eingehenden Honorare für Reden, Interviews oder sonstige Auftritte und führte, sagt der Schatzmeister, die Hälfte an die Partei ab – als Spende, darf vermutet werden, also steuerbegünstigt. Denn Strauß, der schon seit 1961 den Vorsitz der CSU innehat, ist in dieser Eigenschaft Opfer einer seltsamen Regelung: Das Parteistatut sieht nicht vor, daß der Parteivorsitzende ein Gehalt bezieht. Selbst die Zahlung einer Aufwandsentschädigung ist nicht geregelt. Dennoch gab es Zahlungen, sie wurden aber – wie Eingeweihte wissen – »anders verbucht« und sind bisher öffentlich nicht aufgefallen. Im übrigen scheint es absurd, einem Parteivorsitzenden Aufwendungen aus der privaten Kasse abzuverlangen für Anlässe, die ausschließlich Parteizwecken dienen. Maria Strauß mag für den Bruder eigene Regeln in ihrer Buchführung entwickelt haben.

Eigenen Regeln folgt der bayerische Ministerpräsident auch, um die Verfassung des Freistaats mit seinem Hang zu Geldgeschäften in Einklang zu bringen: Er ignoriert den Gesetzestext. Zeitgleich mit seiner Wahl zum Regierungschef geht er eine Beteiligung ein, die bei näherem Hinsehen weit außerhalb der Legalität angesiedelt ist;

das ungemein gewinnträchtige Geschäft entpuppt sich gar als glatter Gesetzesverstoß. Strauß ist Partner an der Werbeagentur seines 22 Jahre jüngeren Freundes Walter Schöll – und hat das sorgfältig getarnt. Strauß' politischer Ziehsohn Peter Gauweiler glaubt dennoch an hehre Absichten: Strauß habe damit ausschließlich für die Zukunft des Sohnes Franz Georg vorsorgen wollen, für den sich der Vater einen Beruf in diesem Metier vorstellen konnte. An Schölls Firma »Contas Werbegesellschaft mit beschränkter Haftung & Co. Kommanditgesellschaft« hält Strauß seit 1978 einen Anteil von 15 Prozent – das waren nominell 45 000 Mark –, den für ihn die Firma »Treugrund Grundstücks- und Verwaltungsgesellschaft mbH« in Berlin verwaltete.

Die Contas-Geschäfte liefen blendend: Allein im Zeitraum zwischen 1983 und 1987 machte das Unternehmen einen Reingewinn von 2,55 Millionen Mark. Der Agentur ging es schon deswegen so gut, weil sie etliche offiziöse oder halbstaatliche, zum Teil sogar staatliche Auftraggeber zu ihren Kunden zählte und weil deren Manager meist zum engeren Bekanntenkreis von Strauß gehörten.

So arbeitete die Contas für die Bayerische Rundfunkwerbung und die Agrippina-Versicherung, wo der Strauß-Spezi Wilhelm Fritz jeweils bedeutsame Posten ausfüllte, für die Firmen von Josef März und den »Wienerwald« von Friedrich Jahn, erstaunlicherweise auch für das Bonner Bundespresseamt und für die Deutsche Bank; die Bundesanstalt für Arbeit, die Staatliche Lotterieverwaltung (München) und die Centrale Marketinggesellschaft der deutschen Agrarwirtschaft (CMA), die von CSU-Parteifreund und Bundeslandwirtschaftsminister Ignaz Kiechle beaufsichtigt wurde. Schon vorher hatte Kiechle für die Landesvereinigung der bayerischen Milchwirtschaft mit der Contas Verträge abgeschlossen. Weitere Kunden waren die Molkereizentrale Süd und die (halbstaatliche) Bayerische Landesbank. Alle zusammen brachten der Firma jährliche Werbeetats von 35 bis 37 Millionen Mark.

Die Contas wickelte für den Freistaat Bayern im Auftrag des Wirtschaftsministeriums mehrere Werbeaktionen für zusammen 3 Millionen Mark ab wie »Aufwärts in Bayern«, »Erfolgreich in Bayern« oder »Unternehmen brauchen Freiräume – Bayern hat sie«.

Und auch der Ministerpräsident nutzte gern derartige Freiräume, selbst wenn sie ihm gar nicht zustanden; die Contas-Geschäfte brachten ihm etwa 60 000 Mark pro Jahr ein.
Den Umgang mit der bayerischen Landesverfassung sah Strauß offenbar nicht so eng: Artikel 57 verbietet Regierungsmitgliedern eine privatwirtschaftliche Betätigung; deshalb die kunstvolle Treugeber-Treugrund-Konstruktion. Tatsächlich ging Strauß' Beteiligung über eine Treuhandlösung weit hinaus: Er war es, der im Ministerrat oder über freundliche Hinweise an mögliche Kunden der Contas zu neuen Aufträgen verhalf.
Ob Artikel 57 auch auf eine lukrative Nebenbeschäftigung von Strauß anwendbar ist, blieb nur unter Bayerns Staatsjuristen umstritten. Der Ministerpräsident mit einem Jahresgehalt von rund 390 000 Mark hatte 1984 die Testamentsvollstreckung der Friedrich-Baur-Stiftung in Burgkunstadt übernommen und dafür jährlich eine umsatzabhängige Tantieme von bis zu 300 000 Mark erhalten – Geld, das die Stiftung nach Meinung der Gründerwitwe gut anderweitig hätte verwenden können. Doch Strauß und Nachfolger Max Streibl strichen die Summe anstandslos und praktisch ohne Gegenleistung ein. Erst Streibls Nachfolger Stoiber nutzte den Vorgang zur persönlichen Weißwäsche – er will besser sein als die anderen; er nahm die Tantieme nicht an und machte die Sache publik, als er seinerseits in den Ruch der Spezl- und Amigowirtschaft geriet.
Er wollte sich barsch absetzen von seinem Vorgänger Streibl, der sich vom Flugzeugproduzenten Burkhard Grob zu fröhlichen Reisen nach Südamerika und Kenia hatte einladen lassen; und er wollte sachte Distanz zeigen zu seinem Vorbild Strauß, der wohl nur in Ausnahmefällen Auslandsreisen aus der eigenen Tasche zahlte – entweder reiste Strauß für die Seidel-Stiftung, als bayerischer Landesherr, auf Einladung seiner Freunde oder als Aufsichtsratsvorsitzender des deutsch-französischen Gemeinschaftsunternehmens Airbus Industrie. Und wenn er doch mal privat, ganz ohne Auftrag, durch die Alpen brauste, dann in einem BMW, den ihm das Unternehmen als »Testwagen« ausborgte, oder in Mercedes-Geländewagen, die ihm Freund Dersch verschaffte.
Die Höchstgeschwindigkeit am Boden wie in der Luft ist seine Lei-

denschaft. Mit 66 Jahren bringt er sein neues BMW-Cabrio 635 Csi zum Tunen, damit die Höchstgeschwindigkeit um 30 auf 250 Stundenkilometer steigt. Wenn er auf den Praschberghof in Tirol fährt, stoppt er die letzte Strecke, eine enge Serpentinenstraße mit Kehren, mit der Stoppuhr. Sein Gastgeber Dannecker: »Wehe, wenn er sich zeitmäßig verschlechterte!« Mit 70 Jahren macht er den Pilotenschein für Düsenflugzeuge und muß nun Jahr für Jahr genug Flugstunden sammeln, um die Lizenz zu behalten.

Auch wenn er manchmal vor größeren Entscheidungen zaudert – Angst kennt er nicht. Angst ist was für »Memmen«, sagt er, oder für Deppen. Die anderen, also er, finden schon immer irgendwie einen Weg, ob im Beruf oder privat. Daß es für ihn als Ministerpräsidenten ein solches »privat« nicht gibt, ficht ihn nicht an.

Seine Söhne Max und Franz Georg hat er in seiner Münchner Zeit, so berichtet die Freundin seiner letzten Jahre, Renate Piller, behandelt wie Kronprinzen: »Er hat seinen Buben gegenüber so was wie Schuldgefühle gehabt. Er warf sich wohl vor, daß er sich in deren Flegeljahren nicht genug um ihre Erziehung gekümmert hatte. Vielleicht hatte er Gewissensbisse.« Die Umworbenen lassen es sich gefallen, begleiten den Vater auch zu rein politischen Treffen etwa mit Jacques Chirac nach Paris oder zu Airbus-Terminen in die USA. Sie verbringen ihre Ferien im väterlichen Sommerhaus in Les Issambres oder begleiten den Vater einzeln bei seinen wilden Bergtouren im Geländewagen durch die Alpen, nach Albanien oder nach Bulgarien. So lernen sie vom Vater, wie Gefälligkeiten fortwirken.

Dort holt er etwas nach. Auf diesen Touren mit jüngeren oder jungen Männern – Dersch, Scharnagl, Gauweiler, Argirov – in einer Kavalkade von Mercedes-Allradfahrzeugen, die Dersch zur Verfügung stellt, wird manche Schlacht neu geschlagen, im Wortsinn. Eine Route dieser Weltkriegstrails hat FJS persönlich auf Briefbögen mit der Aufschrift »The White House« – er stibitzte sie dort nach einem Treff mit dem Präsidenten – ausgearbeitet und aufgezeichnet. Schon so groß, und immer noch Emporkömmling.

Und Feldmarschall Strauß verteilt bei der Tagesrast auf einsamen Paßhöhen die Essensrationen, indem er die Salamischeiben für die Truppe höchstselbst absäbelt – »hauchdünn«; das ist die Sparsamkeit. Denn im Privatleben ist Strauß von einer Knausrigkeit, die manche Menschen als Geiz bezeichnen würden. Immer sucht er nach Sonderangeboten und findet sie meist auch. Von Reisen bringt er die Schnäppchen – Seide aus China oder Schmuck vom Balkan – gleich partienweise mit, um sie dann nach und nach zu verschenken. Seine Freundin Renate beglückt er zu Ostern mit einem Abonnement des BAYERNKURIER, und Gastgeschenke sucht er in Im-und-Export-Läden im Münchner Bahnhofsviertel aus, weil es dort »besonders günstig« sei. Haushälterin Kathi Schmidt, die alle »Tante Käthe« nennen, ernährt Strauß und seine privaten Gäste vor allem mit Fleischpflanzerln; ein Besucher, der an drei aufeinanderfolgenden Tagen eingeladen war, bekam nichts anderes vorgesetzt. Der BMW, mit dem Strauß durchs Bayernland düst, gehört ihm nicht; er ist auf den BAYERNKURIER zugelassen. Sein Flugzeug gehört ihm, immerhin, zur Hälfte.

Gern beklagt er sich darüber, wie »lächerlich niedrig« seine Tantieme als Airbus-Aufsichtsrat war. Seit Jahren ist die Staatsanwaltschaft Augsburg mit der Frage beschäftigt, ob die von Strauß eingefädelten Geschäfte ordentlich verbucht und versteuert waren. Ihr Verdacht: Für Schmiergeldzahlungen an potentielle Airbus-Käufer gab es eine große schwarze Kasse in der Schweiz, die der Strauß-Gehilfe Karlheinz Schreiber verwaltete und von der auch Strauß' Exreferent Holger Pfahls gewußt haben soll. Für die Vermittlung von 34 Airbussen an die Fluggesellschaft »Air Canada« soll Schreiber jedenfalls eine stattliche Provision erhalten (und zu diesem Zweck auch den kanadischen Premier Mulroney bestochen) haben.

Ein seltsamer Zufall, aber typisch für Filz: Schreiber ist auch Direktor der Firma »F.M.S. Investments Ltd.«, die in Edmonton registriert ist und deren Kürzel die Initialen von Franz Josef und Marianne Strauß sind. Zur FMS gehören drei weitere Anlagefirmen – die »B.L.A.«, die »E.P.D.« und die »P.L.S«; alle kümmern sich um Immobilien; und die »M.L.E. – Maple Leaf Enterprises« ist eine gemeinsame Gesellschaft von Schreiber und Strauß-Sohn Max. Selbst bei Grundstücksgeschäften ist ein Strauß nicht frei von Affärenruf – er kann öffentliche und private Geschäfte einfach nicht sauber genug trennen.

Amtsgehalt, Testamentsvollstreckungssalär, Contas-Anteil, Vergütung für den Posten als Airbus-Aufsichtsratschef, Rendite aus Immobilienanlagen, BAYERNKURIER-Spesen plus ein paar geldwerte Leistungen aus dem Freundeskreis – alles zusammengenommen dürfte Strauß im letzten Lebensabschnitt ein Jahreseinkommen von einer runden Million Mark gehabt haben; Geld, das er – außer fürs Fliegen – nur schwer ausgeben konnte, denn meist kamen ja die Freunde für seine Vergnügungen auf.
Doch immer bleibt ein klebriger Eindruck; das meiste, das er anfaßt, hat Hautgout. Nur FJS stört sich nicht daran: Haben es die Barockfürsten nicht ähnlich gemacht und sind dennoch historische Figuren? Und ist es nicht überhaupt so, daß Geschichte von einzelnen gemacht wird, von solch starken Persönlichkeiten, wie sich FJS selbst sieht, oder von Heldennaturen, wie er's gerne wäre? Und sind nicht diejenigen die stärksten, die sich am wenigsten dreinreden lassen?
So hält es FJS im letzten Lebensabschnitt, so regiert er sein Bayern, nach der lex bavarica »›Hund‹ samma scho«. Sollen die anderen doch kreischen. Strauß geht seinen Weg, unbeirrt, durch Filz und Unterholz, durch Anfeindungen und Mißtrauen. Und die Geschichte gibt ihm recht: Bayern liebt seine Helden, selbst wenn sie korrupt oder raffgierig sein mögen.

Der Fürst von Bayern

Immer auf der Suche

1978 – 1988

Zu Anfang seiner Herrschaftszeit in Bayern vergräbt er sich noch in bürokratischem Kleinkram, jedenfalls dann, wenn er nicht gerade auf Reisen ist. Er bearbeitet Pressemitteilungen der CSU-Landtagsfraktion mit seinem grünen Chefstift und redigiert ihren Stil, so, wie er es seit je mit dem BAYERNKURIER gehalten hat. Er dringt in die kleinsten Details der EG-Agrarordnung ein, kümmert sich um den Ausbau von Fernstraßen wie um den Bau kommunaler Kläranlagen. Doch bald läßt er die eigentlichen Amtsgeschäfte in und von seiner Kanzlei erledigen; vor allem Edmund Stoiber hält ihm den Alltagskleinkram vom Leib.

Seit jeher, schon von Bonn aus, verfolgt er ein Lieblingsprojekt, mit dem er sich in die bayerische Heimatgeschichte einschreiben will – die weitere Industrialisierung Bayerns, die fällige Umwandlung vom Agrarstaat alter Prägung zum Technologiepark Deutschlands. Dieser Aufgabe haben sich natürlich auch seine Amtsvorgänger gestellt, doch Strauß kann aufgrund seiner vorzüglichen Kontakte zu Unternehmern und Wirtschaftsführern Leben in die theoretische Debatte bringen, er kennt eben Ludwig Bölkow oder die Siemens-Familie, die BMW-Quandts oder die Flicks; und er ist von deren Reichtum oder Einfallsreichtum so fasziniert wie sie oft genug von seiner Neugier auf alle neuen Technologien.

Der Exatomminister erklärt sich bereit, in seinem Land einen nuklearen Entsorgungspark einzurichten, auf deutsch: in Wakkersdorf eine Wiederaufbereitungsanlage für abgebrannte Brennelemente aus deutschen Atommeilern bauen zu lassen. Ein solches Werk hält er ernsthaft für so ungefährlich »wie eine Fabrik, die Fahrradspeichen herstellt«. Er glaubt bis zuletzt an das Machbare, und in Atomdingen läßt er sich sowieso nichts erklären. Das Projekt und sein zähes Festhalten daran trotz vieler Proteste bringt ihm Sympathien bei allen mit der Atom- und Elektroindustrie verbundenen Unternehmen ein, bis seine Nachfolger die Arbeiten wegen mangelnder Akzeptanz stoppen. Mit zäher Geduld und mit Bonner Subventionen fördert er den Zusammenschluß einzelner Betriebe der Luft- und Raumfahrtindustrie zum MBB-Konzern, der dann in der Dasa aufgeht. Als Airbus-Aufseher kann er überall mitmischen und so seinen Ruf festigen, er habe das Bauernland zum Zukunftsland Deutschlands gemacht. Wahr ist: Er hat kräftig daran mitgewirkt, aber er war nicht der Schöpfer. Schon weit vor seiner Amtszeit hat Bölkow etwa damit begonnen, in Ottobrunn bei München seinen Technologiekonzern zu schmieden; und Bölkow nutzt es für sich, daß auf dem Nachbargrundstück die bundeseigene IABG (Industrieanlagen Betriebsgesellschaft) intensive Zukunftsforschung treibt.

Zum Flick-Konzern hatte Strauß zunächst über die Person des CSU-Parteischatzmeisters Wolfgang Pohle quasipersönliche Verbindungen, denn Pohle war im Hauptberuf geschäftsführender Gesellschafter der Flick KG und damit einer der Vorgänger von Eberhard von Brauchitsch, der Hauptfigur des Flick-Skandals, der Anfang der achtziger Jahre die Republik erschütterte. Zum sechzigsten Geburtstag überreichte Friedrich Karl Flick dem Freund ein kleines Präsent, ein silbernes Pferd des Nürnberger Meisters Jeremias Ritter aus der Mitte des 17. Jahrhunderts, das im Kunsthandel 66 000 Mark inclusive Mehrwertsteuer gekostet hatte.

Es war der Exfinanzminister Strauß, der Friedrich Karl Flick Mitte der siebziger Jahre riet – so sagte er Anfang der achtziger Jahre bei der Vernehmung vor der Bonner Staatsanwaltschaft aus –, »in Nordamerika zu investieren«. Und weiter: »Ich habe ihm geraten, seine inländischen Betriebe zu entschulden und zu modernisieren. Ich habe in dem Zusammenhang ihm einmal, wahrscheinlich im Jahre 1978, einen Brief geschrieben, in dem ich ihm geraten habe, die Voraussetzungen für die Zuerkennung des Paragraphen 6 b (Einkommenssteuergesetz) und Paragraphen 4 (Auslandsinvestitionsgesetz) sehr genau zu nehmen. Ich war damals der Meinung, daß für die Erfüllung der Kriterien unter anderem ein Kooperationsabkommen mit der Firma Grace die Prüfung der hiermit verbundenen steuerrechtlichen Frage erleichtern würde.«

Flick hatte, um Einnahmen aus dem Verkauf von Daimler-Benz-Aktien in Höhe von 800 Millionen Mark steuerfrei für den Kauf einer Beteiligung an der amerikanischen Chemiefirma Grace verwenden zu können, auf Anraten von Strauß argumentiert, die Beteiligung an dieser Firma fördere einen Technologietransfer und sei deshalb nach Paragraph 4 steuerbegünstigt. Die Staatsanwälte waren anderer Meinung. Sie fanden in den Akten des Unternehmens vier Belege aus den Jahren 1975/76 und 1978/79 mit dem Vermerk »wg. F.J.S.«, die bewiesen, daß Flick insgesamt 950 000 Mark an Strauß gegeben hatte. Das sei aber, so Strauß vor den Ermittlern, »nicht (für) die Honorierung von Ratschlägen«, sondern für »eine bestimmte politische Linie im Inland und Ausland« erfolgt. Weil auch der zuständige und bis zur Anklageerhebung amtierende Wirtschaftsminister Otto Graf Lambsdorff und sein Vorgänger Hans Friderichs Geld von Flick nahmen, hat Strauß Glück: Kaum jemand interessiert sich dafür, was er oder gegebenenfalls die CSU mit dem Flick-Geld angestellt haben. Flick hat zwar unbestritten »die Republik gekauft«, so der SPIEGEL damals, aber die Gekauften verstehen es glänzend, alle Schuld auf den Käufer zu schieben. Strauß kann keiner etwas anhaben. Ein Strauß läßt sich so leicht nicht erwischen, nicht mehr, und schon gar nicht bei einer Dummheit.

Er steckt die bittere Niederlage der Bundestagswahl 1980 weg und muß erleben, wie sein Erzrivale, der aus seiner Sicht so unfähige Kohl, Kanzler wird und an ihm vorbeizieht. Das vermag er nur durch noch stärkere Hinwendung zu bayerischen – und persönlichen – Belangen zu kompensieren; denn der Abschied von einer Zukunft in Bonn schmerzt stärker noch als die Wahlniederlage. Er hält Kohls Aufstieg schlicht für ungerecht. Rudolf Augstein: »In der hohen Intelligenz von Strauß gab es einen blinden Fleck. Sie setzte automatisch aus, wenn es um ihn, um seine geschichtsmäßige Wirkkraft ging. Dann war ihm kein Vergleich zu hoch, kein Fehler zu groß, dann wob er wie besessen an der Strauß-Legende.«

Und zur Legende, an der er kunstvoll webt, gehört nun eine Art

Dauerdrohung: Eines Tages wird er aus den bayerischen Bergen niederkommen und am Rhein für Rettung sorgen. Tatsächlich denkt er selbst im Traum nicht mehr daran, sein süßes Leben im Cliquen- und Kumpelkreis durch eine Rückkehr ins Bonner Tagesgeschäft aufs Spiel zu setzten. So läuft in den Spätsommertagen des Jahres 1982 in der Bundeshauptstadt ein absurdes Spiel: Die beiden Führer der christlichen Schwesterparteien kämpfen nicht einträchtig um die Regierungsübernahme, sondern gegeneinander um die Ehre, den anderen übervorteilt zu haben.
Helmut Kohl will Strauß nach Möglichkeit nicht in seine neue Regierung aufnehmen; daß der dies gar nicht wirklich will, bleibt dem CDU-Vorsitzenden noch jahrelang verborgen. Strauß will entweder selber Kanzler sein oder nun die Rolle spielen, die zu seinen Bonner Zeiten die anderen Parteifreunde im Umgang mit ihm ausfüllten. Er will Ratschläge geben, warnen, drohen – aber nicht nachgeben oder gar verlieren. Er will auf eigene Rechnung arbeiten, sich nur selbst verantwortlich sein.
Seit Herbst 1981 hat Strauß natürlich immer wieder, sagt er, »gemerkt, daß Helmut Kohl intensive tägliche oder wöchentliche Kontakte mit Genscher hatte (was Genscher bestreitet) und daß da vieles im vorweg abgesprochen worden ist«. Aber das meiste davon behielt der CDU-Vorsitzende für sich, informierte den Partner »nur sehr oberflächlich« und sagte Strauß erst am 31. August 1982, siebzehn Tage vor dem Ende der sozialliberalen Koalition, »bei einem gemeinsamen Spaziergang, der zum Schluß in einem fürchterlichen Regenwetter mündete, man müsse jetzt mit dem Ende der Regierung Schmidt jeden Tag rechnen«. Als die beiden im Auto nach München zurückfuhren, sagte Kohl zu Strauß und war darüber offenbar nicht allzu traurig: »Du kannst ja gar nicht antreten. An sich hättest du Anspruch auf das Bundesfinanzministerium. Aber du kannst ja nicht antreten, wenn du nicht in Bayern deine Kandidatur niederlegst« – die Spitzenkandidatur nämlich für die Landtagswahl am 10. Oktober. Strauß kam es so vor, als sei »bei Kohl schon ein Ton tiefer Genugtuung unüberhörbar«. Und das fuchst ihn nun doch. Das bedeutet ja, daß der andere sich als Sieger fühlt.
Als die Freidemokraten am Morgen des 17. September die Regie-

rung verließen, verlassen mußten, um einem Rauswurf durch Helmut Schmidt zuvorzukommen, machte Strauß gerade Wahlkampf in der »Belinda«-Strumpffabrik mitten in der bayerischen Provinz. Abends trifft er sich mit Zimmermann im »Schwarzwälder« in München; er unterbreitet ihm die unsinnige Idee, die Union müsse nun die Gelegenheit nutzen, aufs Ganze zu gehen und die FDP zu eliminieren. Zimmermann antwortet, er halte es für »unmöglich, der FDP einen Strick um den Hals zu hängen, uno actu sozusagen mit der Regierungsübernahme, und ihr zu sagen: Vielen Dank, jetzt kannst du dich aufhängen!«
Strauß behauptet, er habe auch bei diesem Gespräch nicht bemerkt und nicht gehört, welche nächsten Schritte in Bonn geplant waren – konstruktives Mißtrauensvotum gegen Kanzler Schmidt, Bildung einer neuen Koalition aus Union und FDP unter Helmut Kohl. Der CSU-Chef plädiert für einen anderen Weg. Er will erreichen, daß der Bundespräsident den Bundestag auflöst und Neuwahlen für November/Dezember ausschreibt – wobei mit parlamentarischen Initiativen zuvor klargemacht werden soll, daß Schmidt keine Mehrheit mehr hat. Und wenn die Union dann endlich die absolute Mehrheit im Parlament hätte, dann muß Strauß, so hofft er wohl, nicht nur den Überkanzler und den Abkanzler spielen; dann und nur dann hat er eine letzte Chance zum Kanzler.
Sofortige Neuwahlen noch Ende 1982 wären kein Risiko für die Union gewesen, weil sich die Wählerstimmung gegen die SPD gewandt hatte, aber eine tödliche Gefahr für die FDP, die im Verratsgeschrei der Sozialdemokraten hätte untergehen können. Daher war es nur logisch, daß sich Kohl und Genscher auf die erste Variante verständigt hatten. Noch Jahre später vermittelte Strauß gerne den Eindruck, als hätten ihn die lieben Parteifreunde im Verlauf der Wende gleich mehrfach verraten.
Verrat eins war der Termin, doch ihn hatten Unionspolitiker gar nicht im Griff – Schmidt setzte das Datum, und damit mußte die FDP zwei Monate früher als von ihr geplant den Regierungspartner wechseln. Verrat zwei war das Verfahren – aber kann ein hochpolitischer Kopf wie Strauß wirklich so naiv sein anzunehmen, die FDP werde feierlich ihren eigenen Untergang zelebrieren? Strauß,

das ist wahr, wollte die Chance der Wende nutzen, die Liberalen ein für allemal loszuwerden; dabei wollten die aber partout nicht mitmachen. Als er am 21. September endlich zu einem Gespräch mit Kohl und Genscher nach Bonn eilt, erfährt er, »daß die Weichen bereits gestellt waren« (Strauß). Und daß die »FDP nicht ohne Netz springt« (Kohl). Und statt sich zu freuen, daß seine Union nun endlich wieder an die Macht kommt, brummelt er wahrheitsgetreu vor sich hin, das sei alles »offensichtlich ausgemacht worden ohne meine Beteiligung«. Weil er bei derartigen Vorkommnissen immer einen Schuldigen braucht, erklärt er flugs Zimmermann zum Übeltäter, der ihn hintergangen habe. Zimmermann: »Er hat getobt und sich verraten gefühlt, er hat es mir sein Leben lang nachgetragen.«

Die ungeheure, noch jahrelange Aufregung über dies eigentlich »so periphere Ereignis« (Zimmermann) erklärt der Beschuldigte: »Er (Strauß) brauchte das, er mußte dies Gefühl haben, dies prächtige, aber letztlich stagnierende Dasein als Landesvater in München weder sich noch dem Schicksal zu verdanken, sondern wie Siegfried einem Verrat oder wenigstens einem Versagen anderer. Er konnte sich nicht am Abend seines Lebens eingestehen, daß er an seiner Rolle auch selber schuld war.«

Natürlich verliert er wieder, sein Plan wird nicht gespielt. Kohl ist Kanzler, wird bei der vorgezogenen Wahl am 6. März 1983 bestätigt und fragt danach den CSU-Partner: »Was willst du?« Strauß antwortet: »Mach ein Angebot.« Dabei läuft jetzt nur noch eine Show ab, Strauß hat sich festgelegt: Er bleibt lieber in Bayern, als unter Kohl Vize oder irgend etwas anderes zu werden. Kohl bietet ihm tatsächlich den Vizeposten, das Innen- oder das Verteidigungsministerium an; immer kann Strauß dankend ablehnen – sein Traumjob, das Außenministerium, ist und bleibt ja besetzt. Ob Strauß, wäre das Auswärtige Amt frei gewesen, überhaupt in eine Regierung Kohl eingetreten wäre, ist ungewiß. Er wäre in Kabinettszucht geraten. Er hätte Lebensqualität – oder das, was er dafür hielt – opfern, hätte sich einordnen müssen. Die Nummer zwei in Bonn oder die eins in München – seine Entscheidung steht fest, unumstößlich. Er kann sie nur selbst nicht immer ertragen. Selbstdisziplin hat er nicht gelernt.

Denn unaufhörlich kokettiert er vor Freunden und Gesprächspartnern damit, er habe gerade ein neues Angebot gekriegt, nun gehe er bald nach Bonn – und zwar »als Vizekanzler«, so im August 1984, oder in »ein einflußreiches Regierungsamt«, so im September 1985, oder in »das Amt des Vizekanzlers ohne oder mit Geschäftsbereich«, so nach dem Wahlsieg der Koalition 1987.
Dabei ist er etwa über das Angebot von 1984 eher empört als erfreut, weil Kohl es tatsächlich im Stil einer Schmähung unterbreitet: Bei der Beerdigung von Marianne Strauß fragt ihn der Kanzler beiläufig und zwischen all den Trauergästen, ob er nun, da FDP-Chef Martin Bangemann sich nach Brüssel in die EG-Kommission verändere, nicht etwa doch Vizekanzler werden wolle.
Tatsächlich denkt er niemals ernsthaft daran, was er selbst seinem Spezi Josef März oder seinem neuen, so geheimnisvollen wie wichtigtuerischen Bekannten Alexander Schalck-Golodkowski erzählt (der es sogleich als Lektüre für Erich Honecker oder Erich Mielke den Stasi-Akten anvertraut). Nein, er sucht seinen Frieden mit München zu machen, wo er die Minister, seine »Nick-Esel« (Zimmermann), so einfach kommandieren, kujonieren und schikanieren kann. Und es ist sogar Kohl selbst – ohne daß Strauß die Folgen sogleich bemerkt –, der Strauß in dieses wunderbar konspirative Abenteuer mit Schalck, dem Vertrauten Honeckers und Stasi-Offizier »im besonderen Einsatz«, hineinjagt. Das sind Szenen nach seinem Geschmack, geheime Treffen auf Autobahn-Rastplätzen mit anschließenden absolut verschwiegenen Unterredungen auf Gut Spöck – und dabei zu erleben, wie leicht es fallen kann, Geschichte zu machen!
Schalck hat schon wenige Tage nach dem Bonner Regierungswechsel einen alten Kontakt zu dem Rosenheimer Fleischfabrikanten Josef März belebt und dabei von einem »Großkredit« für die DDR gesprochen – in der sicheren Erwartung, daß März sogleich seinem alten Spezl Strauß die Neuigkeit überbringt. Der informiert den Kanzler, und Kohl ist sogleich hellwach: Hier ist die Chance, den Münchner Widersacher in eine auf Verständigung gerichtete Deutschlandpolitik einzubeziehen. So überläßt er Strauß die Verhandlungsführung, verzichtet damit allerdings auf den Sachverstand der eigentlich zuständigen Fachleute im Kanz-

leramt. Strauß, schon immer ein Anhänger geheimer Politik im Bismarckschen Kabinettsstil, ist fasziniert; und seine Faszination für bedeutsame Heimlichtuerei wird noch gesteigert, als er merkt, daß die DDR-Gesprächspartner auf seine Wünsche eingehen. Tatsächlich müssen Reisende an den deutsch-deutschen Grenzen weniger Schikanen erdulden, tatsächlich berichten westliche Grenzbeamte von einem Abbau der Minen und Selbstschußanlagen an der Grenze – Gegenleistungen, die Strauß, wenn auch nicht bindend, von der DDR als Schmiermittel für den Kredit gefordert hat. Bis dahin hat er den Sozialliberalen jahrelang »blinde Gutgläubigkeit« im Umgang mit den SED-Deutschen vorgeworfen, hat immer laut getönt, statt des Regierungsprinzips »Geben und Hoffen« müsse das altlateinische »Do ut des« wieder gelten. Jetzt gibt er selbst und hofft; so schnell können Prinzipien ins Wanken geraten.

Die Vertraulichkeit um Strauß' Ostkontakte zu den bis dato ihm noch so bösen, eroberungslüsternen Kommunisten wird bis zum 29. Juni 1983 gewahrt. An diesem Tag erscheint die FRANKFURTER ALLGEMEINE ZEITUNG mit der sensationellen Schlagzeile: »Der Bund verbürgt Milliardenkredit an die DDR.« Zwei Tage später wird der Kreditvertrag zwischen privaten westlichen Banken und der Ostberliner Außenhandelsbank unterschrieben. Strauß rühmt sich sogleich, und zu Recht, ihn »eingefädelt« zu haben. Drei Wochen später erlebt er, wie er selbst meint, einen Triumph – er, der einstige Kommunistenfresser und Gegner aller Ostverträge, wird von DDR- und SED-Chef Erich Honecker empfangen, der ihm und allen Reisenden eine freundlichere Grenzabfertigung verspricht.

Die Visite bei Honecker, die Volte ihres Parteichefs ist aber für viele überzeugte Christsoziale nur schwer zu verkraften. Ihr Idol im Vorhof zum »Reich des Bösen«! Und er zerschmettert sie nicht, die Kommunisten, sondern sitzt artig auf seinem Stühlchen, die kleinen Hände brav auf die großen Schenkel gelegt! Zwei Bundestagsabgeordnete der CSU, Franz (»Hirnlos«) Handlos und Ekkehard Voigt, treten unter Protest aus ihrer Partei aus und später den rechten Republikanern bei, und die Delegierten des CSU-Parteitages wählen ihren Franz zwar am 19. Juli als Parteichef wieder, aber mit einem für CSU-Traditionen nachgerade vernichtenden Ergebnis: Nur 662 von 1100 Delegierten votieren für ihn, 60,2 Prozent. Strauß braucht lange, um das Ereignis zu verstehen: »Die Schwerfälligkeit in der CSU hatte ich nicht richtig eingeschätzt. Ich hatte wohl nicht genügend bedacht, daß das an sich gutwillige, politisch disziplinierte Gros unserer Mitglieder und Abgeordneten in festen Vorstellungen lebt und eine ungewöhnliche Handlungsweise, die man öffentlich nicht erläutern und begründen kann, nicht immer gleich versteht.«

Das war ein schwerer Schlag für FJS, der wenigstens in seinem Bayern von möglichst vielen, wenn nicht allen geliebt werden wollte; und es war ein Glückstag für Helmut Kohl. Nun hatte er den Konkurrenten öffentlich kleingekriegt – erst hatte er ihn vortrefflich in seine heikle Deutschlandpolitik eingebaut, dann bekam der von seinen eigenen Leuten eine Abreibung. Strauß wurde eine Weile lang so kleinlaut wie zuvor allenfalls beim Militär oder im Arbeitsdienst.

Es ist halt doch ein Kreuz mit der Demokratie, daß selbst große Männer ihre Entschlüsse und Wegweisungen unentwegt erläutern oder sogar rechtfertigen müssen – und dann immer noch Gefahr laufen, nicht verstanden zu werden. Wieviel leichter hätte es ein Strauß zu Zeiten der Fürstenhöfe und der politischen Kabinette gehabt! Geradezu trotzig macht er weiter, läßt sich vom Kanzler zum einzig bevollmächtigten Unterhändler in der Deutschlandpolitik ernennen und verschafft seinem Partner Schalck weiteren Zugang zum westlichen Kreditmarkt. Zugleich bietet er dem DDR-Staatssekretär Kontakt zu den Geschäftemachern in seiner Clique – und nährt damit wieder den Verdacht, auch beim Milliardenkredit sei nicht alles mit rechten Dingen zugegangen. Freund März jedenfalls kann es zufrieden sein, daß Strauß und Schalck sich auf seinem Gut treffen; und auch für die CSU wie für ihren Vorsitzenden, der noch nie akribisch zwischen Politik und Privatem unterschieden hat, scheint die Sache nicht von Schaden.

Beim Milliardenkredit gehörte Strauß sogar selbst zu den Urhebern der Gerüchte, der Riesenkredit sei mit Provisionen oder gar mit Schmiergeld erkauft worden. Der DDR-Unterhändler Werner Polze, Chef der DDR-Außenhandelsbank, erzählte von einer fröhli-

chen Feier, bei der Strauß gesagt habe, »man habe ihn jetzt sehr oft gefragt, warum er für den Kredit sei; er habe darauf scherzhaft geantwortet, daß er 1 Prozent Provision dafür bekommt«.
Tatsache ist jedenfalls, daß der Kreditvertrag solche Zahlungen in Paragraph 5 ausdrücklich vorsieht: »Der Kreditnehmer verpflichtet sich, innerhalb von zehn Tagen nach Vertragsabschluß Provisionen gemäß separatem Schreiben des Federführers vom 1. Juli 1983 zu zahlen.« Federführer war die Bayerische Landesbank, deren Chef der frühere Strauß-Vertraute Ludwig Huber. Sein Institut stellte das erwähnte »separate Schreiben« einem Untersuchungsausschuß des Bayerischen Landtags nach langem juristischen Kleinkrieg zur Verfügung und ließ behaupten, die darin verabredete Provision von 0,875 Prozent – also 8,75 Millionen Mark – sei »banküblich« gewesen; weitere Provisionen »an irgendwelche Privatpersonen oder Firmen« seien »nach der übereinstimmenden Aussage aller hierzu vernommenen Zeugen nicht gezahlt worden«. Der Ausschuß konnte weder Strauß noch den Miteinfädler und erfahrenen Ost-West-Händler März hören, der im Frühjahr 1988 starb und dessen Firma zu jener Zeit nach der Schätzung eines Insiders Aufträge im Wert von rund 100 Millionen Mark für die DDR abwickelte. Im Oktober 1988 traf sich Schalck mit dessen Bruder Willi März und berichtet darüber dem Minister für Staatssicherheit, Erich Mielke, den bis heute kryptisch klingenden Satz: »Die Stellung des Unternehmens als gedeckte Finanzquelle der CSU bleibt unverändert.« Also floß da doch etwas? Ein ständiger Strom, eine muntere Quelle?
Auch in diesem Fall ging die CSU nach dem Muster vor, das FJS im Fall der aus Ostberlin lancierten Frauengeschichten geübt hatte: Meldungen aus kommunistischen Akten richten sich selbst. Tatsächlich aber stimmten sie meistens. Nur schaffte es die Opposition im Münchner Landtag auch nicht über den besagten parlamentarischen Untersuchungsausschuß, den Sinn jenes rätselhaften Satzes zu ergründen: Die CSU stellte sich dumm und ließ erklären, es gebe keine Spende über mehr als 3000 Mark, die von März stammen könne. Schatzmeister Spilker beteuert, »keinen Pfennig« von März erhalten zu haben. Sicher ist, daß Josef März über die Firmen Intermar und Camet in Madrid sogar geschäftlich mit dem

Firmenkonglomerat des von Schalck geleiteten Imperiums der »Kommerziellen Koordinierung« (KoKo) verbunden war. Ob und wie Strauß daran partizipierte, ist unklar. Der Parteichef war allerdings auch direkt geschäftlich mit März liiert; für seine Bereitschaft, einen Sitz im Verwaltungsrat des Unternehmens zu besetzen, erhielt er eine Jahrestantieme in freilich lächerlich geringer Höhe (5000 Mark).

März, in den siebziger Jahren auch Schatzmeister der CSU Oberbayern, war noch aus Schongauer Tagen mit Strauß bekannt. Gemeinsam entwickelten beide eine Vorliebe für den togolesischen Putschgeneral und (seit 1967) Staatspräsidenten Gnassingbé Eyadema, der mit den beiden Bayern im Norden seines Landes gern auf Großwildjagd ging. 1971 gründete März in Togo die »Béna Dévelopement S.A.R.L.«, die seitdem auf 27 000 Hektar der togolesischen Provinz Wawa eine Rinder- und Schweinefarm betreibt. 25 Prozent des Grundkapitals überließ das Unternehmen dem Staat Togo, und das hieß: dem Präsidenten Eyadema; dieser Schachzug war der Unternehmenskonjunktur sehr förderlich. Togolesische Regierungsbeamte behaupteten, März und Strauß hätten sich die restlichen 75 Prozent geteilt, doch ist für dieses Gerücht ein Beweis nicht zu erbringen. Die häufigen Reisen von Strauß in den westafrikanischen Kleinstaat und die Aufmerksamkeit, die er dabei empfing, sprechen allerdings dafür.

Am 14. Februar 1989 berichtete Schalck, so weisen es seine Akten aus, dem DDR-Wirtschaftslenker Günter Mittag von einem Gespräch mit den Christsozialen Theo Waigel und Max Streibl am Tag zuvor. Er schreibt, was er erfuhr: »Die Interessen von Josef März u[nter] a[nderem] in Togo, Spanien und Argentinien wurden von Strauß abgedeckt und dienten nicht nur staatlichen Interessen.« Und in diesem Zusammenhang »erklärten beide, daß die Verknüpfung der Freundschaft Strauß und Josef März nicht immer glücklich war und die CSU aufgrund auch finanzieller Verknüpfungen oft in eine schwierige Situation brachte«.

Beide können damit – weil sie es zu dem Zeitpunkt noch nicht wissen konnten – nicht gemeint haben, was der bayerische Untersuchungsausschuß erst Anfang der neunziger Jahre ermittelte, daß nämlich März und Schalck Partner der spanischen Firma von März waren, die nach Ostberlin, darunter auch auf ein persönliches Konto des Staats- und Parteichefs Erich Honecker, Überweisungen tätigte und als »Provisionen« deklarierte. Nach Art von Strauß nebelten Streibl und Waigel bei ihrer Vernehmung vor den Abgeordneten den möglichen Sinn des Schalck-Vermerks tüchtig ein und murmelten etwas davon, März sei wegen seiner billigen Fleischimporte bei der ländlichen CSU-Wählerschaft nicht sehr populär gewesen; an weitere Wahrheiten, die den Vermerk aufhellen könnten, vermochten sich die CSU-Spitzenpolitiker nicht zu erinnern.

Jedoch auch hier gilt: Schalcks Meldungen sind anrüchig, verdächtig – aber mehr als ein Indiz sind sie nicht. Als halbwegs banale Erklärung könnte gelten, daß es Josef März immer um Fleisch ging und daß Strauß ihm Geschäftspartner aus seinem Bekanntenkreis zuführte. Und dafür gab's dann Lohn aufs Schweizer Konto?

Im Laufe des Jahres 1983, als Strauß sich eigentlich der Einfädelei des Milliardenkredits, mithin einer neuen Ostpolitik der Entspannung hatte brüsten wollen und dann von so vielen seiner Parteifreunde nicht verstanden wurde, sieht sich der bayerische Ministerpräsident in seiner Entscheidung bestärkt, wie richtig es war, Bonn den Rücken zu kehren: Die Bonner Partei- und Koalitionsfreunde verstehen ihn noch weniger, und er sie auch nicht. Es ist um Längen angenehmer, in den eigenen Landen Repräsentationspflichten selbst minderer Art zu erfüllen, als sich in Bonn der Kabinettszucht unterwerfen zu müssen. In Bayern kann er ja, trotz Parteitag, immer noch tun, was er für richtig hält und was ihm Spaß macht.

Den Beifall, den er jetzt braucht, holt er sich dort, wo er wohlfeil zu haben ist – zum Beispiel bei den Lastwagenfahrern, die sich 1983 über viele Wochen in riesigen Pulks vor dem deutsch-österreichischen Grenzübergang Kiefersfelden stauen und deshalb zornig die Autobahn blockieren. Ihnen drückt er persönlich seine Solidarität aus, gewissermaßen von Handwerkersohn zu Trucker. Es stört ihn überhaupt nicht, daß er wegen populistischer Anbiederei an den kleinen Mann von Liberalen und Linken kritisiert

wird: Hier werde mit zweierlei Maß gemessen – den LKW-Lenkern passiere nichts, die Demonstranten vor den US-Atomwaffendepots in Mutlangen würden wegen Nötigung belangt und bestraft. Strauß sucht die Nähe zum Volk, nicht zu irgendwelchen, im Zweifelsfall ja doch linken Intellektuellen.
Für die Öffentlichkeit zelebriert er Rituale wie im afrikanischen Busch. Er lädt Helmut Kohl zur gemeinsamen Bergwanderung ins Bayerische (meist zum Forsthaus Valepp oder zur Erzherzog-Georg-Hütte, in späteren Jahren auf das Josef März gehörende Gut Spöck), rührt vor der Begegnung selbst die Werbetrommel, formuliert auf, so Kanzlerhelfer Eduard Ackermann, »viele Meter langen Fernschreiben« fundamental erscheinende Gegensätze, um nach dem Treffen so zu tun, als habe der Kanzler sich eine Wegweisung erbeten. Er gab selber Fotografen den Tip, welchen Weg beide einschlagen würden, und mimte dann an der verabredeten Stelle den Berg- oder Anführer. Zimmermann wußte zu erzählen, daß Strauß sich hinterher stundenlang an seinen Schreibtisch hockte, um bis zu 23 Seiten lange Gedächtnisprotokolle über den Gehalt der Wanderungsgespräche anzufertigen. Dem Kanzler, diesem »Amtsinhaber«, wie Strauß lästerte, war das alles ziemlich gleichgültig, für ihn war »alles auslegefähig«, so Zimmermann, oder »blieb der nachträglichen Interpretation überlassen«, so Geißler. Er verhielt sich so, wie sich alle Bonner zuletzt gegenüber dem Mann aus München verhalten hatten – sie ließen ihn reden; dann taten sie das, was sie ohnehin vorhatten.
Kohl nannte später als bedeutendstes Erlebnis bei diesen Treffen, daß einmal der von Strauß gesteuerte Geländewagen mitten auf der Salzburger Autobahn liegenblieb und Strauß fluchte: »Da hat wieder einer meiner Söhne den Tank leergefahren!« Der Kanzler blieb im Wagen zurück, während Strauß sich mit einem Kanister auf den Weg zur nächsten Tankstelle machte. Per Autostopp kehrte er nach einer Weile auf der Gegenfahrbahn zurück, überquerte zu Fuß den Fahrstreifen, kletterte über die Mittelleitplanke – und konnte dann mit seinem Passagier die Fahrt fortsetzen.
In den Bundestagswahlkampf um die Jahreswende 1986/87 mischt er sich kaum noch ein: Bonn ist nicht mehr sein Ding. Nur selten meldet er sich noch als exotisch wirkender Fundamentalist

in die Bundespolitik zurück. Im Mai 1987 fordert Strauß den Kanzler auf, von seiner Richtlinienkompetenz Gebrauch zu machen und eine totale Abrüstung, also die Null-Lösung, nun auch (nach den Mittelstreckenraketen) bei Kurzstreckenwaffen abzulehnen. Allerdings bestehen Genscher und die Freidemokraten genau darauf; es kommt zu einer der dramatischsten Krisen in der Geschichte der christliberalen Koalition. Bloß – Strauß ist bei den Gesprächen und ultimativen Verhandlungen der Koalition gar nicht dabei, wird nicht informiert, hört zu spät von den Bonner Vorgängen. »Hat der nicht begriffen, was ich ihm erklärt habe, oder wollte er mich reinlegen?« tobt Strauß nach einem Treffen mit Kohl auf Gut Spöck. Als er dann erfährt, daß der Kanzler der FDP nachgegeben hat, brüllt er wenig später beim Telefonat mit Kohl nach Angaben eines Ohrenzeugen fast eine Stunde lang, weil der Kanzler ihn »bewußt getäuscht« habe.

Ob er Kohl und den Bonnern, wenigstens einmal noch, seinen Willen aufzwingen könnte?

Strauß spürt, daß es sogar in der Münchner CSU-Fraktion kriselt. Nur mühsam kann er die Entlassung des zuckerkranken einstigen CSU-Generalsekretärs und jetzigen Wirtschaftsministers Anton Jaumann durchsetzen, den er doch selbst als »Knochen zum Abfieseln« schmäht; Parteifreunde nehmen dem Vorsitzenden übel, daß ausgerechnet er dem Ressortchef »Alkoholprobleme« nachsagt. Die hat Strauß doch selber?

Kultusminister Hans Maier, intellektuelle Leuchte des Kabinetts, bekrittelt einen »gewissen Strauß-Kult« und »höfische Tendenzen im Parteivorstand«. Das sei, schreibt ein Reporter der ABENDZEITUNG, »Majestätsbeleidigung«, das muß der Kritiker mit Entfernung aus dem Ministerrat büßen. Strauß' Stellvertreter Max Streibl wird vom Chef persönlich gerüffelt und der »Vetternwirtschaft« beschuldigt, weil er – er hat von Strauß gelernt – einen früheren Referenten auf einem lukrativen Industriejob unterbringen will.

Auch die für Strauß triumphale Reise im Privatjet – er hat inzwischen eine Hälfte der Düsenmaschine gekauft – zum sowjetischen Reformpräsidenten Michail Gorbatschow in den letzten Dezembertagen 1987 findet bei den ideologisch gefestigten Christsozialen nicht nur Freunde. Er hat die gesamte damalige und spätere Führungsriege seiner Partei an Bord, als er die kleine Maschine in Moskau aufsetzt; der Sprit hätte nur noch für wenige Flugminuten gereicht. Seine Formel von der »Einheit der deutschen Nation in zwei Staaten« stößt bei rechten Parteifreunden als Absage an eine Wiedervereinigung auf Kritik.

Manch starrem Provinzpolitiker geht der Wandel seines Chefs vom Kommunistenschreck zum Kreml-Gast zu schnell. Der Landesgruppe berichtet er Anfang Januar in Kreuth seine wichtigsten Reiseerlebnisse: »Es hat keinen Wodka gegeben oder fast keinen während der ganzen drei Tage; da merkt man schon den neuen Geist!« Und er teilt mit, daß er nun, mit 72 Jahren, ganz ernsthaft an die Friedensliebe der Kreml-Herren glaubt. Konrad Adenauer war es, allerdings in noch höherem Alter, ähnlich ergangen.

Unentwegt muß er sich jetzt rechtfertigen, auch wenn ihn der Parteitag diesmal mit triumphalen 98,8 Prozent der Delegiertenstimmen im Amt bestätigt. Er macht sich sein Alter nicht klar. Wer ihn bittet kürzerzutreten, erhält die Antwort, in diesem Alter sei Konrad Adenauer erstmals Kanzler geworden. Er setzt sich einem verrückten Politstreß aus, den viele Workaholics brauchen, um nicht umzufallen; die ABENDZEITUNG hat einen Besuchstag von Strauß in Israel protokolliert:

7.30 Uhr Aufstehen. 8.00 Uhr Frühstück. 8.40 Uhr Abfahrt. 8.50 Uhr Kranzniederlegung. 9.15 Uhr Gespräch mit Israels Präsident Herzog. 10.30 Uhr Fahrt zur Knesset. 10.45 Uhr Gespräch mit dem Parlamentspräsidenten. 11.30 Uhr Gespräch mit dem Vizepräsidenten. 12.45 Uhr Essen mit Spitzenpolitikern. 16.00 Uhr Gespräch mit Premier Shimon Peres. 17.30 Uhr Gespräch mit einem Wirtschaftsexperten. 19.00 Uhr Empfang durch Minister Ezer Weizmann. Er bleibt bis 23.00 Uhr. Danach liest er die deutschen Tageszeitungen. Am nächsten Morgen, 7.45 Uhr, Frühstück mit Jerusalems Bürgermeister Teddy Kollek.

Wer das aushält, muß gesund sein. Wer das braucht, ist Politiker.

Er igelt sich mit seinen Mitarbeitern in einem Küchenkabinett ein, klagen Parteifreunde, die ihn vergeblich zu erreichen suchen. Sein siebzigster Geburtstag wird gefeiert wie der eines Königs: Auf dem Odeonsplatz spielen ihm 3600 Musikanten und Laiendarsteller aus dem ganzen Land auf; es ist das größte Massenkonzert in der Münchner Geschichte. Und Strauß wird mit dem Hinweis gehuldigt: »Weder Königen noch Kaisern, noch einem Kanzler wurde je so aufgespielt wie Ihnen.« Sieben Tage dauert das Geburtstagsfest, als gälte es dem Größten.

Manchmal schon schreibt er Briefe wie eine Lebensbilanz, etwa diesen an eine Bürgerin (1988): » Ich möchte als Ergebnis meiner politischen Arbeit und als Summe meines politischen Lebens sagen können: Ich habe vielen Menschen geholfen, dem Frieden gedient und meinen Beitrag geleistet, Deutschland zu erhalten, und Bayern auf dem Weg zum schönsten Land der Welt ein gutes Stück vorangebracht.«

Dann hebt er zu einer seiner kühnsten Unternehmungen ab. Die letzte sozialliberale Regierung hatte den Hobbypiloten noch 1981 mit einem Gesetz erzürnt, das die 30 000 deutschen Privat-, Hobby- und Geschäftsflieger der Mineralölsteuerpflicht unterwarf. Strauß beschwatzte Kanzler Kohl so lange, bis der nachgab – in einem ohnehin geplanten Steueränderungsgesetz sollte die Steuerpflicht wieder gestrichen werden; Steuerausfall: 25 Millionen Mark. Doch weil im selben Gesetz allerlei Sozialausgaben gekappt – das Sterbegeld gestrichen, Zuschüsse zum Kantinenessen besteuert – und andere Steuern erhöht werden sollten, brach urplötzlich in der sonst so frommen Union Widerstand los. Der CDU-Parteitag in Wiesbaden revoltierte. Aus der CSU-Fraktion im Landtag war Unerhörtes zu hören: »Der Flieger Strauß hat den Bodenkontakt verloren.« Der CSU-Abgeordnete Nikolaus Asenbeck hoffte noch auf Einsicht: »Mir würd's schon reichen, wenn der Strauß sagt: Ich hab ein' Schmarr'n g'macht. Warum sagt er das nicht?« Sein Kollege Christoph Maier berichtete von der Basis: »Die schreien mich zusammen, daß ich in meine Schlappen nicht mehr reinpass'.«

Strauß ruft die Bonner Landesgruppe ins Kloster Banz und zeigt sich erst mal beleidigt: Macht denn er Bonner Gesetze? Das machen doch die, die sonst immer tun, was sie wollen! Und laut sagt er: »Ich lasse mich von euch nicht zum Popanz machen.« Als dann einige Parteifreunde trotzdem ihre Kritik loswerden wollen, wird der große Vorsitzende äußerst direkt: »Leckt's mich doch am

Arsch!« Schließlich folgt die kühne Prophezeiung, die einer Rücktrittsdrohung nahekommt: »Ohne mich landet die CSU bald in der Opposition! Und ihr seid dann nur noch ganz kleine Bittsteller!«

Da haben ihm nun auch die eigenen Freunde die Zähne gezeigt, zum zweiten Mal in fünf Jahren. Haben die überhaupt einen Strauß verdient? Wissen die nicht, wie er sich – auch für sie – abrackert? Eigentlich hat er von nun an dazu keine rechte Lust mehr.

Schon nach dem Tod von Marianne im Juni 1984 ist die Rastlosigkeit Programm. Mit Marianne hatte er, nachdem er von Ulli so tränenreich getrennt worden war, alt werden wollen; die vielen Frauen daneben und dazwischen dienten nur der Kurzweil. Tochter Monika vertritt nun bei offiziellen Terminen die Mutter und bietet dem Vater Halt und Stütze – im Wortsinn, etwa, als er bei der Präsentation eines neuen Bildbandes im »Bayerischen Hof« von Rührung und Tränen übermannt seine Rede abbrechen muß. Er sucht der Routine zu entfliehen und merkt nicht, daß auch diese Flucht zur Routine, vor allem aber zum Streß wird. Am Wochenende düst er mit seinem BMW 325 iX oder dem Mercedes-Geländewagen zu Dannecker auf den Praschberghof, läßt sich auf eine Jagd einladen oder trifft die ewig gleichen Leute bei den ewig gleichen Partys, beim Opernball in Wien, beim Karneval in Venedig, beim Drink im »Dodici Apostoli« in Verona; oder bloß beim Essen im »Piazetta«, im »Da Pippo«, im »Bogenhauser Hof« oder im »Canale Grande«. Ein Getriebener.

Bei privaten Anlässen verzichtet er nun auf Polizeischutz, trägt statt dessen in einem kleinen Ledertäschchen »zur Selbstverteidigung« seine Pistole, eine Smith & Wesson. Im Alter übermannen ihn die Kriegserinnerungen; als wär's am Stammtisch, erzählt er immer und immer von der Schlacht am Don. Mit Karli Dersch besichtigt er Schlachtfelder, und der seltsame Dersch – der mit der Reichskriegsflagge im Garten – bedauert dann, im Krieg zu jung zum Kämpfen gewesen zu sein. Seine Memoiren vermag Strauß nicht am Schreibtisch in seiner klaren und doch geschnörkelten, lehrerhaften Schrift aufzusetzen, das wäre ihm zu still; auch dafür braucht er Zeugen. So spricht er über einzelne Lebensabschnitte mit dem Historiker Michael Stürmer oder dem BAYERNKURIER-Chefredakteur Schar-

nagl und läßt ein Tonband mitlaufen – viele Irrtümer oder Verschönerungen eingeschlossen.
Er sucht etwas, das er nicht findet. Alkohol macht die Suche leichter und läßt die Sehnsucht schneller zu Ende gehen. Was will er betäuben? »Entweder hat er sich den ganzen Abend an einem Gespritzten festgehalten, oder er hat's fließen lassen«, erzählt Renate Piller. »Er konnte einfach nicht nippen.« Am Abend der Bundestagswahl 1987 verbreiten die Fernsehanstalten diese Erkenntnis deutschlandweit: FJS mit zerfließendem, aufgedunsenem Gesicht, der seinen Wahlkommentar mit hörbaren Artikulationsproblemen ins Mikrophon brabbelt. Eine nüchterne Analyse war das nicht.
Er strickt an seiner eigenen Legende: »Ich gehöre nicht zu den Asketen dieses Jahrhunderts.« Dabei ist er im Alter zuckerkrank und muß sich spritzen. Seinem Schalck übermittelt er im März 1987 in anrührender Offenheit, daß er mit Hilfe der neuen Lebensgefährtin »hofft, daß durch deren Einfluß der zeitweilig überhöhte Alkoholgenuß eingeschränkt wird«. Warum die Exzesse? Was treibt ihn noch um?
Sucht er seinen Platz in der Geschichte? In Bayern hat er ihn doch längst; aber das scheint ihm nicht genug. Die Amtsgeschäfte füllen ihn nicht aus, langweilen ihn sichtlich. Bayern ist eben doch eine Nummer zu klein. Unentwegt ärgert er sich über den dummen Kohl, der alles falsch macht, über dessen Widersacher Geißler, der überhaupt nichts richtig macht, und genauso über Lothar Späth, den Kohl-Rivalen, der sich nicht traut, etwas richtig zu machen. Am meisten, so scheint es, ärgert er sich über sich selbst.
Sucht er den Frieden im Privaten? Er hat ja Renate Piller kennengelernt, die dreißig Jahre jünger ist als er; aber er kommt nicht frei aus seinen Verstricktheiten. Sie soll sich allein um die Annullierung ihrer Uralt-Ehe bemühen, damit die beiden danach – und zwar kirchlich, auf einmal ist das wichtig – heiraten können. Sie soll sich ihren Platz im Strauß-Clan, den ihr die Söhne und das Hauspersonal verweigern, alleine erobern. Er mag sich nicht durchsetzen, noch nicht einmal gegenüber den nörgelnden Söhnen. Urplötzlich pocht er auf Harmonie. Er führte »ein Zigeunerleben«, beobachtete sein langjähriger Mitarbeiter Karl-Heinz Spilker: »Zufrieden war er nicht, höchstens eine begrenzte Zeit lang.«

Seine letzten Lebenswochen sind eine Flucht vor sich selbst. Die letzten Augusttage 1988 verbringt er in seinem südfranzösischen Haus und ißt beim Lunch mit dem geheimnisumwitterten Exgeheimdienstchef Comte de Marenches Fisch in Aspik, den er nicht verträgt. Ihm ist nicht gut; Monika bittet, da der Vater mit dem Auto nicht zurückfahren kann, Karl Diehl um dessen Jet, der Strauß am 2. September nach München bringt. Argirov, der Arzt, checkt ihn in seiner Starnberger Privatklinik durch und setzt ihn auf strenge Diät, die er weder einhalten will noch kann. Von Starnberg geht's auf den Praschberghof; am Abend des 5. September muß im »Bogenhauser Hof« in den 73. Geburtstag hineingefeiert werden. Anderntags wird der Geburtstag in Wildbad Kreuth offiziell begangen.
Dann gilt es, das Oktoberfest und die Korbwarenmesse in Lichtenfels zu eröffnen; es folgt ein Kurztrip nach Rhodos zur Konferenz der konservativen Parteien Europas. Da er schon mal in der Gegend ist, schaut er kurz bei Bulgariens Staatsratsvorsitzendem Todor Schiwkoff vorbei, um mit dem Jagdkameraden einen 16-Ender zu erlegen. Damit der Abstecher als Dienstreise gilt, ist in der Öffentlichkeit die Rede von einem »Ost-West-Forum« in Varna. Auf dem Rückflug nach München hat sein Jet eine Panne: Druckausfall. Pilot Strauß steuert die Maschine im Sturzflug von 10 000 auf 1000 Meter herunter und erzählt seiner Freundin nach der Rückkehr etwas von »Unwohlsein« und »früh ins Bett«, um sich statt dessen – ein Foto in der Morgenzeitung beweist es ihr – heimlich mit Argirov auf der Wies'n zu treffen, und zwar nicht zu einer medizinischen Untersuchung. Er leitet die Sitzung des bayerischen Kabinetts, empfängt eine ausländische Regierungsdelegation, weiht in Augsburg eine neue Fabrikanlage ein und besucht die private Feier eines Bauunternehmers.
Am nächsten Tag, es ist Samstag, der 1. Oktober, trifft er sich mit dem Bonner Verteidigungsminister Rupert Scholz beim Bier auf der Wies'n; mittags hat er sich bei Thurn und Taxis in Regensburg zur Jagd angesagt; abends will er schon wieder daheim sein – wo immer das für ihn ist. Er fliegt mit dem Hubschrauber zum Regensburger Wildgehege. Dort soll ihn ein Wagen abholen und zum Hochsitz bringen. Vor der Abfahrt bittet er den Fahrer:

»Halt! Der Flug war ein bißchen anstrengend. Warten Sie noch!« Das sind seine letzten Worte. Zwei Tage lang bemühen sich Mediziner in der Intensivstation um sein Leben, vergebens. Am 3. Oktober 1988 um 11.45 Uhr stirbt Franz Josef Strauß im Alter von 73 Jahren.

Und sogleich leben Legenden auf: »Er ist auf der Jagd gestorben.« War er nicht immer Jäger? »Man hat ihm bei der Herzmassage eine Rippe gebrochen.« War er nicht immer Opfer? Darf ein solches, immer gesundes Mannsbild, Archetyp eines ganzen Volksstammes, überhaupt sterben?

»Der Titan ist tot«, schreibt die Herausgeberin der ABENDZEITUNG, »das Urgestein, der Vollblutpolitiker, der Machtmensch, Bayerns Monarch. Einer wie er wird nicht mehr auf Bayerns Thron sitzen.« »Ich glaube, daß er sein Leben gut gelebt hat«, ruft ihm Rudolf Augstein im SPIEGEL hinterher. Und Joseph Kardinal Ratzinger sagt in seiner Predigt: »Er hat wie eine Eiche gelebt. Und er wurde wie eine Eiche gefällt.«

Das Staatsbegräbnis ist wie ein Abschied von Bayerns König. Sein Volk hat ihn bewundert, vielleicht geliebt, und wußte ja sehr wohl um die Brüche und Spannungen, Fehler, Schmerzen und Erfolge, die sich voneinander nicht trennen lassen. Er war – dies die einzig bleibende Erkenntnis seines langjährigen Stellvertreters Franz Heubl – vital, brutal, sentimental, in dieser Reihenfolge. Ja, es kann auch keinem Zweifel unterliegen, daß ihm – so das Urteil des Landgerichts München, Az. 180680/64 – »der Geruch der Korruption anhafte«. Aber auf liebenswürdige Art. Er hat keinem geschadet, er achtete nur auf den eigenen Vorteil und manchmal auch den seines Landes.

Und außerdem: Für ihn war das gar nicht wichtig – ein Fürst, der einen Bußgeldbescheid mißachtet. Er suchte etwas anderes, ein ganzes Leben lang.

Anhang

DER BUNDESMINISTER
FÜR BESONDERE AUFGABEN
FRANZ JOSEF STRAUSS

M/S

Bei Antwortschreiben bitte dieses Geschäftszeichen angeben

8 Okt. 1954

BONN, 8.Oktober 1954
Koblenzer Straße 160
Fernruf 21947-48

An
Herrn Bundeskanzler
Dr.Konrad Adenauer

B o n n

Sehr verehrter Herr Bundeskanzler!

Ich schreibe diesen Brief an Sie, bevor ich mich von Bonn entferne um den Parteitag der CSU in Nürnberg aufzusuchen. Die Sitzung der Koalition unter Ihrem Vorsitz ist so verlaufen, daß sie mit Recht Enttäuschung und Empörung in den Reihen der CSU auslösen wird. Ich habe mich bisher immer bemüht, zwischen dem Standpunkt des Bundesfinanzministers und den anders lautenden Forderungen einen Kompromiß herbeizuführen, wenn es auch einige Male sehr schwer gefallen ist. Es ist selbstverständlich, daß ich bei den hier herrschenden Gepflogenheiten keinen Dank dafür erwarte.

Angesichts der Haltung die Herr Wellhausen und zum Teil auch Herr Neuburger heute eingenommen haben, ist es mir so gut wie unmöglich, in einem beruhigenden Sinne auf Herrn Schäffer einzuwirken. Ich habe heute einen deutlichen Eindruck davon bekommen, daß wir keine Koalition mehr sind. Die Koalition ist in ihrer großen Ausdehnung, die aus außenpolitischen Gründen vorgenommen wurde, ein schwieriges Gebilde, da es zahlreiche gegensätzliche sachliche Ansichten und parteipolitische Interessen in ihr gibt. Diese Koalition bedarf einer straffen Führung, die weder durch den Vorsitzenden der Fraktion der CDU/CSU noch durch Ihren Stellvertreter im Kanzleramt ausgeübt werden kann.

Brief von FJS an Adenauer (8. 10. 1954)

Mir ist das Wort vom Primat der Außenpolitik sehr wohl bekannt. Aber die zahlreichen außenpolitischen Verpflichtungen nehmen Sie in einem solchen Ausmaße in Anspruch, daß nicht nur Risse in der Koalition eingetreten, sondern auch ernsthafte Schäden in unserer Innenpolitik entstanden sind. Der Londoner Erfolg muß erst in politische Münze umgewechselt werden. Bis zur abgeschlossenen Ratifizierung aller Abkommen ist noch ein weiter Weg. Wir können uns nicht darauf verlassen, daß die Außenpolitik das ersetzt, was an Innenpolitik versäumt wird. In zunehmendem Maße höre ich die Klage, die auch meiner Erfahrung entpsricht, daß Ihnen einfach die Zeit fehlt, um die Fäden dieser schwierigen Koalition fest in der Hand zu halten und die innenpolitische Führung durch Ihre sicheren Hände auszuüben. Vorbereitung, Durchführung und Auswertung außenpolitischer Konferenzen, Anflug, Aufenthalt oder Abflug westlicher Staatsmänner, Empfang einer Reihe von ausländischen Delegationen hohen Ranges, Besuche der drei Hochkommissare und anderer alliierter Persönlichkeiten nehmen Ihre Zeit so stark in Anspruch, daß zu einer ruhigen Beratung der innenpolitischen Probleme einfach keine Möglichkeit mehr bleibt. Bevor ich heute das Wort ergreifen konnte, um einen Kompromißvorschlag zu machen, mußte ich davon Notiz nehmen, daß der türkische Ministerpräsident bereits 25 Minuten wartet. Nach Ihrem Weggang verlief die Sitzung noch unerfreulicher.

Bei der Regierungsbildung ist die Institution der Minister für besondere Aufgaben geschaffen worden. Die CSU, die sich, um die Kabinettsbildung nicht zu erschweren, mit einem Minister ohne Portefeuille zu den beiden Ressortministern begnügte, war peinlich davon überrascht, daß vier bzw. sechs solcher Minister für besondere Aufgaben zum Schluß herauskamen. Die Verbindungsminister für BHE und FDP konnten bisher in keiner Weise sicherstellen, daß die Politik ihrer Fraktion mit der Regierungspoltik überein stimmte. Der Verbindungsminister der CDU konnte sich von vornherein auf eine weitgehende Übereinstimmung mit der Fraktion verlassen. Ich habe bisher die Parlamentarier der CSU fast ausnahmslos zur Übereinstimmung mit mir bringen können und damit ein reibungsloses Funktionieren des gesamten Apparates erleichtert. Es mag vielleicht an der Person der Verbindungsminister liegen, aber das, was sie hätten werden sollen, nämlich ein politischer Generalstab zu Ihrer Beratung, der gleichzeitig genügend Autorität bei den parlamentarischen Kräften hat, sind sie nicht geworden. Die Sonderaufgaben die bisher erteilt worden sind, nämlich die Pflege der Wasserwirtschaft und die Ausarbeitung einer Zonengrenzdenkschrift, sowie die Betreuung des nichtselbständigen Teiles der geistig Schaffenden haben dazu beigetragen, diese Institution in den Ruf der Lächerlichkeit zu bringen. Echte Aufgaben besonderer Art sind bisher nicht erteilt worden. Ich habe mich heuer im Sommer zur Verfügung gestellt, um durch persönliche Kontakte gemeinsam mit Freund Lücke für die EVG zu werben. Sie wissen, sehr verehrter Herr Bundeskanzler, daß ich Ihre optimistische Ansicht nicht geteilt habe. So haben Sie mich z.B., als ich im Kabinett über den Wert Ihres Saargespräches mit Teitgen eine andere Meinung vertrat als Sie, mich erheblich wegen meiner Schwarzseherei zurecht gewiesen. Auf der gleichen Linie lagen meine Vorträge im Bayerischen Rundfunk. Ich gehörte im Gegensatz zu Ihren liberalen Ratgebern zu denjenigen, die Sie von vornherein vor den Gefahren der neuen französischen Politik gewarnt haben. Ich bin dafür landauf, landab in der Presse angegriffen worden. Eine Wochenzeitung der FDP hat das in besonder verlogener Weise getan. Aus FDP-Kreisen, innerhalb und außerhalb des Auswärtigen Amtes ist systematisch in bestimmte Pressekanäle Material gegeben worden, das den Zweck hatte, mich lächerlich zu machen und wegen meiner außenpolitischen Unfähigkeit oder Einseitigkeit anzuprangern. Die darüber eingeleitete Untersuchung ist naturgemäß ergebnislos verlaufen. Besonders peinlich hat mich aber in einer der letzten Kabinettsitzung Ihre Bemerkung überrascht, die ich bestimmt nicht falsch gehört habe, daß ich Ihnen unrichtige Prognosen geliefert hätte. Sie haben mit diesem Ausdruck mich unterbrochen, als es Ihnen nicht gefiel, daß ich mich gegen die törichten Redensarten des Herrn Dehler verwahrte. Der Vorfall war mir umso unangenehmer, weil Sie ziemlich gleichzeitig die langen Tiraden des Herrn Blücher mit lautem Beifall bedachten. Dabei bin ich der unbescheidenen Meinung, daß Ministerkollegen wie Blücher, die verschwindend geringen Einfluß in ihren Fraktionen haben, für Sie relativ wertlos sind. Mann soll aber nicht auf den Gedanken verfallen, daß die Loyalität der CSU auch gegenüber zahlreichen Zurücksetzungen noch selbstverständlich ist, während sie bei FDP und BHE jeweils mit teurem Preise erkauft wird.

Es ist mir auch nicht möglich, mit Ihnen in ein produktives Gespräch zu kommen über eine echte Arbeitsverteilung und über die Erfüllung der Versprechungen, die Sie bei der Regierungsbildung auch der CSU und nicht nur der FDP und dem BHE gemacht haben. Die Einseitigkeit der um Sie herum herrschenden Verhältnisse wird allmählich unerträglich. Vielleicht bin ich aber der Einzige der es Ihnen sagt, nachdem ich es hundertmal von führenden Kollegen der CDU und der CSU angehört habe. Dabei ist in den letzten Wochen regelmäßig der Vorwurf verbunden worden, daß niemand da sei, der Ihnen das zu sagen wagte. Nun, ich wollte hiermit mich wenigstens von diesem Vorwurf befreien. Es ist für mich als Kabinettsmitglied unmöglich, mich auf die Dauer den Vorwürfen meiner eigenen Parteifreunde auszusetzen, an den Rand der politischen Entscheidungen abgedrängt zu sein und gleichzeitig nicht über die Redefreiheit des Parlamentariers zu verfügen.

Schließlich darf ich noch auf zwei Punkte hinweisen: Die Notwendigkeit einer Saarregelung wird immer aktueller. Ich habe mit Ihrem Einverständnis in Luxemburg mit der genannten Persönlichkeit verhandelt. Ich bin überzeugt, daß es mir nicht nur sehr schwer sein wird die Ergebnisse dieses Gespräches mitzuteilen, was ich seit 8 Tagen ohne Erfolg versuche, sondern daß auch die aus diesem Gespräch sich ergebenden Konsequenzen nicht gezogen werden. Die

Bundesregierung sieht untätig zu, wie jetzt das dritte große Hüttenkombinat an der Saar in französische Hände übergeht, weil keine Vereinbarung mit den Vertretern der Röchlingschen Interessen versucht und erreicht worden ist. Die Familie Röchling wird nunmehr ihre Zustimmung geben, daß dieses Kombinat über ein Schweizer Bankenkonsortium in das Eigentum der Firma Schneider-Creuzot übergeht, die ihrerseits widerum vom französischen Staat beherrscht ist. Bei uns wird in jedem Ressort eine verschiedene Saarpolitik betrieben, der Bogen reicht von der Parole "Heim ins Reich" bis zur vollendeten Leisetreterei, um die einen oder anderen außenpolitischen Interessen nicht zu gefährden. Von einer Koordinierung der Saarpolitik ist trotz Ihres auf dem Bürgenstock im August 1952 gegebenen Versprechens keine Rede. Damit haben wir es erreicht, sowohl die herrschenden Kräfte wie die Oppositionellen Kräfte an der Saar gegen uns einzunehmen. Sie sind als Politiker geschickter als ich und wissen deshalb genau, welche innenpolitischen Schwierigkeiten größeren Konzessionen in der Saarfrage auf unserer Seite gegenüber stehen. Wenn ich dann noch daran denke, daß man zur Komplettierung der Verfassung in der Frage der Wehrhoheit nochmals 2/3 der Stimmen des Bundestages aufbringen muß, dann sehe ich im voraus noch eine Reihe von Zumutungen, denen wir von Seiten der Koalitionsparteien ausgesetzt sein werden.

Heute morgen ist der Generalangriff gegen ein föderatives Finanzsystem eingeleitet worden. Ich bin ein bundestreuer Föderalist. Ich weiß, daß die Lasten der Aufrüstung nicht einseitig getragen werden. Ich bin bereit, an einem Kompromiß mitzuwirken, der die Grundstruktur nicht verschiebt. Ich weise aber vorsorglich darauf hin, daß man die Grundsätze und Gefühle der bayerischen Föderalisten nicht durch solche Methoden verletzen darf, wie es heute morgen versucht worden ist. Wenn Sie dem entgegen halten wollen, daß ich die Dinge übertreiben würde, dann darf ich Ihnen erwidern, daß ich die heute morgen angeschlagenen Töne sehr genau verstanden habe. Wir könen dazu auf dem Landesparteitag der CSU in Nürnberg nicht schweigen.

Mit zunehmender Sorge habe ich seit dem Oktober letzten Jahres beobachtet, daß echte Kritik und berechtigte Wünsche in der CDU immer stiller geworden sind, sodaß es zu einer Diskussion im wirklichen Sinne des Wortes meistens nicht mehr gekommen ist. Ich möchte in voller Übereinstimmung mit meinen politischen Freunden auf dieses Recht selbstverständlich in Zukunft nicht verzichten. Ich weiß, daß Kritik aus wechselnden außenpolitischen Gründen für unzweckmäßig betrachtet wird. Dieser Eindruck, die Behandlung Schäffers und meiner Person durch die FDP, die Zweideutigkeit der Stellung, in die man mich nicht ohne Hilfe der Ihnen unterstellten Ämter einschließlich der damit verbundenen Presse - kampagne hineindrängt, machen es mir nicht schwer, auf meine gegenwärtigen Würden zu verzichten. Da ich außerdemheuer im Sommer in der brennenden Sorge um das Zustandekommen der EVG weder Urlaub genommen noch meine Gesundheit geschont habe, suche ich hiermit um Urlaub nach, den ich irgendwo i-m Auslande verbringen werde. Es ist selbstverständlich, daß ich mit den führenden Bundespolitikern der CSU Ihnen zu einer Aussprache zur Verfügung stehe, bevor Schäffer, Balke und ich zu definitiven Entschlüssen gelangen.

Mit freundlichen Grüßen!

I h r

Dr. h. c. FRANZ JOSEF STRAUSS
Bundesminister

BONN, den 19. November 1962

Herrn
Bundeskanzler
Dr. Konrad Adenauer
B o n n

Sehr verehrter Herr Bundeskanzler !

In diesem Brief möchte ich wegen der politischen Bedeutung vier Punkte zur Sprache bringen.

1. Es besteht kein Zweifel, dass die FDP besonders unter der Einwirkung des Herrn Döring jetzt daran geht, über die neue Krise ("Strauss muss weg") in kurzer Zeit einen Wechsel des Kanzlers herbeizuführen. Herr Döring hat das am Samstagabend beim Verlassen des Bundeskanzleramtes ganz offen den wartenden Presseleuten erklärt, wie bereits in der Nacht am Rundfunk zu hören war. Ob dieses Ziel das einzige Motiv der FDP ist, oder ob gewisse Persönlichkeiten ein weiteres Motiv haben, eine Regierungskrise zu erzeugen und damit die Aufmerksamkeit von dem eigentlichen Tatbestand abzulenken, lässt sich noch nicht mit voller Klarheit übersehen. Im letzten kann man auch spüren, dass hier eine Änderung der politischen Gesamtlinie angestrebt wird.

2. Rückblickend kann man sagen, dass es gut gewesen wäre, wenn die Regierung wenige Tage nach Durchführung der bundesanwaltschaftlichen Massnahmen in Rundfunk und Fernsehen der Öffentlichkeit einen klaren Bericht mit

-2-

Streng geheim

Brief von FJS an Adenauer (19. 11. 1962)

Darstellung des Sachverhalts und mit Betonung der wirklich hier vorliegenden Prioritäten gegeben hätte. Ebenso wäre es gut gewesen, wenn die Regierung die 18 Fragen einheitlich beantwortet und dabei die Beantwortung einiger Fragen wegen des bei der Bundesanwaltschaft schwebenden Verfahrens abgelehnt hätte. So haben Herr Rasner, wenn ich ihn richtig verstanden habe, und ich Herrn Globke vorgeschlagen. Hier konnte nur eine klare und offene Sprache, die diesen ganzen Vorgang mutig darstellt und alle Regierungsorgane wegen pflichtgemässen Handelns verteidigt und lobt, das Problem lösen.

Wenn man mir in diesem Zusammenhang vorwirft, dass ich selbst nicht sofort gewisse Einzelheiten der Öffentlichkeit mitgeteilt und im Parlament erst den Sachverhalt nach und nach und das noch unvollständig geschildert hätte, so darf ich dazu bemerken, dass es weder mein Recht noch meine Pflicht war, Einzelheiten aus einem streng geheimen Staatsvorgang, der im übrigen in der Hand des Generalbundesanwaltes liegt, von mir aus der Öffentlichkeit mitzuteilen. Was zu sagen und was nicht zu sagen war, musste durch die Regierung festgestellt werden und konnte nicht dem Ermessen eines einzelnen Ministers oder dem Kompromiss zwischen einzelnen Ministern überlassen bleiben.

Die Freunde der CDU/CSU, die an der Koalitionsbesprechung am Samstagnachmittag teilgenommen haben, haben mir am Sonntagmorgen mitgeteilt, dass diese Sitzung nicht sehr erfreulich verlaufen sei und dass Sie, sehr verehrter Herr Bundeskanzler, nicht im einzelnen zu den Angriffen der FDP gegen mich Stellung genommen hätten.

-3-

Ich darf hier nochmals bemerken, dass ich nicht durch eine Anzeige oder durch eine andere Veranlassung das Verfahren der Bundesanwaltschaft ausgelöst habe, sondern dass der Generalbundesanwalt ex officio das Verfahren eingeleitet hat. Ausschliesslich darauf bezieht sich meine Erklärung, dass ich mit der Angelegenheit nichts zu tun habe. Denn bereits im nächsten Satz dieser Erklärung habe ich wahrheitsgemäss festgestellt, dass das Verteidigungsministerium Amtshilfe geleistet hatte, wozu es verpflichtet war und eigens ersucht wurde. Die Einzelheiten der Amtshilfe wurden von Staatssekretär Hopf geregelt.

3. Die Rolle des BND und der den BND führenden Stelle muss intern aufgeklärt werden. Ich habe am 17. Oktober 1962 den Präsidenten des BND unter vier Augen verständigt, dass der Generalbundesanwalt ein Ermittlungsverfahren gegen Spiegel-Redakteure wegen Landesverrats eingeleitet habe und dass Gutachter aus dem Dienstbereich des Verteidigungsministeriums dem Generalbundesanwalt dazu ein Gutachten erstatten sollen. Am 18. Oktober hat Oberst Wicht, Mitarbeiter des BND, nach der Mitteilung des Generalbundesanwalts dem SPIEGEL eine Warnung zukommen lassen. Ihnen gegenüber hat der Präsident des BND festgestellt, dass er seinen Vizepräsidenten und einen weiteren Mitarbeiter hohen Ranges informiert habe. Nach meiner Kenntnis haben beide bei der Vernehmung durch den Generalbundesanwalt abgestritten, vom Präsidenten des BND über die Einleitung eines Ermittlungsverfahrens verständigt worden zu sein. Der Präsident des BND hält auch diese Behauptung nicht mehr aufrecht, sondern deutet an, dass Herr Wicht von anderer Seite informiert worden sein könnte, z.B. aus dem Verteidigungsministerium. Ich glaube das nicht,

-4-

Streng geheim

dass Herr Wicht aus dem Verteidigungsministerium informiert worden ist und kann meine Meinung nur ändern, wenn Herr Wicht seinen wirklichen Informanten nennt. Mir scheint hier ein wenig erfreuliches Spiel vorzuliegen, das nicht notwendig gewesen wäre, wenn alle Karten von vornherein offen auf den Tisch gelegt worden wären. Diese Angelegenheit wird ohne Zweifel in der öffentlichen Diskussion noch eine Rolle spielen.

4. Die Tatsache der Einleitung eines Ermittlungsverfahrens und die bevorstehende Erstattung eines Gutachtens schien mir von so weittragender politischer Bedeutung zu sein, dass ich Sie am Donnerstag, den 18. Oktober, abends 18^{00} Uhr verständigte und mit Ihnen die Angelegenheit eingehend besprochen habe. Ich weiss nicht, ob ein Minister eines anderen beteiligten Ressorts Sie informiert hat. Im Zweifelsfall hätte es der Justisminister tun müssen, denn dem Justizministerium war die Einleitung eines Ermittlungsverfahrens und das Gutachtenersuchen bekannt.

Ich jedenfalls war und bin der Auffassung, dass der Verteidigungsminister gemäss GGO den Bundeskanzler, wenn es sich um den Verdacht des Verrats militärischer Geheimnisse handelt, informieren muss. Denn diese Angelegenheit geht den Regierungschef noch mehr an als die zuständigen Ressortminister. Sie haben meine Information entgegengenommen und erklärt, dass ich alles, was zur Aufklärung des Verrats militärischer Geheimnisse notwendig ist, veranlassen und dabei ohne Ansehen von Namen und Person vorgehen solle. Ausserdem haben Sie mich ersucht, Sie auf dem laufenden zu halten. Wir waren uns beide darüber einig, dass der Kreis der einzuweihenden Personen auf das dienstlich unumgänglich

-5-

Streng geheim

notwendige Mass beschränkt werden müsse, weil sonst ein Verrat zu befürchten sei. Wie berechtigt diese Befürchtung war, ergibt sich aus dem Verhalten des Oberst Wicht.

Ausserdem habe ich bei dieser Besprechung Ihnen die schwerwiegenden Bedenken gegen die Person des Bundesjustizministers, die mir bekannt geworden seien, mitgeteilt und darauf hingewiesen, dass nach meiner Information der "SPIEGEL" hier Einzelheiten kenne, die sicherlich gegen Minister Stammberger gebraucht werden könnten. Denn ich wisse aus eigener Erfahrung, dass der SPIEGEL aus nichts vieles und aus einer Kleinigkeit alles machen kann. Sie haben dafür volles Verständnis gezeigt, ohne dass ich diesem unter "streng geheim" laufenden Brief Näheres anvertrauen möchte.

Am Montag, den 22. Oktober, habe ich Sie telefonisch auf der Sonderleitung verständigt, dass das Gutachten, das ich im übrigen weder damals noch bis zur Stunde gelesen habe, beim Generalbundesanwalt abgeliefert sei und dass Staatssekretär Hopf Einzelheiten, auch die grundsätzliche Frage der Amtshilfe, in Karlsruhe besprochen habe. Ich habe Ihnen weiter mitgeteilt, dass ich die Angelegenheit für schwerwiegend halte, weil sie an die Grundfesten unseres Staates rühre. Das trifft jetzt nach den Eindrücken und Erlebnissen der letzten Tage noch mehr zu, als ich damals geahnt hätte. Ich habe Sie weiter gefragt, ob Sie als Bundeskanzler und Regierungschef mit Ihrer vollen Autorität die Massnahmen, die zur Strafverfolgung der Beschuldigten und zur Aufdeckung des Sachverhalts notwendig sind, decken und ob ich mich darauf verlassen und im gegebenen Falle berufen könne.

-6-

Streng geheim

- 6 -

Sie haben diese Frage mit ja beantwortet und hinzugefügt, dass ich jederzeit sogar eine schriftliche Bestätigung von Ihnen darüber haben könnte. Ich habe erwidert, dass mir das klare Wort des Regierungschefs genüge und dass ich deshalb auf eine schriftliche Bestätigung verzichte. Im Vertrauen hierauf habe ich in Ergänzung dessen, was Staatssekretär Hopf auf seiner Ebene tun konnte, gehandelt und das nach bestem Wissen und Gewissen im Bewusstsein der Verpflichtung, die wir für die Sicherheit unseres Staates haben.

Am Dienstag, den 23. Oktober, habe ich Sie anlässlich Ihres Essens für den Irländischen Ministerpräsidenten unter vier Augen nochmals angesprochen und Sie auf die Notwendigkeit strengsten Stillschweigens hingewiesen. Sie haben das als Selbstverständlichkeit erklärt und bemerkt, dass Sie nicht einmal Herrn Globke Bescheid gesagt hätten.

Am Mittwoch, den 24. Oktober, waren Minister Schröder und ich sowie nach meiner Erinnerung Bundesminister Krone, Staatssekretär Carstens und Staatssekretär Globke bei Ihnen. Dort wurde über die aussenpolitische Situation im Zusammenhang mit der Kuba-Krise gesprochen und über andere Themen. Sie selbst haben bei diesem Anlass nichts über das eingeleitete Ermittlungsverfahren erwähnt.

- In der Nacht vom 26. zum 27. Oktober habe ich Sie, nachdem mich Staatssekretär Hopf von dem Anlaufen der bundesanwaltschaftlichen Massnahmen unterrichtet hatte, in Rhöndorf angerufen und davon unterrichtet. Sie haben um laufende Information in den folgenden Tagen ersucht und Ihren bei den vorerwähnten Gesprächen betonten Standpunkt bekräftigt.

-7-

Ich darf abschliessend bemerken, dass in mindestens zwei Phasen des Ablaufs der Dinge echte Gewissensnotstände eingetreten sind. Ich überlasse es Ihnen zu entscheiden, ob diese Dinge nunmehr rückhaltlos der Öffentlichkeit mitgeteilt werden sollen. Jedenfalls halte ich es für notwendig, dass der Regierungsbericht gemeinsam abgefasst und gleichzeitig als Beantwortung der neuerdings eingereichten Fragen angesehen wird. Wenn man in die Einzelheiten geht, dann müssen alle Einzelheiten, auch die oben geschilderten zum Verständnis des ganzen Ablaufs dargestellt werden. Persönlich bin ich allerdings der Ansicht, dass die neuerdings eingereichten Fragen wiederum einen negativen Einfluss auf das Ermittlungsverfahren der Bundesanwaltschaft und des Bundesgerichtshofes bezwecken. Man wird überlegen müssen, ob und inwieweit man diese Fragen im gegenwärtigen Zeitpunkt überhaupt beantwortet.

Ich kämpfe nicht für meine Person und nicht um eine Position. Sonst hätte ich mir spätestens im Herbst 1961 eine bequemere Aufgabe gesucht. Ich glaube aber, dass nunmehr wirklich der Zustand eingetreten ist, dass eine passive Hinnahme der Dinge nicht weiterführt und dass aktiv vorgegangen werden muss, was jetzt sicherlich schwieriger ist als es früher gewesen wäre. Ich möchte diesen Brief nicht noch mit Ausführungen belasten, die ich gern mündlich zu machen bereit bin.

Ich stehe für das ein, was ich getan habe, einschliesslich der möglichen Konsequenzen, die sich daraus ergeben können, muss aber auch Sie, Herr Bundeskanzler, bitten, in dieser schwerwiegenden Angelegenheit

-8-

Streng geheim

die Gesamtheit der Dinge in Ihr Urteil einzubeziehen und danach zu verfahren. Jetzt ist Ihre Stunde gekommen, weil die ganze Regierung und unsere ganze Politik angesprochen sind und auf dem Spiele stehen.

Mit freundlichen Grüssen
Ihr sehr ergebener

Die Rede von Sonthofen

18. November 1974

Vielleicht darf ich mit einem kurzen Bericht über das gestrige Gespräch beginnen, das unter Vorsitz von Kollegen Carstens stattgefunden hat, ein Gespräch über die wirtschafts- und finanzpolitische Situation, die Konjunkturpolitik usw. Dieses Gespräch ist unterteilt worden in zwei Komponenten: Das eine ist »Was ist das taktisch richtige Verhalten?«, und das andere ist »Was ist von der Sache her gesehen notwendig?« Das letzte unterteilt sich allerdings dann wieder – um nicht zu sagen »zerfällt in« wie das Gewehr 98. Es lagen vor an Papieren ein Papier des Planungsstabes, ein Kurzpapier von Müller-Hermann, ein Papier von Biedenkopf mit einem ordnungspolitischen Programm mittelfristiger Art und dann noch zwei Papiere von Prof. Dr. Vogel – ich möchte, ohne den eigenen Laden zu beunruhigen, sagen, daß diejenigen, die am wenigsten zersprungen waren, die am wenigsten sich in ordnungspolitische Grundsatzbegriffe geflüchtet haben, mit denen man ja alles vertreten kann, die beiden Papiere von Professor Vogel gewesen sind. Die anderen haben die Argumente so vertreten, wie sich manche die Füße vertreten.

Zur taktischen Situation gleich das Wesentlichste: Es ist gestern auch auf mein Betreiben hin keine Verlautbarung erfolgt. Der gleiche Kreis trifft sich Anfang Januar noch einmal, dann wird man versuchen, für das neue Jahr zu einer kurzen Verlautbarung zu kommen. Ich habe das unter anderem damit begründet, daß es jetzt keinen Sinn hat, von uns aus irgendein konjunkturpolitisches Rezept zu erarbeiten und zu empfehlen. Erstens ist der Patient in einem Zustand, wo er unter zwei großen Beschwerden leidet, nämlich Zerrüttung der Staatsfinanzen und Inflation mit steigender Arbeitslosigkeit; das heißt, es gibt kein Rezept, das der Bekämpfung beider Krankheiten dient. Man kann immer nur einer Krankheit zu Leibe rücken, und jedes Rezept, das der einen Krankheit zu Leibe rückt, vermehrt das Übel auf der anderen Seite, so daß man also hier auch eines Tages zu einem dosierten Einsatz von Mitteln über längere Zeit hinweg kommen muß. Mein zweites Argument gestern war, noch ist das Bewußtsein der Öffentlichkeit nicht auf die wirkliche große Krise so vorbereitet, daß es aus politischen Gründen richtig wäre, mit eigenen Rezepten zu kommen und dabei dann natürlich über Allgemeinplätze hinweg auch zu konkreten Empfehlungen zu kommen. Ich persönlich habe die Auffassung gestern vertreten, der sich dann die Mehrheit angeschlossen hat, daß wir erst am Anfang der großen Krise stehen; ich denke, daß die Zerrüttung der Staatsfinanzen unaufhaltsam weitergeht mit unübersehbaren Folgen und daß auch nicht allein unter Einfluß der weltwirtschaftlichen Krisenverhältnisse, die natürlich zurückschlagen auch auf uns, aber auch aufgrund der fünf Jahre begangenen Fehler und Versäumnisse, Mißachtung auch unserer Vorschläge und Warnungen, die Zerrüttung der einheimischen Wirtschaft ebenfalls schrittweise weitergeht, wenn auch regional und sektoral und dimensional unterschiedlich, wobei am stärksten die kleinen und mittleren Bereiche betroffen sind, weniger stark die großen Bereiche, obwohl es da natürlich auch einige gibt, die Not leiden werden. Also auch in diesen Größenordnungen ist man vor Überraschungen nicht sicher, wobei es hier allerdings auch Fehler des Managements sind – aber hier möchte ich mich jetzt nicht in Einzelheiten verlieren. Aber der Grundgedanke, den ich hier vertreten habe, war der: Erstens kann man jetzt überhaupt kein Rezept empfehlen, ohne sich in große politische Schwierigkeiten zu begeben, und zweitens ist das Bewußtsein der Öffentlichkeit noch nicht soweit bzw. ist die Öffentlichkeit noch nicht so stark schockiert, daß sie bereit wäre, die Rezepte, die wir zur langsamen Heilung der Krise für notwendig halten, in Kauf zu nehmen. Auch Helmut Schmidt schiebt sie das ganze Jahr vor sich her. Wir würden Gefahr laufen, wenn wir vorschlagen, es muß jetzt konkret geschehen a, b, c, d usw., daß die es nicht tun. Lieber eine weitere Inflationierung, weitere Steigerung der Arbeitslosigkeit, weitere Zerrüttung der Staatsfinanzen in Kauf nehmen, als das anzuwenden, was wir als Rezept für notwendig halten mit der Maßgabe, daß sie sagen: »Seht, solange wir da sind, ist unser Leiden ja nicht gar so schlimm. Wenn die aber hinkommen, die muten euch eine Roßkur zu. Soweit sind wir noch nicht.« Es muß wesentlich tiefer sinken, bis wir Aussicht haben, politisch mit unseren Vorstellungen, Warnungen, Vorschlägen gehört zu werden. Es muß also eine Art Offenbarungseid und ein Schock im öffentlichen Bewußtsein erfolgen. Wir können uns gar nicht wünschen, daß dies jetzt aufgefangen wird, sonst ist es ja nur eine Pause, und nach der Pause geht es ja doch in der falschen Richtung dann wieder weiter. Die Auflösung der jetzigen Bundesregierung ist das vorrangige Ziel, und hier besteht durchaus die Möglichkeit, daß noch vor dem Jahr 1976 es zu einer Änderung kommt.

Ich sage nur, daß die Möglichkeit besteht. Der entscheidende Tag wird die Landtagswahl in Nordrhein-Westfalen sein. Es besteht ein gerütteltes Maß an Aussicht, daß wir die rheinland-pfälzischen und die schleswig-holsteinischen Wahlen gewinnen. Aber all das ist nicht entscheidend. Es sei denn, Kohl oder Stoltenberg, je nachdem, welche Prozente sie kriegen, setzten sich in neue Rivalität zueinander. Aber die Landtagswahlen in Nordrhein-Westfalen sind das Entscheidende. Denn sie sind ja schon eine Art Barometerwahl oder auch eine Testwahl für die künftige Bundestagswahl. Ich möchte mich mit dem dämlichen Geschwätz von Leisler Kiep, dem ich also gestern mal meine Meinung gesagt habe, nicht näher befassen.

Es gibt ja wirklich in der CDU die Krankheit, die kenne ich schon seit acht Jahren, die äußert sich also immer wieder in selbstmörderischen Äußerungen nur aus Gründen interner Feindseligkeit und interner Rivalität oder neidhammelhafter Haltung. Es geht also gar nicht darum, wem kann man einen Wahlerfolg zuschreiben. Da wird niemand sagen, der Wahlerfolg ist trotz der bayerischen Staatsregierung erkämpft worden. Im Gegenteil: Bei meinen sämtlichen Reden und bei sämtlichen Analysen wurde hernach gesagt, der einwandfrei Hintergrund der bayerischen Landespolitik hat ja die Voraussetzung geliefert, daß wir überhaupt dann mit unseren Argumenten zum Zug gekommen sind. Aber aus der Landespolitik kommt – mit Ausnahme, bitte nicht falsch zu verstehen, das ist gar keine falsche Zuteilung von positiven oder negativen Überle-

gungen –, aus der Landespolitik kommt nur eine Emotionalisierung der Wähler, die betrifft die Schulpolitik. Alles, was damit zusammenhängt, Schulpolitik, Berufsschulpolitik oder Berufsausbildung, Universitätspolitik usw., dann noch Fragen der inneren Sicherheit, soweit sie Landesfragen sind. Aber die vielen nüchternen harten Fragen der Landespolitik, also der Strukturpolitik, der Regionalpolitik usw., wo man viel Sachkunde braucht, viel Detailkunde braucht, unendliches Maß an Fleiß aufwenden muß und trotzdem keine rauschenden Feste damit feiern kann, all das macht nicht die Wahlergebnisse für morgen aus, sondern die Emotionalisierung der Bevölkerung, und zwar die Furcht, die Angst und das düstere Zukunftsbild sowohl innenpolitischer wie außenpolitischer Art.
Es ist geradezu Wahnsinn, wenn Leisler Kiep sagt: Die bundespolitischen Themen usw., die Franz Josef Strauß vertreten hat, die haben bei dem Wahlerfolg keine Rolle gespielt, sondern es war die Person Goppel, und es war die bayerische Landespolitik, irgendwie auf Hessen bezogen. Es ist einfach Wahnsinn! Denn mit der bayerischen Landespolitik oder der hessischen Landespolitik können wir im Jahr 1976 nicht die Wende herbeiführen. Da geht es uns darum, daß wir alle Landtagswahlen gewinnen und in der Bundestagswahl dann auf einmal wieder abends erschüttert vor einem Ergebnis stehen, das eine Fortsetzung der sozialistisch-pseudoliberalen Koalition für weitere vier Jahre ermöglicht.
Wir müssen die Auseinandersetzung hier im Grundsätzlichen führen. Da können wir nicht genug an allgemeiner Konfrontierung schaffen. Ich kenne ja diese Stichworte: Wir kämpfen für die Freiheit, gegen den Sozialismus, für die Person und das Individuum, gegen das Kollektiv, für ein geeinigtes Westeuropa, gegen eine sowjetische Hegemonie über ganz Europa. Da muß man die anderen immer identifizieren damit, daß sie den Sozialismus und die Unfreiheit repräsentieren, daß sie das Kollektiv und die Funktionärsherrschaft repräsentieren und daß ihre Politik auf die Hegemonie der Sowjetunion über Westeuropa hinausläuft. Daß es bei den anderen eine ganze Menge von Leuten gibt, die das nicht wollen, soll uns nicht daran hindern, unter einem Übermaß an Objektivität zu leiden und das hier zu sagen. Aber allmählich haben sie es

begriffen. So wie man jetzt sagt, daß nach der Radikalendebatte im Bundestag, nach diesen scheußlichen Vorgängen in Berlin jetzt ein Mann bei der SPD/FDP sagt: Das stimmt gar nicht, bei denen dämmert es gar nicht. Nur wenn sie merken, daß sie Wähler verlieren, dann tun sie vorübergehend so als ob, um, wenn der Wähler wieder beruhigt ist, dann auf der alten Bahn wieder weiterzufahren, dann möchte ich wissen, wie viele Sympathisanten der Baader-Meinhof-Verbrecher in der SPD- und FDP-Fraktion in Bonn drinsitzen. Es ist ein ganzer Haufen.

Hier komme ich zu den drei überragenden Themen, das eine Thema, das heute vielleicht an der Spitze steht und in den nächsten Tagen noch mehr an der Spitze stehen wird, das ist die innere Sicherheit. Ich sage das trotz meiner sonstigen Priorität für wirtschaftliche Dinge. Eine vertrauliche Mitteilung: Beim ZDF ist also ein Brief eingelaufen, der angeblich von dieser Roten-Armee-Fraktion, Fallgruppe sowieso, ist. Sie verlangen je eine Stunde Sendung beim ZDF für Ulrike Meinhof, für Andreas Baader und für die Ensslin, ansonsten bis Ablauf des Ultimatums 22. November zwei führende Politiker erschossen werden. Es kann also sein, daß es a) Spinner sind, sogenannte Infektionstäter, die also infiziert sind, es kann sein, daß es eine Erpressung der wirklichen Verbrecher ist, aber trotzdem ohne die ernsthafte Absicht, es zu tun, es kann aber auch etwas Ernstes dahinterstecken. Wer also in Zukunft sagt, diese SPD und FDP sind nicht mehr fähig, unseren Staat und unsere Gesellschaft vor Verbrechern zu schützen, trifft den Kern. Es geht quer durch alle Bereiche, die Verherrlichung der Verbrechen schon in der Schulpolitik angefangen, wo sie dann politisch verbrämt werden, dann geht's in die Medienpolitik hinein – was neulich schon passiert ist, war schon unerhört, die Sendung über Holger Meins. Im Zusammenhang damit dann zum Beispiel haben sie diesen Verbrecheranwälten – anders kann man das ja nicht nennen –, das sind ja doch die, die die Gefangenen steuern und nicht betreuen, das sind doch die, die sie mit Preludin versorgen, damit sie ihre Hungerstreiks durchführen können, und dann Hunger plus Preludin plus Alkohol plus Hunger ergibt den sicheren Tod. Das kommt ja bei U-Haft-Gefangenen vor.

Das sind die Anwälte hier, die das schon steuern, mit vielleicht

schon willenlos gewordenen Gefangenen. Das sind reine Verbrecher, diese Anwälte. Die tanzen doch dem Rechtsstaat auf der Nase herum. Da wird eine Pressekonferenz dieser Anwälte im Fernsehen gezeigt, und da darf einer sagen: »dieser Mörderstaat« im Zusammenhang mit Holger Meins. Am Grab dürfen sie Rache schwören. In Berlin dürfen 5000 Demonstranten im Kampf gegen 1000 Polizisten... Die Polizei kann die Personenschäden nicht mehr verhindern. Hier sammelt sich ein solcher Zorn in unserem Volke an. Und jetzt hier in demokratischer Gemeinsamkeit zu sagen, wir Demokraten in SPD/FDP und CDU/CSU, wir halten also jetzt nun zusammen in dieser Situation, hier müssen wir den Rechtsstaat retten – das ist alles blödes Zeug! Wir müssen sagen, die SPD und FDP überlassen diesen Staat kriminellen und politischen Gangstern. Und zwischen kriminellen und politischen Gangstern ist nicht der geringste Unterschied, sie sind alle miteinander Verbrecher. Und wenn wir hinkommen und räumen so auf, daß bis zum Rest dieses Jahrhunderts von diesen Banditen keiner es mehr wagt, in Deutschland das Maul aufzumachen. Selbst wenn wir es nicht ganz halten können. Aber den Eindruck müssen wir verkörpern.
Der zweite Komplex, der die Öffentlichkeit natürlich stark in Anspruch nimmt, ist nicht einmal so sehr die Inflation als die Angst vor der Arbeitslosigkeit, vor einer allgemeinen Wirtschaftskrise, dann, wenn man dahinter die Inflation sieht – natürlich, die beiden sind ja irgendwie kausal miteinander verbunden – und dann spielt wahrscheinlich auch eine wachsende Rolle, die dem einzelnen noch nicht genug ins Bewußtsein gedrungen ist, die unaufhaltsame Zerrüttung der Staatsfinanzen. Die Zahl 60 Milliarden stimmt schon nicht mehr. Gestern sprach man in Bonn schon von 70 Milliarden im Zusammenhang mit der Sanierung der Rentenversicherungsträger, mit der Sanierung der öffentlich-rechtlichen Krankenkassen, mit der Sanierung der Nürnberger Bundesanstalt, die ja natürlich ihre Mittel dafür ausgegeben hat, daß eine Lehrerin Computerrechnerin werden kann, um dann später wieder Mittelschullehrer zu werden, um vielleicht auf Fußballtorwart umsteigen zu können. Das ist natürlich jetzt übertrieben dargestellt. Wir haben also hier – auch wir selber – die Dinge über-

zogen. Wir müssen jetzt demgegenüber als die Partei der Solidität, der Seriosität und der Wirklichkeitsnähe dastehen. Das kommt viel mehr an, als wenn wir jetzt nur sagen: Vermögensbildung und da diese Reform und dort jene Reform usw. Da sitzen wir im falschen Dampfer, der Dampfer ist weg, wir haben uns ja weitgehend also wieder aus dem Dampfer herausbegeben, aber wie ich gestern festgestellt habe, noch nicht ganz.

Zur Taktik jetzt: nur anklagen und warnen, aber keine konkreten Rezepte etwa nennen. Da bleibt uns auch der Blödsinn erspart, wie wir ihn mit den 3 Milliarden erlebt haben. Der Kohl hat recht. 3 Milliarden sind zu wenig. Der Stoltenberg hat auch recht, 3 Milliarden sind zuviel. Nicht einmal, ob wir es an einem Punkt ansetzen, sondern es ist überhaupt jetzt alles falsch, was man tut. Wir haben eine Situation herbeigeführt, wo jedes Rezept, je nachdem, auf welche Wirkung hin man es untersucht, einfach falsch ist. Da haben doch wir uns gar nicht hineinbegeben.

Aber ich komme noch einmal darauf zurück, was ich Herrn Barzel schon gesagt habe und Herrn Carstens gesagt habe, das wagt ja keiner zu lösen. Ohne eine aus hauptamtlich Bediensteten unserer Fraktion bestehende – und zwar nicht neue, die sind ja alle da – Clearingstelle ist dieses Problem widersprüchlicher Meinungen und widersprüchlicher Aussagen nicht zu lösen. Und das scheitert bisher an der mangelnden Entscheidungsfähigkeit

1. der Fraktionsführung, des Vorsitzenden,
2. an der Rivalität der angeblich führenden oder prominenten Wirtschafts- und Finanzpolitiker, wo jeder auf seine Souveränität und Autonomie Wert legt, und
3. an dem Konkurrenzneid der hauptamtlich Bediensteten, vor allen Dingen auch des Herrn Frank, der also auf keinen Fall den Professor Vogel irgendwie mitverantwortlich in seinem Planungsstab einbauen will.

In einer Versammlung bei einer Diskussion kann man natürlich nicht sagen, ich frage vorher in Bonn an. Aber bevor man eine Stellungnahme abgibt, sollte der Inhalt dieser Stellungnahme bei einem Büro, das von morgens bis abends besetzt ist – kein neues Büro, ich denke, hier bauen die Leute wie Vogel, Frank, Zavelberg und drum herum –, einlaufen, damit der sagen kann: Hallo, gestern abend hat Herr Kohl eine Stellungnahme abgegeben, da steht das Gegenteil von dem drin, was hier vorgeschlagen wird. Denn es ist ja auch unmöglich, jeweils einen Kreis so wie gestern zusammenzurufen, bevor man eine Stellungnahme abgibt. Das ist eine rein technische Angelegenheit. Ich setze die konjunkturpolitische Lage einmal als bekannt voraus. Habe über Zerrüttung der Staatsfinanzen ja eine neue Zahl genannt. Die 60-Milliarden-Grenze ist bereits überschritten, was den Kreditbedarf, den Neukreditbedarf, der öffentlichen Hand anbetrifft für das Jahr 1975. Der Teufelskreislauf wird also immer enger.

In der Situation haben wir natürlich gar keinen Grund, etwa uns nun an der Verantwortung zu beteiligen oder uns um irgendeine Koalition zu reißen, sei es um die große, sei es um die kleine. Natürlich, die große Koalition, ich habe es einmal gesagt, mit einem Teil der SPD, das ist natürlich ein Gruselvexierspiel. So etwas darf man nicht ernst nehmen. Das kann auch nicht ein jeder nachmachen, sondern das beherrschen nur ein paar, wenn ich das so sagen darf, der Kanzler zum Beispiel. Das dient aber dann der Erzeugung von Vexierreaktionen. Das Spiel muß man können, muß man beherrschen. Der Brandt hat ja prompt gesagt, nein, das dient nur den machtpolitischen Plänen von Franz Josef Strauß. Der Wehner hat gleich prompt positiv reagiert, aus drei Gründen:

a) um dem Brandt eins auszuwischen, weil die zwei nicht mehr miteinander reden,
b) um das Thema »große Koalition« für sich selbst zu besetzen und
c) in dem Wissen oder in der angstvollen Ahnung, wenn die SPD scheitert, wegen Regierungsunfähigkeit im Jahr 1976 vom Wähler, *trotz der miserablen inneren Struktur der Unionsparteien,* davongejagt wird, könnte das für die SPD bedeuten, daß sie bis zum Jahr 2000 unter dem Experiment der sieben Jahre bei den Wählern in Verschiß geraten, nicht mehr an die Regierung kommen kann.

Das sind also nach Meinung eines Experten, der der FDP-Fraktion angehört und der mit allen Beteiligten gesprochen hat, die Gründe, warum der Wehner sich denn dazu gemeldet hat. Täuschen wir uns nicht, das 0,000 von Schmidt ist nicht ernst gemeint. Er würde

schon ganz gerne, er würde gerne einen Teil Ballast bei sich abwerfen und mit einem Teil bei uns ankommen. Es gibt auch einen maßgebenden Politiker oder besser ex-maßgebenden Politiker der CDU, der neulich Helmut Schmidt aufgesucht hat und ihm gesagt hat, ob man denn nicht wiederum oder sogar auf eine vierte Partei hinarbeiten sollte, und zwar in Richtung etwa, daß die CDU dann etwa eine Art Zentrum wieder wird und das Zentrum dann als Dauerkoalitionspartner für die SPD sich empfehlen würde, dann wären wir die FDP und die CSU los. Das war ja Rainer Barzel, der hier mit Helmut Schmidt gesprochen hat. Kohl hat nur sondiert, aber nicht in diesem plumpen Sinne mit ihm gesprochen. Es ist auch nicht damit zu rechnen, daß die FDP etwa jetzt vom Karren springt, weil sie das infolge ihrer inneren Verhältnisse nicht tun kann. Bei der FDP kann man sich auf eines verlassen, nämlich eine *berechenbare Komponente, ihre Charakterlosigkeit*. Wenn sie in der Dummheit noch treu wäre, wäre es für uns schlimmer als so, wo sie in der Dummheit unzuverlässig ist. Denn wenn es ihr an den Kragen geht, kann man sich darauf verlassen, daß sie noch mit zum Schwur erhobener Hand der SPD Treue gelobt und mit uns den Koalitionsvertrag zu unterschreiben bereit wäre. Die Charakterlosigkeit der FDP, verbunden mit ihrem Selbsterhaltungstrieb, ist eine der zuverlässig berechenbaren Komponenten. Aber wir haben jetzt überhaupt keinen Grund für das nächste halbe Jahr ungefähr, aus der Deckung herauszugehen. Nur zu beobachten, zu schimpfen, zu mahnen, zu warnen genügt nicht überall. Wir müssen schon konkret werden. Aber in der politischen Großwetterlage, in der wirtschaftlichen Großwetterlage, dürfen wir jetzt nicht aus der Deckung herausgehen. Wer herausgeht, wird angeschossen oder erschossen. Er kann überhaupt nichts Gescheites vorschlagen.
Was im einzelnen gestern genannt worden ist, ist:
a) Auf keinen Fall sollten wir – da wird auch in der Fraktion darauf eingeschworen werden, da noch negative Beispiele von früher vorliegen – der Regierung irgendwelche Hilfe bei Steuererhöhungen zusagen. Also eine politische Mitverantwortung bei Steuererhöhungen zusagen, das auf keinen Fall. Ich sage das deshalb, weil ja auch Kohl, aber auch andere im Laufe der letzten Wochen mehrmals ihre Bereitschaft erklärt haben, mit der Bundesregie-

rung konstruktiv zur Überwindung der Krise zusammenzuarbeiten. All dieses Gerede hat keinen Sinn. Da gab es auch beim Bundespresseball einige interessante Szenen: im Hintergrund der Bar sitzend, Kohl mit Scheel in einem lauschigen Gespräch, anschließend Kohl mit Genscher, anschließend Helmut Schmidt auf dem Gang mit Kohl, so diese Gardinendiplomatie – die Hintergardinendiplomatie. Ich habe also den Eindruck der irdischen Geschäftigkeit mit taktisch groß gesteckten Zielen. Das hat jetzt alles gar keinen Sinn. Wir müssen hier sehr distanzieren, sehr kühl uns denen gegenüber verhalten, nicht mit diesem Spiel einer etwas doch zu plumpen Anbiederung. Also keine Steuererhöhung. Wir dürfen uns auf keinen Fall aus falschem sachpolitischem Verantwortungsbewußtsein als die ewige Ersatzregierung, die wir darstellen, einspannen lassen.
Dann wurde auch vorgeschlagen, wir sollten eine differenzierte Tarifpolitik verlangen. Ich sagte, wir sollten überhaupt nichts verlangen auf dem Gebiet der Tarifpolitik außer konjunkturgerechte Tarifabschlüsse. Wir haben jetzt a) weder Grund, die Forderungen der Gewerkschaften anzuheizen, um damit die Schwierigkeiten der Regierung zu erhöhen. Wir machen uns bloß alle unglaubwürdig. Wir haben aber auch b) keinen Grund, uns mit den Gewerkschaften anzulegen, denn die Situation, die ja die Gewerkschaften mit den Lohnforderungen veranlaßt, sind ja von unseren Nachfolgern nach 1969 herbeigeführt worden.
Es ist verlangt worden: Abbau der Hochzinspolitik. Das ist natürlich nur möglich, wenn gleichzeitig die öffentlichen Haushalte einer ganz radikalen Abmagerungskur unterworfen werden. Außerdem können wir mit unserem Zinsniveau uns nicht vom internationalen Zinsniveau völlig abhängen. Das ist in Italien, Frankreich, England sehr hoch, USA baut etwas ab, in Österreich ist es bedeutend niedriger, aber Österreich hat ja für uns in dem Zusammenhang keine Bedeutung. Grundsätzlich ist die Forderung auf Abbau der Hochzinspolitik richtig. Aber wir können sie jetzt auch noch nicht von uns aus etwa auf unsere Fahne schreiben. Das ist etwa, weil die Voraussetzungen dafür fehlen. Dann natürlich die Forderungen der Umstrukturierung der öffentlichen Haushalte, das heißt mehr öffentliche Investitionen und ein Anwachsen

der Investitionsrate und ein Rückgang der Konsumrate im Anteil der öffentlichen Haushalte. Furchtbar leicht gesagt, unendlich schwer durchzuführen.
Wir müssen sie so weit treiben, daß sie ein Haushaltssicherungsgesetz vorlegen müssen oder den Staatsbankrott erklären müssen oder drastische Steuererhöhungen mit abermals einschneidenden negativen Folgen für die Wirtschaft. Vorher haben wir gar Grund, mehr öffentliche Investitionen und Anreiz für private Investitionen zu verlangen. Ich habe gesagt, ich stimme diesen Grundsätzen zu, bloß soll man sie jetzt nicht verkünden. Wir haben durch Zuwarten gar nichts verloren. Das blöde Gerede, ihr habt ja keine Alternativen, mit denen dann wir uns immer hineintreiben lassen, also in eine Mitverantwortung, interessiert ja doch die 95 Prozent der Wähler nicht. Ich will überhaupt nicht im kleinen sagen, was wir uns vorstellen mit der Krankenhausfinanzierung, mit der Berufsausbildung, mit der Sanierung der öffentlich-rechtlichen Krankenkassen usw. Wir müssen sagen: »Ihr seid doch an der Regierung. Ihr habt doch in diesem Staat seit fünf Jahren diese Wirtschaft ruiniert.« Außerdem, wenn ich jetzt die Grundsätze genannt habe, dann kommt mir sofort die Frage: »Wie wollt ihr denn das verwirklichen? Wie soll man private Investitionsreize geben?«
Konkret, man sollte vom 26 a, Stabilitäts- und Wachstumsgesetz, Gebrauch machen, also eine Investitionsprämie aussetzen. 5 Prozent bis 7½ Prozent. Nun, dies ist genauso wie auch bei der Abschreibung, wer allerdings verdient, kann nicht mehr abschreiben. Aber wer die restlichen 95 oder 92,5 Prozent nicht zusammenbringt, der macht dann von den 5 oder 7,5 Prozent keinen Gebrauch. Was passierte gestern? Angelockt von Pieroth, haben auch andere, darunter auch der Narjes, diesen Punkt als besonders wichtig gefunden, nämlich die Investitionsprämie, also wenn einer 100 000 DM investiert und kriegt dann 7500 DM Investitionsprämie, diese Investitionsprämie als Arbeitnehmereigentum im Betrieb einzubringen. Ich kenne ja nicht die Urheber. Ich habe dem Carstens ins Gesicht gesagt. »Ja, sind denn die wahnsinnig geworden.« – »Ja«, sagt er, »ich habe selber so ein beklemmendes Gefühl dabei gehabt.« Denn wenn einer schon 95 500 investiert – meist

geht es ja um größere Beträge, er braucht eine Investitionssumme von 1 Million –, dann würde er kriegen 75 000 DM. Und die 75 000 DM muß er dann als Beteiligung... Die zahlt zwar der Staat, aber die kriegt nicht er, sondern die kommt dann als Beteiligungskapital in sein Unternehmen hinein. Dann müßte ich doch blöde sein, dann überhaupt noch zu investieren. Wir müssen doch jetzt endlich mal Schluß machen, das Risiko zu privatisieren, die Gewinne zu sozialisieren und die Entscheidungen zu kollektivieren. Das sind die drei Schlagworte. Damit ist diese allmählich immer kränker gewordene Wirtschaft nicht mehr zu retten. Damit komme ich zu einem Punkt, das heiß Anreiz zu privater Investition.

Wir haben gestern über lauter materielle Dinge gesprochen. Wir haben gesprochen über Haushalte, über Hochzinspolitik, über Tarifpolitik, keine Steuererhöhungen usw. Aber all das sind nur materielle Faktoren. Ich habe gesagt, wir müssen bei unserer Auseinandersetzung, aber auch in der Analyse der Lage die psychologischen Faktoren vor die materiellen Faktoren setzen. Die materiellen Faktoren waren ja 1966 auf 1967 auch einmal nicht gerade angenehm, aber bei weitem nicht so bedrückend wie heute. Aber die psychologische Situation, die Vertrauenssituation, war damals am Anfang der großen Koalition mit einem relativ vernünftigen, wenn auch sehr schwierigen Schiller ja ganz anders. Heute ist das Vertrauen weg. Der Selbständige sagt, es hat ja doch keinen Sinn mehr! Dies zeigen die Betriebsaufgaben, die jetzt immer zunehmenden Verkäufe an die Ausländer, die schwindende Risikobereitschaft, und das betrifft einfach die ständig wachsende Quote der öffentlichen Handelslast, sowohl bei der Steuerlastquote, die ja die 24 Prozent überschritten hat, bei 24,5 ist, wie auch die Soziallastquote. Hier müssen wir auch in unseren eigenen Reihen einmal aufhören, in den Kategorien zu denken, das zahlt ja der Arbeitgeber. Dies ist häufig alles, was ihnen einfällt auf diesem Gebiet. An Ausschmückungen des eigenen Hauses heißt es, ja das kostet ja nichts, das zahlt ja der Arbeitgeber. Wenn man einmal sieht, daß heute noch in Italien, Frankreich, England, Holland und Belgien die Erträge je Umsatz wesentlich höher sind als bei uns. Von USA und Kanada in diesem Zusammenhang erst gar nicht zu reden.

Wenn man sieht, wie die Erträge bei uns im Laufe der Jahre trotz steigender Umsätze geschrumpft sind. Ich habe eine Zahl schon einmal in diesem Kreise genannt, in zehn Jahren ist der Ertrag der Lohnsteuer gestiegen von der Marke 100 auf die Marke 460. In den gleichen zehn Jahren ist der Ertrag der Körperschaftsteuer gestiegen von der Marke 100 auf die Marke 130. Trotz Verdoppelung der Umsätze haben die Kapitalgesellschaften nur ein Plus von 30 Prozent Körperschaftsteuer. Dabei ist die Körperschaftsteuer ja eher mehr geworden in den zehn Jahren mit der Ergänzungsabgabe als weniger geworden dem Steuersatz nach. Und auch bei der veranlagten Einkommensteuer, je nachdem welche zehn Jahre man rechnet, liegt der Zuwachs zwischen 60 und 80 Prozent und nicht bei 350 Prozent wie bei der Lohnsteuer. Das sage ich auch im Hinblick, zum Beispiel wenn man auf die Idee kommen sollte, den Unternehmen das Erziehungsgeld aufzulasten, für das sowieso jede finanzielle Verwirklichungsmöglichkeit auf unabsehbare Zeit überhaupt fehlt.

Wenn man anfangen würde, eine Berufsausbildungsabgabe, ein Ausbildungssteuergesetz etwa zu erlassen – dies ist alles recht und schön –, wären wir immer in der undankbaren Lage, nein dazu sagen zu müssen, und dann prompt als Reaktionäre, als Arbeitnehmerfeinde, als Unternehmerinteressenvertreter zu gelten. Aus dem Grunde können wir unsere Warnungen und unser Nein nur pauschal aussprechen, denn die Krise muß so groß werden, daß das, was wir für die Sanierung notwendig halten, dann auf einem psychologisch besseren Boden beginnen kann als noch heute. Noch heute leben die meisten über ihre Verhältnisse. Noch heute haben sie nicht begriffen, wie ernst die Situation ist. Noch heute besteht nicht ernsthaft die Bereitschaft dazu, den Gürtel enger zu schnallen und an die Sanierung von Wirtschaft, Gesellschaft und Staat heranzugehen. Ich sagte dann, die psychologischen Faktoren sind meines Erachtens das Entscheidende, und hier müssen wir einfach davon ausgehen, daß ohne eine Rückkehr der CDU/CSU eine Änderung der psychologischen Lage nicht erfolgen kann. Wir haben auch gar keine Angebote. Wir müssen schlechthin von dem Axiom ausgehen, die können Wirtschaft, Gesellschaft und Staat nicht mehr in Ordnung bringen. Sie haben fünf Jahre alles getan,

um eine im Kern gesunde Wirtschaft systematisch, aber absolut sicher zu ruinieren, und damit den Boden für eine modernere Zukunftsgesellschaft verdorben.
Im übrigen ist es ja gar nicht so ohne, wenn man sieht, daß zum Beispiel die Neue Heimat an öffentlichen Aufträgen allein in Bayern von öffentlichen Auftraggebern in diesem Jahr 118 Millionen bekommen hat. Nur in Bayern! Und davon sind auch unsere Landräte und Oberbürgermeister erheblich beteiligt. Ich hatte mit dem Herrn Hanauer einen heftigen Zusammenstoß, weil er als Vorsitzender des Verwaltungsrates mir nachweisen wollte, daß der Neubau auf dem rundfunkeigenen Grundstück des Bayerischen Rundfunks – Bauwert 40 bis 50 Millionen DM – nicht durch eine private Bauträgerschaft, sondern nur durch die Neue Heimat durchgeführt werden konnte. Im Ingolstädter Raum ist das ähnlich. Im Augsburger Raum ebenso. Die freuen sich drüber. Denn die haben eine solch ungeheure Substanz und haben in der Vergangenheit so viel auch an Substanz ansammeln können, daß die endlos aushalten, bis einer nach dem anderen kaputtgeht. Die größten Bauträger Bayerns sind heute alle klinisch tot und sind aktuell tot, wenn die Banken von ihren Rechten Gebrauch machen. Und daran schließen sich dann Tausende von Handwerkern, die ihre Rechnungen nicht mehr zahlen können, Baufirmen usw. an. Die drei größten Münchner sind tot, sind klinisch tot. Nur da die Banken in der Hoffnung auf eine Wiederbelebung der Baukonjunktur immer noch stunden, die Zinsen wieder der Kreditsumme zuschreiben und immer wieder Moratorien gewähren, kommen sie noch über die Runden. Aber sie sind tot, wenn die Banken heute zugreifen. Die Banken können auch diese Politik nicht ewig fortsetzen. Einmal müssen sie von ihren Rechten Gebrauch machen, schon weil sie aufgrund der Aktiengesetze usw., der Einlagensicherung, dazu verpflichtet sind. Dann beginnt ja erst die zweite Welle des großen Sterbens.
Nun sagte Katzer gestern, das war ja ganz interessant, also bei Mitbestimmung sei er dafür, jetzt keinen Entwurf einzureichen. Er sei immer dafür gewesen, um die Regierungskoalition nicht aus ihren Schwierigkeiten zu vertreiben. Ich habe mir dann erlaubt, ihm zu sagen, das stimmt nicht ganz. Denn die Sozialausschüsse haben ja ihren Widerspruch gegen die Hamburger Beschlüsse

erklärt und haben mit der Fraktion doch den Burgfrieden damit erkauft, daß die Fraktion verzichtet hat, ihren Entwurf einzubringen, und dafür haben sie darauf verzichtet, einen Entwurf der Sozialausschüsse einzubringen. Nachträglich gibt man die Not als eine Tugend aus. Gut, macht nichts. Aber wir müssen wissen, wo die eigene Kausalität, wo Ursache und Wirkung hier liegen. Dies ist auch ein Thema, das zur Unsicherheit in der Wirtschaft beiträgt, ohne daß es bei der Arbeitnehmerschaft wesentliche Pluspunkte bringt. Es ist nun natürlich völlig falsch, wenn wir sagen, wir sind gegen Mitbestimmung. Aber ich warne hier vor einem falschen Zungenschlag. Der Herr Barzel sagte ja, wenn Sie es gelesen haben – vor ein paar Tagen sind ein paar norddeutsche Zeitungen erschienen –, er sei gegen den Regierungsentwurf, weil der zuwenig Mitbestimmung bringe. Die CDU und CSU seien für mehr Mitbestimmung. Natürlich, man kann hier mehr Winter sein oder nachts ist es kälter als draußen, oder die Beine der Ente sind gleich lang, besonders das linke. Das hat alles keine Aussagekraft. Wir müssen für die richtige Mitbestimmung sein. Für eine funktionsgerechte Mitbestimmung, die die Interessengemeinschaft Unternehmen im Interesse der beiden Partner zu den höchsten Leistungen und zu den größten Erträgen befähigen. Dann sprach Barzel weiter, er sprach, das Unternehmen müsse ein Sozialverband werden. Was ist das für eine geistige Epidemie. Ein Unternehmen kann doch nie ein Sozialverband werden. Da muß ein Krankenhaus ein Diskussionsforum über Vietnam oder über die gerechte Lösung der Nahostfrage werden.
Das sind alles zweckfremde Vorstellungen. Betriebe sind Institutionen der Gesellschaft, der Produktion, der Dienstleistungen. Sie haben eine ganz bestimmte Aufgabe. Und sie haben diese Aufgabe bei einer Pluralität der Interessen optimal zu erfüllen. Die kann man gar nicht auf einen einzigen Nenner bringen. Aber Sozialverband Unternehmen, da sind wir ja bei jugoslawischen Kooperativen angelangt.
Auch das, was hier der Brandt gesagt hat, mehr Mitbestimmung, da muß ich sagen – ich komme ja weder von industrieller noch von Großgrundbesitzerseite her –, wenn das stimmen würde, dann muß man 100 Prozent Mitbestimmung einführen, und wenn es

ginge, 150 Prozent. Denn wenn der Fortschritt von 33 auf 50 Prozent erstens einmal ungeheuer ist und zweitens nur eine Übergangsstufe darstellt, weil ja in den Betrieben der Kampf um die gesellschaftliche Macht ausgefochten werden muß, dann soll man sich doch gleich die Zwischenstation 50 ersparen, dann gehen wir gleich auf 100 Prozent Mitbestimmung, wie es der DGB ja doch in seinem Referentenmaterial als Fernziel zwischen den Zeilen angekündigt hat. Das hat aber dann mit Arbeitnehmer nichts mehr zu tun. Wir sind für die Mitbestimmung des Arbeitnehmers im Betrieb. Für die richtige Mitbestimmung, für die funktionsgerechte Mitbestimmung. Ich gehe so weit zu sagen, daß der Unternehmer heute nicht einfach das Recht hat, über seinen Betrieb so zu verfügen, daß auch damit gegen die Sozialpflichtigkeit verstoßen werden kann.
Vermögensbildung, da kann ich nur sagen: zur Zeit nichts. Zur Zeit fehlen sämtliche Voraussetzungen für eine Vermögensbildungspolitik. Man soll ja nicht sagen, da ist nichts geschaffen worden. Die einzige Voraussetzung, die ich sehe und die man verwirklichen kann, ist auf dem Gebiet des Wohnungseigentums. Auf dem Gebiet des Wohnungseigentums ist die Sache auch am griffigsten und am konkretesten. Und jetzt müssen wir uns auch lösen von dieser von mir immer für dämlich gehaltenen – aber ich habe von dem Urteil nur einen relativ sparsamen Gebrauch gemacht, aber wer es in kleinem Kreis erlebt hat, weiß, was ich dazu gesagt habe – Beteiligung am Produktivkapitalvermögen. Eine der dümmsten Vorstellungen, die man haben kann, den Arbeitnehmer am Produktivkapital unbedingt beteiligen zu müssen. Solange man in der Wachstumsphase lebte, jedes Jahr 19 Prozent mehr, ich lege 10 000 DM ein, dann habe ich im nächsten Jahr 11 000 DM oder 12 000 DM! Das ist doch die IOS-Verkaufsstrategie gewesen. Aber, ich habe gestern auch darauf hingewiesen, das klassische Eigentumspapier ist doch die Aktie. Was sagen wir denn den armen Volksaktionären, die seinerzeit die VW-Aktie gekauft haben, die PREUSSAG-Aktie gekauft haben, die heute auf dem Kurs von 60 und 65 draufsitzen, und das in einem Fall, nachdem sie zweimal 120 oder 130 dafür bezahlt haben. Das hindert aber die Vermögenspolitiker à la Pieroth nicht daran, Beteiligung am Produktivkapital zu verlan-

gen. Das Beste, was einer tun konnte in der Zeit, war, ganz kurzfristige hochverzinsliche Wertpapiere zu kaufen, sie sofort wieder umzuschichten, damit er den nächsthohen Zinssatz bekommen kann. Diese Idioten von Aktienkäufern, ich schließe mich hier ein, wenn auch nur in kleinem Umfange.
Da hat man Kurse bezahlt mit 200/250 und hat nun 90 und 100. Zum Schenken ist es noch zuviel, und zum Halten ist es fast nicht mehr interessant. Wir müssen eine Politik betreiben, daß das Produktivkapital sich wieder rentiert. Und dann hat eine Beteiligung der Arbeitnehmer am Produktivkapital einen Sinn und nicht vorher.
Sehr interessant war gestern dann die Bemerkung von Katzer, nunmehr hat die Wirtschaft versagt, ganz gleich, wer schuldig ist. Aber in Köln allein bekommen 8000 Jugendliche keinen Lehrlingsplatz, da die Wirtschaft jetzt offensichtlich nicht mehr in der Lage ist, die Berufsausbildung zur Verfügung zu stellen. Ich habe dann allerdings zwar schon in einer Randgruppe gesagt, man bedrohe eine Wirtschaft, man beschimpfe eine Wirtschaft, man beute eine Wirtschaft aus, treibe ihr die Lehrlingsausbildung als Jugendschinderei, als Ausbeutung usw. aus, man erlasse ein Jugendarbeitsschutzgesetz, wo es also vier Wochen Urlaub gibt, und dann darf er bloß noch mit Herr angeredet werden, und mittags muß er zwei Stunden geregelte Ruhezeit haben und dann eine Stunde Hobbyjob betreiben dürfen! Ja, wer soll denn da noch einen Lehrling einstellen, der steht doch immer schon mit einem Fuß im Gefängnis, wenn der Gewerbeinspektor von der Gewerbeüberwachung, vom Gewerbeaufsichtsamt, dann daherkommt, und nachdem er es so weit gebracht hat, sagt man, ganz gleich, wer schuld ist: Unsere Kinder können doch nicht ohne Berufsausbildung in das Leben treten. Erziehungsgeld sei von Grund auf richtig, könne nicht verwirklicht werden. Es wissen die Kinderpsychologen am besten, daß vom ersten bis zum dritten Lebensjahr das Kind für das Leben endgültig geformt würde und in den Jahren müsse eben dann das Erziehungsgeld gezahlt werden. Das hätte die Fraktion beschlossen und dabei müsse man auch bleiben. Kinderpsychologie! Aber die müssen dann wissen, wie viele Frauen verlassen den Arbeitsplatz, wer kann sie ersetzen. Sind die Männer bereit, eine Stunde

mehr zu arbeiten in Zukunft, um das an Sozialprodukt zu ersetzen, was auf diese Weise dann durch Verringerung der Arbeitskräfte eben eingespart wird. Da heißt es nur, das muß geschehen, jenes muß geschehen, ein drittes muß geschehen. Ja wer soll denn das Geld verdienen, um die 4 oder 5 Milliarden zu bezahlen, wo der Staat im offenen Bankrott ist, die Rentenversicherungsträger in Milliardendefiziten dahinschleichen. Wer soll denn das bezahlen. Das hat doch so keinen Sinn.

Dann kam er mit einer Vorstellung von der Rentenreform daher. Er hat nicht die dreizehnte Rente gestern gebracht, sondern man sollte jetzt eine Einheitsrente bringen – oder wenn der Mann stirbt oder die Frau stirbt, soll der restliche Ehegatte etwa die gleiche Rente bekommen, wie sie vorher beide zusammen gehabt haben. Das würde natürlich dann bedeuten, daß sie zuerst dann weniger bekommen, damit der Überbleibende dann mehr bekommt.

Ich möchte zur Außenpolitik nur eine Bemerkung machen: Wir müssen sicherlich die europäische Idee am Leben halten, aber sind heute von jeder Möglichkeit einer Europäischen Union, auch einer echten Europäischen Wirtschaftsgemeinschaft, weiter weg, als wir im Jahr 1950 gewesen sind. Im Jahre 1955, 1960, 1965 oder wann auch immer ist man in einem fast hoffnungslosen Zustand angelangt, wobei der moralische Zustand Europas schlimmer ist als der materielle oder der politische oder der militärische. Die Europäer sind total degeneriert. Sie sind ausgetreten aus der Geschichte, erwarten, daß die Amerikaner wenigstens für sie noch Wache halten, verschließen die Augen vor der sowjetischen Gefahr, begreifen nicht, daß das Kooperationsangebot der Sowjetunion einen Hegemonieanspruch bedeutet. Deutsche Kraftwerke an der Wolga oder in Ostpreußen, die den Strom von Arabern zu uns hineinbringen. Ich kann nur sagen, man weiß schon bald nicht mehr, welches Land auf der Welt man zur Emigration empfehlen soll. Zwischenzeitlich kann man Neuseeland, Australien oder Kanada vielleicht noch nennen, auch Palästina, das sind aber auch nur Übergangsstationen. Nur summa summarum: Für uns heißt die Summe, dieses Europa kann nicht gesund werden, wenn die Bundesrepublik nicht wieder wirtschaftlich, gesellschaftlich, politisch, militärisch ein Stabilitätsfaktor erster Ordnung wird. Wenn das

von der Bundesrepublik wieder ausgeht. Das kann aber nur ausgehen, da bin ich jetzt wirklich am Ende, wenn die Krise so stark wird, daß aus der Krise ein heilsamer Schock erwächst und damit die Bereitschaft, die Konsequenzen aus dieser Zeit auch tatsächlich auf sich zu nehmen. Sonst läuft sich jeder Kanzlerkandidat tot. Und darum hat es auch gar keinen Sinn, wenn wir jetzt in den nächsten Monaten uns überlegen, wer ist am telegensten, wer wirkt am besten, wer hat nach der Umfrage von Wickert, Ifas oder wie die da alle heißen, die meisten Chancen. Es ist alles belanglos oder cura posterior, zuerst müssen wir wissen, was machen wir, wenn wir hinkommen, mit diesem Staat. Und das nächste ist dann, wer ist geeignet, diese Maßnahme glaubhaft an der Spitze einer aktionsfähigen Regierungs- und Parlamentsgruppe dann auch tatsächlich durchzuführen. Und damit wird dann das Karussell der Eitelkeit für eine Zeitlang gestoppt sein.
Quelle: CSU-Landesgruppe, Bonn.

Die Rede im »Wienerwald«, München

24. November 1976

Ich sage es denen seit zehn Jahren: So, wie ihr es macht, kommt ihr nie mehr hin. Dieser Faschingszug, den die Opposition dargestellt hat, nicht einmal ein Trauerzug, Faschingszug, Karnevalszug in Abschnitten ... Es gibt noch andere Themen, über die sollte man sich in der Jungen Union hier in den Bezirksverbänden unterhalten. Warum stellt denn zum Beispiel die CSU in Regensburg keinen Oberbürgermeisterkandidaten, der Aussicht hat (auf Erfolg)? Da holt's doch ihr eure Genies raus aus der Versenkung. Da erwarte ich, daß man sich schlägt. Ich berate auch nicht Herrn Carter, wie man Erdnüsse pflanzen soll.

Bei solcher Manöverkritik, da klopft sich jeder selber auf die Schulter, da klopfen sie sich gegenseitig auf die Schulter, da beschließt man über die Zukunft, wie der Weg der ganzen Sterne sich vollziehen soll.

Ich geh' davon aus, daß die Bevölkerung unten beginnt. Daß hier einmal unsere Basis sich bewähren soll und daß nicht dauernd in die Arbeit parlamentarischer Gremien eingegriffen wird, und deren Schurigeleien. Aber Sie brauchen ja nicht glauben, daß ich ein Dorfdepp bin. Der das glaubt, der hat sich völlig verkalkuliert. Und ich kann Ihnen eines sagen: Ein Sonderparteitag ist auch nicht einberufen worden, als wir die Fraktionsgemeinschaft beschlossen haben. Aber wenn Sie die Spaltung der Union wollen und die CSU in Bayern zur Minderheitspartei machen wollen, dann müssen Sie so weitermachen, wie Sie heute abend hier begonnen haben. Dann werden Sie aber blaue Wunder erleben, was dabei herauskommt.

Entschuldigen Sie, wenn ich mal deutlich rede, aber so ist es wirklich; bedenken Sie einmal, wenn man unsere Mandatsträger, wel-

che in jahrelangen Kämpfen, beinahe ein Jahrzehnt, den zermürbenden Kleinkrieg mit der CDU ausgetragen haben... Ich bin gern bereit, Ihnen zu berichten, ich bin bloß nicht bereit, mich hochnäsig belehren zu lassen, welch törichte Kerle wir seien... Zwei Dinge sind unmöglich. Das eine habe ich im Fall Heubl kennengelernt, auf den ich hier nicht mehr zurückkomme, aus gutem Grunde; und das andere jetzt an Hand der vorliegenden Problematik.
Da bei uns die Diskretion identisch ist mit der Schweigsamkeit eines Waschweibs, das am Viktualienmarkt Radi verkauft – genau der Zustand unserer Partei: Es gibt überhaupt kein Gremium mehr, zu dem nicht das Fernsehen eingeladen wird, damit einer dann, beleuchtet von den Kameras, auf der Mattscheibe erscheint –, da denke ich auch an Richard Jaeger: Ich möchte niemanden hindern, Propaganda gegen sich selber zu machen.
Wir können zwei Dinge nicht gleichzeitig machen: Sie können nicht denen, die jahrelang an der Front stehen und alle Erfahrungen und alle Hintergrundkenntnisse haben, einerseits zumuten, zur Unterrichtung der gesamten Menschheit alles zu sagen, was sie wissen, mit der todsicheren Folge, daß das in sämtlichen Zeitungen der Bundesrepublik steht – und andererseits das Maul halten und alles laufen lassen.
Wenn ich alles sagen würde, was ich wüßte über die Zusammenarbeit mit der CDU seit Konrad Adenauers bedauerlichem, aber unvermeidlichem Ende, und wenn ich das zur Begründung meiner Einstellung sagen würde, dann wäre das der permanente Krieg. Das wäre Stoff für alle Leitartikler für Jahre hinaus. Da ich das nicht tue, muß ich mich belehren lassen, wie in den Zeiten des Frühkapitalismus ein Schusterjunge vom Lehrmeister behandelt worden ist. Sie können zwei Dinge nicht verbinden: volle Information für alle Kreise, die informiert werden wollen – bei totaler Diskretion nach außen. Das ist die Unregierbarkeit der Partei. Entweder habe ich die Partei so geführt, daß sie 15 Jahre die absolute Mehrheit hatte, oder nicht. Dann muß ich erwarten, daß man mir zutraut, das sagen zu können, was ich sagen darf, ohne daß es schädlich wirkt, das nicht zu sagen, was ich nicht sagen darf, weil es sonst zerstörend wirkt.
Wenn ich alles sagen würde, was ich weiß, dann kann die CDU/CSU

einpacken, dann brauchen wir die nächsten zehn Jahre zu keiner Wahl mehr anzutreten. Und wenn man mir das nicht glaubt, dann sucht euch einen besseren Parteivorsitzenden. (...) Beim Grundlagenvertrag, bei Nonproliferation, beim Eintritt in die UNO: 52 Prozent der Fraktion sind dafür, 48 dagegen; oder umgekehrt. Dann brauchen wir zwei Redner: Der eine begründet, warum der eine Teil recht hat, und der andere begründet, warum der andere Teil recht hat. Ja, wollen Sie mit dem Faschingszug den Fortschritt des Sozialismus in Europa, den Einmarsch der Volksfront aus Italien und Frankreich angesichts unserer Verhältnisse, wie sie sich in der DDR entwickeln, aufhalten? Mit dem Komödiantenhaften, das doch kein Mensch mehr ernst nehmen kann?
Wenn das ein Haufen wäre, und wir in der CSU sind doch heute die Hoffnung von Millionen außerhalb Bayerns, und dann streitet man und rauft man herum in Resolutionen, ich hätte beinahe gesagt: vom sozialpolitischen Arbeitskreis des Ortsverbandes Tipfelhuberhausen, ob das, was die Landesgruppe beschlossen hat, richtig ist oder nicht richtig ist. Lernen S' doch endlich mal wieder die Kleiderordnung zu erkennen, Größenordnungen zu unterscheiden. Ich bin nicht größenwahnsinnig, aber ich möchte auch mal erleben, daß jemand außer mir, einer von Ihnen hier, mehr als 2000 Leute mobilisieren kann – damit ich mir meine Ruhe gönnen kann. Der Normalfall ist doch der, daß die in einem Hinterhof eines Dorfwirtshauses die Hälfte vollkriegen, wenn sie reden. Das ist doch der Normalfall überhaupt. Ich möchte mal haben, daß aus der CSU wieder politische Führungskräfte herauswachsen und nicht bloß Disputierer, die dasitzen und alles besser wissen.
Kommen S' doch mal raus mit mir, bewähren Sie sich doch mal mit mir, gehen S' doch mal an die Front, rufen S' doch mal eine Versammlung ein. Sagen Sie, wie es weitergehen soll in Deutschland und Europa, und ich sitz' dann drin als Ihr Zuhörer und dann auch als Ihr Kritiker. Aber so geht's auch nicht, daß man sagt, Franz Josef hilf, und ich 130 Versammlungen halte mit zweieinhalb Millionen Zuhörern, und dann von solchen, die keine 30 Mann auf die Beine bringen, mir dann sagen lassen muß, wie dumm ich bin, wie unfähig das war, wie falsch es war.
Ich bin bereit aufzuhören, in den Hintergrund zu treten, meine

jungen Freunde zu beraten und sie an die Front zu schicken. Ich bin auch bereit dazu, ich hab's angeboten, ich hätte auf alle Ämter verzichtet, aber ihr könnt von mir heute keine Freundlichkeiten erwarten, nach dem Meinungsbild, das Sie vorher geboten haben. Dafür war ich nie da. Da, wo ich die Verantwortung für Tausende von Menschen getragen habe, da war ich auch nicht der Freundlichste. Drum sind auch die meisten am Leben geblieben. Nächster Punkt: Man soll endlich das dumme Gerede von Bruderkampf und Selbstzerfleischung lassen. Der Bruderkampf und Selbstzerfleischung zwischen SPD und FDP haben, Gott sei Dank, eines erreicht, daß Willy Brandt nicht Kanzler geworden ist, daß der Helmut Schmidt nicht sein Nachfolger geworden ist, daß Gott sei Dank Kiesinger weiterregieren konnte, daß Barzel eine erfolgreiche Kanzlertätigkeit aufzuweisen hat und der Helmut Kohl für die nächsten 15 Jahre Kanzler ist. Und das ist doch ein großartiger Erfolg. Das bleibt unbedingt in der Tradition unseres unaufhaltsamen Siegesmarsches. Daß 20 Millionen mehr an Mitteln für die CSU bei unserem Überreichtum keine Rolle spielen, habe ich sowieso zur Kenntnis genommen. Das ist ja gut so.
Aber jetzt komme ich noch zu einem anderen Punkt. Nämlich, ich habe unzählige Bekundungen bekommen – die nehme ich sehr ernst, das ist keine Schutzbehauptung –, daß die wahre Entfaltung der Siegeskraft und der Attraktionsfähigkeit der CDU durch den Wahlkampf der CSU, durch ihre patente Parole ›Freiheit oder Sozialismus‹, durch ihren rauh akzentuierten Wahlkampf kaputtgemacht worden ist. Und ich verstehe eines nicht mehr in diesem Zusammenhang, warum eigentlich diejenigen, die glauben, durch uns um den Sieg gebracht worden zu sein, so laut schreien. Ich will nur sagen, wir kämpfen weiter fürs selbe Ziel, mit denselben Personen, auf dem Boden derselben Grundsätze.
Aber keiner soll euch mehr sagen, in der gemeinsamen Fraktion habt ihr doch erstens den Ballast Strauß, zweitens die Rüpel von der CSU, dieses räuberische Volk am Nordrand der Alpen, die diese feinnervigen, hochgesinnten, intellektuellen, übersensitiven, eben nunmehr schon ein fortgeschrittenes Stadium der Menschheit erreicht habenden Nordgermanen verschrecken. Wir sollten nun endlich einmal den Entschluß begrüßen, daß der CDU in Nieder-

sachsen 70 oder 90 Prozent gehören. Denn wenn die nicht mehr von uns gehindert werden, ist der Sieg nicht mehr aufzuhalten. Und dem sollten wir eigentlich nicht mehr im Wege stehen. Wenn Sie wollen, schicke ich Ihnen die Abschriften der Briefe zu, der unzähligen Briefe, die sagen: Ja, der rauhe Wahlkampf der CSU hat uns gehindert.
Wenn in einer Firma der größere Partner sagt, der kleinere Partner mit seinen rüden Verkaufsmethoden verschreckt mir meine Kunden, und der kleinere Partner sagt, machen wie doch mal eine neue Aufstellung, daß du deine feinnervigen Kunden besser bedienen kannst und von dem rauheren Partner nicht mehr behindert wirst – warum dann eigentlich der andere Partner unbedingt der Meinung ist, er müsse den kleineren, rüpelhaften Partner behalten und dadurch seine geschäftlichen Nachteile in Kauf nehmen? Da stimmt doch etwas nicht. Die Formel ›Freiheit oder Sozialismus‹ ist in Schleswig-Holstein nicht angewandt worden, in Niedersachsen bekämpft worden, in Nordrhein-Westfalen von Biedenkopf schamhaft verschwiegen worden, von Köppler und Katzer unterdrückt worden, in Rheinland-Pfalz mühsam zur Kenntnis genommen worden, in Baden-Württemberg tatkräftig vertreten worden und in Hessen vom Dregger mit vollem Einsatz ebenfalls verkündet worden. Entweder stimmt es im Norden, dann dürfen wir nicht gemeinsam in Erscheinung treten. Dann müssen im Norden andere Töne angeschlagen werden. Aber so geht's doch nicht, daß man einerseits ›Freiheit oder‹ oder ›Freiheit statt‹ sagt und gleichzeitig sich dafür entschuldigt, wie es im Wahlkampf im Norden leider geschehen ist.
Wenn ein Primaner einer hoffnungslosen Liebe nachläuft, kann man das verstehen, weil er noch unter Pubertätsschwierigkeiten leidet. Unser Führungsstil kann auch nur darin bestehen, ich nehme heute kein Blatt vor den Mund: Wenn ein Rentner mit fünf Dackeln spazierengeht, der eine hebt's Bein, der andere läuft dem Wurstzipfel nach, der dritte verschwindet in der Kantine, der vierte legt sich im Straßengraben schlafen, und der fünfte jault durch die Gegend. Und wenn man ihn dann fragt: ›Ja, was ist denn da los?‹, sagt er: ›Ja, das ist mein Führungsstil.‹
Konkret angewandt: Wie oft haben wir Herrn Kohl gebeten, die-

sen heftigen – ich darf sagen: zum Teil hinterfotzigen – Verleumdungen gewisser Anhänger, gewisser Funktionäre der Sozialausschüsse gegen uns einmal entgegenzutreten. Es ist nicht geschehen. Darüber können wir uns einfach nicht hinwegsetzen, und wenn wir schon aufrechnen, dann muß aufgerechnet werden, daß uns Mitglieder der letzten Bundestagsfraktion das Ehrenwort gegeben haben, daß alle Behauptungen, die Fraktionsspitze oder namhafte Mitglieder der Fraktion würden bei den Ostverträgen positiv votieren, nachdem sie zweieinhalb Jahre gemeinsam mit uns das Nein vertreten haben, eine glatte Lüge war, eine glatte Lüge war.

Ich kann mich daran erinnern, daß die CDU mit allen Mitteln uns hindern wollte, gegen den Grundlagenvertrag in Karlsruhe zu klagen. Was ist das für eine Fraktionsgemeinschaft, wo 14 prominente Mitglieder von vornherein mit Ja stimmen und wo man – ich vertraue auf Ihre Diskretion – nachdem ich beschwörend gesagt habe, den Polen geht das Wasser an den Hals, die brauchen die Milliarden aus Deutschland, sonst machen sie Pleite, das gibt eine Riesen-Unruhe in Polen. Ein paar Wochen später ist sie eingetreten. Herr Albrecht erklärte, das geht mich überhaupt nichts an, und Herr Kohl wollte mit Herrn Albrecht hinter dem Rücken von Stücklen und mir mit dem Genscher verhandeln, bis wir gewarnt worden sind.

Wenn das auf die Spitze getrieben wird und wir sagen, was da passiert ist, was wir bisher nur verschwiegen haben, weil es auch im kleinen Kreis zu erzählen praktisch eine Veröffentlichung ist ... Aber halten Sie mich nicht für einen Deppen, ich werde es veröffentlichen, und dann bleibt kein Auge trocken. Wenn jetzt endlich mal das Maß an Disziplin einkehrt, daß man begreift, daß die Einheit nur mit mir und gegen mich die Spaltung unwiderruflich ist – es ist nicht mein vorletztes Wort, es ist mein letztes Wort.

Was wir brauchen, ist eine glaubwürdigere antisozialistische liberal-konservative Politik ... Und deshalb bin ich für eine Trennung der Fraktionsgemeinschaft gewesen, weil wir dauernd draußen an unsere Unglaubwürdigkeit erinnert worden sind. Gesagt wird: Was wollt ihr denn? Wenn ihr sagt, das ist falsch, warum haben denn zehn, zwölf, zwanzig, dreißig von euch, darunter der Herr

von Weizsäcker, der Herr Barzel, der Herr Blüm und, und, und so weiter, warum haben denn die dann dafür gestimmt? Ich kann das jetzt überhaupt nicht mehr aushalten. Wir sind bereit, ein Koordinationsgremium zu schaffen, aber was an Ungereimtheiten passiert, das ist ja doch nicht zu glauben. Man fordert auf, in Sachen Terroristengesetz im Bundestag dagegen zu stimmen. Die Länder der CDU/CSU sagen nein, es kommt zum Vermittlungsausschuß, die SPD bietet an, von drei Punkten in zweien nachzugeben, die CDU sagt nein, alles oder nichts. Alles oder nichts! Und in der Schlußabstimmung haben die sich mit nichts zufriedengegeben, nachdem der Herr Albrecht erklärt hat: Der Rest der Menschheit mag stimmen, wie er will; ich bin auf alle Fälle dagegen.
So kann man keine Politik mehr machen. Unsere Frage: Was ist denn die langfristige Strategie – mit der FDP, wann denn und wo? Wir wissen doch ganz genau, daß die FDP sagt, ein Drittel ist sowieso links, und zwar radikal, ein Drittel ist auch noch links, aber der Rest geht mit euch in der Form nicht zusammen. Und ich hoffe, daß es hier bleibt, was ich sage; und wenn nicht, wie überhaupt, nehme ich die Verantwortung auf mich. Soll's auch rauskommen. Ich bin ja zu mehr entschlossen, als mir ja vielleicht jeder zugetraut haben mag. Was Herr Genscher sagt: Solange uns die CDU keinen anderen Partner bietet als den Herrn Kohl – mit uns eine Koalition, Kameraden? Nie! Herr Genscher hat wörtlich erklärt, den Saustall von Brandt und Scheel müssen Helmut Schmidt und ich jetzt ausräumen. Und wenn man uns glaubt, wenn man uns zutraut oder uns zumuten will, eine Koalition mit Herrn Kohl zu machen, solange die CDU uns nichts anderes zu bieten hat als jemanden, der nur von Ausrede zu Ausrede ausweicht, wartet ihr vergeblich.
Aber ihr wartet sowieso vergeblich. Und ich sage auch jetzt hier verbindlich: a) Ich will nicht und werde nie Kanzler werden, b) Herr Kohl, den ich nur im Wissen, den ich trotz meines Wissens um seine Unzulänglichkeit um des Friedens willen als Kanzlerkandidaten unterstützt habe, wird nie Kanzler werden. Er ist total unfähig, ihm fehlen die charakterlichen, die geistigen und die politischen Voraussetzungen. Ihm fehlt alles dafür. Aber man kann unter Umständen mit jedem regieren. Das geht da auch noch. Aber

nicht mehr in dem Zustand! Das Kapitel ist mit dem 3. Oktober abgemeldet.
Man kann mit mir die Einheit der Union erhalten, aber man kann nicht durch Sonderforderungen, mit Sonderparteitagen und einer kontroversen Diskussion … Ich garantiere euch, die CSU verliert die Landtagswahlen mit dem Stil, mit dem hier in der Vorgeschichte operiert worden ist. Und ich garantiere euch noch eines, daß in dem Augenblick, wo die CSU die Gebote der Loyalität, der Vernunft und der Erfahrung bricht, ich den Aufruf erlassen werde, dann in der Bundesrepublik anzutreten, um mit dem Schranzenhaufen ein Ende zu machen, und dann ist von Mehrheit in Bayern überhaupt nichts mehr drin. Und dann treten ganz andere in Erscheinung … Und glaubt mir nur eines: daß ich mit Helmut Schmidt viel schneller einig bin, als der Helmut Kohl jemals mit Genscher einig werden wird. Weil dann mal endlich politische Gewichte gewogen werden, statt daß Schranzen nach ihren Opportunitäten gewürdigt werden. Genügt das jetzt?
Was mir schon alles als Ende der CSU verkündet worden ist, weil wir uns falsch verhalten haben! Und wenn ich das jeweils ernst genommen hätte, dann hätte ich mir entweder eine Planstelle als Psychiater in einem Haushalt schaffen müssen oder mich frühzeitig nach Haar einweisen lassen müssen. Ist alles schon verkündet worden, alles schon gesagt worden; wenn es nicht so wäre, wäre es nicht mehr so interessant bei uns. Aber eines können Sie sich wirklich merken: Diese Frage vorher in Parteigremien zu besprechen … Kein Gremium hat die Gründung der gemeinsamen Fraktion beschlossen, und wenn damals ein Parteigremium darüber hätte beschließen müssen, dann wären die Hundhammers, Schäffers, Jaegers – Sie haben das Wort richtig gehört: Jaegers – aufgetreten und hätten erklärt, daß die CSU in Bonn selbstverständlich nicht im Schlepptau einer Reichspartei laufen könne. In unseren Kreisen sind strategische Entscheidungen nicht mehr durch alle Institutionen hindurch durchzupauken …
Herbert Wehner, dem ja nichts mehr am Herzen liegt, als die SPD bald wieder in die Opposition zu bringen, hat erklärt: Das ist ein gefährlicher Stoß gegen uns. Dasselbe hatte Willy Brandt erklärt, dasselbe jetzt auch Helmut Schmidt. Ich greife mich ans Hirn,

warum. Und jetzt halten Sie mich nicht für größenwahnsinnig, aber ich sage jetzt, was ich meine: Die politischen Pygmäen der CDU, die nur um ihre Wahlkreise bangen, diese Zwerge im Westentaschenformat, diese Reclam-Ausgabe von Politikern, warum die sich empören über eine Haltung der Landesgruppe, wenn der Gegner, den wir meinen, tief betroffen reagiert und sagt, jetzt geht das Kesseltreiben gegen uns los. Wenn eine Armee nicht mehr begreift, daß sie, wenn sie dreimal an der falschen Front angegriffen hat, einmal anderswo angreifen muß, dann geht's eben um [alles]. Und glauben Sie mir eines: Der Helmut Kohl wird nie Kanzler werden. Der wird mit 90 Jahren die Memoiren schreiben: ›Ich war 40 Jahre Kanzlerkandidat. Lehren und Erfahrungen aus einer bitteren Epoche.‹ Vielleicht ist das letzte Kapitel in Sibirien geschrieben oder wo.
Die CDU wird nie mehr an die Regierung kommen, und die FDP denkt überhaupt nicht daran [zu springen]. Fragen Sie unsere Generalsekretäre, wie wir im Jahre 1969 mühsam gerungen haben ohne jeden Erfolg, am Ende der großen Koalition zu sagen in der gemeinsamen Wahlpropaganda: SPD ist der Ausverkauf Deutschlands, SPD ist Zerrüttung der Wirtschaft und Inflation. Herr Kiesinger und Herr Heck sind aufgestanden: Wir dürfen unseren gemeinsamen Koalitionspartner, mit dem wir drei Jahre beisammen waren, doch nicht so behandeln; das steht doch einer christlichen Partei nicht an.
Mir hat Rainer Barzel erklärt: Wir werden siegen, die Verantwortung übernehme ich; und wer nicht für mich ist, der ist gegen mich. Und der Barzel ist ins Wasser gefallen. Ein Jahr später habe ich gehört vom Kiesinger in einer Festrede in kleinem Kreise: Keine Sorgen, Kameraden, wir werden siegen, weil wir siegen müssen. Ich habe gesagt: Ich war mal Adjutant in einem höheren Stab, da hat mein Kommandeur dasselbe gesagt, der hat wahrscheinlich dasselbe Parteiabzeichen wie Sie [Kiesinger] gehabt. Der hat auch gesagt, Deutschland darf den Krieg nicht verlieren, weil es den Krieg nicht verlieren darf. Das sind doch alles dumme Sprüche, denen fehlen alle Voraussetzungen zum Sieg. Die günstigsten Voraussetzungen haben wir jetzt noch gehabt, auf dem Hintergrund eines gestürzten Willy Brandt, in der blamabelsten Weise abgehalf-

tert. Berauschende Siege in den Landtagswahlen, rauschende Siege. Im Konrad-Adenauer-Haus haben sie schon Bittgottesdienste veranstaltet, daß der Wahlsieg bei den Bundestagswahlen nicht zu hoch ausfallen dürfe, waren alle benebelt und besoffen von den kommenden Aussichten.

Es stimmt doch nichts mehr. Was ich hier erlebe – und ihr seid die Unschuldigen daran, ihr alle, euch halte ich weder für arrogant noch überheblich –, das ist für mich nur die komödienhafte Wiederholung des Geschwätzes, das ich im Zweiten Weltkrieg erlebt habe, wenn man sich gegenseitig mutig ermahnte, von der Unaufhaltsamkeit unseres künftigen Erfolges gegenseitig beteuerte und anschließend besoff. Und rausgekommen ist gar nichts.

Die christlich-demokratischen Kräfte haben in Europa in voller Breite versagt, in Italien, Frankreich, in Holland, in Belgien, am wenigsten noch in Deutschland, in voller Breite versagt. Die Krise in Italien kommt noch. Die Volksfront kommt vom Süden und vom Westen, vielleicht hätten wir sie noch verhindern können. Und dieselben Kerle, die in der CDU die Anpassung an die Ostverträge propagiert haben, à la Leisler Kiep, werden dann sagen: Jetzt müssen wir uns anpassen an die unaufhaltsame Entwicklung. Und wer immer – ich weiß, daß man hier wie ein Herkules beinahe den Weltball auf den Schultern trägt – sich dagegenwendet, der muß dann Tausende Stunden diskutieren, warum ein Ausbruchsversuch aus dieser Pygmäen-Ideologie, aus dieser Zwergen-Mentalität dann nicht verbrecherisch ist, nicht Sünde an der Gemeinschaft ist.

Wer hat denn je daran Anstoß genommen, daß jede Debatte um den nächsten Kanzlerkandidaten – vergessen Sie mich dabei, ich habe eher an Carstens gedacht –, daß jede Diskussion erwürgt worden ist durch den Alleingang des Herrn Biedenkopf. Es ist genauso, wenn man einen Chefministranten vom Dom in München zum Erzbischof machen würde.

Als erklärt wurde, Helmut Kohl ist unser Kanzlerkandidat, wo war denn da unsere Empörung? Hat denn die CSU und haben denn ihre jungen Leute jeden Mumm verloren? Kriechen sie denn nur noch hinter der CDU drein? Wo ist denn da mal der Mut zur Selbständigkeit, der Mut zur Kritik? Ich sage euch, ich kann euch nur warnen: Vergessen Sie den Sonderparteitag, vergeßt das mit all diesem Hin und Her. Am Ende dieses Sonderparteitages nach kontroverser Diskussion werde ich im Norden der Bundesrepublik eine ›Freiheitliche Deutsche Volkspartei‹ ausrufen. Dann können Sie auch mich als Landesvorsitzenden vergessen, dazu bin ich schon lange bereit. Ein Zurück gibt es nicht mehr. Das ist der Gang nach Canossa. Das ist die Unterwerfung. Dafür müßt ihr euch eine Memme, einen Feigling suchen, einen Kompromißler suchen, mich nicht. Mit mir gibt es so was nicht. Ich habe diese Partei 15 Jahre von Erfolg zu Erfolg geführt, und wenn man das heute nicht mehr mitmachen will, dann werde ich mich an die Öffentlichkeit der Partei wenden. Und die Zuschriften, die ich von Nicht-Mitgliedern habe, aus Bayern und auch aus Nicht-Bayern, waschkorbweise, die zeigen, daß vielleicht einmal aus der Versumpfung und Verfettung gegenüber Postenjägern und Schwätzern in Hinterhöfen von Gasthäusern eine andere Generation hochwächst.

Literaturverzeichnis

Adenauer, Konrad: *Briefe 1953–1955*. Bearbeitet von Hans Peter Mensing. Berlin 1995.

Adenauer, Konrad: *Erinnerungen*. Stuttgart, 1965.

Adenauer, Konrad, *»Es mußte alles neu gemacht werden.« Die Protokolle des CDU-Bundesvorstandes 1950–1953*. Bearbeitet von Günter Buchstab. Stuttgart 1986.

Adenauer, Konrad: *Teegespräche 1961–1963*. Bearbeitet von Hans Peter Mensing. Berlin 1992.

Apropos Strauß. Eine Dokumentation. Mit einem Vorwort von Konrad Adenauer. Stuttgart 1965.

Augstein, Rudolf (Hg.): *Überlebensgroß Herr Strauß. Ein Spiegelbild*. Reinbek 1980.

Baring, Arnulf: *Machtwechsel. Die Ära Brandt-Scheel*. Stuttgart 1982.

Becker, Winfried: F.J.S. in: *Zeitgeschichte in Lebensbildern. Aus dem deutschen Katholizismus des 19. und 20. Jahrhunderts*. Band 7. Mainz 1994.

Besson, Waldemar: *Die Außenpolitik der Bundesrepublik. Erfahrungen und Maßstäbe*. München 1970.

Birke, Adolf M.: *Nation ohne Haus. Deutschland 1945–1961*. Berlin 1990.

Braun, Luitpold: *Der unbekannte Strauß – die Schongauer Jahre*. Schongau 1992.

Carstens, Karl; Goppel, Alfons, u. a. (Hg.): *F.J.S. – Erkenntnisse, Standpunkte, Ausblicke*. München 1985.

Dalberg, Thomas: *F.J.S.: Porträt eines Politikers*. Gütersloh 1968.

Deubner, Christian: *Die Atompolitik der westdeutschen Indu-*

strie und die Gründung von Euratom. Frankfurt/New York 1977.

Ehlert, Hans; Greiner, Christian, u. a.: *Die* NATO-*Option. Anfänge westdeutscher Sicherheitspolitik,* Band 3. München 1993.

Engelmann, Bernt: *Das neue Schwarzbuch F.J.S.* Köln 1980.

Groß, Hans Ferdinand: *Seidel, Hanns: Eine politische Biographie.* Diss. München 1992.

Heinrichs, Hans-Jürgen (Hg.): *F.J.S. Der Charakter und die Maske. Der Progressive und der Konservative. Der Weltmann und der Hinterwäldler.* Frankfurt 1989.

Henke, Klaus-Dietmar; Woller, Hans, (Hg.): *Lehrjahre der CSU, eine Nachkriegspartei im Spiegel vertraulicher Berichte an die amerikanische Militärregierung.* Stuttgart 1984.

Heuss, Theodor; Adenauer, Konrad: *Unserem Vaterland zugute. Der Briefwechsel.* Berlin 1989.

Hildebrand, Klaus: *Von Erhard zur Großen Koalition 1963–1969.* Stuttgart 1984.

Kipke, Rüdiger: *Die Untersuchungsausschüsse des Deutschen Bundestages. Praxis und Reform der parlamentarischen Enquete.* Berlin 1985.

Klein, Hans: *Anekdoten über F.J.S.* Percha 1980.

Kleinmann, Hans-Otto: *Geschichte der* CDU. Stuttgart 1993.

Köhler, Henning: *Adenauer. Eine politische Biographie.* Frankfurt/Berlin 1994.

Koerfer, Daniel: *Kampf ums Kanzleramt. Erhard und Adenauer.* Stuttgart 1987.

Mende, Erich: *Von Wende zu Wende. 1962–1982.* München 1986.

Mintzel, Alf: *Die CSU. Anatomie einer konservativen Partei.* Opladen 1975.

Piller, Renate: »Mein Leben mit FJS«. In: *Stern* 27–31/1989.

Scharnagl, Wilfried: *Bayern und Strauß. Lebenswerk und Abschied.* Percha 1989.

Scharnagl, Wilfried: *Marianne Strauß.* Percha 1984.

Scharnagl, Wilfried (Hg.): *Strauß in Moskau ... und im südlichen Afrika. Bericht, Bilanz, Bewertung.* Percha 1988.

Schell, Manfred: *Die Kanzlermacher.* Mainz 1986.
Schöll, Walter; Scharnagl, Wilfried, (Hg.): *F.J.S.: Der Mensch und der Staatsmann.* Percha 1984.
Schöps, Joachim: *Die* SPIEGEL-*Affäre des F.J.S.* Reinbek 1983.
Schröck, Rudolf: *F. J. S. Eine Biographie.* München 1990.
Schwarz, Hans-Peter: *Adenauer. Der Aufstieg: 1876–1952.* Stuttgart 1986.
Schwarz, Hans-Peter: *Adenauer. Der Staatsmann: 1952–1967.* Stuttgart 1991.
Schwarz, Hans-Peter: *Die Ära Adenauer 1957–1963.* Stuttgart 1983.
Seiffert, Wolfgang; Treutwein, Norbert: *Die Schalck-Papiere.* Wien 1991.
Senfft, Heinrich: *Glück ist machbar. Der bayerische Spielbankenprozeß, die* CSU *etc.* Köln 1988.
Stephan, Klaus: *Gelernte Demokraten. Helmut Schmidt und F.J.S.* Reinbek 1988.
Strauß, Franz Josef: *Auftrag für die Zukunft.* Percha 1987.
Strauß, Franz Josef: *Die Erinnerungen.* Berlin 1989.
Strauß, Franz Josef: *Entwurf für Europa.* Stuttgart 1966.
Strauß, Franz Josef: *Finanzpolitik – Theorie und Wirklichkeit.* München 1969.
Strauß, Franz Josef: *Herausforderung und Antwort. Ein Programm für Europa.* Stuttgart 1968.
Strauß, Franz Josef: *Signale. Beiträge zur deutschen Politik 1969–1978.* München 1978.
Strauß, Franz Josef: *Verantwortung vor der Geschichte.* Percha 1985.
Unger, Ilse: *Die Bayernpartei. Geschichte und Struktur.* Stuttgart 1979.
Vogel, Reiner: *Hermann Höcherl. Annäherung an einen politischen Menschen.* Regensburg 1988.
Wolf, Konstanze: CSU *und Bayernpartei. Ein besonderes Konkurrenzverhältnis 1948–1960.* Köln 1984.
Zierer, Otto: *F.J.S. Ein Lebensbild.* München 1979.
Zimmermann, Friedrich: *Kabinettstücke. Politik mit Strauß und Kohl 1976–1991.* München/Berlin 1991.

Zimmermann, Ulrich: *Geliebt, verkannt und doch geachtet. F.J.S. – der Mensch, der Politiker, der Staatsmann*. Percha 1980.
Zimmermann, Ulrich: *F.J.S. – das war sein Leben*. Passau 1988.

Personenregister